"中国经济前沿"丛书
CHINA UPDATE BOOK SERIES

(Volume 2)

CHINA'S
NEW SOURCES
OF ECONOMIC GROWTH

中国经济增长的【第2卷】
新 源 泉

人 力 资 本、创 新 和 技 术 变 迁

HUMAN CAPITAL, INNOVATION
AND TECHNOLOGICAL CHANGE

主编

宋立刚

〔澳〕郜若素（Ross Garnaut）

蔡 昉

〔澳〕江诗伦（Lauren Johnston）

社会科学文献出版社
SOCIAL SCIENCES ACADEMIC PRESS (CHINA)

ANU
PRESS

本书撰稿人

（按章节写作顺序）

〔澳〕郜若素（Ross Garnaut）：澳大利亚墨尔本大学经济学教授

宋立刚：澳大利亚国立大学克劳福德公共政策学院教授

蔡　昉：中国社会科学院副院长

〔澳〕江诗伦（Lauren Johnston）：澳大利亚墨尔本大学应用经济与社会研究所研究员

张晓晶：中国社会科学院国家金融与发展实验室副主任

黄益平：北京大学国家发展研究院教授

沈　艳：北京大学国家发展研究院教授

傅秋子：北京大学国家发展研究院

姚　洋：北京大学国家发展研究院院长

王梦琦：北京大学国家发展研究院研究生

〔美〕胡永泰（Wing Thye Woo）：美国加利福尼亚大学戴维斯分校经济学系；中国社会科学院人口与劳动经济研究所；马来西亚双威大学杰弗里谢东南亚研究所

〔澳〕葛丽珍（Jane Golley）：澳大利亚国立大学中华全球研究中心副主任，副教授

孔　涛：北京大学中国社会科学调查中心副教授

杨晟朗：澳大利亚国立大学克劳福德公共政策学院博士研究生

周伊晓：澳大利亚科廷大学商学院讲师（助理教授）

魏尚进：美国哥伦比亚大学 N. T. Wang 中国经济讲席教授，美国国民经济研究局（NBER）中国经济研究部主任

谢　专：国家外汇管理局中央外汇业务中心，博士

张晓波：北京大学国家发展研究院千人计划讲席教授

吴延瑞：澳大利亚西澳大学商学院经济系教授

郭秀梅：澳大利亚科廷大学人文学院可持续发展政策研究所

〔澳〕**多拉·玛丽诺娃（Dora Marinova）：**澳大利亚科廷大学人文学院可持续发展政策研究所

杨朝峰：中国科学技术信息研究所研究员

赵志耘：中国科学技术信息研究所所长

张志娟：中国科学技术信息研究所研究员

尹志锋：中央财经大学经济学院

毛　昊：国家知识产权局知识产权发展研究中心

〔美〕**康琳娜（Alanna Krolikowski）：**美国密苏里科技大学政治学助理教授

盛　誉：北京大学现代农学院副教授，中国农业政策研究中心副主任

易　青：中国科学院地理科学与资源研究所

姜克隽：国家发改委能源研究所高级研究员

〔澳〕**罗斯·肯德尔（Ross Kendall）：**澳大利亚储备银行国际经济研究部研究员

〔澳〕**乔纳森·里斯（Jonathan Lees）：**澳大利亚储备银行国际经济研究部研究员

〔澳〕**普雷玛－钱德拉·阿杜克拉拉（Prema-chandra Athukorala）：**澳大利亚国立大学克劳福德公共政策学院 Arndt-Corden 经济系教授

陈春来：澳大利亚国立大学克劳福德公共政策学院副教授

胡必亮：北京师范大学新兴市场研究院教授、院长

刘清杰：北京师范大学新兴市场研究院博士后研究员

鄢　姣：北京师范大学经济与资源管理研究院博士研究生

〔德〕**马丽娜·鲁佳克（Marina Rudyak）：**德国海德堡大学中国研究所研究员

目 录
CONTENTS

通向新增长的路径：人力资本、创新和技术变迁的驱动力量

·············· 宋立刚 蔡 昉 〔澳〕江诗伦（Lauren Johnston）／1

改革与宏观经济增长

改革红利推动中国经济持续增长 ·············· 蔡 昉 张晓晶／23

中国的宏观经济平衡：新增长驱动力和维持金融稳定

·············· 黄益平 沈 艳 傅秋子／43

内部收敛与中国的增长潜力 ·············· 姚 洋 王梦琦／61

国内经济新常态和国际经济新常态的调整：供给侧结构性改革2.0

·············· 〔美〕胡永泰（Wing Thye Woo）／84

教育与人力资本

中国的大众教育：机会不平等与结果不平等

·············· 〔澳〕葛丽珍（Jane Golley） 孔 涛／111

无形资本与中国的经济增长：来自中国投入产出表的证据

·············· 杨晟朗 周伊晓／138

创新与生产力

向更具创造力的经济体转变：中国的进展与挑战

·············· 魏尚进 谢 专 张晓波／167

生产力、创新与中国经济增长

········ 吴延瑞　郭秀梅　〔澳〕多拉·玛丽诺娃（Dora Marinova）/ 208

中国区域创新能力与经济收敛的经验研究

·················· 杨朝峰　赵志耘　张志娟 / 223

中国的专利保护与企业研发支出 ············· 尹志锋　毛　昊 / 236

中国航天技术与创新体系的专家社群：文化的维度

·················· 〔美〕康琳娜（Alanna Krolikowski）/ 252

经济部门的技术变迁

小农户的机械化外包与农业生产率：中国农村土地改革的启示

····················· 盛　誉　宋立刚　易　青 / 277

可再生能源发展中的技术进步 ··············· 姜克隽 / 303

中国银行间回购协议市场 ······〔澳〕罗斯·肯德尔（Ross Kendall）

〔澳〕乔纳森·里斯（Jonathan Lees）/ 327

贸易与投资中的技术

中国在全球生产网络中的角色演进：特朗普贸易战的启示

······〔澳〕普雷玛－钱德拉·阿杜克拉拉（Prema-chandra Athukorala）/ 347

中国对外直接投资与逆向知识溢出 ················ 陈春来 / 373

强化"5 + 1"合作，促进"一带一路"建设

····················· 胡必亮　刘清杰　鄢　姣 / 392

中国创新务实的对外援助：从全球化塑造到重塑全球化

····················· 〔澳〕江诗伦（Lauren Johnston）

〔德〕马丽娜·鲁佳克（Marina Rudyak）/ 413

通向新增长的路径：人力资本、创新和技术变迁的驱动力量

宋立刚　蔡昉　〔澳〕江诗伦（Lauren Johnston）*

引　言

近年来，世界经济增长速度缓慢，其中2016年的增长率只比3%高一点。这种缓慢增长，增加了人们对近期中国金融部门及可持续发展前景的忧虑。同时，美、英等国的地缘政治冲击，放大了中国从出口、投资、资源密集型增长模式转向新经济增长模式的不确定性。

在2016年的书中，涵盖了中国经济范畴内的改革、能源、资源和气候变化等内容。本年度的这本书研究的是中国在推进人力资本、创新和技术变迁等新增长模式前沿方面所取得的进展。

中国踏上的新增长之路，正是今天的发达经济体在昨天所走过的道路。它涉及创新和技术等无形生产要素成分对诸如土地、劳动力和物质资本等可见生产要素成分的替代（Maddison，1982）。然而许多国家在试图加入高收入经济体行列过程中却发展停滞了——这种情景被称作"中等收入陷阱"（Eichengreen et al.，2013）。

对中国而言，向新型和具有先进增长驱动力发展方式转型开辟了一条可持续的经济发展道路。它意味着减少对诸如钢铁和建筑业等资源与污染

---

* 感谢杨晟朗在搜集本章所使用数据时提供的帮助。

密集型产业以及劳动力密集型和低端型制造业等的依赖；它意味着面向消费、服务、高附加值制造业和创新等新增长模式的转型。当前，中国在诸如高铁交通发展①、高附加价值制造业包括超速量子计算、航空业②和航天技术③等高新技术产业取得了巨大的进步。类似地，中国还在降低经济发展的负面环境溢出效应和培育高技术制造业方面取得了进展——至少在太阳能电池板、风力发电机和新材料技术等新能源技术领域，中国已经达到了世界先进水平。

今年这本书深入研究了人力资本、创新和技术变迁在影响中国经济增长模式和中国经济总体发展格局中的作用。首先，我们考察了宏观经济最新发展情况以及教育和创新发展的趋势。其次，我们还研究了结构变化是如何为中国获得一系列更先进增长驱动力做好准备的。

宏观经济发展

相比 21 世纪初前十年两位数字的增长速度，中国经济当前正以一种持续更慢的"新常态"速度在增长。尽管如此，中国经济仍比其他绝大部分经济体的增长速度更快。图 1 显示中国经济 2016 年增长速度为 6.7%，并说明了中国经济持续减速增长的情况。在一些行业，这种增速下降带来了严重的产能过剩问题。不仅产能过剩必须得到管理，还需要解决的问题包括当代经济变化特征的不确定性以及因金融部门融资不平等导致的风险和问题等重大挑战。

最近十几年，中国在转向家庭消费、减少对大型固定资产投资依赖以实现经济再平衡方面，取得了巨大的进展（见图 2）。正如中国新增长模式要求的，第三产业部门相对规模持续增长。2016 年第三产业占国内生产总值（GDP）的比重为 52%，同期第二产业（2016 年为 40%）和第一产业（2016 年为 8%）的相对规模在持续下降（见图 3）。

---

① 截止到 2017 年，中国高铁里程已经达到了 2.2 万公里。
② 中国的第一架商用喷气式飞机（C919）已经于 2017 年 5 月 5 日试飞。
③ 这包括中国有望在 2022 年开始拥有和运营世界上唯一的一座空间站。

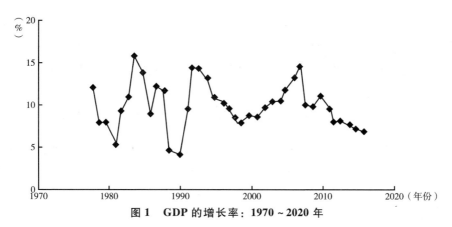

图 1　GDP 的增长率：1970～2020 年

资料来源：《中国统计年鉴》（历年数据）。

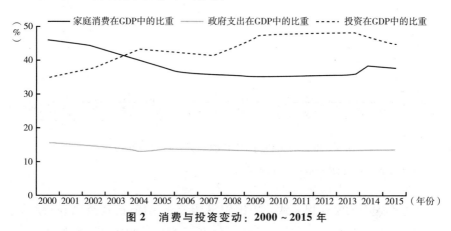

图 2　消费与投资变动：2000～2015 年

资料来源：国家统计局（历年数据）。

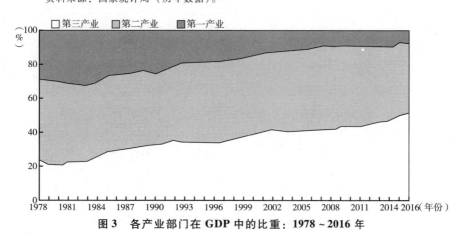

图 3　各产业部门在 GDP 中的比重：1978～2016 年

资料来源：《中国统计年鉴》（历年数据）。

中国的新增长模式降低了出口作为经济增长驱动因素的重要性。在过去30年的改革进程中，中国受益于一个更有利的贸易环境。中国出口占GDP的比重，从1980年的5%上升到2006年37%的峰值（见图4），但从那以后开始下降。

2013年中国已经超越美国成为世界上第一大贸易国，并保持这一地位至今。

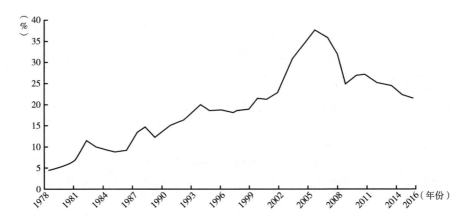

图4　中国的出口占GDP的份额：1978～2016年

资料来源：《中国统计年鉴》（历年数据）。

与新经济增长模式相一致，中国贸易顺差占GDP的比重已在持续下降（见图5）。中国全部外汇储备也有较大幅度下降，到2016年外汇储备余额下

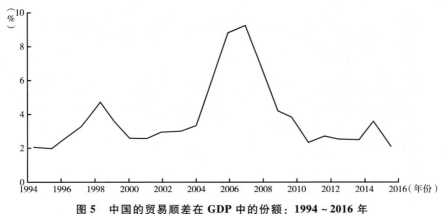

图5　中国的贸易顺差在GDP中的份额：1994～2016年

资料来源：《中国统计年鉴》（历年数据）。

降为 3 万亿美元。在经历长期货币升值和更大的升值压力后，近期状况开始转变为人民币对美元的贬值压力。

中国贸易顺差下降缓解了全球经济失衡的压力；然而，中国经济的出口导向下降也导致全球贸易增长减速。2012 年以来，中国经济增长速度的调整已经成为全球经济活动中贸易量下降的主要因素。

直到全球金融危机（GFC）发生之前，中国占全球贸易份额的增长速度相比其自身产出占全球份额的增长速度要快得多，但金融危机发生之后，中国在全球贸易份额中的增速则慢了很多（见图 6）。

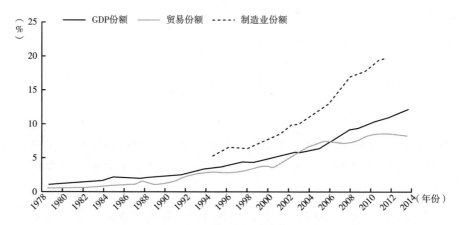

图 6　中国 GDP 和贸易在全球总量中的份额：1978 ~ 2014 年
（以 2010 年不变美元计算）

资料来源：世界银行（databank. worldbank. org/data/home. aspx）和《中国统计年鉴》（各年数据）。

来自世界大型企业联合会（2015）的数据表明，中国在经历几年停滞之后，2015 年全要素生产率（TFP）有了温和的增长。根据一些测算结果，自 2008 年以后全要素生产率对中国 GDP 的贡献率已经持续下降（见图 7）。这可以用为应对全球金融危机而推出的财政刺激计划引致的大规模投资来解释，这些大规模投资导致资本回报率的大幅下降。最近几年，劳动力供给数量的下降和城市化速度放缓以及较高的储蓄率导致了资本/劳动比例更高以及资本生产率增长的放缓。劳动年龄人口在总人口中的比重，也在 2012 年以后持续下降。

这些因素是中国越来越迫切需要探索新型发展道路以提升生产率的重要原因。

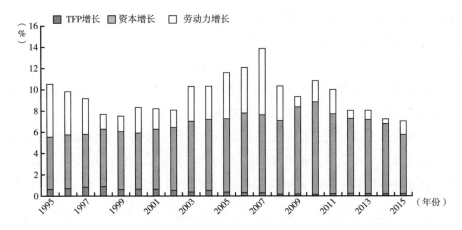

图 7　中国 GDP 增长率的分解：1995～2015 年

注：增长率采用对数差分的方法进行计算。

资料来源：美国经济咨商局（2015）。

　　在过去几十年里，中国在发展人力资本、创新能力和技术潜力方面实现了巨大跨越。要将这些因素转化为增长驱动力，帮助中国跨越"中等收入陷阱"从而步入高收入国家行列，就要将各种资源配置到最富有生产率的用途上去。这就要求进行结构性改革。

　　在最新若干期"中国经济前沿"丛书中，我们多次强调了中国新增长模式的结构性改革的重要性。2017 年这本书集中讨论的是人力资本、创新和技术在进一步促进经济增长中的作用。

人力资本

　　教育和技能的改进，可以在相当大程度上提高劳动生产率和劳动者收入。但吸收和使用物质资本的能力，可能会受到人力资本投资和其他因素的限制。于是，在教育和技术进步的主体之间存在十分紧密的联系（Thirlwall 和 Pacheco - Lopez，2017）。

　　人均人力资本水平的上升有助于普通人更好地发现和分享各种思想。以 OECD（经济合作与发展组织）国家为例，在 20 世纪的下半叶，如果新的制度改变了激励，可资利用于生产和分享思想的人力资本比重就会持续上升。结果在像中国或印度这样的国家存在巨大潜力以实现类似的经济和创新驱动转型。甚至有可能的是，技术前沿在可预见的将来能够持续增长，当然谁知道呢，也许这个世纪相比上一个世纪将会出现更为显著的增长（Jones and Romer，2010）。

特别是对中国而言，每个工人的人均资本量在其发展新阶段必须上升。依据新古典增长理论，在其他条件不变的情况下，人均资本量的上升会导致资本报酬递减。防止资本报酬率递减的有效方式就是提升每个工人的人均人力资本水平，从而维持生产率的持续增长。为了实现这一目标，中国可能将得益于其自身特殊的劳动力结构。在此劳动力结构中，人力资本向更年轻的劳动力方向高度倾斜。这就隐含地为经济增长赋予了新的生产力潜能，这种生产潜能不是向包含老龄工人人力资本的经济开放，而是更加接近包含了更年轻劳动者加入的经济。

在 21 世纪即将到来时，回顾教育在中国的优先地位，世界银行的观点（World Bank，1999；同时可参考 2013 年版本）支持了教育与经济增长之间的正向联系，认同了教育的重要性与日俱增：

> 随着全球化的深入、市场竞争的加剧以及经济对知识和信息的依赖程度的加深，这种联系不断得到强化。在全球经济中，技能正在替代其他生产要素成为比较优势的基础；一个国家的经济实力将在更大程度上依赖于其发展、利用和管理自身人力资源的能力。

生产率的持续改进，将有望成为中国政府在 21 世纪促进经济增长的一种基本机制。在整个改革过程中，教育始终对中国经济增长发挥着重要的作用。教育政策的转变带来了高等教育的快速变化（见图 8），最近若干年，教育支出占 GDP 的比重也在不断增加，甚至已经接近发达国家水平（见图 9）。根据 Jones 和 Romer（2010）的叙述，"高学历劳动力的不断增加，使得技术进步朝着其自身的方向发生变化"。

不过，中国需要做出更大努力以提升各层次的教育质量并创造一个人力资本投资得到适当承认和尊重的社会环境。在大学部门中，中国在过去二十年中通过诸如"985 工程"和"211 工程"等建设，进行大量的投资从而确

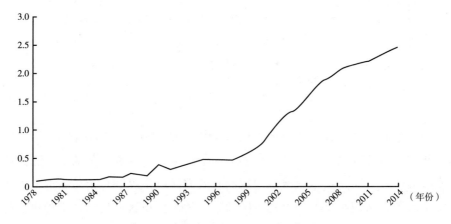

图 8　每百人大学生人数：1978～2014 年

资料来源：《中国统计年鉴》（历年数据）。

保这个国家成为一些世界级大学的摇篮。根据 2017 年泰晤士高等教育世界大学排名，北京大学和清华大学在世界前 100 名大学中分别位居第 29 名和第 35 名。如果中国希望成为一个更具有创造性和更高生产率的国家，那么在这一方向上继续投资是非常重要的。

通过改善制度（从而激励）以充分利用人力资本增长红利，是维持中国未来经济增长和促进全球增长、改善全球福利水平的另一把钥匙（Glazebrook 和 Song，2013）。

创新和技术

在过去半个世纪中，有关经济增长的相关文献已经认识到了技术变迁的重要性。发明与创新是技术变迁的来源，还可以创造出可能溢出的知识，而接受这些知识溢出的经济实体可能并不需要为获得此原创知识付出多大成本（Hall 和 Rosenberg，2010）。这表明，有必要制定相关政策以鼓励在这些经济活动上的适度投资水平（Arrow，1962）。

为了鼓励创新，中国政府和中国的工业企业越来越多地投资到研发活动中来（见图 9）。

在几个关键性部门包括交通运输、空间技术和电信等部门，技术变迁一直在促进这些部门的加速发展。竞争加剧、政府补贴以及通过改革开放获得向海外前沿市场学习的机会，都支撑了这一进程的发展。相关的有利因素包

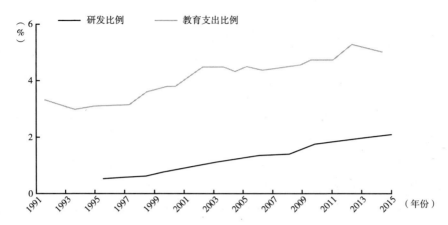

图 9　中国的研发支出和总教育支出在 GDP 中所占的比重：1991～2015 年

资料来源：《中国统计年鉴》（历年数据）。

含了企业与科研机构包括大学的合作，以及这些研发激励的强化，等等（见图 10）。

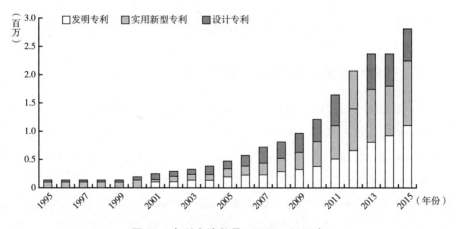

图 10　专利申请数量：1995～2015 年

资料来源：《中国统计年鉴》（历年数据）。

这些努力是为了支撑中国技术发展，并同时保持着向其他国家不断地学习。中国的目标，就是要在全球技术前沿中做出越来越大的贡献。

在此背景下培育私营企业家才能是非常重要的。通过降低和消除私营企业进入行业的壁垒，并为成长型的行业提供基本服务——尤其是金融和银行业服务等方式，都可以使强化竞争与提升资源有效率利用的目标得到支持。

越来越多的私营企业参与到服务行业中，也提高了私营部门获取资源尤其是资本和信贷资源的能力。这一点对于私营部门创新和发展来说至关重要。

那些寻求提升私营部门在关键资源配置中重要性的政府政策和规章制度，将会驱动中国生产率的提升（Son 和 Song，2015）。

对于政府和企业等相关机构来说，寻找恰当的方式提升研发支出的效率和有效性，是一项重要的课题。

我们生活在一个现代技术越来越多地影响着我们生活方方面面的全新时代。令中国正付出极大努力拥抱整个国家的这些最新发展，仍面临巨大的挑战。本期 2017 年专辑试图对人力资本、创新和技术变迁在转型经济中的作用做深层次分析，并讨论在何种方式上中国的经历为中国自身和其他国家提供一些重要的经验教训。

本书的结构

第一部分：改革与宏观经济发展

四个章节对中国当前宏观经济发展提供了不同的研究视角。首先，Cai 和 Zhang（第 2 章）解释了中国在"新常态"增长时代的新改革挑战。接着，Huang 等（第 3 章）解释"稳中求进"的政府目标。作者们概述一个新经济指标以度量这种"进度"，并将注意力转移到稳定尤其是金融部门稳定的议题上来。Yao 和 Wang（第 4 章）估计了成功实现内部收敛以维持中国长期增长的潜能。Woo（第 5 章）将国内"新常态"与唐纳德·特朗普当选美国总统和英国"脱欧"事件引发的国际"新常态"联系起来，从而充实了第一部分的内容。

Cai 和 Zhang（第 2 章）解释了经济增速放缓的"新常态"背景下新型和持续的政策变迁。他们注意到现在的改革变得更加困难，尤其是许多必要改革已经从"帕累托改进"——此改进下大部分人受益且没有人存在福利损失——转向了"卡尔多改进"，而"卡尔多改进"要求在改革的成功者和失败者之间实现一种平衡。在此具有挑战性的背景下，改革的关键领域包括法制改革和产权保护改革，产业政策向竞争性政策的过渡，以及实现市场和政府在决定资源配置中的最优化作用。作者注意到，界定市场和政府边界是一件非常实际的事情并且在赶超阶段这种平衡下的扭曲更为明显。与其他主要经济体和国家相比，中国政府拥有相当大份额的国民财富。为了改革激励机制，政策制定者现在必须更好地理解与改革相关的成本或收益，并致力于在政府与社会发展路线图上达成共识。这种转变，不仅将更好地支持更大的竞争与更强的企业家精神，还将确保持续深入的改革进程得到多方支持。

Huang 等（第 3 章）解释，增长放缓和金融风险一起，导致 2016 年 12 月召开的中央经济工作会议和 2017 年 3 月召开的全国人民代表大会（NPC）决定将经济政策目标定为"稳中求进"。这意味着积极的财政政策和稳健的货币政策，在增加汇率灵活性的同时保持基本汇率的相对稳定，将防范系统性风险作为宏观经济政策的首要任务。在这一章，经济动能的提升来自周期性因素，包括公共基础设施的支出，这表明中期的不确定性。整体经济放缓和转型的不确定性，与昔日驱动经济增长的行业逐步失去竞争力、新型支撑行业未能替代它们息息相关。第 3 章中提出并着力阐明的新经济指数发现，新经济部门在当前经济总量中的比重已经达到 30% 左右。随着资源转移到新经济部门的比重越来越大，那么因目前较高比重投资进入旧经济部门引起的挤出效应就会越来越低，反而为经济可持续发展提供保证。随着时间演进，这种转变在通往新经济的发展之路上将直接或间接地缩小地区之间的发展差距。当前，东南地区在转型过程中仍领先于中国的其他地区。总体而言，这一过程将降低系统性金融风险，这种系统性金融风险在很大程度上与增长缓慢、高杠杆率、生产率低下以及政策缺乏灵活性息息相关。

Yao 和 Wang（第 4 章）检验了内部收敛——地区性、效率性和技术性收敛——如何维持中国长期增长。本章作者估计了中国三个地理区域以及全国的增长方程，结果发现不同地区存在不同的区域收敛速度、投资效率水平和技术进步速率。作者计算，中国的区域收敛能够提供 12 个百分点的增长红利，技术收敛可以使得中国的增长潜力提高三分之一，而两个内陆地区相对于东部地区投资效率的收敛对增速水平的效应并没有多大。

然而，现实情况是目前要实现这些潜在增长红利还存在诸多障碍：要将人才吸引到中国欠发达的内陆地区是非常困难的，同时还存在诸如僵尸企业问题等的结构性挑战。一旦扫清这些障碍，就会为经济收敛增加动能。

Woo（第5章）通过研究三个重要的议题结束了第一部分。这三个问题分别是：中国经济的轨迹；影响经济轨迹的政策选择；一些可能融合了国际经济关系中的附加元素。他特别研究了中国经济挑战中许多具有冲突性的解释，尤其是中国经济乐观主义者和悲观主义者之间的差别。通过使用新型分析框架将中国面临的政策挑战进行分类——分成"硬件"类和"软件"类——作者们提出改革日程表，从而帮助中国防止出现潜在的"制度缺失"。这一改革日程表包括：实现国有企业部门的结构性改革；资本、土地和劳动力市场的去规制过程；治理机制的结构性变革，例如户籍制度改革和农村土地所有权的改革等。不仅如此，在"国际新常态"——霸权稳定的缺失的大背景下，作者们认为，中国现在应该更加积极主动地以这些方式推动全球化，从而丰富前任中国国家主席胡锦涛提出的"和谐社会"理念，并将其进一步转换到"和谐世界"的概念。

第二部分：教育与人力资本

教育是人力资本积累的基石。随着时间的推移，中国在人力资本积累方面取得的进展和捕捉这种生产力红利的趋势相互交织在一起。本书的第二部分考察了这个故事的两个方面。首先，Golley 和 Kong（第6章）将1940年后50多年间出生的中国公民受教育情况进行了对比，发现了不同时期削弱中国教育体系机会公平的众多影响因素。其次，Yang 和 Zhou（第7章）使用中国的投入—产出表研究了无形资本在中国分行业部门的重要作用。

Golley 和 Kong（第6章）发现，如果以 OECD 国家平均水平为基准，中国的劳动力受教育程度普遍较低。在此背景下，以及基于消除中国与前沿经济体差距的愿望，作者研究了1940年后50多年间出生的中国公民受教育状况，并研究了中国与其他国家的差距是否由"机会不平等"所驱动。从中国家庭跟踪调查（China Family Panel Studies，CFPS）获得的数据，提供了农村和城市人口的受教育年限信息。在识别出重要的受教育程度决定因素后——这些因素中最重要的是中国的户籍体制、父辈受教育水平和出生群组特征（birth cohort）——作者计算了机会不平等在全部教育不平等中所占的比重。他们得出结论并呼吁采取相关政策以降低那些放大中国受教育程度不平等因素的影响，尤其是在考虑到中国试图转型成为一个高附加值和富有创造性经济体的今天。

Yang 和 Zhou（第 7 章）使用中国投入—产出表的数据研究了无形资本在中国分行业部门的重要性。在此过程中，本文作者还在数据质量较差的情况下提供了一个新的方法度量无形资本对于经济体的作用。他们发现，无形资本的增长可以解释 1997～2012 年全要素生产率（TFP）增长的 20% 左右。这一结果在各种形式的敏感性分析下都是稳健的。研究发现，在部门水平上，中国的 R&D 在农业领域比经济竞争力和计算机化信息的重要性大得多，但是经济竞争力在服务业和轻工业中比 R&D 和计算机化信息更为重要。

第三部分：创新与生产率

第三部分更加详细地解释了中国是如何向一个更具创造性的经济体转型的。首先，Wei 等（第 8 章）使用了企业层面的数据研究发现，虽然在竞争资金上与国有部门相比存在劣势，但是私营企业通过更多地参与国际市场发现更富创造性的方式，以适应劳动力成本的上升，从而推动中国沿着提升劳动生产率和制造业价值链的方向转型。Wu 等（第 9 章）展示了中国各省的生产率增长率。他们发现，当前中国内陆地区的劳动生产率收益要普遍高于沿海地区，而沿海地区服务业的增长毫无疑问地具有稳健的表现，从而可以保证这些地区未来时期的可持续增长。

Yang 等（第 10 章）发现，地区性创新能力在决定中国区域收敛速率过程中起着决定性作用，并且认为应该在制定降低中国区域经济不平等政策时，将其纳入考察范围。

Yin 和 Mao（第 11 章）研究了企业层面的专利申请及其对研发支出的效应。他们发现，由市场驱动的专利申请数和专利持有数都是与企业高研发活动水平相关的重要因素。

最后，Krolikowski（第 12 章）研究了中国前沿航天与航空科研社群中的文化习惯和产业进程。

Wei 等（第 8 章）提醒我们，中国还存在人口规模挑战的问题。通过充分挖掘人口优势和工资成本优势，积极参与国际互动和开展市场化改革，中国已经获得了超过三十年的高速增长，但现在面临着工资不断上涨和劳动力逐渐减少的问题。未来的增长必须更多地依赖于创新和不断提升的生产率。

第8章评估了中国做出这种成功转型的可能性。他们使用经过匹配的企业层面数据，包括专利申请数、专利收入、专利引用等数据，以及对工业企业的调查数据。评估发现，紧抓国际新机遇和适应劳动力成本的上升是中国越来越成为具有创造性经济体的两大因素。其中一个结果就是中国出口产品的质量在不断上升，但现实情况还存在因资源错配影响创新效率的证据：国有企业收到了更大份额的创新补贴，而私营企业才是更成功的创新者。作者认为，如果这种资源错配的问题得到解决，那么中国经济通往创新驱动转型的进程就会更快。

在第9章中，Wu等注意到，创新和企业家精神作为中国经济的新驱动力越来越重要，甚至还导致了对中国生产率增长重要性和动态的激烈讨论。作者展示了这一领域的最新文献。绝大多数文献认为，尽管最近几十年里全要素生产率对中国经济增长带来了积极显著的贡献，但是最近几年中国的全要素生产率和经济增长率都在下降。这种下降的趋势是否会持续，对中国经济发展具有重要的启示。多少令人乐观的是，本章展示的最新估计结果显示中国内陆地区保持了高增长，并在所有部门全方位超越了沿海地区：第一产业、制造业和服务业。尽管中国沿海地区制造业部门的TFP有所下滑，但沿海地区服务业部门的TFP增长仍然是稳健的，这将有助于保持这些地区未来一段时间内的可持续增长。

Yang等（第10章）提供了中国31个省、自治区和直辖市在2001～2015年人均真实GDP收敛的经验分析。他们研究了创新能力对经济收敛的影响并发现三个关键性的结果：（1）在考虑空间效应之后，中国区域经济发展同时具有条件收敛和绝对收敛的特点；（2）地区经济发展的收敛趋势是不断递增的；（3）一旦考虑了区域创新能力，中国区域经济的收敛速率就会下降。换句话说，创新能力对于经济收敛速度具有显著的效应。这意味着，如果中国沿海地区过度集中的创新资源没有更好地向全国溢出，那么中国经济发展就会经历创新驱动的区域发散。在制定创新政策的时候，政府部门应该将注意力集中到空间互动关系上。

在第11章，Yin和Mao使用2013年国家专利调查数据研究了中国专利保护与企业研发支出的因果关系，进一步考察企业专利动机、专利数量及结构和保护途径选择三类因素对专利保护研发促进作用的调节效应。研究发现，与传统市场动机相比，强专利保护不能促进基于行政驱动和战略驱动的企业继续增加研发投入；专利积累规模对专利保护的研发促进作用具有显著的正向影响，而专利结构对专利保护研发促进作用的影响有限；行政保护的利用对研发推动作用具有积极的影响。由于专利动机对于后续创新具有重要影响，本章的政策启示在于，中国的政策制定者在对创新者开展激励的时候需要更加注重专利动机管理；相关企业或整个国家应该鼓励提升专利质量而非仅仅专利数量。此外，中国独特的司法与行政专利权保护双轨制及其保护机制的完善均有益于提升专利保护的创新激励效果。

Krolikowski（第 12 章）为可能是世界上进展最快的航天计划，做了一个精彩的介绍。不仅如此，中国还准备随时进入全球飞机制造业中技术要求较高的"大飞机项目"。在这个动态系统内，第 12 章告诉我们，这些特殊的专家群体是符合分享专业化知识和文化的。他们同时集中于中国两大国有的国防工业集团——中国航天科技集团（CASC）和中国航天科技工业公司（CASIC）——许多政府部门、军事机关、科技大学和一些研究机构。他们的文化随着时间越来越精英化，但这些机构和不同领域的专家仍然普遍保持着相对的孤立性。即便如此，他们却在形成中国创新政策的过程中起到了独特作用，特别是人造卫星和运载火箭制造上长期的国家控制理念。理解这些科研团体的文化和层次结构以及他们与政策制定者、国家目标之间的互动关系，可以揭示中国为何在航空部门的高科技前沿取得如此的进步。

第四部分：部门技术变迁

关键经济部门的技术变迁，在这一宏大的转型叙事中处于核心的位置。第四部分包含了三个章节，分别研究了第一产业、第二产业和第三产业部门。

Shenget 等（第 13 章）展示了提升中国农业部门机械化水平和不增加平均农场规模前提下提高生产率的有趣想法。Jiang（第 14 章）考察了可再生能源技术，并对中国水电、风能、太阳能和生物能源的产业结构和取得的进展进行彻底的剖析。Kendell 和 Lees（第 15 章）通过对中国前沿融资形式的探索，丰富了第四部分的内容。他们解释了中国金融政策制定者在推动回购市场上的娴熟操作，这种回购可以被认为是这个国家出现的一种新型和越来越重要的短期融资模式。

Shenget 等（第 13 章）解决的问题是发展中国家农业生产中生产率增长长期受约束的问题：农场规模较小。作者们认为，除了将小型农场集中为大型农场，合约机制服务（特别是资本服务外包）可以作为提升农场生产率的一种替代路径。这反过来又可以提升中小企业的资本劳动比，从而弥补我国早期土地改革对农业生产率持续提高的影响。这种制度创新通过规模报酬递增和前沿技术的方式，为中国的小型农户提供持续提升生产率的机会，而不需要令人望而却步的大规模投资。然而，他们指出目前市场化的资本外包机械化服务仍然受到市场摩擦、高昂交易成本与中国制度性壁垒的约束。于是，这就要求进行一定的制度创新，以降低市场交易成本、推动机械化外包服务的使用，从而协调农业生产的农场小型规模与土地集约化改革之间的矛盾。

在第 14 章中，Jiang 揭示了中国在可再生能源开发方面取得的领先地位。中国可再生能源产能占到了全球总量的三分之一左右，特别是 2011 年之后这一行业保持了强劲的增长。其中，增长特别迅猛的当属太阳能的发展，在此期间年均增速达到 110%。政策的大力扶持引致了技术进步和价格的大幅度下降。第 14 章描述了这些趋势，特别是中国在水电、风能、太阳能和生物能源产能和产业化发展方面的发展趋势。中国政府承诺，达到巴黎协定所确定的气候变化相关目标。作者强调，中国实现能源转型和清洁空气目标，是实现应对国际气候变化目标的中心议题。

Kendell 和 Lees（第 15 章）研究的是回购协议市场。对中国的金融机构来说，这是一项重要的短期融资来源。作为中国人民银行公开市场操作、管理国内流动性条件的工具，回购协议很有可能作为一种越来越重要的货币政策传导渠道。作者描述了中国回购市场上的特征。作者最开始集中于银行间市场，然后考察了它的最新发展及其对债券市场的影响。他们的研究显示回购协议在过去两年中利率更低波动更小，反而导致了金融市场上更大的风险性行为，在形成与应对这些发展趋势过程中，中国的政策制定在不断变化。

第五部分：技术与贸易、投资

第五部分研究了中国在全球贸易、投资和开发性金融方面取得的创新性进展。Athukorala（第 16 章）研究了中国在东亚生产网络演进中贸易余额的变化，尽管在国际上被大肆宣扬，但本章发现的矛盾之处是，针对中国的惩罚性关税反而可能损害竞争对手的国际商业利益，这种损害远超对中国利益的损害。Chen（第 17 章）使用了中国 30 个省份在 2004～2014 年的省级层面数据，研究了中国对外直接投资（OFDI）对自身经济增长的影响。

本书最后两章致力于中国著名的"一带一路"倡议及其推动新型全球化的重要议题。Hu 等（第 18 章）研究了现有的经济类型并提出了加深中国与"一路"国家经济联系的政策建议：这些国家是欧亚经济联盟（EEU）的五个国家。Johnston 和 Rudyak（第 19 章）在中国新型全球化研究上做出了贡献。他们反思了中国政治与经济上的变化，识别了塑造中国全球化特征的影响因素，并将此作为理解中国可能如何重塑全球化的一种途径。

在第 16 章，Athukorala 研究了中国在东亚全球生产网络中角色演进对应的含义。这一章的内容阐述了近期不断上升的国际贸易摩擦以及区域性和国际性生产网络的重要性。他认为，中国与许多经济体之间的贸易失衡是一种结构性现象，这种结构性现象是由全球生产分工进程以及中国在东亚——全球生产网络的中心——长达几十年的枢纽地位决定的。全球生产分享是经济全球化的一部分，从而潜在的中美贸易差额要比使用标准的贸易流分析复杂得多。中国的最终装配产品出口网络不仅在东亚和经合组织（OECD）之间相当密集，而且迅速扩展到非洲、拉丁美洲和中东地区。结果，对中国的惩罚性关税势必也会面临着美国商业利益集团的反对，而且其对全球生产网络流的影响可能比通常想象的破坏性低得多。

Chen（第 17 章）发现，无论是省属企业的 OFDI 还是中央直管国有企业的 OFDI，都对中国省域经济增长具有显著的正向影响。OFDI 对省域经济增长的积极影响可能是从 OFDI 向省域经济所在地逆向知识溢出的结果，其中包括：示范效应和模仿效应、劳动力流动、前向和后向产业联动、信息流、推动本地企业出口、帮助母国经济的产业重构和技术升级等，从而提升当地企业生产率和生产效率，促进母国经济增长。总体而言，这个研究提供的很强的经验证据表明，OFDI 对中国经济增长做出了积极贡献。相关政策应该瞄准开发一套更为开放化和市场化的 OFDI 机制，鼓励研发和技术开发以提升母国经济中本国企业的所有权优势，并鼓励母国经济中跨国企业（MNEs）与母国经济中本国企业之间的互动，从而强化和加速从 OFDI 这种积极的逆向知识溢出效应向中国经济扩散。

Hu 等在第 18 章中研究了中国与欧亚经济联盟——俄罗斯、白俄罗斯、哈萨克斯坦、吉尔吉斯斯坦和亚美尼亚五国的"5 + 1"合作。这些国家处于中国"一带一路"倡议的"一带"的中心位置上。作者对中国和欧亚经济联盟国家之间的资源禀赋进行了对比，并围绕着基础设施建设的双边和全球性联系以及深化的贸易与投资联系的相关潜力展开了检验。作者给出一系列的政策建议以深化中国与欧亚经济联盟五国之间更大的经济合作。这些政策建议包括：鼓励更深层次的金融一体化——直接通过在欧亚经济联盟五国中建立中国的金融机构及间接通过提升基金水平和改善发展项目机制等方式来实现。类似地，在区域内更大规模地使用人民币将有助于降低货币的不稳定性，而货币不稳定在近期是一个重要的问题。除了金融之外，作者建议开放更多的自由签证促进人口流动、强化贸易与产业政策之间的协调，并将其作为提升成员国之间更大经济活力的各种机制。

作为 2017 年专辑的结尾，Johnston 和 Rudyak（第 19 章）的这一章可以看作中国新型全球化议程中最重要的特征之一：对外援助和开发性金融。2017 年初在达沃斯世界经济论坛的大会演讲中，习近平主席提出，中国应该"适应和引导好经济全球化，消解经济全球化的不利影响，让它更好地惠及每个国家、每个民族"。在陈述中国将在全球化中发挥更大领导作用的目标包括向其他发展中国家提供更多有利条件时，习近平关注到了中国对外援助对促进全球增长的重要作用。因为理解中国自身对外援助的有关经验，可以揭示新型全球化议程的潜在方向，所以作者们给出了一个大事年表以解释中国将如何以及为什么要通过更加积极地重塑全球化来发展自身和其他发展中国家的经济利益。非洲一直就是中国对外援助政策中非常重要的焦点地区，这是因为对外援助的一半流向非洲地区也是"一带一路"倡议的焦点问题。

参考文献

Arrow, K. (1962), Economic welfare and the allocation of resources for invention, in R. R. Nelson (eds), *The Rate and Direction of Inventive Activity*, pp.609–626, Princeton, N.J., Princeton University Press. doi.org/10.1515/9781400879762-024.

The Conference Board (2015), *The Conference Board Total Economy Database*, New York: The Conference Board. Available from: www.conference-board.org/data/economydatabase/.

Dosi, G. and Nelson, R. R. (2010), Technical change and industrial dynamics as evolutionary processes, in B. H. Hall and N. Rosenberg (eds), *Handbook of the Economics of Innovation: Volume 1*, Amsterdam: Elsevier. doi.org/10.1016/S0169-7218(10)01003-8.

Eichengreen, B., Park, D. and Shin, K. (2013), *Growth slowdowns redux: New evidence on the middle-income trap*, NBER Working Paper No. w18673, National Bureau of Economic Research, Cambridge, Mass.

Glazebrook, K. and Song, L. (2013), Is China up to the test? A review of theories and priorities for education investment for a modern China, *China & World Economy* 21(4): 56–78. doi.org/10.1111/j.1749-124x.2013.12028.x.

Hall, B. H. and Rosenberg, N. (2010), Introduction to the handbook, in B. H. Hall and N. Rosenberg (eds), *Handbook of the Economics of Innovation: Volume 1*, pp. 3–9, Amsterdam: Elsevier. doi.org/10.1016/S0169-7218(10)01001-4.

Jones, C. I. and Romer, P. M. (2010), The new Kaldor facts: Ideas, institutions, population, and human capital, *American Economic Journal: Macroeconomics* 2(1): 224–245. doi.org/10.1257/mac.2.1.224.

Maddison, A. (1982), *Phases of Capitalist Development*, Oxford: Oxford University Press.

National Bureau of Statistics of China (NBS) (various years), *China Statistical Yearbook*, Beijing: China Statistics Press.

Son, N. C. and Song, L. (2015), Promoting private entrepreneurship for deepening market reform in China: A resource allocation perspective, *China & World Economy* 23(1): 747–77.

Thirlwall, A. P. and Pacheco-Lopez, P. (2017), *Economics of Development: Theory and Evidence*, London: Palgrave Macmillan. doi.org/10.1057/978-1-137-57795-5.

World Bank (1999), *Strategic goals for Chinese education in the 21st century*, Report No. 18969-CHA, The World Bank, Washington, DC. Available from: documents.worldbank.org/curated/en/203951468768863829/Strategic-goals-for-Chinese-education-in-the-21st-century.

World Bank (2013), *China 2030: Building a modern, harmonious, and creative society*, Report No. 76299, The World Bank, Washington, DC. Available from: documents.worldbank.org/curated/en/781101468239669951/China-2030-building-a-modern-harmonious-and-creative-society.

改革与宏观经济增长

改革红利推动中国经济持续增长

蔡　昉　张晓晶

一　绪论

改革开放是过去近四十年中国实现经济奇迹的关键，也将是决定当代中国命运、实现中华民族伟大复兴的关键。十八大特别是十八届三中全会以来的新时期改革宗旨：一是坚持和发展中国特色社会主义，不断推进中国特色社会主义制度的自我完善和发展，进一步解放和发展社会生产力、继续充分释放全社会创造活力；二是解决中国发展面临的一系列突出矛盾和问题，实现经济社会持续健康发展，不断改善人民生活；三是在开放体系与全球制度竞争中保持社会主义制度的活力。

改革只有进行时没有完成时。这显然并不仅仅是针对中国这样一个制度还没有成熟、定型的国家。其实，即使是成熟市场经济体比如美日欧等，改革与调整也是不断发生的。从全球范围看，制度的竞争以及为获取制度优势而衍生的改革竞争将是常态。从制度经济学角度，推动内在制度和外在制度演化的因素，不仅有对国际贸易和要素流动的被动反应，而且还有为更好地竞争市场份额和动员生产要素而对制度进行主动的调整。全球化已经导致了"制度（或体制）竞争"（柯武刚、史漫飞，2000）。特别需要指出的是，2008 年全球金融危机以来，再平衡、结构调整与改革成为全球发展的主旋律。十八届三中、四中、五中、六中全会对中国的改革做了全面部署，而美、欧、日也纷纷推出结构性改革计划与长期增长战略，改革竞争的序幕已然拉开。

能否持续推进改革是一个国家能力的体现。苏格兰思想家爱德蒙·伯克（Burk，1790）在《法国革命的反思》中说：一个国家若没有改变的能力，也就不会有保守的能力。没有这种能力，它将不免冒着一种危险：即失去其体制中它所最想保存的部分。这是从最深层次揭示出改革的原动力：全面深化改革，正是为了"保有"社会主义制度的不变色。

在全球制度竞争与改革竞争的大背景下持续推进自身改革，可以说是中国改革最重要的逻辑。小平同志在 20 世纪 80 年代曾说过：改革的意义，是为下一个十年和下世纪的前五十年奠定良好的持续发展的基础。没有改革就没有今后的持续发展。所有改革不只是看三年五年，而是要看二十年，要看下世纪的前五十年。这件事必须坚决干下去（邓小平，1993）。

二　改革新特征

当前中国经济进入新常态，出现了"结构性减速"。这个时候，只有通过改革才能主动适应新常态，迈入增长新阶段。不深化改革，发展就难有活力、难以持续，甚至可能陷入"中等收入陷阱"。中国经济增长的态势，使得改革的紧迫性进一步凸显。与过去 30 余年相比，新时期的改革具有以下鲜明的特征。

改革进入深水区

改革进入深水区，所面临的多是重大问题和敏感问题，不少触及深层次社会矛盾，涉及利益关系调整，牵一发而动全身，有些多年一直想改但改不动，成为难啃的硬骨头。这种情况的出现，实际上与渐进改革道路的选择有很大关系，即一些容易改的都改了，剩下的都是硬骨头。此外，渐进改革也容易使一些集团利益固化，形成所谓"利益固化的藩篱"：一是利益的获取源于公权力的运用，二是获利主体远离改革要惠及的大众阶层。对既得利益阶层而言，藩篱是其利益的保护伞和护身符，但对社会大众而言，藩篱则是其获取利益的壁垒。利益固化藩篱已广泛渗透在城乡之间、地区之间、行业之间、国有民营经济之间以及不同社会群体之间，成为进一步深化改革的巨大障碍，抑制了经济社会的创造力，降低了资源配置效率，限制了社会成员向上流动的空间，减弱了改革的正能量。

改革不再是"帕累托改进"

利益调整是改革进程中躲不过的问题。过去的改革往往是"帕累托改进",绝大多数人能从改革中受益,现在的改革很可能是"卡尔多改进",利益增进和利益调整并存。这就需要我们算好改革的利益账,通盘评估改革实施前、实施中、实施后的利益变化,始终把群众利益放在第一位,统筹各方面各层次利益关系,善于算大账、总账、长远账,使改革的成果惠及绝大多数人。这就意味着"全面建成小康社会,任何一个地区、任何一个民族、任何一个人都不能落下",用底线的刻度标注改革的温度;意味着不仅要吃饱穿暖,更要活出高质量、精气神,实现"五位一体"的全面改善;意味着做大"蛋糕"又分好"蛋糕",创造更加公平的社会环境,让改革给人民群众送上看得见的好处,带去热腾腾的希望。

改革需要顶层设计与基层探索相结合

顶层设计主要解决四大问题,一是谋全局。改革是系统工程,并且利益矛盾扭结纠缠,零敲碎打的调整不行,碎片化修补也不行,必须是全面系统的改革和改进,是各领域改革和改进的联动和集成。因此要坚持顶层设计、谋划全局。二是指方向。有了改革的大方向,基层探索才会有准绳。三是划底线。就是什么事不能做,什么局面要避免,不犯颠覆性的错误。四是破僵局。正是因为改革进入深水区,才需要顶层推动,突破利益固化的僵局,打开改革新局面。在加强顶层设计的同时,也要鼓励基层探索。事实上,很多顶层设计只是宏观把握,改革要落地生根还是要到广阔的实践中去尝试;有时候在理论上难以破解的难题,可以在实践中找到答案。因此,鼓励基层探索创新,将实践中发现的问题、解决的方法、蕴含的规律及时形成理性认识,不仅可以更好地实现改革落地,更有助于制度创新。

改革需要问题导向与目标导向相统一

改革是由问题倒逼产生,又在不断解决问题中深化。因此,要有强烈的问题意识,以重大问题为导向,抓住关键问题进一步研究思考,着力推动解决中国发展面临的一系列突出矛盾和问题。只有牢牢抓住重要领域、重要任务、重要试点和关键主体、关键环节、关键节点,特别是抓好涉及重大制度创新的改革,统一行动、毫不松懈,才能以重点突破牵引和带动全局,不断开创改革新局面。在强调问题意识的同时，明确改革的总体目标同样必不可少。清晰的改革蓝图能够提升改革的系统性、连续性，增强改革者的紧迫感，使得改革在总体方案的指导下不断朝着既定目标平稳有序推进。如果说仅有问题导向可能会导致改革的"碎片化"（即只关注某些重点问题重点领域），那么，结合目标导向，以重点带全局、在全局视角下找重点，就能够做到问题导向与目标导向相统一。

改革要于法有据

新时期的改革强调：既要在法治下推进改革，又要在改革中完善法治，寻求改革与法治的最佳结合。只有在法治的框架内解决问题，寻求法治之下的"最大公约数"，做到重大改革于法有据，才能确保改革有秩序、不走样，行稳致远。改革重在突破，法治重在规范。全面深化改革，要勇于"破"，即冲破思想观念的束缚，破除体制机制的障碍，但"破"不是无边界、无底线，要沿着法治的轨道前行。"破"的最终目的还是要"立"，即形成一套更完备、更稳定、更高效的法律和制度。那种认为改革就是冲破法律的"束缚"，改革要上路、法律要让路的观点是不正确的。还有，现在与30多年前不同，中国已经融入世界，法治是人类文明的共同成果，中国需要以法治思维和法治方式推进改革，创造良好的国际环境。

三　改革新进展

十八届三中全会以来，全面深化改革取得很大进展，改革的四梁八柱基本搭就，改革新格局初步形成。特别是营造公平的竞争环境，创新政府资源配置方式，完善产权保护制度依法保护产权，推进民法典的编纂，强调产权制度是社会主义市场经济的基石等，对于明确改革方向和稳定社会预期起到了至为关键的作用。总体上，这些改革，都是围绕如何让市场发挥决定性作用以及更好地发挥政府作用展开的，是始于20世纪70年代末市场化取向改革的进一步深化。

营造公平竞争市场环境

在经济发展进入新常态，公平竞争对于提升经济的活力、效率，实现创新驱动，保持经济的可持续增长，尤为重要和紧迫。促进公平竞争的重点，主要有三个方面。

一是要打破地方保护。即着力破除地区封锁和地方保护，清除市场壁垒，促进商品和要素在全国范围内自由流动，形成真正统一的国内市场。事实上，只有国内市场的一体化形成，良性的地方竞争才有可能。

二是要打破行业垄断特别是行政性垄断。这里特别需要指出的是国有企业的行政性垄断。Li 等（2014）的研究发现，经过 1990 年代后期国企大规模的改革以后，中国经济形成一个垂直结构，即一些核心的上游产业（比如能源、金融、电力电信）依旧由国有企业主导和垄断，而绝大多数的下游产业（比如作为消费品的制造业和酒店，宾馆，娱乐等消费性的服务业）都已经放开，由民营企业占主导。在这种比较独特的经济结构中，下游的民营企业充分利用中国比较充足而廉价的劳动力，并利用 2001 年中国加入世界贸易组织的机会，在结构转型（即工业化）和贸易全球化的过程中不断壮大，带动了整个中国经济的快速增长。正是下游民营企业的生产规模的迅速扩张，使得它们对于上游的能源、电力、电信、金融等一系列关键性的投入品与中间服务的需求不断增大，而这些关键的上游产品与服务恰恰是被国有企业所垄断的，因此下游民营企业生产率越高，产出越多，出口越多，上游的国有企业就越能赚钱。[①] 目前存在于国有企业中的垄断，大多属于行政性垄断。所谓的行政性垄断，指的是政府将市场资源向部分企业倾斜，在资源分配、市场准入、政府采购等各个方面都将政府的利益输送到企业之中，保证企业在市场竞争中立于不败之地。只有打破国有企业的行政性垄断，特别是国有企业在一些竞争性领域退出，公平的竞争环境才能逐步形成。

三是从更注重产业政策转向更注重竞争政策。在经济赶超阶段，选择性产业政策能够发挥积极作用。这是因为，在技术跟随、引进和模仿阶段，政府可利用后发优势，以较低成本搜集前沿技术和新兴产业的各种信息，并据此确定技术路线、动员资源、组织攻关和推动技术发明的产业化，发展中国家百分之八十以上靠引进技术（Manyika et al.，2015）。但在后发优势逐渐

---

① 这就解释了为什么 2002 年以后国有企业的平均利润率反而超过了民营企业。比如 2011 年在进入世界 500 强的中国 57 家企业里，国有企业占到了 93%，而同年美国国企比例为 3%，法国为 11%；其中这些企业分布在最上游的 25% 的产业里的比例，中国接近 50%，是美国的 3 倍，法国的 5 倍（Li et al.，2014）。

缩小、前沿领域技术创新的不确定性增大时，政府掌握信息和做出正确决策的能力显著降低，"政府挑选赢家"的选择性产业政策的失败概率也越来越高。由于自主创新的不确定性非常大，需要有更加广袤的培养创新的土壤。只有更多的种子撒下去，才可能有较多的新苗长出来。因此，选择性产业政策要转向普惠性的产业政策，同时更加注重竞争政策，更多依靠市场来激励创新、发现创新。

创新政府配置资源方式

改革开放以来，随着市场化改革的不断深化，市场在资源配置中的作用日益增强，政府配置资源的范围和方式也在不断调整。

事实上，对广义政府资产的处置方式，正是我们这里要讨论的政府配置资源方式。我们可以从不同角度来看中国政府所掌握控制的资源。根据我们的估算：（1）从国有资产角度，目前（截止到2015年），国有资产（含国有非金融资产与国有净金融资产）占比接近40%（见图1）；（2）从广义政府净资产（即主权净资产）角度，2015年大约为100万亿元（见图2）。（3）从国际比较看，中国广义政府净资产占整个社会净资产的比重接近四分之一，而德国、日本占比不到1%，英国与美国则为负值（见图3）。当然，这样一个结果与中国的制度规定性（以公有制为主）以及发展阶段（政府主导的赶超发展阶段）密切相关。

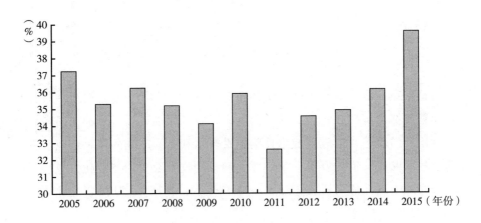

图1　企业部门国有资产占比变动趋势（2005~2015年）

资料来源：国家统计局；国家资产负债表研究中心；笔者估算。

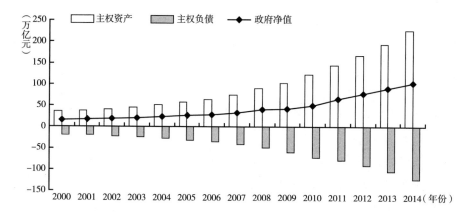

图 2 中国主权资产净值（2000～2014 年）

资料来源：国家统计局；国家资产负债表研究中心；笔者估算。

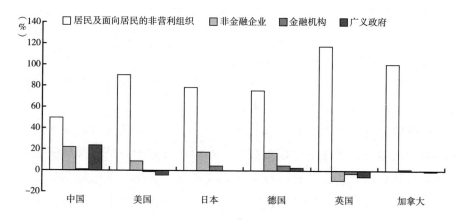

图 3 中国广义政府净值国际比较

注：中国的数据来自 2013 年，其他国家的数据来自 2014 年。加拿大的非金融企业和金融企业的数据合并到一起。中国的广义政府资产包括国有企业资产、非经营性资产、自然资源资产、国外资产、社会保障基金以及政府在中央银行的存款。

资料来源：国家统计局；国家资产负债表研究中心；笔者估算。

从国际视野看，政府在全球范围内持有的公共财富，即便保守估计，数目也十分惊人[①]。收益率仅仅提高 1%，也将给国库增加 7500 亿美元的收入（根据全球公共性的商业资产合计 75 万亿美元估算）（Detter 和 Folster，

---

① 这里的公共财富主要是指政府掌握的资产，没有考虑负债。如果以政府的净财富来衡量（即资产减去负债），则远没有这么多。

2015）。显然，这个数字里面还不包括自然资源、行政事业单位（如中国的科、教、文、卫）等大量非商业性（或非经营性）资产。正是因为中国政府拥有大量的资源，因此，创新政府配置资源方式，提高资源利用效率，就成为推进改革的重要方面。

中国政府配置的资源主要是政府代表国家和全民所拥有的自然资源、经济资源和社会事业资源等公共资源。为解决当前政府配置资源中存在的市场价格扭曲、配置效率较低、公共服务供给不足等突出问题，需要大幅度减少政府对资源的直接配置，创新配置方式，更多地引入市场机制和市场化手段，提高资源配置的效率和效益。

一是自然资源方面要以建立产权制度为基础，实现资源有偿获得和使用。法律明确规定对于由全民所有的土地、矿藏、水流、森林、山岭、草原、荒地、海域、无居民海岛、滩涂等自然资源，建立明晰的产权制度、健全管理体制，发挥空间规划对自然资源配置的引导约束作用；对无线电频率等非传统自然资源，推进市场化配置进程，完善资源有偿使用制度。

二是创新经营性国有资产配置方式：对于金融类和非金融类经营性国有资产，要建立健全以管资本为主的国有资产管理体制，优化国有资本布局，推动国有资本合理流动、有序进退和优化配置，提高国有资本配置效率和效益。第一，优化国有资本布局。推动国有资本向关系国家安全、国民经济命脉和国计民生的重要行业和关键领域、重点基础设施集中，向前瞻性战略性产业集中，向具有核心竞争力的优势企业集中。完善国有资本退出机制，研究国家持股金融机构的合理比例，对系统重要性金融机构保持控制力，对其他机构按照市场化原则优化股权结构，激发社会资本活力。第二，完善国有资本授权经营体制。建立以管资本为主的国有资产监管体系，改革国有资本授权经营体制，改组组建国有资本投资、运营公司，开展政府直接授权国有资本投资、运营公司履行出资人职责的试点。第三，建立健全国有资本形态转换机制。坚持以管资本为主，以提高国有资本流动性为目标，积极推动经营性国有资产证券化，实现国有资本形态转换，用于国家长远战略、宏观调控以及保障基本民生的需要，更好地服务于国家发展目标。

三是对用于实施公共管理和提供公共服务目的的非经营性国有资产，坚持公平配置原则，积极引入竞争机制提高配置效率，提高基本公共服务的可及性、公平性。其一，推进政事分开、管办分离。区分政府作为资源配置者和行业监管者的不同职能，创新和改进政府直接配置资源的方式，强化教育、医疗、养老、文化、体育等部门的行业监管职能。放开相关行业市场准入，放松价格管制，促进公平竞争。区分基本与非基本公共服务，理顺政府与事业单位在基本公共服务供给中的关系，推进政事分开、事企分开、管办分离。创新与事业单位运行相适应的制度体系，健全事业单位法人治理结构。其二，创新公共服务供给方式。建立政府主导、社会参与、自主运行、公众监督的多元化公共服务供给体制。各地区各部门可以根据需要和财力状况，通过特许经营、政府购买服务等方式，扩大和改善公共产品和服务供给。其三，推进非经营性国有资产整合与共享。在清产核资、界定产权的基础上，进一步打破部门行政化分割，构建共享平台，实现公共科技、教育、医疗、文化等资源开放共享。

完善产权保护制度

2016 年 11 月，中国发布了《中共中央 国务院关于完善产权保护制度依法保护产权的意见》，强调指出，产权制度是社会主义市场经济的基石，保护产权是坚持社会主义基本经济制度的必然要求；有恒产者有恒心，经济主体财产权的有效保障和实现是经济社会持续健康发展的基础。

大量国外文献一般认为中国的改革是"忽略"了产权制度的改革（例如，Murphy et al.，1992；Young，2000；Brandt 和 Rawski，2008）。但事实上，中国在产权制度方面有很多特色鲜明的探索，从而使得产权结构发生了积极变化。第一，在大一统的公有制经济中，人们通过承包制的办法，把部分的财产使用权从抽象的"全民""集体"中划分出来，重新界定给个人。农村的家庭联产承包责任制是这方面的典型案例。第二，重新承认了各种生产要素的私人所有权。资本、劳动、技术乃至企业家才能都可以被私人拥有、控制、支配。第三，被重新界定或承认的私人财产不断增加，财产需要进一步转让，以保值增值，于是市场交易应运而生，转让权、定价权、喊价权和还价权逐渐被确认，市场开始在资源配置中发挥作用，计划经济一统天下的局面被打破。第四，各类得到确认和保护的产权可以在股份制的制度框架下本着自愿的原则缔结契约，建立产权清晰的公司制企业（周其仁，2010）。

不过，改革尚未结束，产权界定与保护方面存在的问题与挑战不容低估。一是在国有产权保护方面，国有产权由于所有者和代理人关系不够清晰，存在内部人控制、关联交易等导致的国有资产流失问题；二是在私有产权保护方面，利用公权力侵害私有产权、违法查封扣押冻结民营企业财产等现象时有发生；三是在知识产权保护方面，知识产权保护不力，侵权易发多发。作为例证，我们参考美国商会下属的全球知识产权中心2016年发布的报告。该报告测度了包括中国、美国、英国和印度在内的38个经济体在知识产权上的执法力度。这个指标的最高得分是6分，中国的法律执行力度得分为1.51，在全部38个国家中排名第31位。在相对较弱的知识产权保护背景下，模仿成为企业"创新"的常态，甚至"盗版""山寨"也同样是司空见惯的事情，从而渐渐地培养出一种不尊重知识产权的文化氛围（Global Intellectual Property Center，2016）。因此，未来完善产权保护制度宜从以下三个方面着力。

第一，公有产权的界定与保护。中国的基本经济制度是以公有制为主体、多种所有制经济共同发展。因此，公有产权的保护是富有中国特色的基础性工程。这涉及农地、自然资源以及国有资产保护等方面。

第二，非公有产权的界定与保护。非公有产权一直打着身份歧视的烙印。因此，需要进一步解放思想，破除"姓公姓私"的思想桎梏，破除所有制身份歧视，加强对各种所有制经济组织和自然人财产权的平等保护。至为迫切的是要破除"原罪"，严格遵循法不溯及既往、罪刑法定、疑罪从无、有错必究、在新旧法之间从旧兼从轻等原则，以历史和发展眼光客观看待和依法妥善处理改革开放以来各类企业特别是民营企业经营过程中存在的不规范问题，增强发展信心和财产安全感，激发企业家创新精神。

第三，知识产权保护。一是要进一步完善知识产权保护相关法律法规，合理降低入罪门槛，逐步确立对知识产权侵权的惩罚性赔偿机制，以对潜在的侵权行为造成威慑与遏制，完善侵权后的强制补救措施。二是要加大保护知识产权的执法力度，严格防范执法的随意性和选择性。三要尽可能减少政府出于推动技术创新的好意而对专利等进行简单化的干预或将其与特定的产业政策或人才政策挂钩，应逐步完善对其的市场化激励，使得市场力量成为专利数量及质量提升的主要推动力。四要研究体制内科技人员的人力资本产权界定和保护问题，释放科研人员的创新活力。

四 改革展望与政策建议

2013 年的十八届三中全会，勾勒出伟大的改革蓝图。展望未来，决定改革成败以及能否实现两个百年目标，需要在以下四个方面重点谋划：一是进一步明确改革大方向；二是推动改革文本"落地生根"；三是重构激励机制，调动各方积极性；四是挖掘改革红利实现持续增长。

进一步明确改革大方向

中国的经济赶超，一直伴随着各种各样的扭曲。包括工农业剪刀差、金融压抑、贸易保护、产业政策等，概言之，就是不同形式的政府干预。关于政府在经济发展中的作用，已经有大量文献对其进行描述。比较典型的是所谓"发展型政府"的提出（Johnson，1982；Woo - Cummings，1999）。这指的是政府的强干预，包括广泛的规制与规划，在推动经济增长中发挥非常"积极的"作用。东亚地区包括中国在内的政府，都是那种典型的发展型政府。有趣的是，我们还发现，大多数发达国家在发展初期阶段，都类似地且更早地获得了来自政府之手的强力推动，例如 16 世纪到 18 世纪荷兰与英国的重商主义，德国与美国在 19 世纪末期的崛起。

无论是积极还是消极，扭曲的作用都与整个经济的发展阶段紧密相关。当一个经济体处于发展的早期阶段——用不成熟的产业体系、不完善的市场机制和不利的国际竞争局面来刻画——通常需要大量的政策扭曲来动员经济资源、培育国内产业和协助形成比较优势。在经济进入发展的高收入阶段之后——用更成熟的产业体系和更健全的市场机制来刻画——政策扭曲太多就不再利于经济资源的有效配置，并且通常会借助公权力"寻租"的方式改变经济主体的激励和行为，这将阻碍创新和经济的可持续发展。Zhang 等（2017）从国际和中国的经验出发，支持了以上论述。Bardhan（2016）的最近研究，也证实了这一观点。

现在我们经常说的一句话是，改革的大方向已经明确（特别是十八届三中全会提出的改革蓝图），问题是改革如何落地的问题。但实际上，有些改革不能落地，有些改革发生异化，一个根本的原因还在于一些基本问题并没有在理论上得到很好的解决。比如让市场发挥决定性作用和政府更好地发挥作用，在如何处理好政府与市场关系上产生了一些模糊地带。这种"既要又要"的逻辑，虽然这样说是使得政府与市场间的关系更加"平衡"了，但在真正推进改革中会遇到困难。因为这样会产生一个相对模糊的区域，既可以向这边，也可以向那边。此外，不同的部门、群体，利益集团，都会产生自己的解读。国内关于产业政策的激烈争论也凸显在这个问题上还未形成共识。总体上，探索政府与市场的边界是一个实践问题（无论就发达经济体还是后发经济体而言都是如此），但在理论上，如果我们认为保持"适度扭曲"是必要的，同时这个"适度扭曲"又未能得到很好的界定，那么，政府越位这样的扭曲就会频繁出现。这些在赶超口号下所实施的扭曲，恰恰可能会导致赶超进程停止，导致跌入中等收入陷阱。这是当前所最需要警惕的风险。

推动改革文本"落地生根"

印度学者巴苏（Basu，2015）写道：尼赫鲁和印度的其他领导人都参与了经济规划的制定，但他们更关注的是规划的文字质量，而非规划的内容。因此，毫不意外的是，韩国制定出了最行之有效的规划，印度则写出了最有文采的规划。

毫不谦虚地说，中国关于改革的文本也是"最有文采"（甚至比印度的还好）。问题是，如何将这些文本落到实处。比如目前改革中存在"以文件落实文件"的现象；也存在"不敢改、不愿改、不会改"的现象。导致改革文本落地难的原因很多。以下几个层面值得关注。

第一，改革红利未被充分认识。结构性改革不是经济增长的替代物，而是可以获得的实实在在的改革红利。但这个道理尚未被普遍且真切地认识到，因而改革激励不充分。很久以来，国内外都存在一个观点，即以为改革与增长具有非此即彼或者此消彼长的关系，最好的认识也是希望牺牲一点速度，以便取得改革的突破。有鉴于此，对一个高度关注经济增长速度的政府部门或地方政府来说，需求侧的刺激性政策通常在实施手段上是有形的，实施效果也可以是迅速、及时的，并且具有与政策手段的对应性。相反，对于供给侧结构性改革来说，政策手段似乎看不见摸不着，而且政策手段与效果之间没有清晰和确定的一一对应关系。

第二，改革的激励不相容。没有按照恰当的标准界定好不同级别政府间的改革责任，因而尚未形成合理的改革成本分担机制和改革红利分享预期，造成改革的激励不相容。即使当事者可以了解到改革能够带来真金白银的收益，但由于承担改革成本的主体和享受改革红利的主体并不一致，导致成本分担与收益分享分量不对称，因此，一些部门和地方往往产生等待观望的心态和行为。虽然在任何国家推进结构性改革，都需要为实现激励相容而进行必要的说服工作和做出特定的制度安排（Rajan，2004），在中国当前的一些改革领域，如户籍制度改革等，向改革当事人揭示改革红利的客观存在，使其对改革成本分担和改革红利共享形成合理预期，是改革得以及时推进的关键所在。

第三，偏离改革路线图。在存在前述两种认识障碍的情况下，有些领域的改革举措有可能被回避、延缓、走样或者变形，以致或多或少偏离中央顶层设计的初衷、时间表和路线图。这一类表现包括：（1）在供给侧结构性改革方案和需求侧刺激方案之间，偏向于选择易于入手的后者，甚至形成对刺激政策的依赖，推迟了改革的时机；（2）仅仅以完成指标为导向，而不是立足于体制机制的调整与完善来推进改革工作，这样做的结果可能是，即使旧的存量问题得到了一定程度的解决，体制机制仍会制造出新的问题增量，治标不治本；（3）改革中偏向于避重就轻，甚至把一般性、常规性管理工作当作改革举措，结果，由于规避了对既得利益的触动而保持旧的格局，未能从根本上实现体制和机制的转变。

要推动改革真正落地生根，就需要提高对改革红利的认识，建立改革共识；强化改革责任担当，看准了的事情，就要拿出政治勇气来，坚定不移地干；鼓励基层探索创新，鼓励不同区域进行差别化试点，善于从群众关注的焦点、百姓生活的难点中寻找改革切入点，推动顶层设计和基层探索良性互动、有机结合；建立激励相容机制，让地方在推动改革中尝到甜头（即对改革有获得感）。

重构激励机制，调动各方积极性

目前来看，全面从严治党、高压反腐以及与之相关的建章立制，使得约束机制逐步建立起来。这是十八大以来特别是十八届三中全会以来取得的重要成果。但是，中国需要发展，仅有制度红线、约束机制还不够，要让大家干活、调动各方面积极性，还需要有重构激励机制。

一是重启地方竞争。事实上，促进地方竞争、激发地方活力曾经是过去近四十年中国经济成功的重要秘诀，这也是国际上公认的"中国特色"。不过，鉴于地方竞争产生了一系列不良后果：如恶性竞争、地方保护、市场分割、结构扭曲、同质化发展、产能过剩等，重启地方竞争，需要具备新的特点。第一，由竞争GDP到竞争公共产品和服务。过去30余年是典型的围绕GDP的地方竞争。但发展到今天，特别是城镇化快速推进过程中，公共产品和服务的提供成为"短板"，这包括治安、教育、医疗、社区服务，社会保障（包括保障性住房）等。因此着眼于提供公共产品与服务的种类、数量与质量来衡量地方政府的水平，是处在发展新阶段的新型地方竞争。第二，地方绩效评估要由"自上而下"逐步转向"自下而上"。如果说过去的GDP竞争的评估主要是自上而下，那么，公共服务的竞争，则需要自下而上，因为只有老百姓对于这些公共服务具有真正的发言权。因此，需要地方人大、政协，以及媒体或独立第三方的民意调查，担负起自下而上评估的责任，使得地方政府在"压力"和监督下做好公共服务的提供。第三，理顺中央与地方权责关系，建立激励相容机制。目前，地方支出责任在80%左右，而财力却只占40%左右。这种不匹配导致了一系列问题，如土地财政、地方债务风险等。从而，需要提供给地方更多的主体税源（如房地产税、消费税等），提高地方在增值税中的分成比例，地方自行发债等。第四，扩大地方立法权，使之能够酌情处置地方事宜。

二是激发和保护企业家精神。其一，对于私有产权平等保护，破除"原罪"，让企业家对于自己的财产有信心。其二，构建新型政商关系，让企业家"有所适从"。从政府角度来讲，应更好发挥自身作用，为企业发展营造良好环境。一方面，坚持同等对待不同所有制类型的企业，营造依法保护企业家合法权益的法治环境，加快形成公平竞争、诚信经营的市场环境；加强与企业家特别是民营企业家的交流和沟通，在深入推进简政放权的同时，为企业和企业家提供优质、高效、务实的服务，切实帮助企业解决实际困难。另一方面，政府官员同企业和企业家之间要公私分明，既不能拿原则问题做交易，不能以权谋私或者搞权钱交易，又不能推诿扯皮、敷衍塞责，门好进、脸好看但就是不办事。其三，完善收入分配制度，使企业家承担风险与获得报酬相匹配。企业家是一种稀缺资源。企业家在创新过程中承担着较大风险，因此，应进一步完善收入分配制度，建立有效的、具有长期激励作用的制度，使企业家的收入与其在经营管理中做出的贡献相匹配、与其承担的责任和风险相对称。其四，对企业家的创新给予更多包容和鼓励。企业家精神特别是创新精神往往表现为思维方式和行为方式的与众不同。但是，只要这些思想和行为在合法范围内，就应当受到尊重。必须营造尊重和鼓励企业家创新创业的良好社会氛围，从法律层面保护企业家的权利、认可企业家的贡献，为企业家开展创新活动提供有效保障。

三是增强百姓对改革红利的获得性。对普通百姓而言，是让他们能够更多地参与和分享（调研发现，一些地方是否"贫困"与是否"脱贫"基本上是政府说了算，而与当地的百姓无关），增强改革的获得感。以往的改革能以燎原之势铺开、一步一步深入推进，根本原因就在于给人民带来了实实在在的利益，带来了公平参与和发展的机会，得到了广大人民的拥护。这是改革的最根本动力所在。全面深化改革要以促进社会公平正义、增进人民福祉为出发点和落脚点。因此，要建立公平有效的体制机制，使改革的红利、发展的成果让人民群众共享。要把贫困人群和低收入者的利益保障好维护好，让他们在改革中获得更多的发展机会；要让中等收入阶层逐步扩大，使他们拥有更大的发展空间；还要保护高收入者的合法利益，为他们放开手脚、投资兴业创造更好的发展环境。要使不同社会群体各展其能、各得其所，让一切劳动、知识、技术、管理、资本的活力竞相迸发，让一切创造社会财富的源泉充分涌流，从而形成一个各阶层、各方面广泛参与和支持改革的局面。

挖掘改革红利实现持续增长

进入新常态的中国经济，面临着潜在增长率的下降。如何挖掘改革红利，提高潜在增长率，是实现中国经济持续增长的关键。

提高潜在增长率有两个源泉。第一是保持传统增长动力。这并不是意味着维持传统的要素投入驱动型的经济发展方式，而是着眼于挖掘生产要素，特别是劳动力供给潜力，延长人口红利。第二是启动新的增长动力。这主要在于加大人力资本积累的力度，以及提高全要素生产率增长率及其对经济增长的贡献率。这两个经济增长源泉，都意味着要挖掘改革红利。具体体现在以下几个方面。

第一，提高劳动者在高生产率部门的参与率。由于几乎所有导致中国经济潜在增长率下降的因素，归根结底都与劳动力无限供给特征的消失有关，因此，增加劳动力供给可以显著延缓潜在增长率的下降。作为人口年龄结构变化的结果，不仅 15 ~ 59 岁劳动年龄人口已经处于负增长之中，即使考虑到现行的劳动参与率，15 ~ 59 岁经济活动人口也将于 2017 年以后进入负增长。因此，劳动力总量已经不再具有增长的潜力，挖掘劳动力供给潜力的唯一出路在于提高劳动参与率。由于中国劳动年龄人口总量巨大，1个百分点的劳动参与率在2015年就对应着900余万经济活动人口。模拟表明（Cai 和Lu，2013），2011～2022年，如果非农产业的劳动参与率每年提高1个百分点，可以获得0.88个百分点的额外潜在增长率。而提高劳动参与率的最大潜力，在于推进户籍制度改革，提高户籍人口城镇化率，从而稳定农民工在城市经济和非农产业的就业。

第二，提高总和生育率，均衡未来的人口年龄结构。习近平同志要求我们"站在中华民族长远发展的战略高度促进人口均衡发展"。根据中国和国际经验，生育率下降是经济社会发展的结果，生育政策本身所能发挥的作用其实是有限的。不过，鉴于中国自1980年始实施了长达35年的以"一个孩子"为主的计划生育政策，因此，允许生育二孩的改革预期可以在一定时间里产生提高生育率的效果。一般认为，目前的总和生育率为1.5，生育政策调整将在或大或小的程度上使生育率向2.1的替代水平靠近。政策模拟表明，如果总和生育率提高到接近1.8的水平，与总和生育率1.6的情形相比，可在2036～2040年将潜在增长率提高0.2个百分点（Cai 和 Lu，2016）。值得指出的是，旨在均衡人口发展的改革，不应止于生育政策调整，还应该包括其他公共服务供给体系的完善，通过降低家庭养育孩子的成本，让人们能够按照政策要求和个人意愿决定孩子数量。

第三，保持人力资本积累速度。经济学家从东亚经济发展的经验中发现，任何国家和地区在经历了一个以结构调整为特征的经济发展阶段之后，都必然经历一个由人力资本驱动的经济发展阶段。我们的一项模拟（Cai 和Lu，2016）表明，对教育和培训发展做出合理假设，从而预期整体人力资本水平可以得到一定提高的情况下，在未来将潜在增长率提高约0.1个百分点。这个改革红利对于旨在维持中高速增长，避免过早陷入中速甚至中低速增长的中国经济发展新常态来说，是一个不容忽视的数字。况且，我们的模拟还仅仅考虑了人力资本的数量。如果考虑到教育质量后，人力资本对经济增长的作用还会显著提高，比生产率的贡献还要突出（Manuelli 和 Seshadri，2005）。

第四，提高全要素生产率，获得更可持续的增长源泉。理论上可以预期，我们的计量分析也发现（Cai 和 Lu，2016），尽管提高劳动参与率有助于提升潜在增长率，但是，随着时间的推移，这种效果呈现逐渐减弱的趋势；而全要素生产率提高对潜在增长率的推动作用，不仅立竿见影，而且经久不衰。随着经济日益进入一个新古典增长阶段，一方面，中国经济越来越依靠科学技术创新保持经济增长的可持续性；另一方面，通过清除体制性障碍获得资源重新配置效率的空间仍然巨大。我们的模拟显示（Cai 和 Lu，2013），2011～2022 年，如果全要素生产率年平均增长率提高 1 个百分点，潜在增长率可以提高 0.99 个百分点。

在对户籍制度改革、教育和培训制度改革、国有企业改革等可能产生的对于劳动参与率、人力资本和全要素生产率的贡献效果做出假设后，再与不同力度的生育政策调整（从而不同的生育率情景）相组合，我们模拟了未来可能获得改革红利的不同情景，发现改革或是不改革以及改革力度大小，会在近期和未来产生明显的潜在增长率差别（见图 4）。

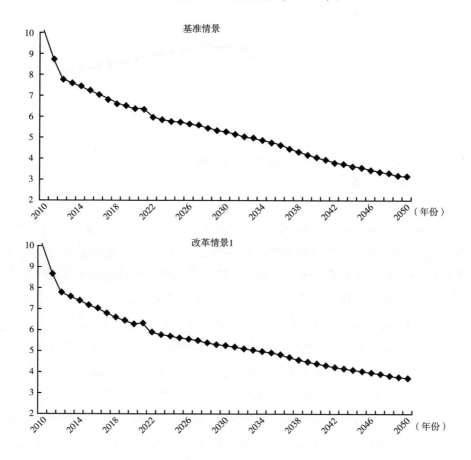

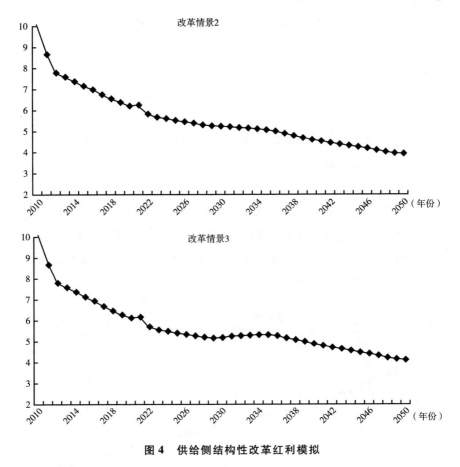

图4　供给侧结构性改革红利模拟

资料来源：Cai and Lu（2016）。

图4清晰地显示，从供给侧因素观察中国经济长期增长趋势，一方面，我们的确不应期冀一个与周期因素相关的V字形复苏；另一方面，在假设不同改革力度和效果的情况下，供给侧结构性改革获得的红利也有差异。从左至右看观察图的话，与没有明显改革举措的"基准情景"相比，越是深入的改革越能产生显著的红利，未来的潜在增长率的变化轨迹越接近L形。

总之，随着中国经济转向新常态——使用经济放缓和其他社会经济结构变迁刻画——其市场化改革遭遇到新的挑战和机遇。在这一新背景下，如何通过推动改革实现可持续增长成为首要问题。基于上述考虑，本章对中国经济在新常态下产生的一些新特征予以检验，强调了利益结构的调整和改革的"非帕累托改进"。这篇研究也讨论了考虑改革和持续增长的一些政策问题，其中包括顶层设计和基层创新、司法改革、政府重构、地方竞争和产权保护，等等。最后，本章的结论是，中国获取改革红利的最好方式就是进一步明确改革方向，推动务实改革，重建激励机制，调动全社会的积极性。

参考文献

周其仁：《中国经济增长的基础》，《北京大学学报》（哲学社会科学版）2010 年第 1 期。

柯武刚、史漫飞：《制度经济学：社会秩序与公共政策》，商务印书馆，2000。

《邓小平文选》第三卷，人民出版社，1993。

Bardhan, P. (2016), State and development: The need for a reappraisal of the current literature, *Journal of Economic Literature* 54(3): 862–892. doi.org/10.1257/jel.20151239.

Basu, K. (2015), *An Economist in the Real World: The Art of Policymaking in India*, Cambridge, Mass.: MIT Press. doi.org/10.7551/mitpress/9780262029629.001.0001.

Brandt, L. and Rawski, T. G. (eds) (2008), *China's Great Economic Transformation*, Cambridge: Cambridge University Press.

Burke, E. (1986 [1790]), *Reflections on the Revolution in France*, Reprint, London: Penguin Classics.

Cai, F. and Lu, Y. (2013), The end of China's demographic dividend: The perspective of potential GDP growth, in R. Garnaut, F. Cai and L. Song (eds), *China: A New Model for Growth and Development*, pp. 55–74, Canberra: ANU E Press.

Cai, F. and Lu, Y. (2016), Take-off, persistence, and sustainability: The demographic factor in Chinese growth, *Asia & the Pacific Policy Studies* 3(2): 203–25. doi.org/10.1002/app5.139.

Deng, X. (1993), *Deng Xiaoping Wenxuan. Volume 3*, Beijing: Renmin Publishing House.

Detter, D., and Folster, S. (2015), *The Public Wealth of Nations*, London: Palgrave Macmillan.

Global Intellectual Property Center (2016), *Infinite Possibilities: US Chamber International IP Index*, 4th edition, Washington: US Chamber of Commerce.

Johnson, C. (1982), *MITI and the Japanese Miracle*, Stanford, CA: Stanford University Press.

Kasper, W. and Streit, M. E. (1999), *Institutional Economics: Social order and public policy*, Cheltenham, UK: Edward Elgar.

Lau, L., Qian, Y., and Roland, G. (2000), Reform without losers: An interpretation of China's dual-track approach to transition, *Journal of Political Economy*, 108 (1): 120-143.

Li, X., Liu, X. and Wang, Y. (2014), A model of China's economic growth, *China Journal of Economics* 1(4): 1–48.

Manuelli, R. E. and Seshadri, A. (2005), Human capital and the wealth of nations, manuscript, *Department of Economics*, University of Wisconsin, Madison, May.

Manyika, J., Woetzel, J., Dobbs, R., Remes, J., Labaye, E. and Jordan, A. (2015), *Global growth: Can productivity save the day in an aging world?* Report, January, McKinsey Global Institute, New York.

Murphy, K. M., Shleifer, A. and Vishny, R. W. (1992), The transition to a market economy: Pitfalls of partial reform, *Quarterly Journal of Economics* 107(3): 889–906. doi.org/10.2307/2118367.

National Bureau of Statistics of China (NBS) (various issues), *China Statistical Yearbook*, China Statistics Press.

Rajan, R. (2004), Why are structural reforms so difficult? *Finance & Development*, June: 56–57.

Woo-Cummings, M. (1999), *The Developmental State*, Ithaca, NY: Cornell University Press.

Young, A. (2000), The razor's edge: Distortions and incremental reform in the People's Republic of China, *Quarterly Journal of Economics* 115(4): 1091–1135. doi.org/10.1162/003355300555024.

Zhang, X., Li, C. and Li, Y. (2017), *Distortions, catching-up growth and middle income trap*, ADBI Working Paper, Asian Development Bank Institute, Tokyo.

Zhou, Q. (2010), Zhonguo Jingji Zengzhang de Jichu (The foundation of the economic growth in China, *Journal of Beijing University (Philosophy and Social Sciences)*, vol. 1.

中国的宏观经济平衡：新增长
驱动力和维持金融稳定

黄益平　沈　艳　傅秋子

引　言

在 2017 年 3 月初召开的全国人民代表大会上，中国政府制定了 6.5%的年度增长目标，相比前一年 6.7%的真实经济表现有所下调。大会郑重宣布，要尽可能实现更好的发展成果（见图 1）。2017 年第一季度，经济发展速度好于预期结果，国内生产总值（GDP）增速达到了 6.9%。高频经济数据例如工业生产、贸易和固定生产投资等数据也证实，自 2016 年中期以来经济动能在持续增长。尽管如此，分析人士对 2017 年全年的经济前景仍然存在分歧。一些人认为经济将好于上年，而另一些人则预测全年经济增长将经历较大幅度的调整。

我们对当前经济形势持续上涨持谨慎乐观的态度，部分原因在于过去几个季度提高经济活力的关键驱动力可能是不可持续的。当然，这并不意味着中国经济将必然无法达到其增长目标。各级政府部门特别承诺，将维持经济增长以迎接 2017 年第三季度召开的第十九次全国人民代表大会。

无论是 2016 年 12 月召开的中央经济工作会议还是最近的全国人民代表大会，政策制定者都将经济政策的基调确定为"保稳定、促增长"。大会代表特别概述了 2017 年宏观经济政策的关键特征：（1）采用积极的财政政策和稳健/中性的货币政策；（2）增加汇率调节的灵活性和保持基本汇率的稳

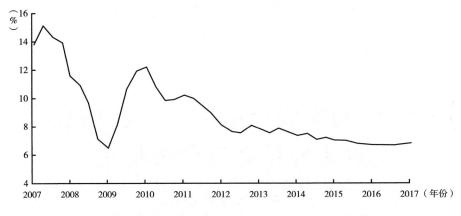

图 1 中国 GDP 季度增长率：2007～2017 年 （同比增长率）

资料来源：CEIC 数据库，www. ceicdata. com。

定性；（3）将控制与化解系统性金融风险放在优先位置。

近期，经济触底反弹很可能是昙花一现。自 2010 年以来，经济学家对中国经济增速放缓的本质展开了长久的讨论。一些经济学家认为这是一种周期现象，另一些经济学家却认为这主要是增长趋势改变的结果。虽然这些评价在某种程度上是正确的，但他们没有对现阶段增速放缓的结构性变化引起足够重视，从而可能产生不恰当的政策建议。

现阶段增速放缓的最重要原因是结构性的：过去几十年中支撑经济强势增长的大部分行业竞争力已在逐步下降，而新兴产业和驱动新兴产业的动力如消费等却未得到充分发展，不足以推动中国经济依照惯性向前运动。过去的两架引擎——出口和投资——是中国经济增长的主要驱动力，而消费动力却相对薄弱。这两架引擎分别获得中国东南沿海地区劳动密集型制造业和中国东北与西北地区资源型重工业的支撑。但现在，它们已经不再具备竞争力。

在某种程度上，当今中国正面对着典型的"中等收入陷阱"的挑战。它表明，一个经济体到达产业竞争力前沿之前，或者至少在此方向的动能足够大之前，经济增长下行的压力依然持续。过去六年中，经济学家不止一次地在每个季度预测到了经济触底反弹。但每次触底反弹之后，紧接着就是更缓慢的增长，这一趋势很明显还在延续。

这一章，我们做了如下几点：（1）首先检验并预测了中国经济的近期表现；（2）估计了中国经济向那些被识别为新增长驱动力方向转型的规模；（3）详细说明了维持未来经济增长的风险和有效的政策的潜力；（4）提出一些恰当的政策策略及建议。

本章其他部分组织如下，下一节讨论短期经济增长前景的关键驱动力并得出结论，尽管一些重要不确定性仍在持续，但整个经济仍可达到6.5%的增长目标。第三节概述了新经济指标（NEI），这个指标是本章的一个笔者提出的，目的是从最新文献中获得一些启示。特别地，新经济在全部经济中的比重仍然较小，同时新旧经济形态存在清晰的权衡关系。第四节分析了中国经济面临的关键风险特别是僵尸企业和系统性金融风险，最后一节是政策建议。

周期性因素还是结构性因素？

高频官方数据、基层调查和独立的大数据分析都认为，2016年中期以后，中国的经济势头有所回升。这种经济前景的改善由三个因素所引导：基础设施投资、房地产投资和制造业投资（见图2）。2016年3月至8月，基础设施投资持续下降但之后迅速稳定。房地产投资也在2016年7月之后有轻微上涨，同时制造业投资在2016年6月之后回升更为明显。

这些增长趋势在下一年是否可持续是一个非常重要的问题。以房地产销售为例，紧缩政策在2016年国庆节假期期间被广泛引入之后，许多大城市的房地产销售已显出疲态。但是即使在引入紧缩性政策以后，房地产价格仍然富有弹性（见图3）。房地产投资水平在2017年初仍然表现良好；然而，如果房地产销售还没有恢复，将是一个麻烦的问题，但如果房地产投资减弱则不会如此。

制造业尤其是私人部门制造业的投资提升，或多或少可以看作惊喜，这种趋势可以部分地使用生产者价格指数（PPI）的急剧回升来解释。在历经连续50多个月的负面增长后，PPI于2016年9月转正并于2017年2月一度上升到7.8%。这一变化与商品市场变化紧密相关，很可能受中国政府降低过剩产能尤其是钢铁和煤炭产能的努力所驱动，同时也受全球经济前景改善的因素影响。特别是通货紧缩的终结为投资者信心提供了重要支撑。

**图 2　房地产、基础设施和制造业固定资产投资月度增长率：
2007～2017 年（同比增长率）**

资料来源：万德数据库，www.wind.com.cn。

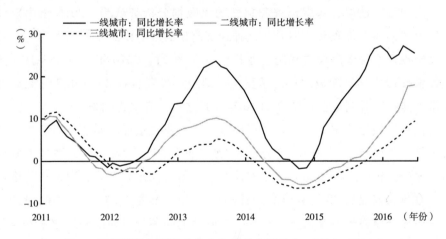

图 3　不同城市组别的房地产价格月度增长率：2011～2016 年

资料来源：万德数据库，www.wind.com。

　　这种改进是否可持续，部分依赖于从 PPI 到 CPI 的传导渠道。例如，在 2017 年 2 月，当 PPI 达到一个周期性高点时，CPI 仍然停留在 0.5%（见图 4）。这引发了忧虑：上游产业的任何价格提升都可能挤压下游产业的边际利润，结果导致制造业投资回升的突然中止。然而，一些分析人士认为 2 月发生的现象只是暂时性的，这是因为：（1）剔除食品外的 CPI，事实上处于更健康的 2% ~3% 范围内；（2）从 PPI 到 CPI 的传导可能会经历一个时滞；
（3）制造业利润率的广泛改善开始出现。

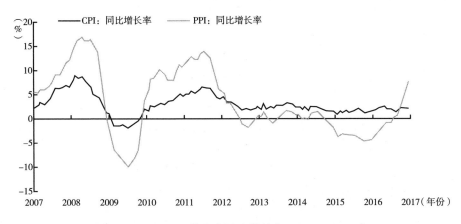

图 4　PPI 和 CPI 的月度同比增长率：2007 ~ 2017 年

资料来源：万德数据库，www. wind. com. cn。

除了房地产和制造业投资增长在恢复可持续性问题上存在不确定性之外，还有两个重要因素支撑着中国经济近期的增长表现。首先，在某种程度上绝大多数发达国家尤其是美国、日本和欧盟（EU）的增长前景更为明朗，从而增加了对中国的出口需求。其次，在党的代表大会召开之前，中国领导人强调了经济稳定的重要性，地方政府在此激励下维持经济增长。因此，即使经济下行风险可能成为现实，中国经济也可能达到 2017 年 6.5% 的增长目标。

然而这种良性发展情景可能并不会持续，这是因为当前经济形势改善的主要动力是周期性因素而非结构性因素。在过去几年中，围绕有关现行增速放缓的本质发生了非常激烈的讨论：一些评论者认为这属于周期性下调，而另一些评论者则认为这是一种长期趋势。在众多挑战中间，需要的是进行产业升级从而应对这样的事实，即以前支撑经济快速增长的产业现在已不再具备足够的竞争力或者不能产生足够的需求实现之前的增长水平。在中国经济改革的前三十年中，中国强势的经济增长是由出口和资本投资驱动的。最近几年，消费水平相对 GDP 的比重有了一定提升（见图 5）。在产业升级完成之前，经济活动的任何触底反弹或者好转，都将是短暂的。这在一定程度上，也典型地反映了中等收入陷阱的现象。

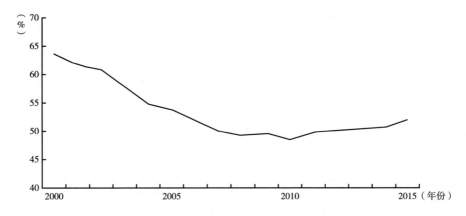

图5 消费在 GDP 中所占的比重：2000～2015 年

资料来源：CEIC 数据库，www. ceicdata. com。

评估"新"经济的兴起

在经过三十多年快速的经济增长以后，中国已经进入了"新常态"的阶段。在这个阶段中，经济增长放缓，早期出口导向、投资拉动的增长模式不可持续。不仅如此，由于中国在全球中的出口份额从1978年的0.8%上升到2015年的14%，分别超过德国和日本的历史最高水平（德国1987年的出口份额为12.1%，日本1988年的出口份额为9.52%），使中国出口进一步增长的空间十分有限。资本的税后回报率也从2005年以前的12%下降到2013年的4.17%（Bai et al.，2006；Bai 和 Zhang，2014）。同时，伴随着2013年前后的人口红利开始消失，劳动力成本也在逐渐上升。1982～2000年，人口红利一直是中国经济增长的重要源泉，它贡献了中国人均GDP增长率的26.8%（Cai 和 Wang，2005）。在人口结构意义上，中国已经表现出"未富先老"的特征，60岁及以上老年人所占比重，预计将从2000年总人口的10%上升到2050年的30%（Cai，2010），从而增加了抚养老年人的负担。

随着中国早期快速增长的源泉逐步失效，"新经济"缓和这种增速放缓的能力决定着中国能否从现在开始实现可持续的增长。只有这些新部门可以驱动着生产率提升和技术进步，中国持续的经济转型才能被认为是成功的。

为了更好地评估中国经济转型的程度，度量新经济部门的规模和理解其与传统经济部门之间的相互影响关系就十分有意义。然而，由于目前在"新经济"部门的构成问题上缺乏一个清晰的定义，官方统计可能对我们回答这些问题没有帮助。为了填补这项空白，我们利用从网络上搜集到的大数据，构造了一个新型指数，从而刻画中国新经济部门的规模和变化轨迹。

新经济指数

为了构造新经济指数，我们首先需要设定新经济部门的范围。这一范围应同时包括新兴产业的发展和现有产业的升级。基于国际经验和对中国的观察，我们这样界定一个部门是否属于新经济部门，如果它满足以下条件：（1）人力资本密集型、技术密集型和/或在成本结构中具有较低固定资产投资比重的产业；（2）符合国家产业政策要求。我们使用 2010 年的投入产出表和第六次经济普查的数据来识别哪些产业满足这些条件。[①]

特别地，如果一个产业中劳动所得和营业利润总和超过增加值的 70%，工人平均受教育年限超过 12 年，研发支出份额占据该行业前 10%，那么我们就考虑将该行业界定为人力资本密集型行业。我们所指的产业政策包括的文件有：国务院 2011 年印发的《关于加快发展高技术服务业的指导意见》；2010 年发布的《关于加快培育和发展战略性新兴产业的决定》；2015 年发布的《中国制造 2025》等。总共有十个行业被识别为新经济部门：节能环保、新能源、新能源汽车、新材料、新信息技术和信息服务业、休闲产业、高技术服务和研发行业、生物医药、金融法律服务业和高技术设备制造业。[②]

因为官方统计目前尚未核算新经济部门对 GDP 的贡献，所以直接度量其规模是不可行的。我们转而集中于新经济部门在整体经济中所占的份额，特别是其在生产投入中所占的份额。如果使用柯布—道格拉斯生产函数，那么新经济在总产出中所占的份额，可以使用资本、劳动力和技术的相对份额及其适当的权重来表示。因此，新经济部门规模指标构建的焦点，就转变为

---

① 中国国家统计局网站：www. stats. gov. cn。

② 我们的技术报告给出了新经济部门的四位数字行业代码。资料来源：mt. sohu. com/ 20160504/n447633738. shtml。

在新经济部门和传统经济部门中对资本、劳动和技术进行度量。

由于官方统计没有单独度量上述两个部门的投入要素，我们仅仅依赖于从网络上获得的大数据来完成这一任务。这些数据包括每家新企业的注册信息、专利以及专利商业化率（度量技术）、主要互联网招聘企业网站上的百万职位数、铁路和空运的人口流动数（劳动力）、风险投资信息、新三板市场上的招标数和企业数（资本）。在通过使用机器学习技术将这些投入分解为新经济部门和传统经济部门之后，我们构建了新经济指数（NEI）及其资本、劳动力和技术二级指数（详细内容请参考 Shen et al.，2016）。[①]

图6展示了2015年10月到2017年3月投入要素分配给这些新经济产业部门的平均份额。份额最大的三个产业分别是新信息技术行业（12%）、金融与法律服务行业（6%）和生物医药行业（3%）。过去若干年中，新信息技术行业和金融服务行业实现了相对较快增长，所以毫不意外的是，它是目前新经济部门中最大的产业。新经济部门中份额最低的行业是新能源汽车。这一点与我们的观察相一致，即虽然新能源汽车行业受到了产业政策的强力支持，但目前尚不具备足够的创新能力来增加其市场份额。

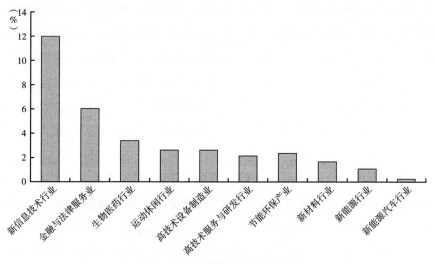

图6　新经济指数行业及其份额

资料来源：笔者的计算。

---

① 附录1给出了我们搜集数据的主要网址。

新经济部门能否超过传统经济部门？

我们记录了我们的新经济指数（NEI）规模并刻画了它随时间变化的轨迹。图 7 传递出有关 NEI 的两条信息。首先，新经济部门约占中国 GDP 的三分之一；这一份额从 2015 年 10 月的 31.4% 上升到 2016 年 2 月和 3 月的 35%，然后到 2017 年 3 月，在 33% 上下波动。其次，令人担忧的是这一份额在最近几个月呈现下降的趋势，虽然该时间序列长度相对于可信的季节性调整来说太短。特别地，2017 年 3 月的 NEI 份额为 29%，比 2016 年 3 月的份额要低 6 个百分点，这表明新经济部门在 2017 年的相对份额低于其在 2016 年的相对份额。

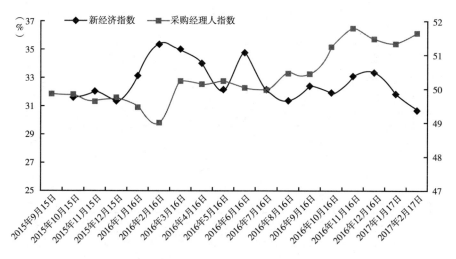

图 7　中国的新经济指数（左边）和采购经理人指数

资料来源：笔者的计算。

由于 NEI 指数记录了新经济部门的相对份额，所以新经济部门的萎缩就可能是由于传统经济部门的恢复、新经济部门增速的下降或者两者兼具引起的。为了检验传统经济部门的恢复是否为主要的驱动力，我们还将 NEI 和官方公布的制造业部门采购经理人指数进行了对照（见图 7）。采购经理人指数 PMI 是基于代表性企业调查数据获取的这些企业对经济形势的展望信息。如果采购经理人指数低于 50，意味着对经济展望呈消极的态度；如果该指数高于 50，则意味着对经济展望呈积极的态度。由于 PMI 指数调查的企业主要来自传统经济部门，那么该部门的增长动能就非常可能驱动

PMI。图 7 清晰地显示，NEI 和 PMI 之间存在负向关系——这就是说，当 PMI 上升的时候，NEI 倾向于下降；反之亦然。这一点对于我们记录的 17 个月 NEI 指数来说，有 14 个月是确实存在的。

图 7 表明，新经济部门和传统经济部门的发展之间存在权衡取舍关系。特别地，PMI 从 2016 年 7 月开始就已经超过 50，进入传统经济部门积极展望的区间。即使在新经济部门也有证据表明，那些与传统经济部门联系紧密的行业似乎会吸收更多资源。图 8 画出了资本、劳动力和技术二级指标在 NEI 指数中的相对份额。图形显示，从 2016 年 7 月到 2017 年 3 月，资本投入的份额在增加，但劳动力和技术的投入份额在下降。因此，我们需要仔细研究，是否以牺牲新经济部门为代价来完成更大范围的经济稳定短期目标。

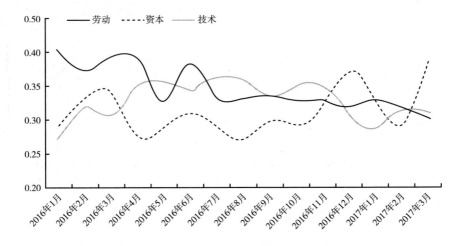

图 8　资本、劳动和技术二级指标

资料来源：笔者的计算。

图 9 中，我们将 NEI 和制造业部门增加值指数（VAI）的月度环比增长率指标进行对比。如果我们将时间序列划分为两个区间，就会发生一个有趣的变动模式：2016 年 7 月之前，NEI 和 VAI 之间似乎具有正向关系；然而 2016 年 7 月以后，这种关系转为负向。更具体地说，在 2016 年 7 月之前 NEI 和 VAI 之间的相关系数为 0.15，但那之后变为 -0.71。

这里展示的趋势表明，传统经济复苏可能不利于新经济的发展，这一点也在图 10 中有所反映，在这个图中，我们将 NEI 指数和基础设施投资的月度环比增长率进行了对比。我们再次发现，2016 年 7 月前后出现了

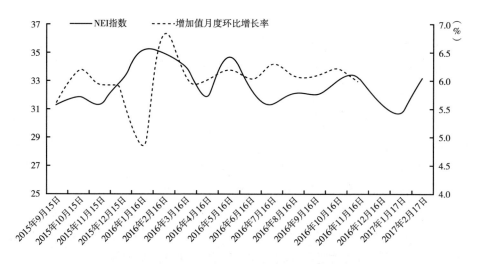

图 9 NEI 指数（左边）和增加值月度环比增长率

资料来源：笔者的计算。

非常不同的关系类型。2016 年 7 月之后，基础设施投资月度环比增长率的上升伴随着 NEI 指数的下降；反之亦然。图 10 表明，当更多投资导向基础设施的时候，新经济部门就会获得更少的资源。这将会限制新经济部门的发展空间。

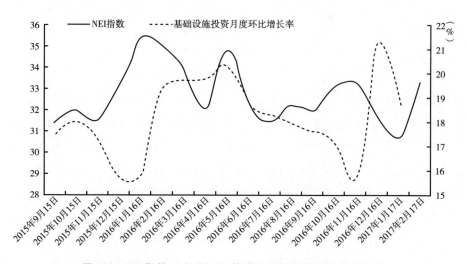

图 10 NEI 指数（左边）和基础设施投资月度环比增长率

资料来源：笔者的计算。

在这里，我们描述了中国新经济部门的发展并建立了一个指数，通过这个指数度量了新经济部门的规模。我们发现，新经济部门约占经济总量的三分之一，从而实现新经济部门替换传统经济部门作为经济增长的主要引擎，还尚需时日。从 NEI 指数和 PMI 指数、VAI 指数、基础设施投资月度环比增长率的比较中我们发现了令人不安的现象：最近几个月来，更多资源被重新配置到传统经济部门中，限制了新经济部门的发展。在短期依赖传统经济来"稳增长"和发展新经济部门来创造可持续、长期和高质量增长空间之间，政策制定者可能需要仔细地权衡取舍，以实现某种平衡。通过降低传统行业产能、清理僵尸企业、增加新经济部门投资和对资本结构进行再平衡，将有助于提高资本利用效率。因为新经济部门的发展通常意味着新商业模式的探索，所以市场就需要成为培育新经济部门繁荣发展环境的决定因素。

系统性金融风险不断上升

2016 年 12 月召开的中央经济工作会议、2017 年 3 月召开的全国人民代表大会和 2017 年 4 月召开的中共中央政治局会议，中国领导人近年来第一次对不断上升的系统性金融风险反复提出警告。

确实，在过去两年许多金融领域——从股票和债券市场到影子银行、房地产市场、数字金融和外汇市场，都经历了各种类型的金融风险。例如，上证 A 股指数从 2014 年 5 月的约 2000 点上升到 2015 年 4 月的 4500 点，却在 2016 年 5 月又下降到 3000 点以下。商业银行不良贷款（NPLs）的平均比例在过去两年中上升了 75%（见图 11）。尽管这一绝对比率仍然非常小，但许多分析人士认为这一指标值被严重低估。自 2009 年以来房地产市场就经历了三轮周期，每轮周期的波动一次比一次大（见图 3）。金融风险的最新案例，就是资本外逃和货币贬值。事实上，金融风险在不同市场上的交替出现可以看作系统性金融风险正在形成的一个重要警戒信号。

截至目前，中国是主要新兴市场经济中唯一没有爆发严重金融危机的经济体，这可能有两个原因。首先，持续快速的经济增长有助于克服或隐藏金融风险。其次，政府担保有助于支撑投资者信心。一个很好的例子就是，尽管中国的银行业平均不良贷款率可能已经达到亚洲金融危机时期不良贷款率水平的 30% ~40%，但中国并未经历银行业危机。在一个针对银行存款的

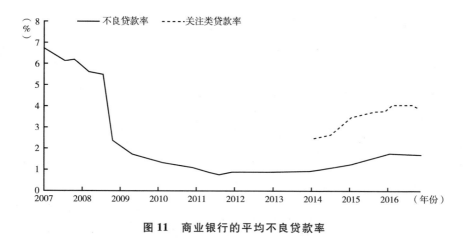

图 11　商业银行的平均不良贷款率

资料来源：万德信息公司；CEIC 数据公司。

隐形、全覆盖担保体系下，即使银行事实上处于技术破产的状况，存款人也不会担心其存款的安全性。所以，政府就有充足时间来核销不良贷款、注入资本、引入战略投资者，以及在国内和国际资本市场上市首次公开发行（IPO）银行股等。多年以后，无论是在规模上还是在利润率上，中国银行业已成为世界上最强的行业。

　　然而对此时的中国来说，保持无危机记录将变得越发困难。今天中国的宏观经济条件正落入一个被国际清算银行（the Bank for International Settlements，BIS）称为"危险三角"的现象，那就是：不断上升的杠杆率、不断下降的生产率和不断消失的政策灵活性。首先，2007～2014 年，中国全部非金融借贷占 GDP 的比重上升并超过 65%（见图 12）。数据还显示，中国全要素生产率（TFP）红利在 2008 年后在不断下降，资本产出比率（ICOR）从 2007 年的 3.5 上升到 2015 年的 5.9——暗示资本利用效率、刺激政策的有效性和投资回报率均在下降。其次，政府采取扩张性财政政策和货币政策的空间相比 2007 年更为有限。这些趋势表明，中国政府可能比过去更难控制金融风险。

　　与此同时，金融风险在迅速地扩散。伴随着杠杆率提升和生产率下降，持续的增速下降和结构转型，导致了公司资产负债表的显著恶化，并催生了大量僵尸企业。在某种意义上，僵尸企业正成为中国现有经济问题的关键来源：它们阻碍了产业升级、降低了金融有效性并增加了金融风险。如果从全

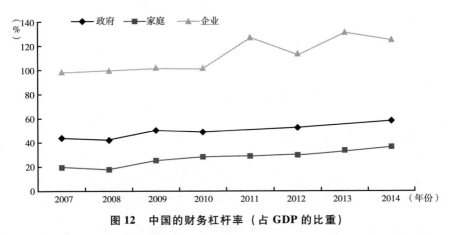

图 12 中国的财务杠杆率（占 GDP 的比重）

资料来源：万德信息公司。

国范围来看，产业升级是一个地区间不平衡的发展过程。在市场功能相对有效、企业家群体在经济中起到积极作用的中国南方地区，产业升级是一个相对平滑的过程。但在僵尸企业集中的中国北方地区，产业发展因产能过剩的状态而停滞不前，创新异常困难。这些因素非常清晰地反映在个别省份经济增长表现的差异上（见图 13）。

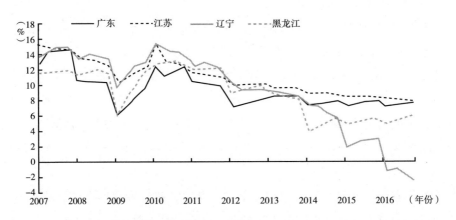

图 13 广东、江苏、辽宁和黑龙江的省级经济增长率：2007～2016 年

资料来源：万德信息公司。

不仅如此，广义货币供给（M2）在 2016 年年末就已达到了 GDP 规模的 210%，属于世界最高水平之一。中国相对较高的 M2 - GDP 比率，部分地归因于银行在其金融系统中占据绝对地位。任何金融交易都反映为货币供给和借贷形式。更重要的是，政府使用担保应对金融风险的结果，导致了货币供给的内嵌式加速机制：当经济形势良好时，M2 必须增长以协助经济活动扩张；当经济形势恶化时，M2 也必须加速以稳定经济增长和稳定金融市场。

巨额流动性和有限投资渠道（银行业主导下的金融体系的另一面）的组合，很有可能等价于金融的不稳定性；当大量流动性流入到单一市场上，资产价格可能会出现猛涨，然后紧接着出现泡沫破灭。这恰恰就是过去几年股票市场、债券市场、房地产市场、财富管理市场、数字化金融和外汇交易市场所发生的一切。金融风险的迅速恶化有一个重要原因。在过去的中国，就像大多数其他国家一样，M2 的增长总会超过狭义货币供给（M1）的增长。然而，自 2015 年 10 月以后，M1 的增长突然加速远超 M2 的增长速度。这实际上意味着大量资金从长期存款转移到了储蓄存款。然而，存款者不再满意于长期存款的低利率，而希望其资金得到更好的使用；然而，国内市场的投资机会非常有限，结果是哪个市场有资金流入，哪里就会出现资产价格先猛涨后泡沫破灭的现象。

结束语和政策启示

实现增长的可持续性和保持金融系统的稳定性，是中国当前面临的两项基本宏观经济挑战。经过三十多年的令人称奇的经济表现之后，中国的 GDP 增速在 2010 年后稳步放缓。虽然 2016 年年底出现了一个触底反弹，但目前仍然存在的疑问是，中国经济增长是否具有可持续性？这种增长将持续多久？中国同时还是所有主要新兴经济体中唯一没有经历严重金融危机的国家,但中国能保持这个记录多久？

这一章的分析给我们得出三个结论。首先，近期经济动能的增加主要是受周期性因素特别是公共基础设施支出和房地产与制造业投资驱动的影响。房地产投资前景依赖于未来房地产销售，而制造业投资前景依赖于制造业部门利润率。不过，毫无疑问的是，在当前全球经济前景改善以及中国各级政府在党的十九大召开以前有强烈动机保持经济增长的事实条件下，中国经济有望实现其近期的增长目标。

其次，中国经济的中期状况不容乐观，或者至少存在不确定性。中国经济放缓的潜在原因是向新增长驱动力的转型不彻底；那些以前支撑中国经济增长的老行业已经不再具备竞争力，但新产业和新增长驱动力还未充分发展到以同等动能推动中国经济向前的程度。本章讨论的新经济指数（NEI）表明，新经济到目前为止只占到全部经济份额的30%，而且新老经济形态之间一定程度上存在清晰的权衡取舍关系。近期房地产投资和基础设施投资的走强，虽然支撑了近期的增长前景，但使中期增长前景变得黯淡。在产业升级进程完成之前，任何增长势头的触底反弹和上扬都可能是短暂的。

最后，中国近期的系统性金融风险有扩散趋势。这可能与增长放缓、高杠杆、低生产率以及政策灵活性有限有关。充裕的流动性和有限的投资渠道，使得这一挑战更加恶化。最近几年，金融风险在不同的市场和市场内部轮流传递，包括股票市场、房地产市场、债券市场、财富管理产品市场、数字化金融市场和外汇市场。这些表明，中国第一次金融危机可能比我们想象的来得更快。

所以，政府应该做些什么呢？自2016年7月以后，中国国家主席习近平主张推动"供给侧结构性改革"。尽管对此主张存在多样化解释，有时甚至混淆不清，然而最基本的一点就是，"供给侧结构性改革"意味着提升生产力而非集中在周期性的需求。2016年，中国政府识别了可看作"供给侧结构性改革"详细任务的五大政策目标：降低过剩产能、房地产去库存、去杠杆、降成本和突破瓶颈。

"供给侧"改革的总体目标，应该有助于实现增长的可持续性和保持金融系统的稳定性。对于前者而言，关键是推动产业升级——淘汰老旧产业和发展新兴产业。对于后者而言，关键是要控制整体性金融风险——消除现有风险和控制新的风险。

为了实现这两个目标，政府还需出台更多政策措施。在这些政策中，最重要的措施应该包括强化市场约束和完善金融监管。

让市场在资源配置中起到更决定性的作用，这是在中国共产党第十八届全国代表大会第三次会议上所制定的改革原则。这一点在今天特别重要，这是因为，政府控制对增长可持续性和金融系统稳定性提出了特别的挑战。在这些问题中，最棘手的就是如何处置僵尸企业。过去若干年，各级政府做出了极大努力来发展新兴产业。但老旧产业的持续存在，特别是那些已成为僵尸行业的产业，降低了发展新产业的紧迫性和空间。不仅如此，僵尸企业自身带来了许多金融挑战和风险。因此，清理僵尸企业就应是政策最优先的问题。

与 20 世纪 90 年代的僵尸企业相比，今天的僵尸企业数目更少但规模更大。尽管现在僵尸企业退出只会带来非常有限的广泛经济影响，但其对地区经济和社会的影响将会具有更大的破坏性。有些僵尸企业，尽管仍在某些领域保持竞争力但经历着短暂的市场挫折，那么政府就可以采取一些措施，如向管理层授予股份、混合所有制、兼并重组（M&A）和"债转股"等方式重振这些企业。对于其他僵尸企业，如果是持续亏损并处于旧经济部门的，破产可能是唯一的选择。中央政府应设立专项基金以帮助地方政府降低破产转型的痛苦。

不仅如此，因为当前的金融监管系统出现了太多的问题，还应重新改造金融监管框架，保持金融系统稳定性。例如，监管者可能不是独立的，所以它们的政策常常会因其他政策考虑如经济增长和实现产业发展目标的压力而妥协。同时，监管者之间还会因分割设置导致缺乏有效的协调机制，通常会导致监管重复或监管真空。同时，宏观审慎监管仍然不成熟，还需要得到显著提升以控制系统性的金融风险。

参考文献

Bai, C. and Zhang, Q. (2014), The return to capital in China, *World Economy* (10): 3–30.

Bai, C., Hsieh, C. and Qian, Y. (2006), The return to capital in China, *Brookings Papers on Economic Activity* (2): 61–101.

Cai, F. (2010), Demographic transition, demographic dividend, and Lewis turning point in China, *China Economic Journal* 3(2): 107–119.

Cai, F. and Wang, D. (2005), China's demographic transition: Implications for growth, in R. Garnaut and L. Song (eds), *The China Boom and Its Discontents*, pp. 34–52, Canberra: Asia Pacific Press.

Shen, Y., Shen, M. G. and Chen, Q. (2016), Measurement of the new economy in China: Big data approach, *China Economic Journal* 9(3): 304–316.

附录 1

新经济指数（NEI）所使用数据来源的主要网址

关于劳动力需求

www. 51job. com

www. zhaopin. com

www. 58. com

www. liepin. com

关于新注册的公司

www. gsxt. gov. cn/index. html

关于资本

www. pedata. cn

www. qianlima. com

www. bidchance. com

关于交通

www. ly. com/huochepiao/train

www. umetrip. com （航班）

关于专利

www. sipo. gov. cn/zhfwpt/zljs/

内部收敛与中国的增长潜力

姚洋　王梦琦

引　言

在当前增长率持续下降的背景下，重新产生了围绕着中国经济增长潜力的辩论。然而在这场辩论中，内部收敛所起的作用被忽视了。中国过去三十多年前所未有的增长尤其是全球金融危机（GFC）爆发前几年的增长，都集中在中国的沿海省份，而广大内陆地区的发展大幅滞后。截止到2015年，东部省份人均GDP已经是中西部地区人均GDP的1.8倍。上海，中国最富裕的省份，其2015年人均GDP达到15265美元，这是中国最穷省份之一贵州省人均GDP的3.5倍。在全球金融危机爆发以后，东部省份的增长开始放缓，而内陆省份的增长开始追赶上来。因此，内部收敛可以被看作中国内陆省份经济增长的一项驱动力。

这一章研究了内部收敛如何对中国经济的长期增长做出贡献。特别地，我们研究了三种类型的收敛：区域性、效率性和技术性的。区域收敛是在中国东部（沿海）地区、中部（内陆）地区和西部（内陆）地区内省份的收敛，并允许中国内陆省份享有后发优势以保持更长时期的高速增长。效率收敛是指两个内陆地区趋于东部地区保持的效率水平的收敛，并将内陆省份拉向生产前沿，从而使它们在转型路径上的增长率更快。技术收敛是两个内陆地区向东部地区技术进步速率接近的收敛，并提升了内陆地区省份的稳态增长率。技术收敛会增加内陆地区在转型路径上的增长率，因为稳态增长率是转型路径增长率的一部分。于是，这三种类型的收敛就具有极大地影响中国长期总体经济增长的潜力。

我们的分析是这样组织的。下一节，我们引入了我们分析的理论框架，这一理论框架建立在新古典增长模型和中国区域增长差异性的基础上。第三节，我们介绍了数据和众多省份报告的增长特征的修正方法。第四节，我们估计了全国和各个地区增长方程，以及在第五节，我们展示了各个地区以及全国整体增长潜力的预测结果。运用这些预测，我们构造了一些政策实验和反事实分析结果，以研究三种收敛类型的效应。第六节是本章的结论。

理论框架

本章研究的三种收敛类型的理论基础是新古典增长理论。众所周知，这一理论可用于预测国家与国家之间或地区之间的条件收敛（Barro 和 Sala－i－Martin，1992）。特别地，因为国家/地区具有稳态（人均 GDP 的增长就是技术的进步率），那些具有较低水平人均 GDP（或者更低水平资本存量）的国家/地区，就应比那些具有较高水平人均 GDP（或者更高水平资本存量）的国家/地区增长更快。于是，最终人均 GDP 就会收敛（σ - 收敛）。

实际上，即使具有相同的储蓄率和技术进步率，国家/地区之间也可能并不具有相同的稳态。因此，收入的收敛并不现实。然而，若给定其自身的稳态增长率，一个国家/地区就会在人均 GDP 处于较低水平时相比其在人均 GDP 变得更高时的增长更快（所谓的 β - 收敛）。这就是后发优势的理论基础。而这种后发优势形成了本章要检验的第一种收敛类型：区域收敛。

在过去 20 年中，中国经济的增长主要集中在沿海省份（东部地区），而两个内陆地区的发展滞后了。东部地区产生这一现象产生的原因包含以下两点：（1）一直保持高水平的资源效率；（2）具有较高的技术进步率。东部省份现在比较接近其稳态水平，所以它们的增速一直在下降。相反，内陆省份一直与它们的稳态水平保持着较远距离，从而在理论上它们的增长率至少相比东部地区的增长率会更高。如果内陆地区可以实现更高的增长率，那么全国整体就可以保持更高的增长率。

可将第二种类型的收敛看作获得了东部地区的投资效率；将第三种类型的收敛看作正在接近东部地区的技术进步率。为了给三种类型的收敛提供一种更具有结构化的视角，首先我们考虑下面伴随着技术进步的索洛模型

（Solow Model）的变体。

设定某个地区的生产函数为方程（1）。

$$Y = (K^{\delta})^{a}(AL)^{1-a}, 0 < a < 1 \tag{1}$$

方程（1）中，K 捕获了资本存量，L 是劳动力存量（人口），Y 是产出，a 是资本产出弹性（从而 $1-a$ 就是劳动产出弹性）。不仅如此，δ 是资本利用的效率指数，A 是劳动增广技术的指数。资本利用效率是常数，而 A 以不变常数速率 η 增长。人口以常数速率 n 增长。$L^{*} = AL$ 是效率劳动的存量，它的增长率是 $\widehat{L}^{*} = \eta + n$。每单位有效劳动的产出如方程（2）所示。

$$y^{*} = \frac{Y}{L^{*}} = \left(\frac{K^{\delta}}{AL}\right)^{a} \tag{2}$$

因此，每个劳动单位的产出就是 $y = Ay^{*}$，转型路径上每个有效劳动的产出增长率，如方程（3）所示。

$$\widehat{y}^{*} = a(\delta\widehat{K} - \widehat{L}^{*}) = a[\delta\widehat{k} - (1-\delta)n - \eta] \tag{3}$$

在方程（3）中，$k = K/L$ 是每单位劳动的资本存量，从而转型路径上每个劳动单位的产出（或者人均 GDP）增长率可以表示为方程（4）。

$$\widehat{y} = a[\delta\widehat{k} - (1-\delta)n] + (1-a)\eta \tag{4}$$

换句话说，人均 GDP 的增长可以使用转型路径上的两种增长来源推导出来。首先，用方程（4）右侧的中括号式子表述经资本利用效率调整的人均资本存量增长率。其次，是劳动增广技术的增长，该速率表述为 η。其来源分别使用资本产出弹性和劳动产出弹性来表述。

在稳态条件下，每个有效劳动的产出就是常数。通过方程（3），可以得到方程（5）。

$$\delta\widehat{k} = (1-\delta)n + \eta \tag{5}$$

从方程（5），我们进而得到稳态下的人均 GDP 增长率，即方程（6）。

$$\widehat{y} = \eta \tag{6}$$

这就是说，稳态条件下的人均 GDP 增长率等于技术进步率。这是包含技术进步的索洛模型的标准结果。

上述模型形成了我们对上述三种收敛类型的理解。首先，方程（5）表明存在一种 β - 收敛：当人均 GDP 较低时，人均资本存量增长率 $\hat{k}$ 和人均 GDP 增长率一样，[1] 很大。这就是我们所指的区域收敛。两个内陆地区目前仍具有较低的人均 GDP 水平，意味着当它们遵循自身收敛速率时相比于遵循全国收敛速率，其增长率会更高。换句话说，区域收敛将有助于中国维持更长时间的高速增长阶段。

其次，方程（5）也解释了第二种类型的收敛。该方程告诉我们，更高的效率指数 δ，提升了人均 GDP 的增长率。在东部地区具有更高水平投资效率的意义上，两个内陆地区趋向于这种投资效率的收敛将有助于增加它们的增长率。进一步地，全国增长率也就会随之上升。最后，方程（5）和方程（6）告诉我们，更高的技术进步率提升了稳态水平和转型路径上的人均 GDP 增长率。再次地，因为东部地区技术进步速率最快，所以两个内陆地区向东部地区技术进步速率的收敛，不仅会提高其自身的增长率，也会提高全国的增长率。

数　据

本研究使用的数据包括：人均真实 GDP 及其增长率，1984～2015 年中国 28 个省份[2]的人均真实投资增长率。我们从《中国统计年鉴》（国家统计局，1985～2016）和《中国的国内生产总值：1952～1995》（国家统计局，1997）搜集了相关数据。

我们在使用省域 GDP 数据时出现的一个问题是，地方政府可能会高估其增长率。众所周知，一直以来，几乎中国所有省份公布的增长率都高于全国层面公布的增长率。考虑到这一点，我们使用了一个平减方法，将省域增长率修正如下。

第一步，我们将每个省的真实 GDP 在全国真实 GDP 中所占份额作为权重，计算了每一年真实 GDP 的全国平均增长率。第二步，为了得到每一年的平减指数，我们用这个全国平均增长率除以中国统计局（NBS）所公布的

---

[1]　这一结论来自梭罗模型所做的一个标准假设——全国的储蓄率是外生给定的常数。

[2]　由于数据缺失的原因，我们剔除了西藏、重庆和海南。

全国增长率。第三步，我们对每一省份每个年度的增长率使用该年的共同平减因子进行平减。第四步，假设每个省份基年（1984 年）GDP 数据不包含通胀成分，我们就使用经过平减的增长率刻画此后每年的真实 GDP 数据。最后，通过每个省份经平减的 GDP 除以该省的人口数，就得到每个省份每年的人均 GDP。

我们的研究涉及增长方程的估计，在这个过程中我们仅仅研究投入要素：人均投资的真实增长率。因为国家统计局仅仅公布了投资的名义数据，我们可以使用固定资产投资的价格指数对投资价值进行平减，从而得到投资的真实增长率。1995 年的投资折旧率来自《中国统计年鉴》（中国统计局，1985 ~ 2016），而 1995 年前的投资折旧率，参考 Zhang 等（2004）的方法和《中国国内生产总值：1952 ~ 1995》（中国统计局，1997）的投资数据进行构造。

这 28 个省份被分为三个地区：东部、中部和西部。① 分地区主要变量的描述性统计结果如表 1 中所示。全国的数据是 28 个省份数据的简单平均。

表 1　描述性统计量

	人均真实 GDP(RMB100)	人均真实 GDP 增长率	人均真实投资增长率
面板 A:东部			
观察值个数	288	288	288
均值	49. 497	0. 085	0. 127
标准差	45. 758	0. 049	0. 141
最大值	243. 329	0. 227	1. 384
最小值	4. 700	− 0. 110	− 0. 244
面板 B:中部			
观察值个数	320	320	320
均值	23. 523	0. 086	0. 127
标准差	20. 367	0. 038	0. 138
最大值	114. 853	0. 198	0. 973
最小值	2. 985	− 0. 043	− 0. 370

① 东部地区包括：北京、天津、河北、上海、江苏、浙江、福建、山东和广东；中部地区包括：山西、辽宁、吉林、黑龙江、安徽、江西、河南、湖北、湖南和广西；西部地区包括：内蒙古、四川、贵州、云南、陕西、甘肃、青海、宁夏和新疆。

续表

	人均真实 GDP(RMB100)	人均真实 GDP 增长率	人均真实投资增长率
面板 C:西部			
观察值个数	288	288	288
均值	18.848	0.084	0.135
标准差	15.989	0.062	0.147
最大值	87.995	0.555	0.729
最小值	2.683	-0.347	-0.288
面板 D:全国			
观察值个数	896	896	896
均值	30.369	0.085	0.130
标准差	32.840	0.050	0.142
最大值	243.329	0.555	1.384
最小值	2.683	-0.347	-0.370

注: 时间跨度为 1984~2015 年。由于数据缺失的原因不含西藏、重庆和海南。在国家统计局报告的全国数据正确的假设下,对 GDP 及其增长率进行了修正。

资料来源: 原始数据来自于国家统计局 (1985~2016 年)。

图 1 使用 GDP 的修正数据显示了每个地区人均 GDP 的增长率。平均而言,东部地区比其他两个地区的增长要快。整个国家东部沿海的经济与内陆省份的经济表现出发散的特征。这些年,中部地区和西部地区之间的差距也在逐步拉大。截止到 2015 年,东部地区人均 GDP 相当于中部地区的两倍,而西部地区人均 GDP 要比中部地区人均 GDP 低 23%。这些对比结果为本章的研究提供了基础。由于东部地区和其他两个地区的差距之间是最大的,我们将会研究两个内陆地区的追赶过程。

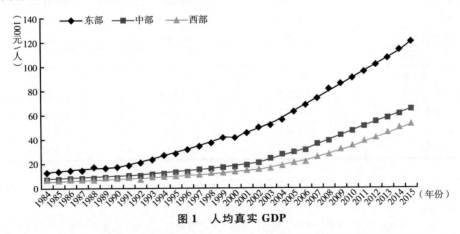

图 1 人均真实 GDP

注: 人均 GDP 以 1984 年人民币价格度量和调整,其潜在假设是统计局公布的增长率为真。

资料来源: 国家统计局原始数据 (1985~2016 年)。

图 2 展示了 1984～2015 年每个地区人均真实 GDP 的平均增长率，图 3 展示了 1984～2030 年每个地区人均真实投资的平均增长率。直到 2007 年，东部地区都一直引领真实 GDP 的增长，在那之后为两个内陆地区所取代。在 20 世纪 90 年代中期以前，东部地区相比两个内陆地区具有更高的投资增长率，但自 2000 年以后，东部地区的投资增长率更低。很显然，两个内陆地区的投资效率一直都是较低的，尤其在中国高速增长的 2001～2008 年这一阶段。这就为研究投资效率潜在的内部收敛提供了基础。

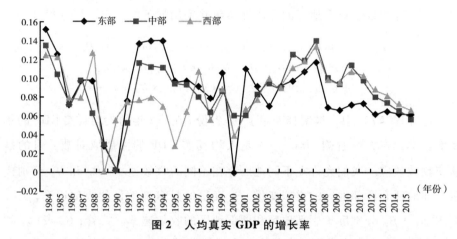

图 2　人均真实 GDP 的增长率

注：此处展示的增长率在国家统计局公布的全国增长率数据为真的假设下进行了修正。
资料来源：国家统计局原始数据（1985～2016 年）。

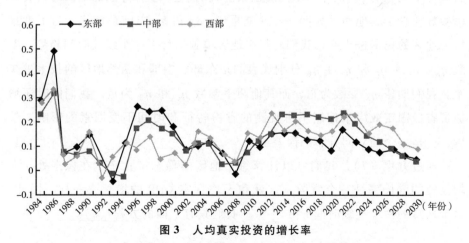

图 3　人均真实投资的增长率

资料来源：真实投资的增长率使用了固定资产投资价格指数对国家统计局（NBS）公布的名义投资价值进行平均得到。1995 年以前的价格指数采用 Zhang 等（2004）的方法和国家统计局（1997）公布的投资数据进行构造得到。

增长模型的估计

计量步骤

我们估计了两个增长方程：其中一个决定了每个地区的条件收敛，而另一个决定了全国的条件收敛。这两个方程与前一节介绍的理论模型相一致。第一个方程假设了单个地区的异质性参数并采用如下的设定，见方程（7）。

$$
\begin{aligned}
g_{it} ={}& \alpha + \beta_E \ln(y_{i,t-1}) + \beta_C \ln(y_{i,t-1}) \times D_C + \beta_W \ln(y_{i,t-1}) \times D_W \\
&+ \delta_E\, G_{it} + \delta_C\, G_{it} \times D_C + \delta_W\, G_{it} \times D_W + \eta_E(t - 1983) \\
&+ \eta_C(t - 1983) \times D_C + \eta_W(t - 1983) \times D_W + \varphi_i + \varepsilon_{it}
\end{aligned}
\tag{7}
$$

在方程（7）中，被解释变量 g_{it} 是省份 i 在第 t 年的人均真实 GDP 的年度增长率。在方程右侧，$ln(y_{i,t-1})$ 是人均真实 GDP 的滞后取对数，目的是捕获收敛效应。我们允许在不同地区存在不同的收敛速度。D_C 和 D_W 分别代表中部地区和西部地区的虚拟变量。β_E 度量的是东部地区的收敛速度，$\beta_E +$ β_C 和 $\beta_E + \beta_W$ 分别度量中部地区和西部地区的收敛速度。接着，G_{it} 表示 i 省在第 t 年的人均真实投资的增长率。为了捕获单个地区的不同效率水平，我们对每个地区的 G_{it} 估计了不同的系数。我们期望 δ_E，即东部地区的投资效率参数要高于其他两个地区——这就是说，δ_C 和 δ_W 应该是负值。为了度量每个地区的技术进步率，我们对每个地区单独估计了一个线性时间趋势。参数 η_E、$\eta_E + \eta_C$ 和 $\eta_E + \eta_W$ 分别代表的是东部、中部和西部地区的技术进步率。我们期望 η_E 参数为正，而其他两个参数 η_C 和 η_W 为负。我们同时还增加了省份固定效应来控制不可观测的省份特征和时间不变因素的影响。最后，ε_{it} 是一个独立同分布的误差项。

通过方程（7），我们可以计算每个地区的稳态增长率。在稳态处，人均投资的增长率是一个常数，这就和人均真实 GDP 的增长率一样。因此，对于任意的两个连续时间 t 和 $t - 1$，我们具有下面的方程（8）。

$$
\widehat{\beta}_j^{\,*}\,[\ln(y_{j,t}) - \ln(y_{j,t-1})] = \widehat{\eta}_j^{\,*}\,, j = E, C \text{ 和 } W
\tag{8}
$$

在方程 8 中，$\widehat{\beta}_j^{\,*}$ 分别代表 η_E、$\eta_E + \eta_C$ 和 $\eta_E + \eta_W$ 的估计量，$\widehat{\eta}_j^{\,*}$ 分别代

表 β_E 、$\beta_E + \beta_C$ 和 $\beta_E + \beta_W$ 的估计量。结果，稳态增长率等于 $\ln(y_{j,t}) - \ln(y_{j,t-1})$ ，如方程（9）所示。

$$\widehat{g_j^*} = \widehat{\eta_j^*} / \widehat{\beta_j^*} , j = E, C, W \tag{9}$$

当然，这一方程是新古典增长模型推导出的表达式的重新表述：稳态的人均真实 GDP 增长率等于长期技术进步率。

为了研究全国的收敛水平，我们估计下面的共同参数方程（10）。

$$g_{it} = \alpha + \beta\ln(y_{i,t-1}) + \delta G_{it} + \eta(t - 1983) + \varphi_i + \varepsilon_{it} \tag{10}$$

在此设定下，我们假设所有省份具有相同的收敛速率、投资效率和技术进步率。

估计结果

我们在表 2 中报告了方程（7）和方程（10）的估计结果。前三列展示的是在异质性参数设定条件下每个地区的估计参数。东部、中部和西部地区的收敛速率分别是 8%、7.1% 和 7.7%。东部地区收敛速率最快是因为它具有最高的人均 GDP，从而相比其他两个地区具有更接近其稳态水平的优势。不过，有趣的是我们发现西部地区相比中部地区具有更高的收敛速率。此时，西部地区相比中部地区具有更低的人均 GDP，从而西部地区相比中部地区在稳态处具有更低的人均 GDP 水平。这就是一条证据，表明西部地区的长期技术进步存在着障碍。

表 2 回归结果

	东部	中部	西部	全国
ln（人均 GDP 滞后值）	− 0.080 *** （0.015）	− 0.071 *** （0.021）	− 0.077 * （0.044）	− 0.076 *** （0.016）
投资增长	0.160 *** （0.047）	0.141 *** （0.020）	0.157 *** （0.032）	0.154 *** （0.019）
时间趋势	0.00613 *** （0.00127）	0.00606 *** （0.00181）	0.00601 * （0.00327）	0.00606 *** （0.00129）
稳态增长率（%）	7.66	8.54	7.81	7.97
平均省份固定效应	− 0.020	− 0.089	− 0.092	− 0.056

	东部	中部	西部	全国
常数	0. 270 *** (0. 043)	0. 270 *** (0. 043)	0. 270 *** (0. 043)	0. 239 *** (0. 041)
省份固定效应	是	是	是	是
R 方	0. 300	0. 300	0. 300	0. 297
观察值个数	896	896	896	896

注：* 表示 10% 的显著性水平；** 表示 5% 的显著性水平；*** 表示 1% 的显著性水平。这个表显示的是方程（1）和方程（3）的回归结果。第 1～3 列为方程（1）的估计结果。分区域的参数是合并在一起的。第 4 列展示了从方程（4）得到的估计结果。

投资增长率上升 1 个百分点，将会带来东部地区 GDP 增长率增加 0. 16 个百分点，中部地区增加 0. 141 个百分点，西部地区增加 0. 157 个百分点。正如期望的那样，东部地区具有最高的投资效率，而西部地区的投资效率水平还要高于中部地区的投资效率水平。东部地区的技术进步率是最快的，每年增长 0. 613%，接着是中部地区的 0. 606%，西部地区的 0. 601%。

基于方程（3），我们计算了每个地区各自稳态水平下的增长率，并将其展示在表 2 中。我们发现在它们的稳态处，东部地区以 7. 66% 的速率增长，中部地区以 8. 54% 的速率增长，西部地区以 7. 81% 的速率增长。这些增长率是比较高的，对此我们可以看出两条原因：第一条是因为我们研究的时间处于一个高速增长的阶段；第二条是因为平均而言，中国的各个省份距离其稳态增长水平仍然具有较远的距离。这两个因素都会夸大对技术进步的估计。由于本章的目的不是对中国的增长前景做一个预测，而是选择研究内部收敛将如何提升中国的增长潜能，那么，我们的注意力就需要集中在不同收敛情景的对比，而非增长率水平。

预测和分析

在表 2 所展示的估计结果下，我们进一步对中国在 2016～2030 年的增长潜能提供了预测。我们的注意力不是预测本身，而是内部收敛效应的分析。特别地,我们研究了三种类型的收敛:(1)两个内陆地区以东部地区的收敛速率收敛于其自身的稳态增长率;(2)两个内陆地区到达东部地区的投资效率;(3)两个内陆地区达到东部地区的技术进步速率。因为东部地区相比其他两个地区具有更快的收敛速率,那么区域收敛就会降低其他两个地区的 GDP 增长率。因此,这一反事实分析显示,两个内陆地区的落后事实上为中国提供了维持未来高速增长的潜能。第二种类型的收敛,有助于内陆地区达到东部地区所保持的投资效率前沿。结果,这就提高了内陆地区在向稳态路径转型的增长率。第三种类型的收敛,将内陆地区的长期技术进步率提高到东部地区的水平,从而使得内陆地区在各自稳态水平具有更高的GDP 增长率。

三个地区和全国的稳态增长率水平展示在表 2 中,我们的预测任务是估计不同转型路径上的 GDP 增长率。对于地区 j 来说,我们使用了下面的方程(11)来迭代我们的预测结果,迭代过程从 2016 年开始。

$$\hat{g}_{jt} = \hat{\alpha} + \hat{\beta}_j \ln(\bar{y}_{j,t-1}) + \hat{\delta}_j \bar{G}_{jt} + \hat{\eta}_j(t-1983) + \hat{\varphi}_j \tag{11}$$
$$j = E, C, W, t = 2016, 2018, \cdots, 2030$$

在方程(11)中,带横杠的变量就是给定地区的均值,而关键的地方就在于预测投资的平均增长率。

预测投资增长率

自 1949 年中华人民共和国成立以来,中国就大体上遵循着一条独特的高储蓄高投资的增长路径。但在 2012 年的前十年,储蓄率和投资率均相当高,约占到全国 GDP 的 50%。尽管在过去几年整个经济沿着一条再平衡的路径发展,但是如果按照国际标准来看,中国的储蓄率和投资率仍然很高。这就使得使用国际标准来预测中国未来投资增长是很困难的。在这一章,我们使用了时间序列分析模型 $ARMA(2,2)$ 来预测中国在 2016~2030 年的投资增长率。再者,我们的焦点不是关于预测水平;相反,预测为我们研究三种收敛类型的效应提供了基础。

我们的预测使用 2015 年作为基年。基于观察到的 1984~2015 年的投资增长率,我们应用 $ARMA(2,2)$ 模型来预测 2016~2030 年每个地区的投资增长率。全国的预测水平使用了三个地区的加权平均。人均投资增长率的预测展示在图 4a – d 中，与此同时还在附录表 A1 中列出了更详细的细节。在所有的三个地区中，投资增长预测将在 2016 年实现回升，但是我们在那一年并未观测到这一现象。

投资增长在 2016 年继续下降。然而，再一次地，我们的目的不是得到投资增长率水平的精确估计量；相反，我们更加关注的是，投资效率的提升将如何维持中国更高的增长率。根据预测，东部地区未来的投资增长率将从 2022 年开始收敛于 11.7%。中部地区，其投资增长率将于 2027 年收敛于 10.9%。西部地区，尽管近年以非常高的速率增长，但是这一地区的投资增长率有望在 2021 年之后快速收敛到 12.8%。

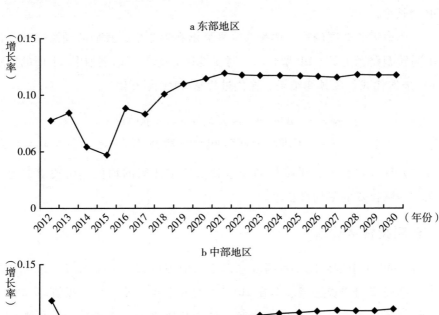

a 东部地区

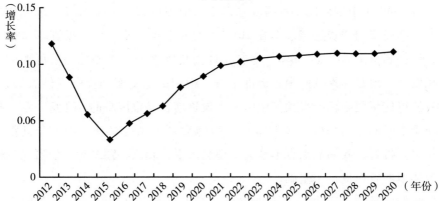

b 中部地区

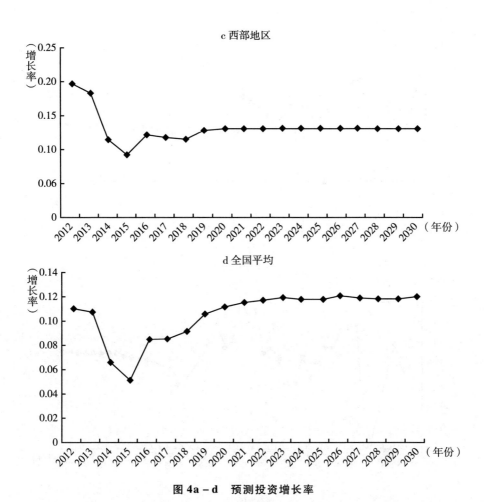

图 4a – d 预测投资增长率

注：每个地区的预测基于 1984～2015 年的数据，使用 $ARMA(2,2)$ 模型预测得到。全国平均就是三个地区的增长率的加权平均计算得到。

资料来源：笔者的计算。

预测 GDP 增长率

基于投资增长率的预测和应用方程（11），我们可以预测每个地区人均 GDP 的未来增长率。然后，我们可以计算全国的加权平均增长率。[①] 这些预测及其对应的历史记录都展示在图 5a – d 中。详细的数列举在附录表 A2 中。

————————————

① 我们假设每个地区 2015 年以后的人口保持不变。

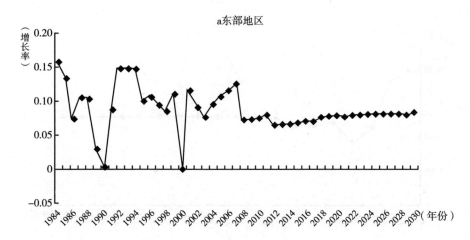

a 东部地区

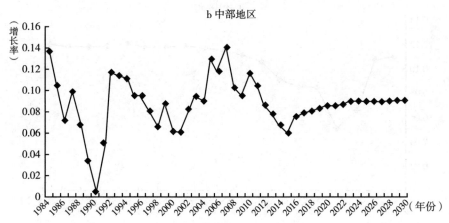

b 中部地区

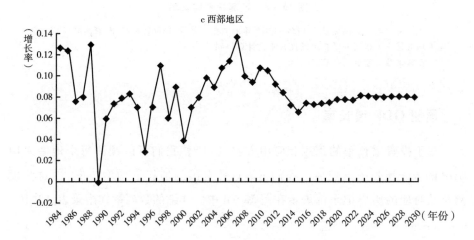

c 西部地区

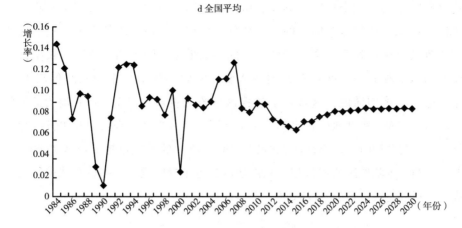

图 5a – d　预测的人均 GDP 增长率

注：这些结果是使用方程（11）和图4中报告的投资增长率的预测来得到的。
资料来源：笔者的计算。

总体而言，所有三个地区均可以看得到在未来十年中的 GDP 增长率的回升。这主要是因为，我们预测到在接下来的几年会有更高的投资增长率和技术进步的正速率，如表2所示。然而到 2025 年，三个地区的增长率就会稳定下来，[①] 尽管它们仍将高于各自对应的稳态水平。这就是说，稳态收敛不会从 2016～2030 年这一阶段就开始。

比较分析

正如我们已经强调的，我们的主要目的是研究三种收敛类型的效应，我们将在本节做到这一点。当然，在此之前，我们发现忽视区域收敛将导致对全国增长潜力的低估。这就相当于做了一个比较，一个是使用上述介绍的方法预测区域增长率，然后加权平均作为全国的增长率，另一个是使用全国增长方程（10）的估计结果预测全国增长率，作为一项反事实的结果。表2的最后一列中展示出了对比的结果。

方程（10）假设所有省份具有相同的收敛速率，具有相同的投资效率水平以及收敛于相同的稳态条件。紧接着，我们将使用方程（10）所推导出的估计量称为"共同参数估计量"，这些就形成了反事实的全国增长率，

———————————

① 三个地区的收敛半生命周期的均值是 9 年，与这一发现是一致的。

这是因为事实上三个地区的不同省份以不同的速率和不同的效率水平收敛于不同的稳态。依靠这些因素的复合条件，使用三个地区增长率由加权平均计算得到的全国增长率，会高于使用共同参数模型预测得到的全国增长率，如图6所示。加权平均增长率的预测值要比共同参数增长率的预测值高1.51个百分点。换句话说，这解释了忽视区域收敛将导致对全国增长潜力的低估的原因。首先，东部地区相比其他两个地区，具有更高的有效率和更高的稳态增长率。与此同时，东部地区在全国GDP中所占的份额也更大（大约60%）。其次，两个内陆地区的省份相比东部地区具有更慢的收敛速率，意味着它们的高增长可以持续更长的一段时间。

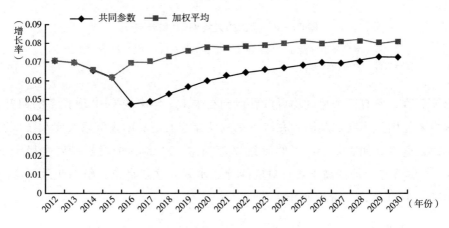

图6 共同参数估计 VS. 异质性参数估计

注：共同参数预测使用了表2报告的全国增长回归模型，并以三个地区投资增长率的加权平均值来预测全国投资增长率。

资料来源：笔者的计算。

我们现在研究第一种收敛效应：区域收敛。我们将使用中西部地区各自增长方程预测得到的增长率与使用反事实方程估计得到的增长率进行对比，其中，在反事实增长率中，中西部地区的收敛速率在追赶东部地区的收敛速率。相关的结果如图7a-c所示，同时这些图形还展示了与全国增长率均值进行对比的结果。正如期望的那样，追赶东部地区的收敛速率将会降低中西部地区的增长率。这一点中部地区比西部地区的表现更为明显，这是因为中部地区具有最低的收敛速率（见表2）。平均而言，中部地区的增长会慢2.7个百分点，而西部地区的增长仅仅慢0.8个百分点。两者一起，将导致全国增长率平均下降 0.9 个百分点，相比最初预测的 2016~2030 年全国平均增长率 7.7%，这一下降幅度相当于其 11.7%。换句话说，如果两个内陆地区因后发优势所产生的收敛速率更低，那么会使得中国的全国增长速率维持更高的水平。

现在来看投资效率的收敛效应，我们发现这些效应非常小——这主要是因为这三个地区投资增长的系数（见表2）并不存在显著差异。如果中部地区的投资效率追赶上东部地区的投资效率，那么平均而言，其增长率只会增长 0.1 个百分点。不仅如此，西部地区的投资增长率将会稳定在一个比东部地区更高的水平，这将抵消后者的投资效率收益。结果，如果西部地区获得东部地区的投资效率，那么其增长率基本上不会发生改变。

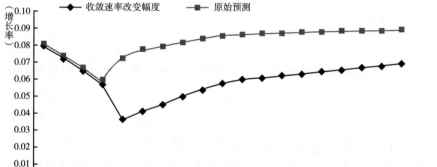

a 中部地区增长率收敛速率的改变幅度原始预测

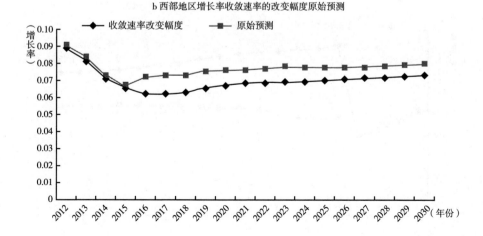

b 西部地区增长率收敛速率的改变幅度原始预测

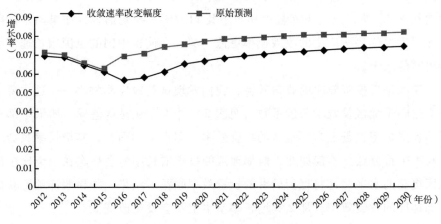

c 全国平均增长率收敛速率的改变幅度测原始预测

图7a－c 地区收敛的效应

注：原始预测结果与图5a－d中所示预测结果一致。反事实预测时假设中西部地区具有和东部地区一样的收敛速率。

资料来源：笔者的计算。

最后，我们研究了技术进步的收敛效应。技术进步对转型路径上的经济增长率具有累积效应，从而趋向于东部地区技术进步水平的这种收敛，将有利于其他两个地区在其转型路径上具有显著更高的增长率（尽管表2表明东部地区并没有在技术进步率上大幅度领先其他两个地区）。图8a－c解释了这些结果，其中包括技术进步的显著提升。平均而言，中部地区的增长率每增加4.7个百分点，西部地区的增长率会增加4.8个百分点。结果，全国经

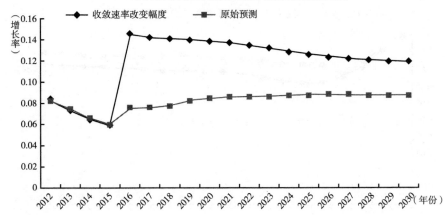

a 中部地区增长率技术进步速率改变的预测原始预测

b 西部地区增长率技术进步速率改变的预测原始预测

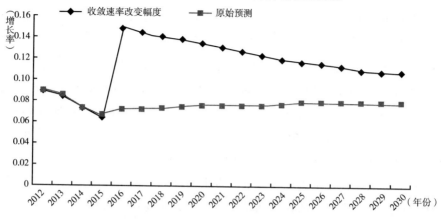

c 全国平均增长率技术进步速率改变的预测原始预测

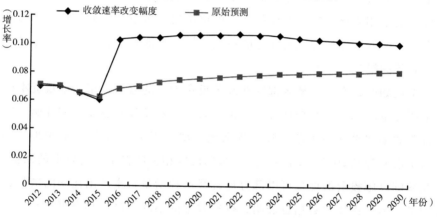

图 8a - c　技术进步收敛的效应

　　注：原始预测与图 5 中展示的结果相同；反事实预测假设中西部地区具有和东部地区相同的技术进步速率。

　　资料来源：笔者的计算。

济的增长率会提高 2.6 个百分点。这一速率超过了最初所预测的 2016 ~ 2030 年全国平均增长率的三分之一。于是到目前为止，技术进步的收敛在三种类型的收敛中，对地区和全国增长具有最大的效应。

结　论

　　在这一章中，我们估计了中国三个地理区域和全国的增长方程。我

表 A2　GDP 增长率的预测

年份	原始预测				共同的收敛速率			共同的投资效率			共同的技术进步率		
	东部	中部	西部	全国	中部	西部	全国	中部	西部	全国	中部	西部	全国
2012	0.060	0.080	0.089	0.070	0.080	0.089	0.070	0.080	0.089	0.070	0.080	0.089	0.070
2013	0.064	0.074	0.082	0.069	0.074	0.082	0.069	0.074	0.082	0.069	0.074	0.082	0.069
2014	0.062	0.065	0.073	0.065	0.065	0.073	0.065	0.065	0.073	0.065	0.065	0.073	0.065
2015	0.063	0.058	0.066	0.062	0.058	0.066	0.062	0.058	0.066	0.062	0.058	0.066	0.062
2016	0.065	0.074	0.073	0.069	0.036	0.061	0.056	0.074	0.073	0.069	0.145	0.149	0.102
2017	0.066	0.076	0.073	0.070	0.041	0.062	0.058	0.077	0.073	0.070	0.143	0.144	0.103
2018	0.069	0.078	0.073	0.072	0.045	0.062	0.061	0.079	0.073	0.073	0.141	0.139	0.104
2019	0.072	0.081	0.075	0.075	0.050	0.065	0.065	0.083	0.075	0.076	0.140	0.136	0.106
2020	0.073	0.083	0.076	0.077	0.054	0.067	0.067	0.085	0.076	0.077	0.138	0.133	0.106
2021	0.074	0.085	0.077	0.078	0.056	0.068	0.068	0.086	0.077	0.078	0.136	0.130	0.106
2022	0.074	0.086	0.077	0.078	0.059	0.068	0.069	0.087	0.077	0.079	0.134	0.127	0.106
2023	0.075	0.086	0.077	0.079	0.061	0.069	0.070	0.088	0.078	0.079	0.131	0.124	0.105
2024	0.075	0.087	0.078	0.079	0.062	0.070	0.071	0.088	0.078	0.080	0.129	0.121	0.105
2025	0.076	0.087	0.078	0.080	0.064	0.070	0.072	0.088	0.078	0.080	0.127	0.118	0.104
2026	0.076	0.087	0.078	0.080	0.065	0.071	0.072	0.088	0.078	0.080	0.124	0.116	0.103
2027	0.076	0.087	0.078	0.080	0.066	0.072	0.073	0.089	0.078	0.081	0.122	0.113	0.102
2028	0.076	0.088	0.078	0.080	0.067	0.072	0.073	0.089	0.079	0.081	0.120	0.111	0.102
2029	0.077	0.088	0.079	0.081	0.068	0.072	0.074	0.089	0.079	0.081	0.118	0.109	0.101
2030	0.077	0.088	0.079	0.081	0.068	0.073	0.074	0.089	0.079	0.081	0.117	0.107	0.100

注：在"共同的收敛速率"、"共同的投资效率"和"共同的技术进步率"假设下，中西部地区相对于东部地区具有相同的收敛速率、相同的投资效率和相同的技术进步率。这些数据都可以在方程（11）的估计中得到，而投资增长率的预测则在附录表 A1 中有报告。

参考文献

Barro, R. and Sala-i-Martin, X. (1992), Convergence, *Journal of Political Economy* 100(2)(April): 223–51. doi.org/10.1086/261816.

National Bureau of Statistics of China (1985–2016), *China Statistics Yearbook*, Beijing: China Statistics Press.

National Bureau of Statistics of China (NBS) (1997), *The Gross Domestic Product of China: 1952–1995*, Dalian: Dongbei University of Finance and Economics Press.

Zhang, J., Wu, G. and Zhang, J. (2004), The estimation of China's provincial capital stock: 1952–2000, [in Chinese], *Economic Research Journal* 10(October): 35–44.

国内经济新常态和国际经济新常态的调整：供给侧结构性改革 2.0

〔美〕 胡永泰（Wing Thye Woo）*

写在中共十九大前夕

过去一年，中国经济传递出了一些相互冲突的信号。在大型城市（如北京和上海）和大多数二线城市（如厦门和青岛）在房地产价格持续飙升的情况下，许多内陆地区的小型城市却出现了一些"鬼城"的现象。产能过剩仍然困扰着重工业产业（例如钢铁和水泥）。然而，尽管许多鬼城中存在大量未售存量住房的现象，但这并没有引起银行不良贷款率上升多少。

我们该如何解释过去两年中银行贷款中"特别关注"类（即这类贷款具有潜在缺陷）数量有显著上升的这一事实？它是企业削减成本后就会消失、临时性偿债困难引起的吗？这种特别关注类贷款比率上升的结果，是不良贷款的潜藏之地以及不良贷款率大幅度跳跃上升的前奏吗？

尽管在过去三年中有小幅度下降，中国的贸易余额仍保持着较大的体量。然而，中国人民银行的外汇储备存量却在持续下降。这就暗示了，国际金融账户①中非央行成分的赤字规模要高于贸易盈余的规模。这些现象表明，人民币（RMB）至少在过去三年中是被高估了——这种质疑是因为最

---

* 我要感谢 Lauren Johnston 出色的编辑工作和独到的评论观点，使本章的内容获得极大的改进。

① 在国际收支账户的旧术语中，金融账户又被称为资本账户。

近对资本外流管制的逐步收紧而被强化了。

这种大规模资本外流，是因为对中国未来经济展望大规模失去信心的结果吗？或者是反腐败斗争调查扩大化导致大量不义之财的大量逃离？或者这只是对目前人民币现值的一种投机性赌注？第一种解释是对中国未来经济前景黯淡的信号，而第二种则意味着中国的经济前景更加光明。第三种解释释放出的信号是，这仅仅是政府随时可以扭转的临时性状态，但是对应的经济影响（无论好坏）都取决于政府将如何降低资本外流。

与此同时，在国际水平上我们也可以看到很多冲突性的信号，而且中国地缘政治的地位也在全球风云变幻中发生着改变。特朗普的意外当选，导致美国退出跨太平洋合作组织（TPP）以及对北美自由贸易区（NAFTA）的重新谈判。与此同时，英国（UK）投票选择退出欧盟（EU），这就威胁到了欧盟的进一步一体化进程和欧盟现有的潜在统一格局。部分程度上是对这些发展变化的回应，中国相比以前更加有决心地朝着一个负责任的全球性利益相关者的目标在行动。在 2017 年 1 月的世界达沃斯经济论坛会议上，中国国家主席习近平承诺中国将在防止"去全球化"浪潮中起到带头的作用。

我们要坚定不移发展开放型世界经济，在开放中分享机会和利益、实现互利共赢。不能一遇到风浪就退回到港湾中去，那是永远不能到达彼岸的。我们要下大气力发展全球互联互通，让世界各国实现联动增长，走向共同繁荣。（习近平，2017）

《华尔街日报》报道，2017 年 5 月 14～15 日，在北京召开的"一带一路"峰会上：习近平先生将中国描述为一个致力于发展自由贸易的国家，并承诺向参与复兴丝绸之路的沿线项目和国家新增超过 1000 亿美元的融资和资金援助……习近平先生说，中国在过去三年中已经向丝绸之路沿线国家投资累计超过 500 亿美元，中国官方把这一历程称为全球化的一种新形式，它比之前的世界商业潮流更具有包容性和公平性。（Wong，2017）

然而，有一件不和谐的事情是，《华尔街日报》在其网站上同期发布了美国在中国加入世界贸易组织（WTO）问题上的前贸易谈判官员 Charlene Barshefsky 的视频记录。在这个记录中，Charlene Barshefsky 认为习近平已经"停止了中国改革开放的进程"（Barshefsky，2017）。在她的观念中，中国自 2007 年以来就已经从经济自由化中退步了，习近平加速引入了一些诸如与"支柱产业"、"战略性新兴产业"和"中国制造 2025"相关的项目。Barshefsky 把习近平主席的经济战略描述为"技术民族主义者全面推动"的战略，这是巴西在很多年前所采取过的进口替代战略——通过本土创新来实现中国经济的国产替代（例如，云计算，集成电路和新材料等）。[①] 不仅如此，Barshefsky 还将中国的全球化战略称为一个"零和博弈"，因为其焦点是确保"其他所有的市场都是开放的"。

Barshefsky 怎么能将"一带一路"的初衷——中国全球化战略的关键机制，看作一个零和博弈呢？尽管中国在巴基斯坦和东南亚所修建的桥梁、大坝和铁路确实有助于减轻中国重工业的产能过剩问题，然而不能否认的是，新增的基础设施建设也会使这些邻国的经济更加富裕。类似地，中亚各共和国和欧洲之间极大程度上改善了的铁路联系，将会同时使中亚经济和欧洲经济更加繁荣，而不仅仅是中国。

上述对中国经济特征的众多矛盾表述，清晰地揭示了目前在国际社会上对中国经济和政府政策选择的一些强烈误解，以及对中国政策制定者动机的极度怀疑。我们必须承认，在习近平主席和 Barshefsky 之间观点不一致的核心，就是这样的事实：美国所主导的二战后经济秩序已经失效，现在正是竞争建立新的框架结构的时机，从而使得世界各国在这个统一的框架下协调国际国内事务。

因此，这一章的目的就是澄清与中国经济相关的三个问题：经济的现行轨迹，影响经济运行轨迹的政策选择以及可能需要融合到国际经济联系中的一些额外元素。我们的观点是，为了走上动态可持续发展之路，从而推动本国在中期进入世界最先进国家行列，中国必须全面扩大供给侧结构性改革方案，使其既要包括国内其他领域（例如农村人口社会经济权利）的调整，又要有对国际治理制度安排（例如全球集体领导的本质）雄心勃勃的改造。这一修订后的改革项目，我们称之为"供给侧结构性改革 2.0"，已经在 2017 年年底召开的中国共产党第十九次全国代表大会上被正式提出并开始大胆付诸实施。

---

① Cheng（2017）里面报告了对 Barshefsky 演讲的一个中肯总结。

中国现行的经济轨迹

1979～2010 年，中国 GDP 的平均年度增长率为 10%。在经济增速来到 2012 年的 7.9% 和 2013 年的 7.8% 之后，中国政府宣布，2014 年以后中国经济进入了一个完全不同的发展阶段，称之为"新常态"。许多分析人士认为，这意味着中国的隐性增长目标已经下调到 7%。经济增长率在 2014 年下降到 7.3%，并在 2015 年持续低迷，中国政府在 2015 年年末宣布，下一个五年计划（2016～2020 年）的目标增长率在 6.5%～7% 的范围之内。2017 年的增长率为 6.9%，2016 年为 6.7%。

对中国经济增长率自 2010 年来稳步下降的原因，许多高级专家给出了各种各样的诊断。很自然地，他们对中国的政策制定者给出的建议也是五花八门。广义地说，这些诊断识别的 2010 年后经济放缓的原因，从周期性因素创造的总需求临时性不足，到深层次结构性缺陷所引起的不可避免的生产率下降。换句话说，在所有竞争性的诊断意见中，第一个重要的分化因素，当属对截至 2010 年的长达三十年高速经济增长可持续性乐观程度的判断。

林毅夫（2016）属于持有积极态度的那一批分析专家，他将经济增速放缓的最基本原因识别为外生和周期性的因素，而非一些自然的极限。于是，他极力主张扩大国内需求——通过"基础设施的改进、城市化的努力、环境管理以及高技术产业的发展"（Lin，2016），从而实现官方的增长目标。林毅夫持有积极观点的潜在基础，是他观察到中美的人均 GDP 比率（以美元计价的购买力平价（PPP）表示），在 2008 年为 20%，这正好是1951 年的日本人均 GDP 比率水平，以及韩美 1977 年的人均 GDP 比率水平。在接下来的 20 年时间中，日本和韩国各自持续的年度增长率分别为 9.2% 和 7.6%。林毅夫（2015）得出的结论是，"在 2008 年以后的 20 年中，中国所具有的潜在增长率在 8% 左右"。

其他处于乐观阵营中的著名人物还包括 Michael Spence 和 Fred Hu（2016）。他们认为，如果不考虑显著的产能过剩和超额的信贷扩张，"现实情况是中国目前正在朝着一个更具创新性和消费驱动的经济体方向运转良好。这就表明，整个经济正在经历一个不稳定的减速过程，而非经济的崩溃状态"。重要的是，"不稳定"指的是对常态的临时性偏离。因为 Spence 和 Hu 选择聚焦于如何调和这种发展不稳定而非如何提高经济新常态下的增长率水平，他们建议中国政府增加其决策的透明度，并且更加有效地沟通其政策决策。这些乐观主义者的主要特征就是，他们并不在其文章中提及（或者强调）任何特定的结构性或者制度性的改革。

另一方面，金刻羽（2016a）对中国维持过去高增长持有消极的态度，因为她认为，国有企业部门通过获得来自优惠待遇（例如廉价的土地和廉价的资本）的不平等竞争机会，成为让私营部门生存窒息的因素。金刻羽呼吁对整个社会制度进行基础性的改革："中国目前所需要的经济改革的前提是进行政治改革……它需要彻底地改造其治理体系——以及与之相匹配的治理哲学。"（金刻羽，2016a）

和金刻羽相同的是，张军（2016b）认为，涉及国有资产出售或转让的大型国有企业重组具有深刻的影响，这是对中国经济最大威胁的最有效补救方法。私营企业必须被允许进入国有企业垄断行业、资本密集行业以及高端的服务业，僵尸国有企业必须关停，更早由朱镕基着手的国有企业改革的反弹必须予以逆转。最好的情况是，"国有企业的角色再一次地仅仅需要限制在一小部分关键性的部门"（张军，2016b）。

和金刻羽不同的是，张军并未提及将社会政治变迁作为经济改革的必然要求。这种忽略强调的事实是，在众多的中国问题分析者中间，第二种关键性的区别性因素就是他们在何种程度上看待政治改革与经济改革之间的联系。

对某些西方媒体来说，中国最近的政治发展，包括从地方到中央的再度集权（特别是从常委会其他成员向习主席的集中），对国内媒体审查的强化，以及加强防火墙建设减少对国外网站的访问，通常被认为是政治进程的一种倒退（可能同时还会在之后导致经济进程的倒退）。然而，金刻羽（2016b）并不认同这种解释。

依据金刻羽（2016a）的说法，中国政府尚未启动必要经济改革的原因，是因其担心"爆发大规模骚乱与公民抗议的可能"。金刻羽（2016b）赞同习近平正在进行的将权力收回在手的过程，原因是，作为国家主席需要强化政治权力从而有能力"使中国更加强大"。依据金刻羽的说法，目前的状况是，"经过三十多年的松散治理，一些地方性权威已经形成了政治派系来保护自身的非法所得和经济利益"，从而造成当前社会政治与经济的不景气。

于是必须强调的是，对中国未来经济表现持乐观主义态度并非少数人的意见。正如之前提到的，即使金刻羽呼吁彻底的社会政治改革，从而消除阻碍社会经济进步的那些根深蒂固的障碍，她也只是对目前的短期经济表现持有悲观态度。此外，她对激进改革的必然性持有乐观的态度，认为一旦施行将有助于巩固中国的经济活力。（可能会在 2017 年年底召开的中共十九次全国代表大会之后？）

另一个学者，Stephan Roach（2016）的观点，同时包含了林毅夫对近期和金刻羽对远期的乐观看法。他确信，"中国目前已经有战略、有资金和有承诺，既能成功避开令人生畏的周期性影响，又能实现向基于服务业的消费型社会的大幅度结构转型"。

2010 年后的增长放缓是周期性因素引起的还是潜在增长率的下降？在这一问题上，人们可以说，经济放缓是由这两个因素同时造成的。尽管这种谨慎的表述很可能是正确的，却毫无意义，除非它能够识别每种类型原因在增速下降中的相对贡献。

余永定（2016b）陈述的看法是，"中国当前面临着两个挑战：潜在增长率持续下降的长期问题和真实增长率低于潜在增长率的短期问题"。余永定（2016a）指出，"通过基础设施投资扩张总需求的又一轮刺激计划仍然是必要的"。余永定认为，"其关键在于主要与政府债券相关的金融项目，而非银行信贷"。尽管这一建议将有助于防止不良贷款带来的银行危机，但是这种额外的债务负担将导致未来的财政危机。[①]

不仅如此，财政稳健也许并不足以证实林毅夫和余永定对另一轮宏观刺激的热情支持，这是因为政策制定者还需要考虑在短期宏观稳定性和长期经济活力之间的权衡取舍关系。经验显示，宏观刺激的通常类型（例如，广义货币宽松和地方政府在投资选择上有更多的自由裁量权），一般而言会使僵尸企业存活和支持国有经济部门不协调的增长，结果最终导致在重工业部门出现大量的过剩产能（Tan et al.，2016）。

---

① 如果不能像私营企业那样，获得高回报率来覆盖贷款利率，这个基础设施项目就可能会形成银行的不良贷款。如果不能为政府创造足额（直接或间接）收益偿还基础设施债券的债务负担，一旦这个基础设施项目显著增加政府的财政赤字，就会造成财政危机，使得政府不得不大幅度削减其他重要的项目。

换句话说，中国通常的宏观刺激会导致更多的生产浪费行为，这些行为与预算软约束假设紧密相关。但是，随着中国剩余劳动力的下降和人口红利的逐步消失，这种类型的宏观刺激降低了经济的潜在增长率，从而加速了真实增长率的下降。使僵尸企业存活的中国式常规刺激使用得越频繁，那么中国落入中等收入陷阱的可能性就会越大，在这样的陷阱中，经济增速不足以弥补其与发达经济体之间的发展差距。[①]

绝大多数僵尸企业的退出，是中国经济获得长期活力的必要条件，其关键就是通过下岗职工的针对性援助降低企业关停所带来的社会阵痛。为了实现预算软约束的收紧，正确的财政刺激方法，就是将自身作为扩大失业保险和扩大就业再培训工程覆盖面等财政政策的一部分。

为了避免大规模失业，中国必须停止使用常规的宏观刺激方法，这种宏观刺激只会维持产出构成的现状——例如，选择基础设施投资来降低特定重工业部门的过剩产能，以及向那些不能完全出售其全部产品的企业发放补助金和贷款。这些传统类型的刺激事实上鼓励这些重工业部门扩张产能。这种短期宏观经济稳定性和长期经济活力之间的权衡取舍，就是自 2015 年 11 月以来，有关经济政策的官方评论压倒性地强调供给侧结构性改革的重要原因。

有理由假设，习近平的结论是：增速放缓的主要原因在于潜在增长率的下降。这种对习近平评价的解读，与《人民日报》2016 年 5 月 9 日头版刊登的神秘的"权威官方"评论相一致，即"通过提升杠杆的方法来促进增长，就像缘木求鱼一样，高杠杆可能会导致金融危机"（Zhou，2016）。时至今日，中美人均 GDP 的比率（以购买力平价美元计量）在 30% 左右，这表明还有极大的可能性通过技术追赶大幅度提升中国的生产率。于是，为什么中国的政策制定者对高增长的持续性呈现如此悲观的态度呢？

当前有两个充分的理由对 2010 年前那样的增长率的持续性保持怀疑。首先，没有理由相信技术追赶会是一种自动发生的过程甚至是必然的结果。如果将五个最大的拉丁美洲国家看作一个整体，它们的人均 GDP（以购买

---

① 胡永泰（2012）将追赶指数（catch-up index，CUI）定义为中国的生活水平相对于美国生活水平的比率（两者均使用购买力平价美元进行度量）。发展差距的规模使用100减去该国的 CUI 值来计算。中等收入陷阱是 CUI 指数处于 25% ~50% 的一种现象。

力平价美元计量）在 1955 年的时候大约是美国水平的 30%，直到今天它还大体保持着这一水平。尽管拉丁美洲国家的绝对生活水平有了显著改善，但是它与美国之间超过 60 年的发展差距丝毫没有改变。这种追赶的失败正是我们所说的术语"中等收入陷阱"。

拉丁美洲的经济停滞并不是特例。马来西亚在 1994 年的时候达到了美国生活水平的 30%，到 2016 年的时候约为美国的 35%，也就是说在长达 22 年的时间里发展差距只缩小了 5 个百分点。泰国在 1994 年的时候达到美国生活水平的 27%，但从那以后就一直停步不前。这两个东南亚国家显著的增长放缓，使得其国民穿上不同颜色的衣服（红衫军对黄衫军）并在街头相互打斗。这种类型的冲突可以追溯到欧洲在 1930 年代出现的棕衫、黑衫和蓝衫并立的政治混乱局面。

日本、中国台湾和韩国是少数几个能在短期内快速缩小与美国发展差距的大规模亚洲经济体。中国不能通过寄希望于这些经济体的例外性来缓解其落入中等收入陷阱的忧虑，更何况是在自身经济体量更大、问题特性更复杂多样的情况下。

中国需要对其过去那种增长的可持续性保持谨慎的第二条原因，就是它已迅速变为一个老龄化社会。老龄化的人口不再有更多的储蓄（从而将导致更少的投资）而且人力资本积累速度会更慢。一个老龄化的社会，也将会变为一个人口不断下降的社会，这必然降低生产中规模经济和协同效应带来的效率所得。

必须指出的是，一些经济学者已经预料到了 2010 年以后的增速放缓。蔡昉（2011）指出，中国——不同于日本和韩国——会出现未富先老的现象，并且警告这种人口学特征可能会导致中国落入中等收入陷阱中。[①] 日本增长率的陡然下降出现在 1990 年代初期，当时日本的人口抚养比率（15 岁以下以及 60 岁以上年龄段人口之和在总人口中的比重）经历了 1970～1990 年代非常缓慢的增长以后，开始急剧上升。类似地，韩国的人口抚养比率于 2010 年开始反弹并迅速爬升后，其增长率也有了显著的放缓。

中国的抚养比率在 2010 年开始出现反弹，尽管比日本 1995 年和韩国 2010 年以后上升的速度要慢，但是其后续的上升一直都非常迅速。蔡昉呼

---

① 见 Johnston et al.（2016）对蔡昉假设的特殊评论。

吁放开独生子女政策和户籍（户口）制度从而通过更高的生育率减缓抚养比率的上升，以及通过更快的城市化进程来提高劳动者的劳动参与率。

在2013年，中国当前增长率趋势放缓并未被大部分学者所认同，蔡昉和陆洋（2013）就已经使用经过人口学特征调整的增长核算，结果算出中国在2011~2015年的平均年度潜在增长率为7.19%，2016~2020年的平均年度潜在增长率为6.08%。这种预测原本可能会更早变为现实，只是因为两条原因，第一条是更加频繁使用的货币与财政刺激使得僵尸企业存活，扩大了一些地区未售住房的存货，增加了产能过剩企业的产品需求。第二条原因是一些根本性改革的推动，例如独生子女政策的取消和户籍约束的进一步放开。

蔡昉的研究工作提醒我们一个普遍的方法论问题。林毅夫曾经考察了日美和韩美之间的人均GDP比率，并且预测中国在今后20年中将保持（8%的）持续高增长。蔡昉研究了日本和韩国的抚养比率与GDP增长率之间的关系，并预测到了中国年度增长率的下降。为了描述另一个变量的轨迹，哪一种变量才是我们应该选择作为跨国对比的正确变量呢？

答案在于，只有分析者对每个国家具体条件以及这些具体条件对该国变量轨迹的相对重要性有充分的了解，跨国比较研究才是有用的。简而言之，我们需要跨国的制度性知识补充标准经济理论的不足，进而评估教科书中列举的经济机制的相对重要性。

特定国家的具体知识绝对是重要的，原因是我们观察到的同一种结果，可能是由千差万别的因素引起的。中国之所以可能落入中等收入陷阱，是因为人口加速老龄化和农村——城市移民进程超出寻常的缓慢。马来西亚处于中等收入陷阱的原因是完全不同的：全面的民族优惠政策引发了寻租活动的猖獗，导致资本大量外逃和人才持续不断地大量流失，以及过于集中的行政结构抑制了地方发展的积极性。同样，泰国也由于密集的政治冲突一直处于中等收入陷阱，而这些政治冲突就是传统精英阶层拒绝容纳新的社会力量引起的。

Sheng和Xiao（2016）警告，"虽然中国需要成功实现结构再平衡，从而确保长期可持续发展，但是这种前景远远还没确定"。他们认为，中国经济问题的关键在于不完全市场和不完全官僚体系之间的互动关系。尽管他们没有识别出这种问题的恶化到底是不断增长的市场不完全性还是不断增长的官僚体系的不完全性引起的，但他们确信的是，要解决今日更加困难的问题，需要政府放弃结构性改革，转向"制度性改革"。

Sheng 和 Xiao 选择提及的一个制度性改革就是，中央和地方政府必须清晰界定土地、资本和自然资源的产权，制定工业执行标准和实施办法。这种澄清对于减少不断增长的权利争端至关重要，因为这些争端阻碍了使生产率提高的市场导向的调整。

如果 Sheng 和 Xiao 能够指示如何实施他们的建议，那么就更有用了。

清晰界定产权的最常用方式，就是将国家控制的资产私有化；建立一国工业标准和实施办法的最常用方式，就是采用吸收国外的标准和做法，并且谨慎地适应这些标准和做法以确保在当地条件下的有效性。中国实施经济改革的方法应该继续建立在这条谚语上，即没有必要发明新的轮子（胡永泰，2001）。中国唯一需要的，就是充分了解当地条件与所借鉴标准国家实际情况的不同之处，以便做出适当的修改。

到底需要做些什么？

对政策挑战进行分类的框架

在中国经济问题系列 2010 年年会上，胡永泰（2010）将中国过去三十多年的经济表现比喻为一辆飞驰的汽车。他将可能引起这辆汽车紧急减速（或停止）的原因归类为三个问题：硬件失灵、软件失灵和动力供给失灵。

通过使用马克思主义关于基础建筑与上层建筑的表述，胡永泰（2010）将经济机制的崩溃比喻为基础建筑的危机，这一危机被他称为硬件失灵。可能的硬件失灵包含银行业危机、财政危机和生产率危机。他将上层建筑的危机称为软件失灵，原因是它指的是国家治理的缺陷，这种治理缺陷会带来频繁而又广泛的社会病，这些社会病又会扰乱社会经济生产和挫伤私人投资的积极性。软件失灵通常来自没有正确的制度激励保证良好的社会治理——例如，经济管理方面的技术能力，对社会普遍关注的严重不平等、严峻腐败以及政治镇压等问题的有效官方回应。

胡永泰（2010）在马克思主义二分法中加入了网络术语，从而创造出一个综合性的框架来捕获动力供给失灵的现象，此时经济体在遇到自然限制或者外部强加限制条件后，会出现停滞不前的现象。动力供给失灵的例子包括：环境的崩溃、核战争（不一定涉及中国）和贸易战等。

我们将说明的是，现在出现了一种"新的国际新常态"（唐纳德·特朗普的当选就是这种新常态的一种表现），在这个强调自我利益的新常态下，要求中国成为一个负责任的利益相关者，并且帮助提供全球的公共物品以应对当前的全球性威胁——这就是，全球层面动力供给失灵带来的威胁。中国必须建立有效的全球集体领导体系，动员国际社会实现 2015 年联合国大会上通过的 17 个可持续发展目标。在国际新常态下，全球的进步需要集体行动以防止动能供给失灵，这些失灵的表现包括气候变化、核扩散，技术停滞和军事冲突等。

硬件改革的议程

在中国系列问题会议 2016 年年会上，胡永泰（2016）在现行的政策机制下识别了两种最有可能的硬件失灵：（1）因为接管国有企业软预算约束产生的不良贷款从而为国有银行做出担保，造成了财政压力；（2）国有企业部门的不协调扩张导致生产率低速增长。这两种硬件失灵，是中国将国有企业用作主要宏观刺激工具的意外结果。这种通过国有企业实现经济刺激的机制，产生了短期维持全部产能利用与长期维持产能高速扩张之间的权衡取舍。

中国的政策制定者应该使用下面的三种相互关联、有利于市场的宏观稳定工具和增长驱动力，替换通过国有企业实施的经济刺激机制。首先，他们应该培育新的私营企业；其次，他们应该依据住房保障和消费者区位选择来推动城市化；最后，他们应该发展新的金融体制从而在这个体制下私营部门的作用得到极大的强化。

培育新的私营企业

在第二节中，我们将把对国有企业的改造，作为提升中国潜在增长率的政策建议中最基本的元素。这一最基本的元素，并未反映意识形态上的偏见，而是基于国有企业成为经济发展愈加沉重的负担的现实。我们需要对一些部门进行合理的私有化，而不是对国有企业实行全盘私有化。一旦政府允许绝大部分大型国有企业所在的行业（武器装备行业除外）的自由进入条件，对国有企业和私营企业均施加预算硬约束（不存在国有企业偏向和权贵资本主义偏向），推进自由交易（也有例外，如鸦片等），那就没有必要将这些国有企业私有化。

通过动员下岗职工形成的创业力量，中国可以部分地抵消由于国有企业份额下降所形成的负面效应。这些工人中的许多人可以利用中国内陆省份越来越显著的成本竞争优势，来开办他们自己的工厂。这些成本优势正是 2008 年全球金融危机（GFC）之后全国交通网络的爆炸性扩张所创造的。因为这些自由经营人集团兴起的第一道障碍就是信贷的可得性，那么政府就有必要使得大量的中小型银行合法化。因为中小银行在满足这些新生企业贷款需求方面，相比国有四大商业银行更具有比较优势。

推动城市化

第二条增长导向型的宏观稳定工具，就是在未来住房保障和消费者区位选择准则基础上的城市化。房地产行业的迅速增长和房价的大幅上涨反映的不仅是投机性需求，还包括被抑制了的真实住房需求和对工业化——城市化进程快速推进的适应性调整。然而，来自农村的大部分新移民，并没有获得银行贷款的资格，所以许多投资者一直在购买多套住房然后出租给城市的新移民。这些投资者的意图是随着时间增长不断提高房租价格，从而与房东的收入增长速度保持一致。在这个意义上，最近的许多住房需求实际上是投机性需求。

因为金融部门发展是一个漫长的过程，所以有效的抵押贷款市场需要很长的时间才会到来。同时，中国应该大幅度扩大其廉价住房项目，允许这些城市的新移民最高可以租住七年时间，而后具有基于建筑成本购买该住房的优先权利。这种"住房保障"式的城市化，足以避免因为投机性原因造成的住房空置和由此演变的不良贷款问题。中国之所以能负担得起这种大型的公共住房项目，是因为在其他国家，这种项目最昂贵的部分是土地成本而非建筑成本，但是对中国来说，大部分土地是国有的。

为了防止任何大规模廉价住房项目变为"鬼城"的可能性，政府必须放弃当前的一些做法，这些做法包括：迫使房地产开发商遵循先入为主设想（官方决定）的城市规模分布（即大、中、小型城市应该各占多大比例的先入为主的观念）和大城市绝对规模的看法等。

这两种城市化的先验观念与户籍制度[①]的互动所产生的城市化战略，是以牺牲大城市的增长为代价来推动小城市的增长。陆铭和万广华（2014：67）指出，这种反大城市战略已经造成了许多异于常规的现象。

城市化滞后于发展与工业化的现状；城市土地扩张的速度超过城市人口增长的速度；对城市移民的公开歧视；大量的城市居民被排除在城市体系之外；城市体系中有太多的小型城市和太少的大型城市，导致城市体系结构的严重扭曲。

自 2003 年以来，中央政府已经增加了中西部地区在土地使用配额中的比例，从而支持它们的发展。Liang 等（2016：70）发现，"东部地区这种土地供应份额的相对下降"导致了住房价格的快速上升，而又进一步地引起更高的工资。中国小城市优先发展的土地政策，导致的结果就是东部地区经济竞争力的下降。因为东部地区在国际贸易商具有先天的区位优势，所以土地政策就降低了中国整个的经济效率。

更进一步地，因为"大城市还不够大"（陆铭和万广华，2014：671）。中国的经济增长还没有充分地享受集聚效应带来的好处。最原始的集聚效应是人力资本的外生性，而这种人力资本外生性的主要表现就是多维度的创造性，进而如果集聚效应得到合理利用，就会转变为全体人员的效率所得。

Gao 和 Lu（2015：126）使用就业决定的 Probi 模型研究城市规模对就业水平的影响。他们发现：城市规模每增加 1 个百分点，就会增加个人的就业概率 0.044 ~ 0.04 个百分点。不仅如此，大城市的规模优势在不同人力资本水平的个体之间也具有异质性，其中最不具有技能的工人从中受益最多。

支撑城市化作为增长驱动力的第一项必要性改革，就是让中国居民的区位偏好来决定城市的规模分布和绝对规模。国家需要将自身的角色限制在提供合适的基础设施对各种城市进行连接，以及使用相同的标准对待所有的城市。例如，为了使居民负担得起最愿意居住的城市住房，其中一个方式就是允许城市依据需求扩张土地面积。

[①] 户籍制度阻碍了不同地区之间的人口流动，而不仅仅是城乡之间的人口流动。

最大化城市增长效应的第二项改革，就是逐步淘汰户籍制度从而允许城市人口的规模和组成达到其自身的最优值。我们将在下面有关上层建筑（软件）改革的讨论中，对这种类型的纠正提供更详细的叙述。

发展现代金融体系

第三条相关联的增长导向宏观工具，就是民营金融机构实现真正的合法化。首先，民营银行的合法化是使得前两项新增长驱动力平滑运行的基础条件。这两项新增长驱动力分别是：新兴、有活力企业家群体的兴起，以及一个高效的抵押市场从而更理性的城市化模式的兴起。其次，民营银行的合法化，也是自身权利范围内一项独立的增长动力。

新型民营银行的健康发展，必然要求审慎监管体系的强化和利率水平管制的解除。

中小银行业部门的强力兴起，会使得国有银行的主导地位下降，也会使得经济更不容易因潜在的不良贷款而崩溃。民营银行的进入（无论是国内还是国外），将会降低四大行中任何一家继续保持大而不倒的可能性，从而降低垄断性国有银行业体系享有的软预算保护。现代银行业的发展和私营部门占据主导地位，会增加银行贷款的质量和数量。如果常用的国有企业投资的宏观刺激工具，为市场导向的投资所取代，会减少不良贷款的发生。

软件改革议程

前国家主席胡锦涛在其执政期间建立了"和谐社会"的总体目标。这一强调揭示他的判断是：软件失灵的概率会大于硬件失灵的概率。这是因为实现前者更加困难。[①] 这种更大的困难来源于两个方面。首先，执政绩效的普遍期望随着收入的增长在急剧上升。其次，执政软件的成功重构，不仅需要高度的政治技巧，还需要国内政治舞台上的良好环境以及国际舞台上的良好环境——这两者都超出了绝大多数政治家的能力范围。

一个市场经济的良好运作，需要从直接的法律与秩序执行机构到复杂的法律裁决机构等一系列监管机构。缺乏问责制（由于缺乏广泛的政治竞争

---

① 从 2007 年中国在 WTO 波茨坦回合谈判的被动姿态以及 2009 年在哥本哈根气候变化大会上出现的不合作立场来看，动能供给失灵并非胡锦涛或者温家宝所能预见到的事情。

机制）和缺乏透明性（由于缺乏新闻自由）导致在许多方面的治理缺乏效率。中国自 2012 年就开始持续进行的反腐败斗争代表了提升治理水平的强烈愿望。

为了强化经济活力，另一部分重要的制度性改革也需要启动起来，这些就是户籍制度改革和农村土地所有权改革。这两项改革事实上是互补和相辅相成的。户籍制度导致了城乡居民在享受公共服务（例如教育、医疗、公共住房和社会保障等）上存在着巨大不平等。举例说明，直到今天，那些在大学所在城镇中合法居住的学生，在入学的时候只需要较低的学习成绩。这一点对于那些来自缺少资金、缺少师资的农村学校的学生来说，尤其不平等。

许多农村人口在城市工作，是城市居民却没有这些城市的户口，而同时他们在农村的住所却大部分闲置、农场也没有耕作。依据 Lu 和 Wan（2014：678）的表述，"在东部地区的大城市中，没有本地户口的永久性非本地劳动力已经超过城市总人口的三分之一，而这一比例在广东省已经超过50%"。由于这些移民工人通常没有任何公共服务的权利，结果他们的子女一般都留在农村与年老的亲戚住在一起，导致了农村儿童存在大面积的人力资本投资不足的现象。

户籍制度的极度不平等，也产生了经济上的无效率。我们同意 Lu 和 Wan（2014：678）的建议：户籍制度的改革需要在两个方面同步推进。首先，非本地居民获得本地城市户口的门槛应该逐步降低。其次，通过中央财政转移支付的方式稳步、协调推动城乡和跨区域基本公共服务的平等化。

哪些人应该被授予本地城市户口呢？答案是给予追求就业的人相比追求公共服务的人以更大的优先权利。于是落户准则主要是就业和社会保障贡献的记录。我们可以使用在该地区的工作年限和不间断居住时间作为授予户口的前提条件。同时，受教育水平和职称等级应从要求清单上移除。对于大学毕业生而言，应该将他们真实的就业状况而非受教育水平作为落户的准入条件。

同时，需要在社会保障和公共服务领域展开一系列配套性改革。社会保障福利的可转移性亟待改革，而本地户口与社会保障福利之间的联系也需要被弱化。那些拥有本地户口和没有本地户口的永久性居民，他们在享受社会服务上的差异应该通过中央财政转移支付的方式进一步减小。

当前农村土地归集体所有，但土地使用权通常以30年为期限分配到个人。当一位农村居民的法律地位变为城市居民时，他就失去了原本分配给他的这块农村土地的使用权。早在1990年代，因为城市地区出现了大规模集体所有资产私有化的现象，许多农村居民期望农村土地有朝一日也会实现私有化。这种期望最终导致了许多农村居民在被提供城市居民身份的时候，也不愿意接受这种法律地位。

农村地区土地被分为居住用地和耕地两部分，并由国家决定每种用途的土地面积。一个城市的行政用地包括城市建设用地和农村用地（被分为居民用地和耕地）两部分，每种类型的土地面积也是由国家决定的。

目前，有很多理由充分表明，农村土地应该面向现有土地承租人实现私有化。反对农村土地私有化的意见通常是，这会加剧不平等，因为贫困省份农村土地价值只有富裕省份大城市周边农村土地价值的一部分。这种反对意见是非常可笑的，因为私有化获得的高价值土地意味着对现有不平等的正式确认，而非创造更大的不平等。早在20年前，就已经面向现有居住人对城市住房进行私有化以及面向小型国有企业职工对企业进行私有化；现在已经找不到任何经济或道德理由对农村居民继续采取歧视态度。

如果农村土地不能被私有化，那么中国应该接受Lu和Wan（2014：680）的建议，即使用"确保农村土地使用权自由交易的市场机制"。

我们这一提议的核心，是确保长期移民可以将他们的农村居住用地转化为建设用地配额，进而转化转移给他们就业所在的城市，从而实现城市的扩张。原居住用地变为农业生产用地。移民也因为获得城市户口和相关福利而获益。原城市居民也从中受益，原因在一些郊区土地的升值（因为它变为建设用地）获得的受益，可以用于他们自身和新兴移民在公共服务和社会保障上的支出。总而言之，所有相关各方都是共赢的……

人口流入地区的政府代表当地居民获得了部分土地升值的收益，而人口流出地区的政府也分享了部分收益，这是因为他们回收了居住用地给农场用于生产需要，从而进一步产生回报用于当地的公共服务支出，这些公共服务又可以为留在当地的居民所享受。为了使这种双赢的局面变为现实，需要建立全国范围内的建设用地配额交易制度，从而最大化建设用使用权的收益，与此同时还能保持充足的耕地用于农业生产以及维护食品安全。

预防动能供给失灵的政策建议

在中国问题系列会议 2010 年年会上，胡永泰（2010）强调了中国环境保护与和谐的国际关系的重要性，从而确保中国经济追赶速度始终处于一个高位。中国严重的空气污染大幅度降低了本国和邻国居民的预期寿命。中国对来自青藏高原的水资源的管理，影响了中国南北地区的经济发展，以及南部邻国如印度、泰国和越南的经济发展。绝大部分解决动能供给失灵的双赢做法，涉及技术性的突破和创造性的国际准则。在这种情况下，与国外伙伴进行合作能够使成功的概率大为增加。

2017 年的全球化形势要求中国与国外伙伴加倍开展合作。这是因为，全球化目前正面临着威胁而中国（无疑）是全球化最大的受益者。对全球化存在各种普遍不满的情绪在英国的"退欧"运动和唐纳德·特朗普当选美国总统的意外胜利中，起到非常重要的作用。

英国民众可以接受商品与资本的自由流动，却不能接受人口的自由流动，因为这威胁到了民族认同。在经济衰退地区的美国白人工人阶级和白人中产阶级也有很多的不满：他们所丢失的制造业工作，流向了外国进口国，流向了生产工厂坐落的地方；他们的文化认同可能会因外来移民的流入而稀释；美国金融业的腐败导致许多人失去了他们的家园和储蓄；对保守派政治力量的需要反应迟钝；对开明政治阶层在有关枪支管制和宗教问题上的价值观的轻视；美国国际地位的下降对他们民族自豪感的打击，等等。

全球化被视作一个将邪恶引入美国海岸的过程，一个将美国的众多敌人变强的过程。美国与中国之间互动关系的深入化和扩大化，被认为是美国许多问题根源中的重要部分。毕竟，即使是比较讲道理的美联储前主席，本·伯南克，都认为来自中国的储蓄盈余是引发 2008 年美国金融市场崩盘的关键因素之一。

为了从对中国成长的恐惧中寻找优势，候选人唐纳德·特朗普承诺对中国进口商品施加 40% 的关税，并且全力支持美国经济学家 Peter Navarro（2015）的"美国优先"的经济政策。这位经济学家曾经撰写了一部阴谋论的著作《卧虎藏龙：中国的军国主义对世界意味着什么？》。

美国总统唐纳德·特朗普一直都坚守他在竞选时期的关键承诺——尽管有些时候是以不可思议的方式出现的。在任期之初他就通过与台湾"总统"对话的方式来对抗中国，但紧接着他又将美国拉出 TPP 协议，结束了前总统奥巴马推行的"重返亚洲"战略。特朗普退出 TPP 协议是不幸的，因为他否认了东南亚国家联盟（东盟）和澳大利亚在加入美国主导的 TPP 和中国主导的区域全面经济合作伙伴关系（RCEP）所正式采取的中立态度，从而有效地将他们推向与中国事实上的结盟之中。

除此之外，特朗普还宣布美国从《巴黎协定》中退出，对"英国退欧运动"表现出极力支持，提出了对金融机构的审慎监管工具，取消对矿物燃料行业的管制。特朗普在极力扮演"丑陋的美国人"的角色，例如，猛地挂断澳大利亚总理马尔科姆·特恩布尔的电话，提出要筑"城墙"并且一定要让墨西哥买单。所有这些都使得全球公共物品的供给缺乏较为成熟的领导。这种全球领导力的缺位产生了一种瓦解全球化的威胁。

即使实际情况是，大国领导的全球治理和众多的国际机构，在很多方面显得既无能又缺乏公正，但我们仍然极力呼吁抵制反全球化的运动。因为我们知道，即使不用去全球化，全球化所带来的很多社会经济问题也能得到妥善解决。全球化的深化，并不会导致欠发达国家在国际货币基金组织（IMF）掌控之下（20 世纪 80 年代代表美国的众多银行收集拉丁美洲国家的债务，以及在 20 世纪 90 年代应对亚洲金融危机时存在过错）① 的进一步落后，它也不会要求加强国际贸易协定的二十年趋势，以牺牲欠发达国家为代价来维护跨国公司的利益（例如，将涉及外国投资者的商业纠纷裁决权，从国内法院转移到外部的私人仲裁法院）。②

在美国从全球角色中退出的时候，G20 中的主要国家，包括中国，应该开始行动起来并且更好地改进国际经济的治理从而阻止去全球化的趋势。我们必须牢记查尔斯·金德尔伯格在他那本《萧条中的世界：1929 ~ 1939》所得出的结论，应该为 1929 年大萧条的深度和广度负责的机制，就是去全球化运动："当每个国家转而保护其自身利益，世界公共利益就

---

① 公平地说，目前国际货币基金组织已经从它所犯的错误中学习，并改善了其表现。

② 投资者 – 国家争端解决机制降低了东道国的监管空间。

开始流失，最终所有人的私人利益也就消失了"（Kindleberger，1973：291）。

金德尔伯格这本书的基本观点就是霸权稳定论。在金德尔伯格看来，世界所经历的大萧条的根本原因不在于大衰退，而是由于在 1929～1939 年缺乏一个仁慈的霸主——这就是说缺乏一个占统治地位的经济力量，这个经济体有能力和决心在全球或至少北大西洋经济体中通过稳定支出流的方式，维护小型经济体的利益和维护大型国际组织的运作，并通过此种做法成为借款人和消费者的最后贷款人（Delong 和 Eichengree，2012）。

霸权稳定论的基础就是，无论什么时候全球经济遭受重大冲击，它都会变得不稳定除非此时有国家干预的介入来稳定它。从 19 世纪一直到 1913 年，英国一直在世界上扮演稳定器的角色，但是到 1929 年的时候，它已经下降到为中等力量，并且不再具有那种压倒一切的经济力量去遏制全球需求体系的崩溃和动员其他国家加入应对行列中来的影响力。但是在 1929 年，美国还不足以强大到可以成为全球的霸主，但是，即使美国此时已经是全球霸主，它还是不愿意去承担这个角色。直到第二次世界大战以后，美国才成为不可挑战的全球霸主以及发展出承担这一角色的心态。

到 2017 年，全球性的霸主已经不复存在，这是因为以 PPP（购买力平价）度量的中国经济体量已经与美国经济体量相当。如果中国 2060 年的时候成功地追赶到美国的生活水平，那么那个时候的中国会成为全球性的霸主吗？答案是否定的。如果印度保持目前的经济追赶速度，那么它的经济体量到 2060 年将至少和中国一样大。到 2060 年，印度的生活水平可能比中国要低，但是印度的人口将会显著增长，使得印度的 GDP 规模和中国一样大。

简而言之，从这点来看，全世界不再具有一个具有垄断性的经济大国可以作为全球霸主来存在。于是，经济权力的寡头垄断将成为常态：2017 年的中国—美国—欧洲和 2060 年的印度—中国—美国—欧盟。[①]

国际新常态是一个多极化的世界。在霸权稳定论看来，这是一个非常糟糕的发展状态，因为一个缺乏领导的世界倾向于接受作茧自缚的保护主义。

---

① 这里所做的一个大胆预测是欧盟在 2060 年之前已经实现全面的政治一体化。

这个世界现在面临着卡尔·马克思（1852）的观察"历史总是在不断地重复着自身，首先是悲剧，然后是闹剧"。

最常见的结果就是这样的一种情形，在权力的寡头分布下，每个大国出于对自身的安全考虑将整个世界分裂为若干有影响力的势力范围。当前在乌克兰和南海的争端就可能是这种进程的开端。然而，将未来看作过去的简单重复是一种错误；如果我们真这么做的话，它肯定是表明我们缺乏想象力的一种信号。

如果有恰当的区域协议和跨区域协议来处理每个大国的安全问题，那么就会产生一种全新的、良性化的全球化方式。

每一个大国所影响的势力范围可能成为经济发展的一种地理集聚现象，而非经济剥削的一种地理集聚现象（就像非洲和欧洲在 20 世纪上半叶）或政治垄断上的地理集聚（就像东欧和苏联在 20 世纪下半叶的那样）。给定现有的生产规模经济，每个地理集聚必须实施开放的地方主义从而最大化经济的繁荣程度。现有的全球性机构例如联合国及其代理机构，世界银行、国际货币基金组织和 G20 将额外担负起区域协调的角色从而保证全球经济的整合。

每一个大国将会是在其自身集聚范围内经济机构的领头人，例如，欧洲稳定基金，亚洲基础设施开发银行（AIIB）和美洲开发银行。竞争/互补性区域机构的存在意味着世界上存在多个独立的分析中枢从而替代一个垄断性的国际金融机构和垄断性的国际发展银行。这种结果将会最小化错误诊断或错误处方的可能性，从而避免重复 IMF 和世界银行在过去所犯的错误。

随着中国一直以这种相对规模持续增长，那么它就能在未来集体领导的全球治理中取得成功并在促进这些经济集聚地区创新和推动经济发展方面，发挥重要的作用。中国目前所致力于通过"一带一路"倡议、亚洲基础设施开发银行和区域全面经济伙伴关系等加强与邻国的联系，非常类似于在一个多极化的世界中，每个以发展为中心的集聚单元实施开放的区域发展战略。[①] 然而，为了使得全球化加深和拓宽，中国必须在全球公共物品供给等方面起到更大的领导作用，例如同气候变化和物种灭绝的斗争、停止核扩散和国际恐怖主义、通过人民币国际化拓宽国际储备货币的选择去降低全球化

[①] 最近有关中国对外援助实践一个较好的讨论，可以参考 Johnston 和 Rudyak（2016）。

的货币风险和实现国际货币体系的稳定，以及让世界资本的最低税率达成统一从而防止金融社会安全网的向底部竞争态势。

多极化世界的国际新常态将必然意味着二战以后全球秩序中政治和经济上的碎片化。然而，事实上既有好的碎片化也有坏的碎片化。好的碎片化通过设定有效的集体领导体制的方式保护全球化，而坏的全球化就是金德尔伯格的霸权稳定论适用的那种情形，以及马克思那句关于历史重演规则的名言描述的情形。

结　论

通过经济的市场化和国际化，中国现在已经成为中等收入国家。中国的国内经济条件也随之发生改变：剩余劳动力的供给已经枯竭，人口红利即将终结，而且自然环境还面临着非常严重的压力。这种结果所创造的新常态要求重新创造改革红利来驱动经济的增长。特别地，中国必须完成以下的任务：（1）经济机制的结构改革，例如国有企业部门的合理化和资本、劳动力和土地市场的去规制化；（2）治理体系的结构化改革，例如行政问责制、户籍制度和农村土地所有制；（3）制度激励的结构化改革从而保护环境。这三种应对国内新常态的改革措施组成了我们所说的"供给侧结构性改革 1.0"。

与此同时，中国面临的全球格局已经在发生着改变，而且这种改变在一定程度上也是由中国引起的。美国提供的这种建立在霸权稳定基础上的全球治理结构正在崩塌，因为中国的崛起，使得那种美国占据绝对垄断经济权力、对经济小国发号施令的时代一去不返了。同时，印度作为全球超级力量的不可避免的壮大也保证了霸权稳定将会被人遗弃在历史的垃圾箱中。一个多极化的世界就是现在的国际新常态。

在埋葬了霸权稳定论之后，中国现在必须通过将胡锦涛的和谐社会概念推广到和谐世界的概念，从而使全球的集体领导体系运转起来。在摆脱自私与偏见之后，中国必须推动世界携手合作来保护全球的公共环境、全球交易体系和全球安全体系；推动持续的全球化从而最大化由互动所创造的全球化进程的协同效应。

最后，由 1992 年南方谈话①所鼓舞的经济战略已经深刻地促进了中国向着更好前景的改革，但现在这种战略已经不再适用了，这是因为今天的中国面临着一系列新的国内条件（国内新常态）和一系列新的国际挑战（国际新常态）。对于中国而言，为了避免中等收入陷阱，它必须选择一条动态可持续的发展道路从而继续经济追赶的进程。在这一章，我们已经在国内新常态和国际新常态下提供了这种战略的框架。这就是我们所说的"供给侧结构性改革 2.0"。

中国与世界的社会经济发展，以及环境保护的必要性，均要求进行关键性的改革，其中包括：本国激励结构②的改革，从而决定国内的生产③，以及国际治理体系结构④的改革，从而决定全球公共物品的供给。

在一个多极化的世界中，常态化的结果就是世界被划分为相互竞争的影响区域，从而去全球化是一种副产品。然而，如果大部分国家都摒弃了自私的偏见，那么相应的结果就转而变为开放的地区主义准则基础上的可持续经济发展的地理集聚现象。世界就很可能处于一个关键的节点。在此节点中，每个大国可能会选择足够开明并依据其长期利益开展行动，而其他国家会在人人自私的假设下参与到这种零和的政治权力角力中。

参考文献

Barshefsky, C. (2017), Barshefsky: China stepped up reform push reversals, [video], *The Wall Street Journal Video*, 15 May. Available from: www.wsj.com/video/barshefsky-china-stepped-up-reform-push-reversals/E64003AE-5D47-4569-BF3E-6683A8D546B2.html.

Cai, F. (2011), Aging before affluence in China, *Project Syndicate*, 19 October.

---

① "南方谈话"指的是邓小平在 1992 年对中国南方的视察谈话，在这个过程中他全面否定了在中国经济中苏维埃式的中央计划体系的适用性，重启了经济改革与开放的进程。

② 例如，农村土地和城市化政策。

③ 例如，区域性金融机构、国际海洋资源的监管机构、全球性的气候组织。

④ 我们希望来年能对供给侧结构性改革 2.0 进行更多的研究，如果真是这样，那么在堪培拉澳大利亚国立大学克劳福德学院中国经济项目支持的 2018 年中国问题系列会议中收录这一部分，将是很值得的一件事。

Cai, F. and Lu, Y. (2013), The end of China's demographic dividend: The perspective of potential GDP growth, in R. Garnaut, F. Cai and L. Song (eds), *China: A new model for growth and development*, pp. 55–74, Canberra: ANU E Press.

Cheng, J. (2017), Former US trade representative urges renegotiation with China, *The Wall Street Journal*, 15 May. Available from: www.wsj.com/articles/former-u-s-trade-representative-urges-renegotiation-with-china-1494898590.

DeLong, B. and Eichengreen, B. (2012), New preface to Charles Kindleberger, "The World in Depression, 1929–1939", 12 June, *VOX: CEPR's Policy Portal*, Centre for Economic Policy Research, London. Available from: voxeu.org/article/new-preface-charles-kindleberger-world-depression-1929-1939.

Gao, H. and Lu, M. (2015), Inclusive urban employment: How does city scale affect job opportunities for different people? *Asian Economic Papers* 14(2): 98–128. doi.org/10.1162/ASEP_a_00352.

Jin, K. (2016a), Overhauling China, *Project Syndicate*, 2 November.

Jin, K. (2016b), Xi Jinping is no Mao Zedong, *Project Syndicate*, 4 August.

Johnston, L. and Rudyak, M. (2016), China's "innovative and pragmatic" foreign aid: Shaped by and now shaping globalization, Paper presented at China: Wealth and Power conference, College of Asia and the Pacific, The Australian National University, Canberra, 7–8 April.

Johnston, L., Liu, X., Yang, M. and Zhang, X. (2016), Getting rich after getting old: China's demographic and economic transition in dynamic international context, in R. Garnaut, L. Song, F. Cai and L. Johnston (eds), *China's new sources of economic growth. Volume 1: Reform, resources and climate change*, pp. 215–246, Canberra: ANU Press.

Kindleberger, C. (1973), *The World in Depression, 1929–1939*, Berkeley: University of California Press.

Liang, W., Lu, M. and Zhang, H. (2016), Housing prices raise wages: Estimating the unexpected effects of land supply regulation in China, *Journal of Housing Economics* 33: 70–81. doi.org/10.1016/j.jhe.2016.07.002.

Lin, J. Y. (2015), How fast will China grow? *Project Syndicate*, 29 January.

Lin, J. Y. (2016), Why China can grow according to plan, *Project Syndicate*, 25 March.

Lu, M. (2015), *Myths and realities of China's urbanization*, Paulson Policy Memorandum, 18 August, Paulson Institute, Chicago.

Lu, M. and Wan, G. (2014), Urbanization and urban systems in the People's Republic of China: Research findings and policy recommendations, *Journal of Economic Surveys* 28(4): 671–685. doi.org/10.1111/joes.12078.

Marx, K. (1852), The eighteenth brumaire of Louis Napoleon, *Die Revolution*. Available from: www.marxists.org/archive/marx/works/1852/18th-brumaire/ch01.htm.

Navarro, P. (2015), *Crouching Tiger: What China's militarism means for the world*, Amherst, NY: Prometheus Books.

Roach, S. (2016), The world economy without China, *Project Syndicate*, 24 October.

Sheng, A. and Xiao, G. (2016), Beyond structural reform in China, *Project Syndicate*, 29 July.

Spence, M. and Hu, F. (2016), China's volatile growth, *Project Syndicate*, 28 February.

Tan, Y., Huang, Y. and Woo, W. T. (2016), Zombie firms and the crowding-out of private investment in China, *Asian Economic Papers* 15(3): 32–55. doi.org/10.1162/ASEP_a_00474.

Wong, C. H. (2017), China's President Xi casts country as guardian of globalization, *The Wall Street Journal*, 14 May.

Woo, W. T. (2001), Recent claims of China's economic exceptionalism: Reflections inspired by WTO accession, *China Economic Review* 12(2–3): 107–136. doi.org/10.1016/S1043-951X(01)00047-5.

Woo, W. T. (2010), Avoiding economic crashes on China's road to prosperity, in R. Garnaut, J. Golley and L. Song (eds), *China: The next twenty years of reform and development*, pp. 269–292, Canberra: ANU E Press.

Woo, W. T. (2012), China meets the middle-income trap: The large potholes in the road to catching-up, *Journal of Chinese Economic and Business Studies* 10(4): 313–36. doi.org/10.1080/14765284.2012.724980.

Woo, W. T. (2016), The demand-side supplement to supply-side structural reform: Termination of the soft-budget constraint, in R. Garnaut, L. Song, F. Cai and L. Johnston (eds), *China's New Sources of Economic Growth: Reform, resources and climate change*, pp. 139–158, Canberra: ANU Press. doi.org/10.2139/ssrn.2798763.

Xi, J. (2017), President Xi's speech to Davos in full, World Economic Forum, Davos, Switzerland, 17 January. Available from: www.weforum.org/agenda/2017/01/full-text-of-xi-jinping-keynote-at-the-world-economic-forum.

Yu, Y. (2016a), China's next stimulus, *Project Syndicate*, 24 March.

Yu, Y. (2016b), China's incomplete growth strategy, *Project Syndicate*, 25 May.

Zhang, J. (2016a), China's painful structural transformation, *Project Syndicate*, 19 August.

Zhang, J. (2016b), Three threats to China's economy, *Project Syndicate*, 28 October.

Zhou, X. (2016), China heading for big economic policy shift, says mystery 'authoritative' source in People's Daily, *South China Morning Post*, 9 May.

教育与人力资本

中国的大众教育：机会不平等
与结果不平等

〔澳〕葛丽珍（Jane Golley）　　孔　涛

引　言

在经历了 1979～2010 年年均 10 个百分点的增长奇迹之后，中国的经济增长率在过去五年中稳步下降，从 2012 年的 7.9% 直降到 2016 年的 6.7%。当然，它依然是世界上增长最快的经济体。未来几十年，中国的目标就是保持这样的发展势头，到 21 世纪中叶从中等收入国家进入到高收入国家行列。在一项全面综合改革的计划中，将实现这一宏伟目标的道路勾画了出来，那就是适应从依靠富余廉价劳动力向依靠更具创新性熟练劳动力的转变。这种过渡的成功，需要各个方面齐心协力，而在这些因素中人力资本的显著改善将至关重要。

与中国渴望加入的高收入国家组别相比，中国当前的劳动力受教育水平低得惊人。以 2010 年为例，中国劳动力的高中入学率（24%）还不及亚太经合组织（OECD）成员国平均高中达标率的三分之一（Khor et al.，2016）。不仅如此，正如本章将要解释的那样，在中国的城市和农村之间和其他众多维度中，有相当程度的教育机会不平等。尽管中国的孩子一代又一代地比他们的父辈接受了更好的教育，但这些教育机会的不平等将约束整个国家在未来几十年人力资本的潜能。

教育（或以任何其他经济"优势"来度量）的机会不平等与受教育程度的不平等是截然不同的。特别地，尽管目前对什么是"最优"或"理想"

水平的结果不平等还未有明确的共识，但广泛的共识就是由于不平等的"努力"所引起的结果不平等在道德上是可以被接受的，而由不平等的"环境"或机会（这些都超出了个人控制范围）引起的结果不平等则是道德上不可被接受的。

当前快速发展的文献使用了这一观点衡量众多国家的一系列经济成果，包括人均收入、工资水平、财富、消费和健康等机会不平等程度的基础，从而确信机会平等的理想目前只是例外而非定律。例如，Ferreira 和 Gignoux（2011）在他们对六个拉丁美洲国家的分析中发现，对于家庭人均收入变量而言，在全部结果不平等中机会不平等所占的份额相当大，从哥伦比亚的 23 个百分点到危地马拉的 34 个百分点。类似地，Zhang 和 Eriksson（2010）就发现，在中国的个体收入不平等中机会不平等占据了非常高的比重——从 1989 年的46% 稳步上升到 2006 年的63%。这些文章识别了导致机会不平等的一系列"环境因素"，其中个人的出生地、性别、父母受教育程度几乎总是起着最重要的作用。

在这一章中，我们认为机会均等具有毫无争议的优点，并着手检验 1940 ~ 1989 年出生的中国公民，其受教育程度在多大程度上偏离了这一理想水平。对于一个意图通过提升人力资本水平来支撑未来生产率、经济增长和高附加值经济的国家来说，实现机会平等看起来似乎是一个很好的起点。

下一章将引入计算机会不平等的方法论，并使用中国家庭跟踪调查（CFPS）2010 ~ 2012 年的调查数据，识别出中国受教育程度（以受教育年限来度量）的案例中，度量机会不平等的"环境"变量的集合。下面的章节使用回归分析方法确认了这些变量在全国样本、单独的城市样本和单独的农村样本中的重要性，并作为一种方式考察了城市人口和农村人口之间的机会不平等，以及城市人口和农村人口各自内部的机会不平等。然后我们展示了关于中国教育机会不平等的关键经验分析结果，最后总结了一些政策含义。

度量机会不平等

方法

如果要试图度量"机会不平等"，就应该从这样的前提开始，即任何特定经济结果所观察到的不平等可以归为两个成分。第一个成分来源于个体在其中发现自身和他们无法控制的不同环境因素——例如他们的性别、出生地或他们父母的社会经济地位。第二个成分来源于个人为了影响既定结果所付出的不同层次的努力水平——例如他们学习有多刻苦。一直以来这种差别就被认为是评估机会均等或者机会不平等的关键。

在 Roemer（1998）的开创性论文中，他将机会平等定义为这样一种情景，即一个给定结果的分布独立于环境因素，或者换句话说，所有付出相同努力的个体应该获得相同的成绩，而无论他们所处的环境因素如何。按照相同的环境因素将总体分成不同组别或"类型"的人群，并度量这种（假设）条件在多大程度上是不成立的，为我们提供了一种机会不平等的测算方法。另一种较弱的机会均等准则为 Van de Gaer（1993）所提出，它是指不同类型之间的平均结果水平（而非整个分布）是相等的。这一准则涉及抑制"类型内部"的不平等，并基于每种类型的平均水平来计算"类型之间"不平等的程度，从而作为机会不平等的一种度量。

这些想法已被发展和应用到新兴的经验分析文献中，这些文献采用一系列方法度量了不同国家和不同结果变量的机会不平等程度。[1] 在这里，我们使用了 Ferreira 和 Gignoux（2011）的方法论，后来成为最常用的方法[2]，将其应用到我们感兴趣的经济优势变量：受教育年限。

特别地，我们从一个经济优势变量（这里是受教育年限）的一个程式化模型开始，其模型形式是 $y = f(C, E, u)$，其中 C 是包含一系列环境变量的向量，E 是一系列努力变量的向量，u 代表着不可观测的随机变量。虽然环境变量被定义为外生的（这就是说，它们不会受到个人任何行动的影响），然而很有可能的是努力程度会受到一系列因素的影响，其中就包括环境因素[3]。这就暗

---

① 一些替代性的方法，可以参考 Checchi 和 Peragine（2010）；Lefranc 等（2008）；Bourguignon 等（2007）。

② 这里列举一些关键的例子，其中包括 Brunori 等（2013）；同时还有 Bourguignon 等（2007）；Marrero 和 Rodriguez（2012）；Singh（2012）。更详尽的讨论，可以参考 Golley 和 Kong（待出版）。

③ 例如，存在这样的可能性就是，那些没有受过良好教育的农村父母并没有对子女的教育施加太大的压力，反而由于经济负担和继续求学的机会成本，鼓励自己的孩子早一点结束学业。Yi 等（2012）在他们的分析中提供了一些证据说明为什么中国贫困农村地区的学生没有完成他们的初中学业（使用 2009 年和 2010 年对于 7800 名学生的调查研究结果）。

示，如果将模型表述为 $y = f(C, E(C, v), u)$ 就会更加精确。由于许多原因，受到下面研究的进一步影响及 Ferreira 和 Gignoux（2011）的详细扩展，我们选择将努力变量看作不可观测的变量并估计简约式模型，见方程（1）。

$$y_i = \beta C_i + \varepsilon \tag{1}$$

方程（1）中，y_i 是个体 i 获得的受教育年限，C_i 是与该个体有关的一系列离散型环境变量的向量，从而允许依上述方法将人群划分成不同的类型。例如，如果只有两个环境变量，性别和户籍（家庭注册）状况，那么总共就有四种类型：农村男孩、农村女孩、城市男孩和城市女孩。使用估计系数 $\hat{\beta}$ 和环境的真实值，我们构造出了一个分布 $\{\hat{y}\}$，其中 $\hat{y}_i = \hat{\beta} C_i$。这就是说，在给定环境变量向量的条件下，$y$ 被其预测值所替代，从而任意给定类型人群中的个体的 $\hat{y}$ 都相等，从而消除了所有组内不平等。这为我们提供了一个机会不平等的绝对度量指标，$IOA = I(\{\hat{y}\})$。对于一个合适的不平等度量 I 来说，对应的相对度量指标，$IOR = I\{\hat{y}\}/I\{y\}$，决定了机会不平等在全部不平等中所占的比重。

只有某些不平等指标满足可加可分性的关键性质，从而将总不平等式分解为组间成分和组内成分——这些指数包括广义熵指数家族但不包括基尼系数。无论 $GE(0)$（平均对数偏差）还是 $GE(1)$（泰尔熵指数）都不是度量受教育结果不平等的选择，这是因为它们都涉及对数值而很多个体受教育年限为 0（这一点与关注收入或消费的标准分析情形不同）。这就使得 $GE(2)$（变异系数的一半）成为我们下面要使用的不平等度量的最好数值度量。

我们还感兴趣的是每一种环境变量的边际贡献。为了考察这些影响，我们引入了一个反事实分布，$\hat{y}^J$，其中 $\hat{y}_i^J = \hat{\beta} C_i^{j \neq J} + \beta \bar{C}_i^{j = J}$，这个分布将环境变量均值水平 J 赋予所有的个体，每一次只引入一个环境变量。我们注意到，对机会不平等影响更大的变量，其绝对机会不平等和相对机会不平等的相应边际贡献（后者应写为 $IOR_p = I\{\hat{y}^J\}/I\{y\}$）均会更低。这就是说，通过消除该变量的变异，机会不平等程度会大幅度下降。

无论上述回归中包含了多少个环境变量，IOA 和 IOR 估计量的重要性质就是它们是机会不平等的下界估计量①。这是因为观察到的环境变量向量，必然是影响个人成就的所有环境变量的子集，其含义就是，如果不可观察到的环境因素增加到向量 C 中，IOA 和 IOR 的估计量都会变得更高。然而，这种下界估计量的结果仅仅适用于 IOA 和 IOR 的总体度量中。特别是，如果一个可观察的环境变量与不可观察甚至缺省的环境变量相关，那么回归分析就会给这个可观察的环境变量赋予过高的权重。在这种情况下，$\hat{\beta}$ 仍然会为所有与可观察到的环境变量有关的因素提供合理的度量，但是这意味着偏效应估计量 IOR_p 应被谨慎地对待。

我们决定将努力变量看作不可观测变量，是出于实际和逻辑上的原因。当受教育程度成为被关注的结果变量时，我们可以只考虑一个变量，即学习时间。可以被划归努力变量且通常是缺省的，因为在下面所使用的调查数据中这个变量没有记录。

然而，无论这个变量是被看作缺省的"努力"变量还是缺省的"环境"变量，其含义都是相同的。特别是，它要么与观测到的环境变量无关，这种情形下其缺省不会影响机会不平等的估计量，要么是自身受到其他可观察环境变量的影响，这种情形下这种缺省变量效应会间接地融合到估计系数中。尽管这再次指出，在将回归系数解释为给定环境和结果变量之间的因果联系时需要谨慎对待，但是这点于机会不平等的度量来说并不那么重要。机会不平等的度量才是本章所要关注的主要问题。关于这一点，可以参考 Golly 和 Kong（出版中）更深入的讨论内容。

哪些环境因素是重要的？

自中华人民共和国成立以来，中国就在扩大教育体系、提高庞大人口的平均受教育水平方面取得了显著的进展。然而，这些进展也在许多维度上导致了显著的教育不平等。

这些不平等中最突出的方面是城乡分割，这一点自 1950 年代末实施户籍制度以后便逐步巩固下来。城乡分割将中国公民有效地分割，并将持续分割为两个截然不同的群体，而这两类群体进入日益扩大的教育体系的机会是完全不同的。大量的文献证明了这个时期以来中国城乡之间受教育程度持续

---

① 如果要获得正式的证明，请参考 Ferreira 和 Gignoux（2011）。

存在的差异，其中农村教育体系的薄弱反映在，从学前班到大学的教育体系各个水平上，都具有更高的辍学率和更低的入学率（Qiao，2008；Wang et al.，2009；Golley 和 Kong，2012，2013；Knight et al.，2012；Yi et al.，2012；Wu，2013；Li et al.，2015）。

中国教育不平等的另一个重要维度（在许多其他国家中也出现过）源自受教育程度的持续性。[①] 一个正在进行的辩论集中在这样一个问题，即受教育程度的持续性在多大程度上源自直接因果关系（例如，那些受到更好教育的父母可能具有更高的智力水平来投资子女教育，是因为其自身的教育而不是因为他们天生的能力）而非间接因果关系（例如，那些具有更高遗传智力或者更好经济实力的父母，具有更高的收入为子女投资在更高质量的学校上）（Black 和 Devereux，2010）。不过，教育程度持续性不是本文分析的中心议题。可以这么说，在此情况下，那些父母受教育程度更高的子女发现他们在教育前景或机会方面处于一个令人相对羡慕的地位。目前有充足的证据表明，中国正是这种情况（Golly 和 Kong，2012，2013，Knight et al.，2012）。

我们观察到的这种代际教育程度的持续性更为普遍地引入了家庭出身或社会经济地位的重要性，这一点在以前的中国（Deng 和 Treiman，1997；Meng 和 Gregory，2002；Sato 和 Li，2008）表现得特别明显。大量的证据认为在改革时期，社会经济的主导阶层或高级阶层的教育优势，无论是以父母阶层出身、共产党员身份、受教育水平、职位或者收入来度量，均得到保留和强化，结果加剧了教育的不平等。[②]

文献表明许多其他维度也增加了最强势和最弱势社会成员在受教育程度上持续变大的差距：例如区域差异、省份和市县（富裕地区的儿童平均受教育程度更高）差异（Hannum 和 Wang，2006；Heckman，2005；Zhang 和 Kanbur，2005）、民族差异（Hannum，2002）（中国汉族人口一直保持着受教育程度领先的传统）、性别差异（Zhang et al.，2007；Zhang 和 Chen，2014）（几乎在所有时点、所有教育水平上，接受教育的男孩比女孩要多）、儿童所在家庭规模的差异——涉及 Becker 和 Lewis（1973）的"数量—质量

---

① 特别地，参考 Hertz 等（2007）对 42 个国家 50 年趋势的研究，同时还有 Checchi 等（2008）和 Black 和 Devereux（2010）等的分析。

② 举几个例子说明，例如：Zhou 等（1998）；Liu（2006）；Sato and Li（2008）；Wu（2009）；Emran 和 Sun（2015）；Zhang 和 Chen（2014）。

权衡"理论（见 Li et al.，2008；Rosenzweig 和 Zhang，2009）。

重要的是，上述识别的所有维度基本上是每个个体所出生的"环境"，而非他们所面临的选择：他们（在儿时）的户籍状况，父亲的受教育程度，父母的社会经济地位，出生的省份、民族、性别和他们所有的兄弟姐妹个数等都归于这类变量中。

我们使用 CFPS 的调查数据，这是由北京大学社会科学调查研究中心（ISSS）所主持的针对中国社群、家庭和个人所展开的全国代表性双年度面板调查数据。CFPS 所收录的是个人、家庭和社群层面的面板数据，这些数据涵盖了一系列广泛的经济活动、教育程度、家庭变迁和社会关系、迁移状况和健康状况等。在 2010 年的基线调查数据中，CFPS 数据成功地采访了14960 个家庭和 42590 个个人，其应答率大约在 79%。那些应答者会在年度连续调查中予以跟踪采访，并且我们还在 2012 年推出的调查中充分利用了父母亲的补充信息，而这些信息在 2010 年的基线调查数据库中是没有的。

给定可得的数据，我们选择下面的环境变量集合：父亲的受教育水平，对此我们使用了三个虚拟变量——小学、初中、高中及以上（其中文盲为第四种排他性分类）；12 岁时的户籍状况（城市 = 1）；性别（男性 = 1）；父母的党员身份（= 1，如果父母中至少有一位是党员）；兄弟姐妹的个数（虚拟变量，分别对应 1~2 个小孩，3~4 个小孩，其中独生子女作为第三种排他性分类）；少数民族状况（= 1，如果是汉族；= 0，如果是中国其他民族）；以及省份（其中北京市作为排除性分类）。为了考虑教育政策和教育结果在时间上的显著变化，我们同时还包含了 10 个 5 年期的出生组别，并对每个组别设置一个虚拟变量，从 1940~1944 年一直到 1985~1989 年，然后对每一个出生组别进行单独的回归。我们在农村子样本和城市子样本的内部，进一步研究了受教育程度的决定因素以及受教育不平等的来源。

由于数据限制，我们没有将父母的收入或职位以及受教育水平的变量作为社会经济地位的指标。我们同时还排除了母亲的受教育程度，这是因为中国观察到高度"婚姻匹配"的现象，从而父母的受教育水平之间存在高度相关（Knight et al.，2012）。这些变量被当作缺省的环境变量来对待，意味着这些变量一旦与模型中所包含的变量之间相关，就会产生系数估计的有偏性。这一点对父亲的受教育程度来说最有可能成立。虽然这一点意味着我们需要仔细解释父母受教育程度的虚拟变量，但这种影响对我们估计机会不平等来说却不是棘手的问题；正如上文所讨论的那样，这仅仅是一个下界的估计结果。

表1展示了这些变量的一些初步统计结果。这使我们确信，在全国性样本、城市内样本和农村内样本中，每一个环境变量之间都存在受教育程度差距。毫不意外的是，城市儿童、男孩、汉族、独生子女、父母亲为共产党员的子女，具有这些特征的儿童，其平均受教育年限会更高。

最后值得提及的一点是，我们基于儿童"12岁"时的户籍状况进行农村和城市分类，意味着此处分析的时候，几乎所有的移民都保留着"农村"的户籍身份，其中农村样本占据全部样本的84%。这可以看作最近几十年衡量城市化速度的一个度量指标，其中2013年的城市和农村户籍身份持有者的比例为36%：64%，而事实上居住在城市区域的人口份额更大，达到54%。

表1 基本统计量

单位：%

受教育程度	全国范围	城市	农村
文盲	22.7	3.7	26.6
小学	20.8	6.0	23.8
初中	32.0	29.4	32.5
高中	13.8	28.5	10.8
大学及以上	10.8	32.4	6.4
平均受教育程度（年限）	7.4	11.5	6.6
男性（YES=1,%）	51.3	51.4	51.2
男性平均受教育程度（年限）	8.1	11.6	7.4
女性平均受教育程度（年限）	6.7	11.4	5.8
父亲的受教育程度			
文盲（未接受教育）	44.9	22.3	49.4
小学	27.4	26.0	27.7
初中	16.8	23.9	15.4
高中	8.6	18.3	6.6
大学及以上	2.4	9.6	0.9
父亲的平均受教育程度（年限）	4.5	7.3	3.9
父母的党员身份（YES=1,%）	12.9	22.2	11.1
党员的平均受教育程度（年限）	9.0	12.4	7.7
非党员的平均受教育程度（年限）	7.2	11.2	6.5
家庭规模			
独生子女	8.9	23.0	6.0
有一个或两个兄弟姐妹	40.5	43.2	40.0
有三个及以上兄弟姐妹	50.6	33.9	54.0

续表

受教育程度	全国范围	城市	农村
家庭规模			
独生子女的平均受教育程度(年限)	10.0	13.3	7.4
有一个或两个兄弟姐妹的平均受教育程度(年限)	8.4	11.7	7.8
有三个及以上兄弟姐妹的平均受教育程度(年限)	6.2	10.1	5.7
汉族(YES = 1,%)	89.3	94.4	88.4
汉族平均受教育程度(年限)	7.7	11.4	6.9
少数民族平均受教育程度(年限)	5.4	12.1	4.7
观察值个数	25937	4364	21573

注：所有的数字采用 CFPS 样本权重进行加权从而具有全国代表性。

资料来源：CFPS（2010，2012）。

教育程度不平等及它们的决定因素

在展示机会不平等结果之前，这一章首先给出不同出生组别受教育程度变化趋势的一般性特征及其决定因素。图 1 说明了中国代际平均受教育年限在不断上升，在全国范围内从最老组别的 3.9 年一直上升到最年轻组别的 10.1 年，其中每一个出生组别的儿童都比其父辈的受教育程度要高出一点点。尽管这些平均受教育程度的数字令人印象深刻，但是图形还显示了农村与城市人口的持久差距，在 1950 ~ 1954 年出生组别达到了顶峰，为 5.6 年，而对于最年轻的一个组别也存在 4.1 年的显著受教育程度差别。

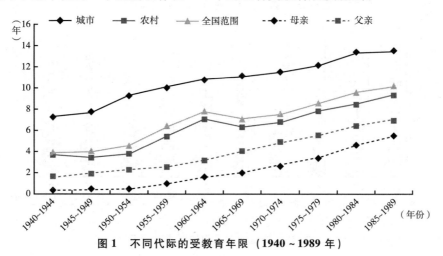

图 1　不同代际的受教育年限（1940 ~ 1989 年）

资料来源：CFPS（2010，2012）以及笔者的计算。

　　城市和农村人口的受教育程度的分布，分别用图 2a 和图 2b 展示出来。对于城市人口来说，最显著提升的是大学受教育程度，其中 1940～1944 年占比仅为 11%，但是 1985～1989 年的出生组别中，这一比例已经达到了61%。没有受过教育（例如，文盲）或仅完成小学教育的城市居民比重下降很明显，从最年长的出生组别到最年轻的出生组别，相应的人口比重分别从 25% 和 24% 下降到 1.7% 和 2.1%。

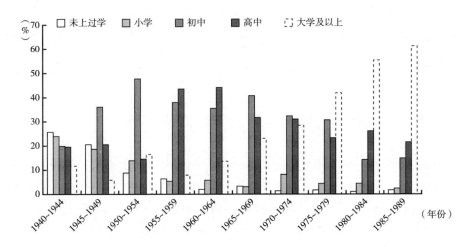

图 2a　中国城市人口的受教育程度

资料来源：CFPS（2010，2012）和笔者的计算。

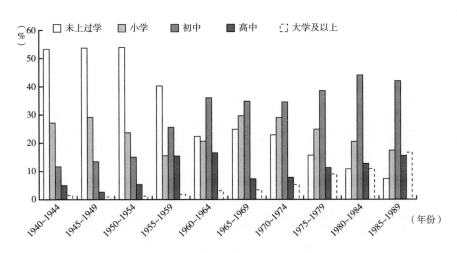

图 2b　中国农村人口的受教育程度

资料来源：CFPS（2010，2012）和笔者的计算。

对于农村人口来说，最显著的变化就是文盲率的变化，由 1945～1949 年这一出生组别峰值 54% 下降到最年轻组别的 7.5%。在 1960 年代的出生组别之前，那些完成大学的农村人口份额始终在 4% 以下。自此以后这一比重就有了实质性的提升，但仍显著低于城市人口中大学人口的比重，即使是 1985～1989 年的出生组别这一比重也只有 16.8%。正如之前中国系列专题书籍中详细讨论的那样（Golly 和 Kong，2012），中国农村人口受教育程度的主体还是初中水平，在最年轻出生组别中占比为 42%。

表 2 展示了我们所选的受教育不平等度量 $GE(2)$，分别对应全国、城市和农村范围的样本（第 1 列）以及 10 个五年期出生组别中的每一个（正如图 3 所示的那样）。面板 A 揭示，全国范围内受教育程度不平等的下降从 1945～1949 年的出生组别就开始了，后续的增长只在 1960～1964 年的出生组别和 1965～1969 年的出生组别中出现过。这些趋势大体上反映了面板 C 中农村受教育不平等的趋势——预计全样本中农村人口分类的样本占主导部分，并且会显著高于城市人口的所有出生组别中教育不平等的度量。面板 B 中城市人口教育不平等的度量揭示了一个稳步下降的趋势，直到 1960～1964 年的出生组别后出现了较低水平的波动。

基于比较的目的，表 2 还展示了将基尼系数作为受教育不平等的一种替代度量，[①] 并且这个指标也更容易解释。重要的是，三个面板中所有出生组别不平等的变化趋势与使用 $GE(2)$ 度量的变化趋势是相同的，而且农村样本的不平等值一致并显著地高于城市人口的不平等值，这些指标处于最年轻城市组别的 0.09 和 1945～1949 年农村组别的 0.59 之间。此处关键的是农村受教育程度的分布与城市受教育程度的分布：无论采用每个受教育水平中的人口比重进行描述还是采用不平等度量指标进行概括，相互之间都具有显著的差异，而且在不同的出生组别之间也存在实质性的差异。

进一步值得提及的一点就是，尽管城市样本表现出更低的不平等伴随着更高的受教育程度，但实际情况并非一定如此。例如，如果所有个体具有相同的受教育程度，就会记录一个为零的基尼系数，无论受教育程度是文盲还

---

① 对于检验整体结果的不平等来说，基尼系数缺乏可加可分性并不是问题；这仅仅意味着它不能用于下面的分解分析。

是大学水平；一旦只有一个个体的受教育程度为博士或者是任意一个为正的受教育年限，其他人仍然是文盲，那么基尼系数就会是1。在这个意义上不可能明确地说，某个水平的教育不平等要比另一个水平的教育不平等更好还是更坏。这就是使得机会不平等如此宝贵的原因，因为它们相当简单地反映了不平等的某一部分是不公正的。

表 2　受教育程度的不平等

组别	1940~1949 年	1940~1944 年	1945~1949 年	1950~1954 年	1955~1959 年	1960~1964 年
面板 A：全国范围						
$GE(2)$	0.21	0.62	0.59	0.54	0.31	0.16
基尼系数	0.35	0.59	0.57	0.56	0.4	0.30
面板 B：城市						
$GE(2)$	0.05	0.25	0.17	0.08	0.06	0.03
基尼系数	0.17	0.40	0.32	0.21	0.16	0.13
面板 C：农村						
$GE(2)$	0.24	0.66	0.66	0.67	0.39	0.19
基尼系数	0.38	0.60	0.60	0.61	0.49	0.33
组别	1965~1969 年	1970~1974 年	1975~1979 年	1980~1984 年	1985~1989 年	
面板 A：全国范围						
$GE(2)$	0.20	0.18	0.13	0.10	1.09	
基尼系数	0.34	0.33	0.28	0.25	0.22	
面板 B：城市						
$GE(2)$	0.04	0.04	0.04	0.03	0.03	
基尼系数	0.15	0.16	0.15	0.13	0.12	
面板 C：农村						
$GE(2)$	0.22	0.21	0.15	0.11	0.09	
基尼系数	0.36	0.35	0.29	0.25	0.23	

数据来源：CFPS（2010，2012）和笔者的计算。

表3展示了分别使用全国样本和单独的城市样本及农村样本，基于方程1所做的回归结果。第1列展示了使用全国样本的回归结果，所有的回归系数取值符号都符合预期并在1%的水平上高度显著，当然1950~1954年组别的虚拟变量除外。最为突出的是，城市户籍状态仍然与额外多3年的受教育年限相关（相比而言，原始数据的差距为5年）。同样明显的是，受教育程度高的父亲一般具有受教育程度高的子女，如果父亲受教育程度为小学、

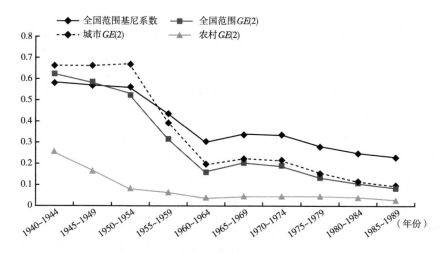

图 3　按出生组别分类的受教育程度不平等

数据来源：CFPS（2010，2012）和笔者的计算。

初中和高中及以上的（如果不是直接因果关系的话），其子女比那些父亲是文盲的子女要分别额外多出 1.6 年、2.2 年和 3.2 年的受教育年限。省域虚拟变量（由于篇幅所限在这里没有报告）全部都是高度显著为负的，除了上海是个例外（其系数不显著），其中北京人口的受教育程度比那些在江西、四川和贵州人口的受教育程度高 3 年多。出生组别的系数反映了图 1 展示的全国范围内教育程度的变化趋势：不同出生组别间一般呈上升趋势，只有 1945～1949 组别和 1965～1969 组别是例外。

　　第 2 列和第 3 列分别对城市样本和农村样本使用了相同的变量集合（排除了户籍状况变量）。最突出的是，在每个受教育水平上，父亲的受教育程度对农村个体的影响相比城市个体更大，其中影响差距最大的是高中及以上教育水平，其影响系数分别为额外的 3.1 年和额外的 2.6 年。

表 3　受教育年限的决定因素：全国范围、城市和农村

样本	全国范围	城市	农村
解释变量	1.61 ***	0.58 ***	1.70 ***
父亲：小学（YES = 1）	2.18 ***	1.28 ***	2.29 ***
父亲：初中（YES = 1）	3.20 ***	2.71 ***	3.11 ***
父亲：高中及以上（YES = 1）	3.10 ***	—	—
12 岁时的户籍状况（城市 = 1）	1.37 ***	− 0.03	1.66 ***

续表

样本	全国范围	城市	农村
男性（YES = 1）			
父母的党员身份（YES = 1）	0.80 ***	0.81 ***	0.78 ***
一个或两个兄弟姐妹（YES = 1）	0.04	− 0.56 ***	0.19
三个或更多的兄弟姐妹（YES = 1）	− 0.42 ***	− 0.73 ***	− 0.32 *
汉族（YES = 1）	0.86 ***	− 0.05	0.94 ***
出生组别：			
1945 ~ 1949 年	− 0.34 *	0.23	− 0.39 *
1950 ~ 1954 年	0.03	1.56 **	− 0.17
1955 ~ 1959 年	1.53 ***	2.33 ***	1.45 ***
1960 ~ 1964 年	2.89 ***	3.07 ***	2.93 ***
1965 ~ 1969 年	2.01 ***	2.89 ***	1.90 ***
1970 ~ 1974 年	2.22 ***	3.25 ***	2.09 ***
1975 ~ 1979 年	3.03 ***	3.45 ***	3.05 ***
1980 ~ 1984 年	3.50 ***	4.13 ***	3.42 ***
1985 ~ 1989 年	4.09 ***	4.31 ***	4.06 ***
省份	YES	YES	YES
常数	4.21 ***	8.85 ***	5.34 ***
观察值个数	23601	37775	19826
R^2	0.39	0.32	0.31

注：*** 表示 $p < 0.01$；** 表示 $p < 0.05$；* 表示 $p < 0.1$。
资料来源：CFPS（2010，2012）和笔者的回归。

    表 4 单独展示了每一个出生组别的回归结果。面板 A 中全国范围的回归最引人注目，对所有出生组别来说，户籍状况都是受教育程度高度显著的决定因素，最高的是 1950 ~ 1954 年出生组别中城市居民的额外 4.5 年，但是最年轻的出生组别中这一差距已经下降到较低的 2.3 年。其他有趣的点包括作为男性的优势在下降，到最年轻的两个出生组别时，男性变量已经变得不显著了；如果父母具有党员身份对子女受教育程度具有持续为正的效应；对于 1980 年代的出生组别而言，受教育程度与家庭规模之间呈现显著为负

的联系。

面板 B 和面板 C 揭示了城市样本和农村样本的一些关键差异。第一，在农村地区性别因素很清晰地要比城市地区重要得多，其中男性系数在 1960～1964 年出生组别后就变得不显著了，甚至对于最年轻的两个出生组别来说是负值。第二，与父母党员身份相关的受教育程度优势也具有不同特征。例如，对于城市样本来说，对 1950 年代出生组别来说，这一系数是不显著的（两个主要处于"文革"期间的出生组别），以及 1975～1979 年和 1980～1984 年出生组别（他们受益于 1986 年引入的《义务教育法》），然而父母具有党员身份对于绝大多数的农村样本出生组别来说都是显著的，仅有最年轻的出生组别除外（可能反映了在农村地区《义务教育法》的执行存在滞后）。第三，少数民族状况对于农村样本来说，自 1970～1974 年出生组别以后都是显著的，但对于城市样本来说，这个系数在全部出生组别中都不显著。

最后，父亲受教育水平虚拟变量的对应系数，在不同出生组别以及农村和城市样本之间，均具有实质性差异。对于城市样本而言，只有高中教育虚拟变量是一致显著的，尽管对于最年长的出生组别来说，这一效应并不那么突出，且 1960～1964 年出生组别的这种效应达到了低值——最后的三个出生组别直接受到"文革"的影响。该系数一直上升直到 1975～1979 年的出生组别，之后只有轻微的下降但仍保持在高于改革开放之前的水平之上。这种效应证实了家庭的社会经济地位在改革开放阶段变得越来越重要。相比之下，对农村样本而言，父亲受教育程度的所有水平对应的虚拟变量系数都倾向于高度显著，只有一点点例外。尤其在所有出生组别中，农村样本的父亲受教育程度所带来的教育程度溢价要显著高于同期的城市样本，这表明了受教育程度的高度代际持续性。①

———————

① 注意到这一发现不同于 Golley 和 Kong（2012），我们发现城市样本具有更大的代际持续性。这种差异来源于我们对此处的"农村"定义，这里所使用的农村还包括了那些在 12 岁以后移民的人群，但在早期的研究中我们是将这一类人归于"城市"人口中的。给定这些移民父辈一般而言具有较高的受教育程度以及自身具有较高的受教育程度（27% 以上的人口受到高中教育，但是对于整个农村样本来说获得高中教育的人口比重只有 17%），于是将他们包含在农村样本中就会导致更高的代际持续性。

表 4　不同出生组别的教育年限决定因素

组别	1940 ~ 1944 年	1945 ~ 1949 年	1950 ~ 1954 年	1955 ~ 1959 年	1960 ~ 1964 年	1965 ~ 1969 年	1970 ~ 1974 年	1975 ~ 1979 年	1980 ~ 1984 年	1985 ~ 1989 年
解释变量										
面板 A：全国样本										
父亲：小学（YES=1）	2.0***	1.6***	1.4***	1.5***	1.2***	1.8***	1.9***	2.0***	1.5***	1.6***
父亲：初中（YES=1）	-0.2	1.2*	0.6	1.6***	1.4***	2.1***	2.5***	2.9***	2.6***	2.3***
父亲：高中及以上（YES=1）	0.34	2.4***	1.8***	1.2***	3.0***	2.7***	3.8***	4.1***	3.2***	3.7***
12 岁时的户口（Urban=1）	2.8***	3.3***	4.5***	3.9***	3.1***	3.5***	3.0***	2.4***	2.6***	2.3***
性别（YES=1）	3.2***	2.2***	2.8***	3.0***	1.9***	1.5***	1.3***	0.6***	0.1	0
父母的党员身份（YES=1）	-0.02	0.5	0.9***	0.6*	0.7***	1.1***	0.6*	0.5	1.1***	0.9***
一个或两个兄弟姐妹（YES=1）	0.4	-0.1	-0.1	0.7	1.5***	0.7	0.9***	-0.2	-0.8***	-0.7***
三个或更多兄弟姐妹（YES=1）	0.6	0.1	-0.4	0.6	1.5***	0.4	0.1	-0.8***	-2.3	-2.1***
汉族（YES=1）	0.1	-0.1	0.3	-0.1	0.9*	-0.1	1.3***	1.2***	1.5***	1.0***
省份	YES	YES	YES	YES	YES	YES	YES	YES	YES	YES
常数	6.91**	5.0***	4.2***	2.9***	5.5***	5.4***	6.0***	6.7***	8.6***	9.0***
观察个数	1108	1757	2451	2389	2753	3268	3158	2328	2079	2310
R²	0.31	0.2	0.3	0.3	0.3	0.3	0.3	0.4	0.4	0.3
面板 B：城市样本										
父亲：小学（YES=1）	1.4	2.3**	0.8	0.6	0.3	-0.2	1.1**	-0.3	0.2	1.6
父亲：初中（YES=1）	0.6	1.8	1.9**	1.3	0.3	0.4	1.0*	1.3*	2.4**	2.4
父亲：高中及以上（YES=1）	0.6	2.0	2.0**	1.8***	1.4***	1.6***	3.6***	3.3***	3.2***	3.9***
性别（YES=1）	-0.3	1.0	1.0**	0.7	0.2	0.2	0	0	-0.8**	-1.2***
父母的党员身份（YES=1）	11.3***	1.1	0.5	0.1	0.3	1.2***	0.9***	0	1.0**	0.7
一个或两个兄弟姐妹（YES=1）	1.4	-0.3	-0.9	-0.5	1.6***	-0.7	-1.0	-0.2	-1.3***	-0.7*

解释变量										
面板 B：城市样本										
三个或更多兄弟姐妹（YES=1）	-0.3	0.4	0.3	-1.2	1.0*	-0.9	-1.5**	-0.6	-3.7***	-0.8
汉族（YES=1）	-2.9	-2.2	-0.4	3.6	-0.6	0.9	-0.5	1.0	0.1	-0.8
省份	YES	YES	YES	YES	YES	YES	YES	YES	YES	YES
常数	11.3***	9.0***	9.6***	6.2*	11.3***	10.6***	12.8***	11.7***	12.9***	13.4***
观察个数	103	242	393	432	466	400	452	403	453	431
R^2	0.7	0.4	0.2	0.2	0.2	0.2	0.3	0.3	0.3	0.3
面板 C：农村样本										
父亲：小学（YES=1）	2.0***	1.6***	1.5***	1.7***	1.4***	1.9***	1.9***	2.1***	1.5***	1.4***
父亲：初中（YES=1）	-0.7	0.9	0.5	1.5***	1.6***	2.3***	2.8***	3.0***	2.7***	2.0***
父亲：高中及以上（YES=1）	0	2.5***	1.2	0.3	3.3***	2.7***	3.4***	3.8***	2.9***	3.4***
性别（YES=1）	3.3***	2.3***	3.1***	3.4***	2.4***	1.6***	1.5***	0.7***	0.5***	0.2
父母的党员身份（YES=1）	-0.3	0.4	1.1***	0.6*	0.9***	1.1***	0.5*	0.6*	1.0***	1.1***
一个或两个兄弟姐妹（YES=1）	0.3	0.2	0	1.2**	1.8***	1.0*	1.7***	-0.3	-0.5	-0.7*
三个或更多兄弟姐妹（YES=1）	0.5	0.2	-0.5	1.1**	1.9***	0.8	0.9	-0.8*	-1.8***	-2.2***
汉族（YES=1）	0	0.1	0.3	-0.2	0.9*	-0.2	1.5***	1.1***	1.8***	1.3***
省份	YES	YES	YES	YES	YES	YES	YES	YES	YES	YES
常数	14.5***	7.8***	6.0***	8.3***	4.8***	6.0***	6.0***	6.1***	9.5***	9.7***
观察个数	1005	1515	2058	1957	2287	2868	2706	1925	1626	1879
R^2	0.3	0.2	0.2	0.2	0.2	0.2	0,2	0.3	0.3	0.2

注：*** 表示 $p<0.01$；** 表示 $p<0.05$；* 表示 $p<0.1$。由于篇幅所限，标准误没有报告。

资料来源：CFPS（2010，2012）以及笔者自己的回归。

机会不平等

使用表 3 和表 4 报告的结果，以及上述所描述的方法，表 5 分别展示了机会不平等的绝对度量指标和相对度量指标 IOA 和 IOR，以及结果变量不平等指数 $GE(2)$。这三个指标的全国趋势如图 4 所示，同时图 5 给出了全国范围、城市样本和农村样本的 IOR 指标。这里有许多要点。

第一，正如图 4 所示，机会不平等的绝对度量 IOA 的变化趋势与不平等结果 $GE(2)$ 的变化趋势存在显著不同；对于某些出生组别来说，它们的运动方向是相同的，但是对于其他出生组别而言，真实的变动情况是运动方向相反。这就是说，目前还没有证据表明观察到的受教育程度不平等的下降之所以发生，是因为教育机会的均等化。更直白地说，受教育程度不平等的下降与机会不平等的上升同步发生。

第二，全国样本的机会不平等在总不平等中所占比重（IOR）只在一些较早的出生组别中存在小幅波动，截止到 1965～1969 年出生组别的变化范围在 24.5%～32.7%。后续每个出生组别的指标值都比这个范围的值要高，并在 1980～1984 年出生组别达到顶峰，占总的不平等比重为 43.1%。这就确信，改革阶段的机会不平等越来越成为教育程度不平等的重要决定因素——这不是一个很好的信号。

第三，正如图 5 所示的那样，机会不平等所占份额的变化趋势在城市样本和农村样本中所占比重差异很大——最令人印象深刻的是，最早的三个出生组别和最年轻的两个出生组别。该指标在最年轻的农村出生组别的样本出现下降，是一个积极的信号，它表明中国农村地区最弱势儿童的机会不平等状况得到改善。相反，该指标在城市最年轻出生组别中出现上升是我们该担忧的。

第四，表 5 面板 A 所示全国范围内机会不平等的绝对度量和相对度量，从 1950 年代以后都要高于城市样本和农村样本（面板 B 和面板 C）的该度量结果。这一现象出现的原因特别简单：户籍制度扩展了全国样本的环境变量集合，而这一变量在城市样本和农村样本中都不曾出现，这一变量在历史进程中创造了更大的机会不平等。

为了将这一点推向深入，表 6 展示了每一个环境变量的边际贡献。例

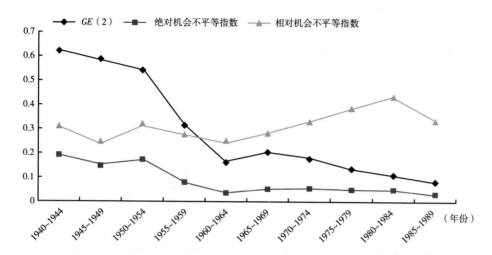

图4 全国范围的受教育程度不平等和受教育机会不平等的变化趋势

资料来源：CFPS（2010，2012）和笔者的计算。

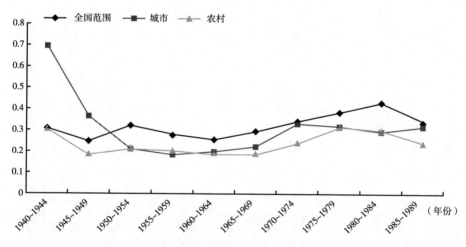

图5 机会不平等在结果不平等中所占比重（IOR）

资料来源：CFPS（2010，2012）和笔者的计算。

如，为了计算户籍制度的边际贡献，我们为每个个体赋以户籍虚拟变量的均值，即等于总体中有着城市户籍的人口比例，重做回归得到受教育年限的新预测变量，然后基于这些预测值计算 IOR_p。

将回归结果按照重要性进行排序，揭示了机会不平等的最大单一贡献因素是户籍状况。该因素和父亲的受教育程度一起，比一个人所处的省份或者

表5 机会不平等：全国范围、城市样本和农村样本

	全部	基于出生组别									
		1940~ 1944年	1945~ 1949年	1950~ 1954年	1955~ 1959年	1960~ 1964年	1965~ 1969年	1970~ 1974年	1975~ 1979年	1980~ 1984年	1985~ 1989年
面板 A：全国范围											
总的（结果）不平等											
GE(2)	0.207	0.624	0.585	0.538	0.313	0.158	0.198	0.185	0.134	0.105	0.085
机会不等											
绝对：IOA	0.082	0.194	0.143	0.176	0.086	0.040	0.056	0.062	0.052	0.045	0.029
相对：IOR	0.393	0.311	0.245	0.327	0.276	0.253	0.284	0.338	0.388	0.431	0.338
面板 B：城市											
总的（结果）不平等											
GE(2)	0.052	0.250	0.170	0.079	0.057	0.030	0.044	0.042	0.041	0.033	0.028
机会不平等 0.175											
绝对：IOA	0.016	0.175	0.061	0.017	0.011	0.006	0.010	0.014	0.013	0.010	0.009
相对：IOR	0.316	0.700	0.361	0.214	0.187	0.194	0.218	0.331	0.319	0.292	0.319
面板 C：农村											
总的（结果）不平等											
GE(2)	0.238	0.662	0.658	0.671	0.395	0.190	0.221	0.211	0.149	0.113	0.091
机会不平等											
绝对：IOA	0.073	0.200	0.121	0.144	0.079	0.036	0.040	0.051	0.047	0.034	0.022
相对：IOR	0.306	0.303	0.184	0.214	0.200	0.187	0.183	0.241	0.317	0.304	0.240

资料来源：CFPS（2010，2012）以及笔者基于表3和表4的回归结果进行的计算。

表6　环境因素对相对机会不平等的边际贡献（ IOR_p ）

基于出生组别

环境	全部		1940～1944 年		1945～1949 年		1950～1954 年		1955～1959 年		1960～1964 年	
12 岁时的户口	0.22	1	0.12	2	0.08	1	0.10	1	0.12	1	0.14	1
父亲的受教育程度	0.24	2	0.31	4	0.11	3	0.19	3	0.23	3	0.15	2
出生年度组别	0.24	3	—	—	—	—	—	—	—	—	—	—
省份	0.25	4	0.06	1	0.08	2	0.15	2	0.29	6	0.15	3
父母的党员身份	0.33	5	0.31	5	0.20	5	0.24	4	0.24	4	0.22	5
男性	0.33	6	0.17	3	0.15	4	0.19	4	0.18	2	0.20	4
兄弟姐妹个数	0.37	7	0.40	7	0.25	7	0.29	6	0.34	7	0.38	7
汉族	0.49	8	0.33	6	0.24	6	0.37	7	0.27	5	0.32	6

基于出生组别

环境	1965～1969 年		1970～1974 年		1975～1979 年		1980～1984 年		1985～1989 年	
12 岁时的户口	0.14	1	0.19	2	0.26	2	0.29	1	0.24	1
父亲的受教育程度	0.19	1	0.19	3	0.24	1	0.33	3	0.25	2
出生年度组别	—		—		—		—		—	
省份	0.20	3	0.18	1	0.29	3	0.30	2	0.26	3
父母的党员身份	0.22	4	0.29	5	0.35	4	0.36	4	0.29	4
男性	0.23	5	0.28	4	0.36	6	0.43	6	0.34	6
兄弟姐妹个数	0.33	7	0.38	6	0.36	5	0.36	5	0.03	5
汉族	0.28	6	0.47	7	0.51	7	0.58	7	0.41	7

资料来源：CFPS（2010，2012）和笔者基于表4：面板 A 中回归结果的计算。

出生年份都更加重要。这个结论是相当令人震惊的。父母具有党员身份的重要性在性别为男的重要性之上，这来自中国的独生子女政策或因为来自汉族。无论如何，清晰的是，这些因素都在阻碍中国公民受教育程度的机会平等中起到重要作用。

结　论

这一章研究中国教育不平等的变化趋势，关注了教育机会不平等对这些趋势的贡献。使用 CFPS 数据的 2010 年和 2012 年的调查结果，我们分别基于全国范围样本、单独的农村子样本和城市子样本的全部数据和 10 个出生组别的每个组别数据，度量了个体受教育程度（受教育年限）的不平等。我们的回归结果识别了这些受教育程度存在差异的所有决定因素中的关键成分，我们认为，这些变量可以归类于超出每个个体控制范围的"环境"，揭示了不同出生组别、农村和城市子样本在关键因素的影响程度和符号上的重要变化。这些结果被用于计算机会不平等在全部教育不平等中所占的比重。研究显示，中国公民在受教育程度上缺乏平等机会主要来源于分割性的户籍制度，以及进一步的显著贡献依次来自父亲的受教育程度、出生组别、省份、父母的共产党员身份、性别、家庭规模和民族。

不同人群之间不同的受教育程度具有不同的资质、愿望和动机，一般来说预计是没有什么意义的，但我们的研究结果发现其实不然。相反，真正重要的是，这些不平等的结果在何种程度上由一些因素所决定，并且个体不该对哪些因素负责以及哪些因素是他们所不能改变的；这里就存在一个十分清晰的政策案例，最小化了这些因素的影响并推动了全体成员的机会平等。对于执政的中国共产党来说，解决此事从道德上看是势在必行的，同时还交织着寻找新增长源泉的经济重要性，尤其是在人口逐步老龄化和劳动力人口消失的时代。

当然不可能的是，所有的选择性环境因素变量的系数应该不显著异于零。不可观测变量的缺失意味着估计系数很有可能显示出某种偏误，并且不能被当作因果关系来处理。这些变量系数中最显著的就是父亲的受教育程度，它不仅有可能融合了其父亲（母亲）收入和职位的影响，同时还反映了某种程度的基因遗传性，也应该造成受教育程度的一般不平等；在所有的其他变量之外，这一系数很显然不该等于零。

这一点仍然关于因果性，本章展示的结果给出了在中国教育领域识别某些合理的"机会均等政策"的基础。在城乡差距方面，户籍制度改革使得农村移民工人的子女在居住地获得进入城市教育体系的机会，这一改革显然在正确的方向迈出了一步。其他均等化措施可以瞄准在降低农村居民可以负担的私人教育成本上，例如"两免一补"（两项免除和一项补贴）项目在 2006 年成为全国性的法律，并且禁止小学和初中阶段征收学杂费。更一般的是，在一个代际持续性和教育成本均上升的国家，扶助农村贫困儿童，在这个意义上也包括最贫困的城市儿童继续求学的政策，只要他们有能力和愿望这么做，看起来都是相当合理的。在这个意义上，让所有人获得教育机会并负担得起教育成本，应该成为最优先的事情。

另外一系列政策，与积极行动以应对机会不平等的可能性相关，那就是使用不同的考试分数标准或依赖于个人环境的入学要求。长期以来对中国少数民族就是这么做的［正如 Sautman（1999），Yang 和 Wu（2009）讨论的那样］，而且基于我们的研究结果，这一点仍然有意义，特别要对全国最偏远贫穷的农村地区少数民族人口给予足够的重视。有一项不再具有实践意义的，就是针对重视男孩的反歧视行动，尽管目前的事实是女孩在最近若干年中的表现都超过男孩——正如 2012 年所揭示出来的证据，女孩在进入一个相同的大学课程时被要求比男孩具有更高的入学分数，从那以后这条措施被禁止了。正如 Zhang 等（2012）在这一点上的发现，这很有可能反映的事实是女孩学习更为刻苦——由于这个原因她们当然就更不应被歧视对待。

在过去 70 年中，中国在提高全民受教育程度上取得了显著的进步，尤其是近些年来农村地区的教育项目获得了长足的发展。然而，在生于城市和农村之间，在一线大都市如北京、上海和全国其他地区之间，以及在来自不同社会经济背景的家庭之间，不同儿童的受教育程度仍广泛持久地保持着实质性的差异。

为了成功地转型为一个更以技术为基础的经济以利于长期的可持续发展，中国将越来越依赖于技能型劳动力。努力确保所有有能力而不仅仅是那些最幸运的儿童能够获得相应质量和数量的教育，将会提高实现这一发展目标的可能性。我们的研究结果为这种努力的必要性提供了数量分析上的支撑。

参考文献

Becker, G. and Lewis, H. (1973), On the interaction between the quantity and quality of children, *Journal of Political Economy* 81(2): 773–824. doi.org/10.1086/260166.

Black, S. E. and Devereux, P. J. (2010), Recent developments in intergenerational mobility, *Handbook of Labor Economics* 4(B): 1487–1541.

Bourguignon, F., Ferreira, F. and Menendez, M. (2007), Inequality of opportunity in Brazil, *Review of Income and Wealth* 53(4): 585–618. doi.org/10.1111/j.1475-4991.2007.00247.x.

Brunori, P., Ferreira, F. and Peragine, V. (2013), *Inequality of opportunity, income inequality and economic mobility: Some international comparisons*, IZA Discussion Paper No. 7155, Institute of Labor Economics, Bonn. Available from: ftp.iza.org/dp7155.pdf. doi.org/10.1596/1813-9450-6304.

Checchi, D. and Peragine, V. (2010), Inequality of opportunity in Italy, *Journal of Economic Inequality* 8(4): 429–450. doi.org/10.1007/s10888-009-9118-3.

Checchi, D., Fiorio, C. V. and Leonardi, M. (2008), Intergenerational persistence in educational attainment in Italy, Paper presented at 30th General Conference of The International Association for Research in Income and Wealth, Dresden, Germany, August.

Deng, Z. and Treiman, D. J. (1997), The impact of the Cultural Revolution on trends in educational attainment in the People's Republic of China, *The American Journal of Sociology* 103(2): 391–428. doi.org/10.1086/231212.

Emran, M. S. and Sun, Y. (2015), *Magical transition? Intergenerational educational and occupational mobility in rural China: 1988–2002*, Policy Research Working Paper 7316, June, Office of the Chief Economist for East Asia and the Pacific Region, The World Bank, Washington, DC. Available from: documents.worldbank.org/curated/en/229911468000896844/pdf/WPS7316.pdf.

Ferreira, F. and Gignoux, J. (2011), The measurement of inequality of opportunity: Theory and an application to Latin America, *Review of Income and Wealth* 57(4): 622–57. doi.org/10.1111/j.1475-4991.2011.00467.x.

Golley, J. and Kong, S. T. (2012), Climbing the intergenerational ladder of education in urban, rural and migrant China, in H. Mackay and L. Song (eds), *Rebalancing and Sustaining Growth in China*, Canberra: ANU E Press.

Golley, J. and Kong, S. T. (2013), Inequality in the intergenerational mobility of education in China, *China and the World Economy* 21(2): 15–37.

Golley, J. and Kong, S. T. (in press), Inequality of opportunity in China's educational outcomes, *China Economic Review*. doi.org/10.1016/j.chieco.2016.07.002.

Hannum, E. (2002), Educational stratification by ethnicity in China: Enrolment and attainment in the early reform years, *Demography* 39(1): 95–117. doi.org/10.1353/dem.2002.0005.

Hannum, E. and Wang, M. (2006), Geography and educational inequality in China, *China Economic Review* 17: 253–65. doi.org/10.1016/j.chieco.2006.04.003.

Heckman, J. (2005), China's human capital investment, *China Economic Review* 16(1): 50–70. doi.org/10.1016/j.chieco.2004.06.012.

Hertz, T., Jayasundera, T., Piraino, P., Selcuk, S., Smith, N. and Verashchagina, A. (2007), The inheritance of educational inequality: International comparisons and fifty-year trends, *The B. E. Journal of Economic Analysis and Policy* 7(2): 1–46.

Khor, N., Pang, L., Liu, C., Chang, F., Mo, D., Loyalka, P. and Rozelle, S. (2016), China's looming human capital crisis: Upper secondary educational attainment rates and the middle-income trap, *The China Quarterly* 228: 905–926. doi.org/10.1017/S0305741016001119.

Knight, J., Sicular, T. and Yue, X. (2012), *Educational inequality in China: The intergenerational dimension*, CIBC Working Paper Series No. 2011-2013, Centre for Human Capital and Productivity, University of Western Ontario, London.

Lefranc, A., Pistolesi, N. and Trannoy, A. (2008), Inequality of opportunities vs. inequality of outcomes: Are Western societies alike? *The Review of Income and Wealth* 54(4): 513–546. doi.org/10.1111/j.1475-4991.2008.00289.x.

Li, H., Loyalka, P., Rozelle, S., Wu, B. and Xie, J. (2015), *Unequal access to college in China: How far have poor, rural students been left behind?* SFI Working Paper Series No. SFIWP0046, Shanghai Finance Institute, Shanghai.

Li, H. J., Zhang J. and Zhu, Y. (2008), The quality–quantity trade-off of children in a developing country: Identification using Chinese twins, *Demography* 45(1): 223–243. doi.org/10.1353/dem.2008.0006.

Liu, J. (2006), Expansion of higher education in China and inequality in entrance opportunities, [in Chinese], *Chinese Journal of Sociology* 26(3): 158–179.

Marrero, G. and Rodríguez, J. G. (2012), Inequality of opportunity in Europe, *Review of Income and Wealth* 58(4): 597–620. doi.org/10.1111/j.1475-4991.2012.00496.x.

Meng, X. and Gregory, R. G. (2002), The impact of interrupted education on subsequent educational attainment: A cost of the Chinese cultural revolution, *Economic Development and Cultural Change* 50(4): 935–59. doi.org/10.1086/342761.

Qiao, J. (2008), Differentiation of entrance opportunity for higher education in urban and rural areas, [in Chinese], *Journal of Education Studies* 4(5): 92–6.

Roemer, J. (1998), *Equality of Opportunity*, Cambridge, Mass.: Harvard University Press.

Rosenzweig, M. and Zhang, J. (2009), Do population control policies induce more capital investment? Twins, birth weight and China's 'one-child' policy, *Review of Economic Studies* 76(3): 1149–74. doi.org/10.1111/j.1467-937X.2009.00563.x.

Sato, H. and Li, S. (2008), *Class origin, family culture, and intergenerational correlation of education in rural China*, Global COE Hi-Stat Discussion Paper Series 007, Institute of Economic Research, Hitotsubashi University, Tokyo.

Sautman, B. (1999), Expanding access to higher education for China's national minorities: Policies of preferential admissions, in G. A. Postiglione (eds), *China's National Minority Education: Culture, Schooling and Development*, pp. 173–210, New York: Falmer Press.

Singh, A. (2012), Inequality of opportunity in earnings and consumption expenditure: The case of Indian men, *Review of Income and Wealth* 58(1): 79–106. doi.org/10.1111/j.1475-4991.2011.00485.x.

Van de Gaer, D. (1993), Equality of opportunity and investment in human capital, PhD dissertation, Catholic University of Louvain, Louvain-la-Neuve, Belgium.

Wang, X., Liu, C., Zhang, L., Luo, R., Glauben, T., Shi, Y., Rozelle, S. and Sharbono, B. (2009), *What is keeping the poor out of college? Enrolment rates, educational barriers and college matriculation in China*, REAP Working Paper 210, September, Rural Education Action Program, Stanford University, California.

Wu, X. (2009), Economic transition, school expansion and educational inequality in China, 1990–2000, [in Chinese], *Chinese Journal of Sociology* 29(5): 88–113.

Wu, Y. (2013), The inequality and evolution of China's urban–rural educational opportunities, 1978–2008, [in Chinese], *China Social Science* (3): 4–21.

Yang, R. and Wu, M. (2009), Education for ethnic minorities in China: A policy critique, *SA-eDUC Journal* 6(2): 117–131.

Yi, H., Zhang, L., Luo, R., Shi, Y., Mo, D., Chen, X., Brinton, C. and Rozelle, S. (2012), Dropping out: Why are students leaving junior high in China's poor rural areas? *International Journal of Educational Development* 32:555–563. doi.org/10.1016/j.ijedudev.2011.09.002.

Zhang, J., Pang, X., Zhang, L., Medina, A. and Rozelle, S. (2012), *Gender inequality of education in China: A meta-regression analysis*, REAP Working Paper 239, May, Rural Education Action Program, Stanford University, California.

Zhang, X. and Kanbur, R. (2005), Spatial inequality in education and healthcare in China, *China Economic Review* 16: 189–204.

Zhang, Y. and Eriksson, T. (2010), Inequality of opportunity and income inequality in nine Chinese provinces, 1986–2006, *China Economic Review* 21(4):607–616. doi.org/10.1016/j.chieco.2010.06.008.

Zhang, Y., Kao, G. and Hannum, E. (2007), Do mothers in rural China practice gender equality in educational aspirations for their children? *Comparative Education Review* 51(2): 131–157. doi.org/10.1086/512023.

Zhang, Z. and Chen, Q. (2014), The expansion of higher education admissions and the gender equalization of higher education opportunity: An empirical study based on Chinese General Social Survey (CGSS2008) data, *The Journal Of Chinese Sociology* 1: 1–19. doi.org/10.1186/s40711-014-0001-7.

Zhou, X., Moen, P. and Brandon Tuma, N. (1998), Educational stratification in urban China: 1949–1994, *Sociology of Education* 71(3): 199–222. doi.org/10.2307/2673202.

无形资本与中国的经济增长：
来自中国投入产出表的证据

杨晟朗　　周伊晓[*]

引　言

本研究使用投入产出表得到的数据和 Corrado 等（2009）所采用的方法，为无形资本在中国的行业部门中所起的作用提供了经验证据。通过这种做法，它提供了一个新的方法来度量无形资本在一国中的作用，即使该国有关无形资本的数据是不充分的。研究发现，无形资本的增长几乎解释了中国 1997~2012 年全要素生产率（TFP）增长的 20%。不仅如此，这些无形资产的效应，在自助法回归、Levinsohn 和 Petrin（LP）（2003）方法和在改变折旧率等众多的敏感性分析下，仍然是稳健的。在部门层面，我们发现，相比经济竞争优势和计算机信息化而言，创新资本（R&D）在农业中起到更大的作用，但是经济竞争优势在服务行业和轻工业部门中的重要性要强于研发和计算机信息化。

自 1978 年改革开放政策拉开帷幕以来，中国保持了持续快速的增长。中国在 1978 年的真实国内生产总值只有美国水平的四十分之一和巴西水平的十分之一（Zhu，2012）。然而截止到 2015 年，中国的人均真实 GDP 已经

---

[*] 我们非常感谢宋立刚和澳大利亚国立大学克劳福德公共政策学院学术会议参会者对本文早期版本所提出的有益评论。所有还存在的错误均由我们自己承担。

几乎相当于美国水平的四分之一，并且与巴西持平。① 全要素生产率的增长在中国经济增长奇迹中起到了重要作用。根据 Zhu（2012）的研究，1978～2007 年，TFP 的正向变化大约解释了中国人均 GDP 增长的 78%。从计划经济向市场经济的转型是 TFP 增长的主要来源，并且已经显著提升了中国的TFP 水平，但这种来源的 TFP 增长不会永远持续下去，这是因为从早期改革中所获的回报在逐步降低。

从 2012 年开始，中国经济增长就已经减速并且进入一个被称为"新常态"的阶段，这一阶段依据官方的定义就是，相比之前的增长速度，中国仍将保持一个稳定但相对较低一点的增长速度。什么因素可能是中国在新常态中的新增长来源呢？苹果手机背后的文字可能给予了提示。它是这样写的：由加利福尼亚苹果公司设计，在中国组装。依据 Kraemer 等（2011）的研究，2010 年每部苹果手机支付给中国工人的工资和非苹果公司的利润，仅仅分别占到这部苹果手机增加值的 1.8% 和 9.2%，而苹果公司的利润在全部增加值中的份额达到 58.5%。这个惊人的事实具有重要的启示：全球价值链中增加值的分布，有利于那些拥有产品设计和持有定价能力的一方，而不是那些生产产品的一方。

产品设计和市场势力属于一个更宏大的概念，这个概念就是无形资本（Corrado et al.，2009）。无形资本由进入生产过程中的各种非物质化经济资源组成，其在产品创新改善以及产品生产中作用巨大（Arrighetti et al.，2014）。自从"信息技术革命"以来，无形资本在提升生产率和促进经济增长中扮演着越来越重要的作用。在发达经济体中，有形资本的相对使用在逐步下降而无形资本的相对使用——例如生产技术、产品设计、定价能力和内置于劳动力和企业结构中的无形资本——在逐步上升（Fukao et al.，2009；van Ark et al.，2009；Marrano et al.，2009；Corrado 和 Hulten，2010；Miyagawa 和 Hisa，2013；Chun 和 Nadiri，2016）。

关于无形资本的文献量非常巨大，其中包括：在众多国家的全国层面和行业层面的无形资本作为增长来源的讨论（Fukao et al.，2009；van Ark et al.，2009；Marrano et al.，2009；Corrado 和 Hulten，2010；Borgo et al.，

---

① 人均 GDP 采用购买力平价（PPP）方法进行计算（2011 年国际货币不变价格）；资料来源：世界银行国际比较项目网站（www.worldbank.org/en/programs/icp）。

2013；Corrado et al.，2013；Haskl 和 Wallis，2013；Miyagawa 和 Hisa，2013；Chun 和 Nadiri，2016），无形资本在企业估价和生产率方面的讨论（Atkeson 和 Kehoe，2005；Tronconi 和 Marzetti，2011；Arato 和 Yamada，2012；Eisfeldt 和 Papanikolaou，2013，2014；Gourio 和 Rudanko，2014b；Clausen 和 Hirtn，2016）以及无形资本在解决宏观经济难题中的探讨（McGrattan 和 Prescott，2010，2014；Goodridge et al.，2013；Gourio 和 Rudanko，2014a）。然而，我们对中国无形资本的研究比较少，这一方面是由于数据稀缺，另一方面是因为无形资本直到最近才在中国经济中起到非常重要的作用。Hulten 和 Hao（2012）计算了中国 2000～2008 年的无形资本，并且使用收入份额法对国民数据进行了增长核算。他们仅仅获得 9 个观察值，这对于全面的分析来说数据量是不足的。给定中国的增长模式在发生改变，以及可以使用其他替代数据来源的可能性，那么现在进一步研究无形资本在中国经济增长中的重要作用是非常及时的。

据我们所知，本文是第一篇在部门层面研究无形资本如何促进中国经济增长的经验检验的文章。相比全国层面的研究，行业层面研究的优势在于可以获得更多的观测值从而允许更高的自由度来分析不同种类无形资本对经济增长的影响。这将为评估无形资本在经济中重要作用提供一个更好的方式。

我们将 1997 年、2002 年、2007 年和 2012 年[1]中国投入产出表中的 100 个部门划分为四组，分别为农业、轻工业、重工业和服务业，从而降低不同部门之间的参数异质性问题。通过使用中国统计局（NBS）的数据并基于投入产出调查方法，我们编制了代表性的投入产出表，并且还是相对可靠的。在这篇研究中，无形资本投资的度量采用了文献中对无形资本支出进行资本化的方法。通过使用投入产出表中中间品的投入来估计无形资本的数量，是文献中比较常见的方法，[2] 其中包括 Miyagawa 和 Hisa（2013），Haskel 等（2014）以及 Chun 和 Nadiri（2016）。

---

[1] 我们排除掉 1987 年和 1992 年投入产出表的原因是，这两个表是不精确的而且包含的无形资本中间投入品的种类非常少。

[2] 企业内生产的无形资本并没有反映在投入产出表中；然而，只要真实无形资本支出相对于投入产出表中所展示的无形资本支出的比率随着时间保持不变，那么经验分析的系数就不会是有偏的。

与 Corrado 等（2009），Fukao 等（2009）以及 Hulten 和 Hao（2012）不同的是，本文使用了代理变量的方法——这就是说，我们使用投入产出表中与无形资本投资相关的条目作为代理变量，并假设无形资本投资与代理变量之间的比例固定不变。通过使用代理变量方法和假设真实值相对代理变量的比例不变，在有关无形资本文献中也是常见的方法。例如，Gourio 和 Rudanko（2014b）使用销售支出、一般性和行政性支出（S&GA）作为客户资本的投资，而 Tronconi 和 Marzetti（2011）以及 Eisfeldt 和 Papanikolaou（2014）使用 S&GA 作为组织资本投资的代理变量。尽管这一假设经常被认为是无效的，但已经是这篇研究在基于可得数据基础上的最佳选择；如果这一假设为真，那么我们的研究就可以避免 Corrado 等（2009）和 Fukao 等（2009）发现的度量不准确的问题。

当进行增长核算的时候，我们沿用 Niebel 等（2017）的思路，基于计量经济学而非收入/成本份额获得了科布—道格拉斯生产函数的参数估计。这一方法的优势在于允许误差项的存在。依据 Nadiri（1970）的研究，当经济处于非均衡状态时，Corrado 等（2009）、Fukao 等（2009）和 Hulten 和 Hao（2012）使用的收入份额方法可能会低估资源的重新配置对经济增长的作用。像中国这样的转型经济很有可能随着时间保持着非均衡的状态，从而收入份额方法在此不再适用。我们所选择的计量经济学方法允许误差项的存在，从而减轻了非均衡引起的问题。

我们的研究同时还做了自助法回归以证实研究结果的稳健性，这一点对现有文献来说是全新的。由于时间长度限制（$T = 4$），系统广义矩估计（system GMM）法就不适用于本研究。自助法回归是在给定数据限制条件下唯一可行的方法。关于无形资本的研究通常存在小样本问题。自助法回归在一定程度上减轻了这种问题。不仅如此，无形资本的折旧率也存在争议。为了证实无形资本的显著影响，我们将通过试验不同水平的折旧率来进行敏感性分析。

本文由五个部分组成。第二节讨论了行业水平的增长核算办法，并应用了一个传统的、不含无形资本的增长核算方法。第三节提供了无形资本和 TFP 之间关系的经验证据。第四节，应用了融合无形资本的增长核算方法。第五节是结论。

我们如何使用部门数据来进行增长核算？

增长核算通常使用科布—道格拉斯生产函数，见方程（1）：

$$Y = AK^{ak} L^{al} \tag{1}$$

在方程（1）中，Y 是 GDP，A 是 TFP，K 是资本。如果研究对象是一个国家，我们对两边同时取对数并做回归。参数 ak 和参数 al 可以采用这种方法估计。然而，面对部门数据，这就存在一个问题：每个行业的参数可能与其他行业存在显著差异。如果我们使用混合回归，参数的异质性将引起参数的有偏估计。不仅如此，每个行业可能含有其自身的初始 TFP 值，这就暗示了不同行业中的不同截距项。为了克服参数异质性的问题，我们参考早期文献例如 Harris 和 Robinson（2002）中的方法，依据参数相似性对行业进行分类。在本文研究中，分组情况定义如下：轻工业、重工业、农业和服务业。① 然后我们假设科布—道格拉斯生产函数为方程（2）：

$$Y_{it} = A_{it} K_{it}^{ak} L_{it}^{al} \tag{2}$$

Y_{it} 是第 i 个部门在时期 t 的增加值；A_{it} 是第 i 个部门在时期 t 的 TFP；K_{it} 是依据传统定义（排除了绝大部分无形资本）度量的资本量；L_{it} 是劳动投入的水平；ak 和 al 分别是资本和劳动力的产出弹性。由于部门的异质性，不同部门 TFP 的初始值可能存在显著差异。于是我们假设方程（3）满足：

$$A_{it} = A_{i0} e^{yt} \tag{3}$$

对方程两边同时取对数，我们得到方程（4）：

$$\ln Y_{it} = \ln A_{it} + ak\ln K_{it} + al\ln L_{it} \tag{4}$$

方程（4）可以使用固定效应（FE）模型或者随机效应（RE）模型进行估计，这取决于在一个分组中，A_{i0} 的值在不同的部门之间是否存在显著差异。

---

① 附录 1 解释了分组的清单。

然而，生产函数估计中的一个关键问题就是，不可观测生产率冲击与投入水平之间的相关性。一个行业对生产率正冲击的响应是扩张产出和投入。负的生产率冲击会导致该行业缩减产出和投入。如果是这种情况的话，生产函数的普通最小二乘法（OLS）估计就很有可能是有偏的，从而导致生产率的有偏估计。Olley 和 Pakes（1996）发展了一套估计方法，使用投资作为这些不可观测冲击的代理变量。最近，Levinsohn 和 Petrin（2003）指出，投资是一次性的。如果这一点是真的，那么投资代理变量可能不足以对生产率冲击做出平滑的响应。Levinsohn 和 Petrin（2003）建议，使用中间投入品可以解决这一问题。

因此，在这里我们也使用 Levinsohn 和 Petrin（LP）的方法，来做不含无形资本[①]的增长核算。这篇研究所使用的代理变量是以 1997 年不变价[②]度量的电力、热力、燃料和水等中间投入品的使用量。

TFP 的增长率使用方程（5）倒推出来：

$$g_{tfp} = g_y - ak\, g_k - al\, g_l \qquad (5)$$

像中国投入产出表那样详细的部门层面资本和劳动力投入数据是不可得的。幸运的是，中国的投入产出表具有两个变量：劳动力的总工资和折旧率。我们使用国家统计局公布的固定资产的投资价格指数将名义资本折旧率调整为实际资本折旧率。

我们假设折旧率为常数 θ，则方程（6）：

$$\theta\, K_{it} = realde\, preciatio\, n_{it} \qquad (6)$$

很清楚的是，真实折旧量 real depreciation$_{it}$ 与 K_{it} 之间有严格的线性关系，从而可以看作资本完美的代理变量。对于劳动力而言，我们有方程（7）：

$$L_{it} = \frac{总工资_{it}}{平均工资_{it}} \qquad (7)$$

总工资来自中国的投入产出表，平均工资来自《中国劳动力统计年鉴》

---

① 这种方法只允许使用一种资本变量，然而，当加入了无形资本时，至少存在两种资本变量。于是，我们并没有使用 LP 方法做无形资本的增长核算。

② 平减指数来自中国统计局和世界投入产出数据库（www. wiod. org/）。

（中国统计局历年数据）；然而，这些年鉴中的部门分类并不像中国投入产出表中那样详细。于是，我们使用单个部门所属的上级行业的平均工资作为其平均工资的代理变量。[①]

我们将方程（6）中的 K_{it} 代入方程（4），于是得到方程（8）：

$$\ln Y_{it} = \ln A_{it} - ak\ln(\theta) + ak\ln\_Capital\_proxy_{it} + al\ln L_{it} \tag{8}$$

很显然，使用资本的代理变量 $\ln\_Capital\_proxy_{it}$（即真实折旧量 real depreciation$_{it}$）替代 K_{it} 是一个比较恰当的做法，这是因为真实折旧量 real depreciation$_{it}$ 与 K_{it} 的系数是相同的。折旧率 θ，成为截距项的一部分。用于计算 TFP 的 K_{it} 的增长率，就正好等于真实折旧量 real depreciation$_{it}$ 的增长率。

表 1 报告了回归中所使用变量在 1998～2012 年的描述性统计结果。很显然，增加值、资本的代理变量、劳动力和不同类型的无形资本的数据范围非常大。这个样本由中国 100 个部门在 14 年时间内的数据组成，从而具有接近 400 个观测值。

表 1　描述性统计

变量		均值	标准差	最小值	最大值	观测个数
ln（增加值）	全体		1.21	12.29	19.21	$N = 400$
	组间	15.83	1.07	13.10	18.55	$n = 100$
	组内		0.59	12.31	17.94	$T\text{-}bar = 4$
ln（资本代理变量）	全体		1.30	9.71	18.86	$N = 398$
	组间	13.99	1.08	11.35	17.57	$n = 100$
	组内		0.75	9.92	16.87	$T\text{-}bar = 3.98$
ln（劳动力）	全体		1.27	1.06	9.72	$N = 398$
	组间	5.39	1.22	1.33	9.63	$n = 100$
	组内		0.38	1.71	6.88	$T\text{-}bar = 3.98$
ln（无形资本）	全体		1.85	8.58	17.79	$N = 398$
	组间	13.22	1.20	10.57	15.84	$n = 100$
	组内		1.41	10.20	16.97	$T\text{-}bar = 3.98$

---

① 代理变量是基于这样的假设，下级部门的平均工资和上级部门平均工资的比率保持一个常数。如果这一假设成立，那么常数比率就变为截距项的一部分，类似于方程 7.8。代理变量的系数于是与真实系数相同。

续表

变量		均值	标准差	最小值	最大值	观测个数
ln(研发资本)	全体		2.38	2.67	15.65	$N = 394$
	组间	10.22	1.68	3.76	13.37	$n = 99$
	组内		1.70	6.57	13.48	$T\text{-}bar = 3.98$
ln(经济竞争力资本)	全体		1.82	8.46	17.65	$N = 398$
	组间	12.93	1.18	10.24	15.56	$n = 100$
	组内		1.38	9.82	16.74	$T\text{-}bar = 3.98$
ln(计算机信息化资本)	全体		2.26	1.07	15.55	$N = 397$
	组间	9.94	1.86	3.59	14.25	$n = 100$
	组内		1.29	5.86	13.24	$T\text{-}bar = 3.97$

注：EC = 经济竞争力；CI = 计算机信息化。

资料来源：笔者的计算。

表2　不含无形资本的增长核算回归结果

变量	(1)	(2)	(3)	(4)	(5)	(6)
	农业			重工业		
	RE	RE Bootstrap	LP	RE	RE Bootstrap	LP
ln(资本)	0.42 ***	0.42 ***	0.62 ***	0.67 ***	0.67 ***	0.39 ***
	(0.14)	(0.14)	(0.18)	(0.08)	(0.07)	(0.17)
ln(劳动力)	0.57 ***	0.57 ***	0.34 ***	0.26 **	0.26 *	0.30 ***
	(0.0979)	(0.133)	(0.133)	(0.123)	(0.147)	(0.116)
常数	6.48 ***	6.48 ***		4.99 ***	4.99 ***	
	(1.27)	(1.11)		(0.87)	(0.65)	
观测个数	20	20	20	138	138	138
R^2	0.79	0.79		0.81	0.81	
ID个数	5	5		35	35	
	(7)	(8)	(9)	(10)	(11)	(12)
	轻工业			服务业		
变量	FE	FE Bootstrap	LP	FE	FE Bootstrap	LP
ln(资本)	0.70 ***	0.70 ***	0.60 ***	0.64 ***	0.64 ***	0.42 ***
	(0.03)	(0.03)	(0.06)	(0.05)	(0.05)	(0.19)
ln(劳动力)	0.13 **	0.13 **	0.29 ***	0.22 **	0.22 **	0.44 **
	(0.0577)	(0.0577)	(0.0505)	(0.0796)	(0.0989)	(0.0585)

续表

	（7）	（8）	（9）	（10）	（11）	（12）
	农业			重工业		
常数	5.37***	5.37***		5.60***	5.60***	
	（0.50）	（0.50）		（0.48）	（0.62）	
观测个数	144	144	144	96	96	96
R^2	0.88	0.88		0.86	0.86	
ID 个数	36	36		24	24	

注：*** 表示 $p < 0.01$；** 表示 $p < 0.05$；* 表示 $p < 0.1$。RE = 随机效应；FE = 固定效应；LP = Levinsohn 和 Petrin 方法。括号中报告的是聚类稳健标准误差。自助法重复抽样次数：对于常规自助法使用 400 次抽样，对于 LP 方法采用 250 次抽样。ID 的个数是指样本中行业个体数。

资料来源：笔者的计算。

表 2 中展示的是增长核算的结果。依据 Hausman 检验的结果，随机效应模型适用于农业和轻工业部门的研究，但是固定效应模型适用于重工业部门和服务业部门的研究。无论是劳动力还是资本折旧都具有经济意义和统计意义上的高度显著性，而且即使在使用自助法回归的时候也保持了稳健性。资本存量每变动 1 个百分点，会引起农业、重工业、轻工业和服务业的增加值分别变动 0.42 个百分点、0.67 个百分点、0.70 个百分点和 0.64 个百分点。劳动力每变动 1 个百分点，会引起农业、重工业、轻工业和服务业的增加值分别变动 0.57 个百分点、0.26 个百分点、0.13 个百分点和 0.22 个百分点。TFP 的增长率依据方程（5）计算得到。

无形资本和 TFP 增长率

依据 Corrado 等（2009）描述，无形资本投资包含了在计算机信息化、创新性产权和经济竞争力方面的投资。从传统上来说，无形资本的投资被归为中间产品投入或支出，从而在国民经济核算中没有显现出来。然而，依据 Hulten（1979）和 Corrado 等（2009）的看法，投资实际上是牺牲今天的消费从而增加未来的消费。不仅如此，上述提及的无形资本支出的效应持续时间超过了一年，所以那些支出应该被资本化。

参考这些文献，我们通过将无形资本中间品或无形资本的支出进行资本化的方法，来度量无形资本存量。特别地，本文从中国投入产出表中获得相关中间产品投入的数据，并且假设中间投入品对真实无形资本投资的比率随着时间保持一个常数。代理变量方法被广泛应用于无形资本投资的度量，而且它很有根据——例如，Gourio 和 Rudanko（2014b）使用 S&GA 作为客户资本投资的代理变量，以及 Tronconi 和 Marzetti（2011）、Eisfeldt 和 Papanikolaou（2014）使用 S&GA 作为组织化资本投资的代理变量。表 3 展示了我们使用无形资本投资代理变量的情况。

表 3　无形资本投资的分类

	代理变量	评论
计算机化信息（主要是软件）	计算机服务和软件中间产品投入	包含了软件
创新性产权 （a）科学性的研发 （b）非科学性的研发	研发行业中间产品投入	包含了研发支出
经济竞争力 （a）品牌价值（主要是广告营销） （b）企业特有资源（组织化资本和员工培训）	文化、艺术、广播、电影和电视行业的中间产品投入	包含了部分的广告支出
	商业服务行业的中间产品投入	包含了广告支出和组织化投资
	教育行业的中间产品投入	包含了员工培训

注：无形资本投资分类参考了 Corrado 等（2009）的分类标准。
资料来源：笔者的编制。

参考 Corrado 等（2009），无形资本投资采用 GDP 平减指数平减到 1997 年不变价来度量。[①] 因为投入产出表的时间跨度为五年，所以我们假设在五年跨度中的不变增长率获得这五年时间内区间中缺失数据的插值。无形资本折旧率的设定参考 Corrado 等（2009）：研发折旧率为 20%、计算机信息化折旧率为 33%、品牌价值折旧率为 60%、企业特有资源折旧率为 40%。基于这些，我们假设全部无形资本的折旧率为 40%，经济竞争力无形资本的折旧率为 50%。1997 年的无形资本设定为 0，从而 1998 年是本文用于计算无形资本存量的第一年。依据 Corrado 等（2009）的研究，初始资本存量为零的那一年对于增长核算分析几乎没有任何影响，因为折旧率非常高，从而在我们开始分析的日期——1998

---

① GDP 平减指数来自世界银行。

年开始，早期资本的很大一部分已经折旧殆尽。不仅如此，中国的无形资本数量在 20 世纪 90 年代相对较低，从较低的研发支出（占据 1996 年 GDP 的份额为 0.57%，而之前的数据不可得）和较低的软件使用就可看出来。因此，将 1997 年无形资本设置为零，并不会引起非常严重的问题。

表 4 展示了不同部门无形资本相对有形资本平均比率的变化趋势。无形资本的数量是在折旧率为 5% 的假设基础上推导出来的。[①] 无形资本存量采用了上述解释的方法进行计算。在过去 20 年中，伴随着中国经济高速增长的，还有无形资本相对于有形资本比率的显著上升。然而，相比发达经济体，中国无形资本在生产中的使用强度仍然相对较低，从而在未来具有足够的追赶空间。例如，日本、美国和英国在 2007 年的无形资本与有形资本比率，分别为 17%、22% 和 24%。[②] 需要注意的是，部分代理变量包含了非无形资本投资的支出，但是排除了那些企业内部所生产的无形资本支出。这就暗示，真实的无形资本—有形资本比率可能比表 4 中的数值要更低或者更高。

表 4　中国无形资本的增长趋势

单位：千元人民币

	1998 年	2002 年	2007 年	2012 年
部门平均无形资本	1573790	8880930	24017800	59924580
部门平均有形资本	216289200	333212600	697231200	1280413600
比率（%）	0.7	2.7	3.4	4.7

资料来源：笔者基于中国投入产出表的原始数据进行的计算。

因为 TFP 是产出中投入变量不可解释的部分（Comin，2004），所以当我们将 TFP 与无形资本联系起来的时候应该特别谨慎。TFP 的变动很有可能是人力资本或者制度质量提升的结果。人力资本和制度质量的变化通常不是部门所特有的，从而可以在全国层面上加以控制。为了捕捉

---

① 中国经济最常用的折旧率是 5%。

② 有形资本的数据可以从宾夕法尼亚大学世界表 1（www. rug. nl/ggdc/productivity/pwt/pwt - releases/pwt8. 1）获得，无形资本的数据可以从跨国的无形资本投资数据网站（www. intan - invest. net/）获得。

人力资本和制度质量的变化，本文使用了两个代理变量。第一个是人均 GDP，而第二个是时间的虚拟变量从而捕获时间的效应。经济发展、人力资本和制度质量之间的正向关系已经得到了很好的研究（Weede 和 Kampf，2002；Gwartney et al.，2004）。时间的虚拟变量为每一年提供了不同的整体 TFP 增长率，从而我们可以将全国层面的 TFP 增长率从那些因为单个行业无形资本变化所引起的 TFP 增长率中分离开来。为了控制行业规模因素的影响，无形资本的指标采用的是无形资本相对有形资本的比率而非无形资本的绝对量。表 5 解释了 TFP 增长率与无形资本—有形资本比率增长率之间的关系。注意到两种类型的 TFP 被用于检验我们研究结果的稳健性：其中一个来源于随机效应/固定效应模型，另一个源自 LP 模型推出的 LP 指数。

表 5　无形资本—有形资本比率增长率与 TFP 增长率之间的关系

变量	$\Delta\ln(TFP)$				
	（1）OLS	（2）RE	（3）FE	（4）OLS	（5）RE
$\Delta\ln$（有形资本/无形资本）	0.20 ***	0.20 ***	0.25 ***	0.20 ***	0.20 ***
	(0.05)	(0.07)	(0.08)	(0.05)	(0.07)
$\Delta\ln$（人均 GDP）	0.42 ***	0.42 **	0.56 ***		
	(0.16)	(0.17)	(0.20)		
常数	− 0.33 ***	− 0.33 **	− 0.45 ***	− 0.16 **	− 0.16 *
	(0.12)	(0.14)	(0.17)	(0.07)	(0.09)
观测个数	298	298	298	298	298
R^2	0.18	0.18	0.23	0.27	0.27
年度固定效应	否	否	否	是	是
ID 个数		100	100		100

变量	$\Delta\ln(TFP, LP)$						
	（6）FE	（7）OLS	（8）RE	（9）FE	（10）OLS	（11）RE	（12）FE
$\Delta\ln$（有形资本/无形资本）	0.25 ***	0.14 ***	0.14 ***	0.16 ***	0.14 ***	0.14 ***	0.16 ***
	(0.08)	(0.03)	(0.03)	(0.05)	(0.05)	(0.04)	(0.05)
$\Delta\ln$（人均 GDP）		0.30 **	0.30 **	0.39 ***			
		(0.13)	(0.13)	(0.14)			
常数	− 0.23 **	− 0.12	− 0.12	− 0.19 *	0.02	0.02	− 0.02
	(0.11)	(0.09)	(0.09)	(0.11)	(0.05)	(0.06)	(0.07)

续表

变量	$\Delta\ln(TFP,LP)$						
	（6）FE	（7）OLS	（8）RE	（9）FE	（10）OLS	（11）RE	（12）FE
观测个数	298	298	298	298	298	298	298
R^2	0.32	0.11	0.11	0.15	0.25	0.25	0.30
年度固定效应	是	否	否	否	是	是	是
ID 个数	100		100	100		100	100

注：*** 表示 $p < 0.01$；** 表示 $p < 0.05$；* 表示 $p < 0.1$。

Δ = 一阶差分；RE = 随机效应；FE = 固定效应；LP = Levinsohn 和 Petrin。

括号中报告的是聚类稳健标准误，OLS 除外。OLS 使用的是稳健标准误。自助法重复抽样次数：对于常规自助法使用 400 次抽样，对于 LP 方法采用 250 次抽样。TFP 表示从随机效应/固定效应模型中推导出的 TFP，而 TFP，LP 表示从 LP 模型中推导出的 TFP。ID 的个数是指样本中行业个体数。

资料来源：笔者的计算。

重要的是，无形资本—有形资本比率的增长率在所有设定下均具有经济意义和统计意义上的显著性。依据模型（1）～（6），无形资本—有形资本比率每增长 1 个百分点，分别会带来 TFP 增长 0.26%、0.26%、0.31%、0.26% 和 0.31%。依据模型（7）～（12），无形资本—有形资本比率每增长 1 个百分点，分别会带来 TFP、LP 增长 0.14%、0.14%、0.16%、0.14%、0.14% 和 0.16%。无形资本—有形资本比率的增长率，同时还解释了相当一定程度的 TFP 的变化：在模型（4）中达到了 17%，在模型（10）中达到了 11%。① 无形资本对 TFP 的显著影响与 Haskel 等（2014）的发现相一致，他们所做的研究是将 TFP 无形资本、信息与通信技术以及其他变量做回归，从而发现无形资本是唯一显著的变量。当模型中将人均 GDP 和时间效应分别作为控制变量和固定效应估计量，无形资本—有形资本比率仍然具有统计和经济上的显著性，这就表明我们的发现是稳健的。基于上述证据，我们可以得出结论，无形资本在中国生产率的增长中确实扮演了重要角色。

另外一个有趣的问题是，不同类别无形资本对 TFP 增长之间的效应存在何种差异？表 6 展示了不同无形资本对 TFP 增长不同效应的结果。当我们使用从随机效应/固定效应模型中推导出的 TFP 时，所有种类的无形资本

---

① $\Delta\ln(TFP)/\Delta\ln(TFP,LP)$ 与 $\Delta\ln(Intangible/tangible)$ 之间偏相关系数的平方，就是 $\Delta\ln(TFP)/\Delta\ln(TFP,LP)$ 的方差可以使用模型设定中 $\Delta\ln(Intangible/tangible)$ 解释的百分比。

在 *TFP* 的增长中起到了重要作用，在所有模型中都是稳健的。特别地，依据模型（4），计算机信息化资本相对有形资本的比率每上升 1 个百分点，那么 *TFP* 会增长 0.08 个百分点；研发资本相对有形资本的比率每上升 1 个百分点，那么 *TFP* 会增长 0.11 个百分点；经济竞争力资本相对有形资本的比率每上升 1 个百分点，那么 *TFP* 会增长 0.13 个百分点。这一点与 Chun 等（2012）的研究相一致，他们发现，在解释日本经济 *TFP* 增长率时，创新性产权在所有种类的无形资本投资是最显著的因素。然而，当推导 *TFP* 的方法从随机效应/固定效应模型转化为 LP 模型的时候，结果就有差异。尽管系数的大小没有显著变化，但是系数的显著性却显著改变了。当没有控制年度效应时，计算机信息化资本不再是显著的，经济竞争力资本也不显著。研发资本一般而言保持显著。当关注效应太小时，依据模型（8），计算机信息化资本相对有形资本的比率上升 1 个百分点，那么 *TFP*、*LP* 会增长 0.03 个百分点；研发资本相对有形资本的比率每上升 1 个百分点，那么 *TFP*、*LP* 会增长 0.04 个百分点；经济竞争力资本相对有形资本的比率每上升 1 个百分点，那么 *TFP*、*LP* 会增长 0.11 个百分点。

表 6　不同种类无形资本—有形资本比率对 *TFP* 增长的影响

变量	$\Delta\ln(TFP)$				$\Delta\ln(TFP,LP)$			
	（1）OLS	（2）RE	（3）OLS	（4）RE	（5）OLS	（6）RE	（7）OLS	（8）RE
$\Delta\ln(CI/Tangible)$	0.07 **	0.07 **	0.06 **	0.06 *	0.05	0.05	0.03	0.03
	(0.03)	(0.03)	(0.03)	(0.03)	(0.03)	(0.03)	(0.03)	(0.03)
$\Delta\ln(R\&D/Tangible)$	0.11 ***	0.11 ***	0.07 **	0.07 ***	0.09 ***	0.09 ***	0.04	0.04 *
	(0.03)	(0.03)	(0.03)	(0.03)	(0.03)	(0.03)	(0.03)	(0.02)
$\Delta\ln(EC/Tangible)$	0.08 *	0.08 *	0.12 ***	0.12 ***	0.05	0.05	0.11 ***	0.11 ***
	(0.04)	(0.04)	(0.04)	(0.04)	(0.03)	(0.03)	(0.03)	(0.03)
常数	−0.05	−0.05	−0.14 ***	−0.14 ***	0.07 *	0.07 **	−0.05	−0.05
	(0.04)	(0.04)	(0.05)	(0.04)	(0.04)	(0.04)	(0.04)	(0.04)
观测个数	196	196	196	196	196	196	196	196
R^2	0.30	0.30	0.35	0.35	0.21	0.21	0.31	0.31
年度固定效应	否	否	是	是	否	否	是	是
ID 的个数		98		98		98		98

注：*** 表示 $p < 0.01$；** 表示 $p < 0.05$；* 表示 $p < 0.1$。

OLS = 普通最小二乘法；RE = 随机效应。

括号中表示聚类稳健标准误，OLS 回归除外；OLS 回归使用的是稳健标准误。使用固定效应模型的时候，由于非满秩，无法得到聚类稳健标准误，所以没有使用固定效应模型。*CI* 表示计算机化信息资本（主要是软件）；*R&D* 是创新性产权；*EC* 是经济竞争性资本；*TFP* 表示从随机效应/固定效应模型中推导出来的 *TFP*；而 *TFP*、*LP* 是从 LP 模型中推导出的 *TFP*。ID 的个数表示样本内观测个体的数目。

资料来源：笔者的计算。

加入了无形资本的增长核算

依据 Corrado 等（2009）的方法，当加入无形资本的时候，生产函数可以写为方程（9）：

$$Y = AK^{ak} I^{ai} L^{al} \tag{9}$$

在方程（9）中，I 表示无形资本，ai 表示无形资本的产出弹性。当无形资本支出被视为投资的时候，它应该按照其国民账户身份核算为增加值（Corrado et al.，2009）。于是，当包含了无形资本做增长核算时，就需要一个更为精确的无形资本投资的度量指标。然而，在这个研究中，我们并不知道该使用何种真实无形资本投资比率作为代理变量。其中一个可行的方案是假设 100% 作为基准情形。①

表 7 展示了加入了无形资本的增长核算结果。在所有分组中，无形资本对经济增长的影响均具有经济和统计上的显著性。无形资本每增长 1 个百分点，分别会带来农业、重工业、轻工业和服务业的产出增长 0.16 个百分点、0.22 个百分点、0.14 个百分点、0.24 个百分点。这表明，无形资本已经成为中国经济增长的重要来源。

表 7 加入了无形资本的增长核算结果

变量	(1)	(2)	(3)	(4)	(5)	(6)	(7)	(8)
	农业		重工业		轻工业		服务业	
	RE	RE bootstrap	RE	RE bootstrap	FE	FE bootstrap	FE	FE bootstrap
ln (*Tangibles*)	0.36 ***	0.36 ***	0.29 ***	0.29 ***	0.40 ***	0.40 ***	0.32 ***	0.32 ***
	(0.09)	(0.13)	(0.11)	(0.12)	(0.04)	(0.04)	(0.08)	(0.09)
ln (*Labor*)	0.54 ***	0.54 ***	0.44 ***	0.44 ***	0.37 ***	0.37 ***	0.39 ***	0.39 ***
	(0.04)	(0.09)	(0.11)	(0.10)	(0.06)	(0.06)	(0.07)	(0.10)
ln (*Intangibles*)	0.16 ***	0.15 ***	0.22 ***	0.22 ***	0.14 ***	0.14 ***	0.24 ***	0.24 ***
	(0.05)	(0.08)	(0.05)	(0.05)	(0.02)	(0.02)	(0.05)	(0.06)

① 比例值不影响结果。当这些比例值变化的时候，结果仍然是相似的。关于比例如何变动的详情，可以参考附录 2。

续表

	（1）	（2）	（3）	（4）	（5）	（6）	（7）	（8）
	农业		重工业		轻工业		服务业	
常数	5.68 ***	5.65 ***	6.56 ***	6.56 ***	6.36 ***	6.36 ***	6.09 ***	6.09 ***
	（0.38）	（0.54）	（0.74）	（0.83）	（0.39）	（0.39）	（0.49）	（0.68）
观测个数	20	20	138	138	144	144	96	96
R^2	0.87	0.87	0.88	0.88	0.92	0.92	0.93	0.93
ID 的个数	5	5	35	35	36	36	24	24

注：*** 表示 $p < 0.01$；** 表示 $p < 0.05$；* 表示 $p < 0.1$。

RE = 随机效应；FE = 固定效应。

括号中报告的是聚类稳健标准误，OLS 回归除外；OLS 回归使用的是稳健标准误；ID 的个数是指样本中行业个体的数目。

资料来源：笔者的计算。

正如之前提到的那样，无形资本可以分为计算机化信息资本、创新性产权和经济竞争力资本。一个值得研究的问题是，它们在不同行业中的重要性是否存在显著差异。为了回答这一问题，我们首先假设这样的生产函数，在此生产函数中，无形资本被分解：

$$Y = AK^{ak} CI^{ai1} RD^{ai2} EC^{ai3} L^{al} \qquad (10)$$

在方程（10）中，CI 表示计算机化信息资本（主要是软件）；RD 是创新性产权（R&D）；EC 表示经济竞争力资本；$ai1$、$ai2$ 和 $ai3$ 分别是三种投入的产出弹性。

表 8 展示了使用上述生产函数的增长核算结果。并非所有类型的无形资本都是显著的（例如，农业部门内的经济竞争力资本和服务业部门内的研发资本）。其中一个原因可能是，不同种类的无形资本之间存在很强的正相关关系。然而，从表 8 的结果来看，我们可以得到不同无形资本在不同行业中所起作用的一些信息。在农业部门中，研发显著为正。研发资本每增加 1 个百分点预计可以增加该部门产值 0.15 个百分点。经济竞争力和计算机化信息资本的系数很小，这就可以表明它们的效应是非常微弱的。在重工业部门中，所有无形资本的效应均具有经济和统计上的显著意义。研发资本、经济竞争力资本和计算机化信息资本每增加 1 个百分点，分别会带来该部门增加值增加 0.13 个百分点、0.11 个百分点和 0.04 个百分点。在轻工业部门，无论研发资本还是经济竞争力资本都是显著的。研发资本和经济竞争力资本每增加 1 个百分点，分别会带来该部门增加值增加 0.08 个百分点和 0.14 个百分

点。计算机化信息资本的系数不显著而且非常小。于是，在中国轻工行业中，经济竞争力资本是三种类型的无形资本中起到最重要作用的资本。在服务行业中，只有经济竞争力资本是显著的。经济竞争力资本每增加 1 个百分点会带来服务行业增加值增长 0.25 个百分点。研发资本和计算机化信息资本的系数均不显著而且比较小，这可能表明经济竞争力在服务行业中是最重要的无形资本类型。

表 8　包含具体无形资本的增长核算结果

变量	(1)	(2)	(3)	(4)	(5)	(6)	(7)	(8)
	农业		重工业		轻工业		服务业	
	RE	RE bootstrap	RE	RE bootstrap	FE	FE bootstrap	FE	FE bootstrap
ln (*Tangibles*)	0.35 ***	0.35	0.22 ***	0.22 ***	0.30 ***	0.30 ***	0.29 ***	0.29 ***
	(0.08)	(0.27)	(0.09)	(0.10)	(0.06)	(0.05)	(0.06)	(0.07)
ln (*Labor*)	0.52 ***	0.52 ***	0.49 ***	0.49 ***	0.44 ***	0.44 ***	0.39 ***	0.39 ***
	(0.06)	(0.21)	(0.07)	(0.07)	(0.08)	(0.08)	(0.07)	(0.11)
ln (*R&D*)	0.15 ***	0.15	0.13 ***	0.13 ***	0.08 **	0.08 **	0.02	0.02 **
	(0.03)	(0.15)	(0.02)	(0.03)	(0.03)	(0.03)	(0.02)	(0.02)
ln (*EC*)	0.02	0.02	0.11 ***	0.11 ***	0.14 ***	0.14 ***	0.25 ***	0.25 ***
	(0.05)	(0.13)	(0.04)	(0.05)	(0.03)	(0.03)	(0.05)	(0.05)
ln (*CI*)	− 0.06 ***	− 0.06	0.04 **	0.04 **	− 0.01	− 0.01	0.02	0.02
	(0.01)	(0.07)	(0.02)	(0.02)	(0.01)	(0.01)	(0.03)	(0.03)
常数	6.57 ***	6.57 ***	7.02 ***	7.02 ***	6.78 ***	6.78 ***	6.05 ***	6.05 ***
	(0.81)	(1.70)	(0.60)	(0.79)	(0.39)	(0.43)	(0.41)	(0.67)
观测个数	20	20	138	138	144	144	96	96
R^2	0.87	0.87	0.88	0.88	0.92	0.92	0.93	0.93
ID 的个数	5	5	35	35	36	36	24	24

注：*** 表示 $p < 0.01$；** 表示 $p < 0.05$；* 表示 $p < 0.1$。
RE = 随机效应；FE = 固定效应。
括号中的是聚类稳健标准误，OLS 回归除外；OLS 回归使用的是稳健标准误；*CI* 是计算机化信息资本，主要是软件；*R&D* 是创新性产权；*EC* 是经济竞争力；ID 的个数是指样本中行业个体的数目。
资料来源：笔者的计算。

结　论

无形资本及其众多形式技术、产品设计、市场营销和组织发展是知识经济的基础。依据我们的研究结果，作为一个转型经济体，中国开始受益于无形资本的快速增长。通过使用中国多年的投入产出表，这篇研究在不断发展的知识经济框架下，提供了有关无形资本在不同行业所起作用的重要洞见。特别地，本文发现：无形资本增长与中国 *TFP* 增长紧密相连，并几乎解释了样本期内 20% 的 *TFP* 增长。这些结果在不同的模型设定下也是总体稳健的。

这篇研究同时还解释了不同种类无形资本在不同行业的相对重要性。在农业部门，研发资本很可能起到重要的作用，但是其他无形资本的作用相对微乎其微。在重工业部门，研发资本、计算机化信息资本（主要是软件）和经济竞争力资本对于增长来说都是非常重要的，但是研发资本的重要性最大。尽管经济竞争力和研发资本都对轻工业部门的增长具有显著效应，但是研发资本更为重要。最后但也最重要的是，在服务行业，经济竞争力资本的作用是非常重要的，而其他种类的无形资本就不那么重要。换句话说，在所有非服务行业中，研发资本的作用是重要的，而在所有非农业部门中，经济竞争力资本的作用是最强的。

然而，相比那些发达经济体而言，中国生产中对无形资本的使用水平仍然是相对较低的。2007 年，中国无形资本—有形资本的比率大约为 3.4%，相比之下日本为 17%、美国为 22%、英国为 24%。这一点与中国处在全球价值链装配末端的角色是一致的，而对设计、知识产权和品牌价值的投资仍然保留在更发达的经济体手中。在中国改革开放带来的生产率提升速度下降的背景下，中国已经进入了新常态阶段，很清楚的是，现在是中国需要依靠增长新源泉的时刻了——无形资本就是其中之一。

从中国制造到中国设计的转型有一条很长的路要走，但是我们这里所识别的无形资本相对有形资本的比率变化，表明中国正在追赶前沿的经济体。随着无形资本在中国的逐步增长，我们有充分的理由相信，无形资本的快速增长将成为中国经济增长越来越重要的驱动力。

参考文献

Arato, H. and Yamada, K. (2012), Japan's intangible capital and valuation of corporations in a neoclassical framework, *Review of Economic Dynamics* 15(4): 459–478. doi.org/10.1016/j.red.2012.01.001.

Arrighetti, A., Landini, F. and Lasagni, A. (2014), Intangible assets and firm heterogeneity: Evidence from Italy, *Research Policy* 43(1): 202–213. doi.org/10.1016/j.respol.2013.07.015.

Asker, J., Farre-Mensa, J. and Ljungqvist, A. (2015), Corporate investment and stock market listing: A puzzle? *Review of Financial Studies* 28(2)(February): 342–390. doi.org/10.1093/rfs/hhu077.

Atkeson, A. and Kehoe, P. J. (2005), Modeling and measuring organization capital, *Journal of Political Economy* 113(5): 1026–1053. doi.org/10.1086/431289.

Awano, G., Franklin, M., Haskel, J. and Kastrinaki, Z. (2010), Measuring investment in intangible assets in the UK: Results from a new survey, *Economic & Labour Market Review* 4(7): 66–71. doi.org/10.1057/elmr.2010.98.

Borgo, M. D., Goodridge, P., Haskel, J. and Pesole, A. (2013), Productivity and growth in UK industries: An intangible investment approach, *Oxford Bulletin of Economics and Statistics* 75(6): 806–34. doi.org/10.1111/j.1468-0084.2012.00718.x.

Chun, H. and Nadiri, M. I. (2016), Intangible investment and changing sources of growth in Korea, *Japanese Economic Review* 67(1): 50–76. doi.org/10.1111/jere.12079.

Chun, H., Fukao, K., Hisa, S. and Miyagawa, T. (2012), *Measurement of intangible investments by industry and its role in productivity improvement utilizing comparative studies between Japan and Korea*, RIETI Discussion Paper Series 12-E-037, The Research Institute of Economy, Trade and Industry, Tokyo.

Clausen, S. and Hirth, S. (2016), Measuring the value of intangibles, *Journal of Corporate Finance* 40: 110–127. doi.org/10.1016/j.jcorpfin.2016.07.012.

Comin, D. (2004), Harrod–Domar model, in J. Segura and C. R. Braun (eds), *An eponymous dictionary of economics: A guide to laws and theorems named after economists*, p. 105, Cheltenham, UK: Edward Elgar.

Corrado, C. A. and Hulten, C. R. (2010), How do you measure a "technological revolution"? *The American Economic Review* 100(2): 99–104. doi.org/10.1257/aer.100.2.99.

Corrado, C., Haskel, J., Jona-Lasinio, C. and Iommi, M. (2013), Innovation and intangible investment in Europe, Japan, and the United States, *Oxford Review of Economic Policy* 29(2): 261–286.

Corrado, C., Hulten, C. and Sichel, D. (2009), Intangible capital and US economic growth, *Review of Income and Wealth* 55(3): 661–685. doi.org/10.1111/j.1475-4991.2009.00343.x.

Eisfeldt, A. L. and Papanikolaou, D. (2013), Organization capital and the cross-section of expected returns, *The Journal of Finance* 68(4):1365–1406. doi.org/10.1111/jofi.12034.

Eisfeldt, A. L. and Papanikolaou, D. (2014), The value and ownership of intangible capital, *The American Economic Review* 104(5): 189–194. doi.org/10.1257/aer.104.5.189.

Feenstra, R. C., Inklaar, R. and Timmer, M. P. (2015), The next generation of the Penn World Table, *The American Economic Review* 105(10): 3150– 3182. doi.org/10.1257/aer.20130954.

Fukao, K., Miyagawa, T., Mukai, K., Shinoda, Y. and Tonogi, K. (2009), Intangible investment in Japan: Measurement and contribution to economic growth, *Review of Income and Wealth* 55(3): 717–36. doi.org/10.1111/j.1475-4991.2009.00345.x.

Goodridge, P., Jonathan H., and Gavin W. (2013), Can intangible investment explain the UK productivity puzzle?, *National Institute Economic Review* 224(1): R48–R58. doi.org/10.1177/002795011322400104.

Gourio, F. and Rudanko, L. (2014a), Can intangible capital explain cyclical movements in the labor wedge? *The American Economic Review* 104(5): 183–188. doi.org/10.1257/aer.104.5.183.

Gourio, F. and Rudanko, L. (2014b), Customer capital, *The Review of Economic Studies* 81(3): 1102–1136. doi.org/10.1093/restud/rdu007.

Gwartney, J. D., Holcombe, R. G. and Lawson, R. A. (2004), Economic freedom, institutional quality, and cross-country differences in income and growth, *Cato Journal* 24: 205.

Harris, R. and Robinson, C. (2002), The effect of foreign acquisitions on total factor productivity: Plant-level evidence from UK manufacturing, 1987–1992, *Review of Economics and Statistics* 84(3): 562–568. doi.org/10.1162/003465302320259556.

Haskel, J. and Wallis, G. (2013), Public support for innovation, intangible investment and productivity growth in the UK market sector, *Economics Letters* 119(2): 195-198. doi.org/10.1016/j.econlet.2013.02.011.

Haskel, J., Corrado, C. and Jona-Lasinio, C. (2014), *Knowledge spillovers, ICT and productivity growth*, Working Paper, Imperial College Business School, Imperial College, London.

Hayashi, F. and Prescott, E. C. (2002), The 1990s in Japan: A lost decade, *Review of Economic Dynamics* 5(1): 206–235. doi.org/10.1006/redy.2001.0149.

Hulten, C. R. (1979), On the "Importance" of Productivity Change, *The American Economic Review* 69 (1): 126–136.

Hulten, C. R. and Hao, J. X. (2012), *The role of intangible capital in the transformation and growth of the Chinese economy*, NBER Working Paper No. 18405, National Bureau of Economic Research, Cambridge, Mass.

Hulten, C. R. and Hao, X. (2008), *What is a company really worth? Intangible capital and the 'market to book value' puzzle*, NBER Working Paper No. 14548, National Bureau of Economic Research, Cambridge, Mass.

Kraemer, K., Linden, G. and Dedrick, J. (2011), *Capturing value in global networks: Apple's iPad and iPhone*, Working Paper, Personal Computing Industry Center, University of California, Irvine. Available from: pcic.merage.uci.edu/papers/2011/value_ipad_iphone.pdf.

Levinsohn, J. and Petrin, A. (2003), Estimating production functions using inputs to control for unobservables, *The Review of Economic Studies* 70(2): 317–341. doi.org/10.1111/1467-937X.00246.

Marrano, M. G., Haskel, J., and Wallis, G. (2009), What happened to the knowledge economy? ICT, intangible investment, and Britain's productivity record revisited, *Review of Income and Wealth* 55(3): 686–716. doi.org/10.1111/j.1475-4991.2009.00344.x.

McGrattan, E. R. and Prescott, E. C. (2010), Unmeasured investment and the puzzling US boom in the 1990s, *American Economic Journal: Macroeconomics* 2(4): 88–123. doi.org/10.1257/mac.2.4.88.

McGrattan, E. R. and Prescott, E. C. (2014), A reassessment of real business cycle theory, *The American Economic Review* 104(5): 177–182. doi.org/10.1257/aer.104.5.177.

Miyagawa, T. and Hisa, S. (2013), Estimates of intangible investment by industry and productivity growth in Japan, *Japanese Economic Review* 64(1): 42–72. doi.org/10.1111/jere.12000.

Nadiri, M. I. (1970), Some approaches to the theory and measurement of total factor productivity: A survey, *Journal of Economic Literature* 8(4): 1137–1177.

National Bureau of Statistics of China (NBS) (various years), *China Labour Statistical Yearbook*, Beijing: China Statistics Press.

Niebel, T., O'Mahony, M. and Saam, M. (2017), The contribution of intangible assets to sectoral productivity growth in the EU, *Review of Income and Wealth* 63(1). doi.org/10.1111/roiw.12248.

Olley, G. S. and Pakes, A. (1996), The dynamics of productivity in the telecommunications equipment industry, *Econometrica: Journal of the Econometric Society* 64(6): 1263–1297. doi.org/10.2307/2171831.

Tronconi, C. and Marzetti, G. V. (2011), Organization capital and firm performance: Empirical evidence for European firms, *Economics Letters* 112(2): 141– 143. doi.org/10.1016/j.econlet.2011.04.004.

van Ark, B., Hao, J. X., Corrado, C., and Hulten, C. (2009), Measuring intangible capital and its contribution to economic growth in Europe, *EIB papers* 14(1): 62–93. hdl.handle.net/10419/44905.

Weede, E. and Kampf, S. (2002), The impact of intelligence and institutional improvements on economic growth, *Kyklos* 55(3): 361–80. doi.org/10.1111/1467-6435.00191.

Zhu, X. (2012), Understanding China's growth: Past, present, and future, *The Journal of Economic Perspectives* 26(4): 103– 124. doi.org/10.1257/jep.26.4.103.

附录 1　行业分类

	行业名	分组
1	农业	农业
2	林业	农业
3	畜牧业	农业
4	渔业	农业
5	农、林、牧、渔服务业	农业
6	煤炭采选业	重工业
7	石油和天然气开采业	重工业
8	黑色金属矿采选业	重工业
9	有色金属矿采选业	重工业
10	非金属矿采选业	重工业
11	石油加工和核燃料加工业	重工业
12	炼焦行业	重工业
13	化学原料制造业	重工业
14	化肥制造业	重工业
15	农药制造业	重工业
16	有机化学品制造业	重工业
17	橡胶制造业	重工业
18	塑料制品制造业	重工业
19	水泥和石棉产品制造业	重工业
20	非金属矿产品制造业	重工业
21	钢铁产品	重工业
22	炼钢	重工业
23	铁合金冶炼	重工业
24	有色金属冶炼	重工业
25	有色金属加工	重工业
26	锅炉、发动机和涡轮制造业	重工业
27	金属加工机械制造业	重工业
28	其他一般工业机械制造业	重工业
29	农、林、牧、渔机器制造业	重工业
30	其他特种工业设备制造业	重工业
31	铁路设备制造业	重工业
32	汽车制造业	重工业
33	船舶设备制造业	重工业
34	其他交通设备制造业	重工业

	行业名	分组
35	发电机制造业	重工业
36	废物回收和处理	重工业
37	电力生产与供应业	重工业
38	天然气生产与供应业	重工业
39	自来水生产与供应业	重工业
40	建筑业	重工业
41	粮食作物、油料和饲料的加工制造业	轻工业
42	制糖业	轻工业
43	肉类加工业	轻工业
44	水产品加工业	轻工业
45	其他食品制造业	轻工业
46	酒的制造业	轻工业
47	饮料与茶制造业	轻工业
48	烟草制造业	轻工业
49	棉纺织业	轻工业
50	毛纺织业	轻工业
51	纤维与丝绸纺织业	轻工业
52	针织品制造业	轻工业
53	纺织品制造业	轻工业
54	纺织、服装、鞋帽制造业	轻工业
55	皮革、毛皮、羽毛及其相关产品制造业	轻工业
56	木材加工及木、竹、藤、棕、草制品制造业	轻工业
57	纸张及纸制品制造业	轻工业
58	印刷及记录媒介复制业	轻工业
59	文化、教育、体育活动设备制造业	轻工业
60	日用化工品制造业	轻工业
61	其他化工产品制造业	轻工业
62	医药制造业	轻工业
63	化学纤维制造业	轻工业
64	玻璃和玻璃制品制造业	轻工业
65	陶瓷制造业	轻工业
66	耐火材料制造业	轻工业
67	金属制品制造业	轻工业
68	家用电器制造业	轻工业
69	其他电力机械与设备制造业	轻工业
70	计算机制造业	轻工业

续表

	行业名	分组
71	通信和其他电子设备制造业	轻工业
72	其他家庭电器制造业	轻工业
73	电子元器件制造业	轻工业
74	测量仪器制造业	轻工业
75	文化、教育和体育用品制造业	轻工业
76	艺术品和其他手工制品制造业	轻工业
77	铁路运输业	服务业
78	道路运输业	服务业
79	管道运输业	服务业
80	航空运输业	服务业
81	水上运输业	服务业
82	仓储业	服务业
83	邮政服务业	服务业
84	电信业	服务业
85	餐饮业	服务业
86	金融业	服务业
87	保险业	服务业
88	房地产业	服务业
89	住宿业	服务业
90	住宅及其他服务业	服务业
91	娱乐业	服务业
92	技术服务业	服务业
93	健康医疗业	服务业
94	教育	服务业
95	体育	服务业
96	社会保障	服务业
97	文化、艺术、广播和电视业	服务业
98	研究与实验开发	服务业
99	地质勘探	服务业
100	公共管理和社会组织	服务业

资料来源：笔者的构造。

附录 2 敏感性分析

无形资本的折旧率通常没有充分的基础，不仅在本文的研究中，在以前的研究中也是一样。为了检验结果的稳健性，本文做了敏感性分析。这篇文章中所得参数的变化具有多方面的性质并发生在两个方向：可能增加或者减少。如果在两个方向上的变动并没有多大差异，那么无形资本对经济增长的贡献就被认为是稳健的。

表 A1 敏感性分析中的参数变化

单位：百分比

	基准情形	情形									
		1	2	3	4	5	6	7	8	9	10
代理比率	100	50	150	—	—	—	—	—	—	—	—
$\delta(Intangible)$	40	—	—	60	20	—	—	—	—	—	—
$\delta(RD)$	20	—	—	—	—	10	40	—	—	—	—
$\delta(EC)$	50	—	—	—	—	—	—	25	75	—	—
$\delta(CI)$	33	—	—	—	—	—	—	—	—	11	66

注：代理比率指的是真实无形资本投资相对于代理变量的比率；δ 表示折旧率；RD 是研发资本；EC 是经济竞争力资本；CI 是计算机化信息资本（主要是软件）。

所有的敏感性分析结果可以向作者索取。参数的变化并没有改变无形资本的显著性和符号，而回归系数的改变是非常微小的。于是，无形资本对生产率的影响是相当稳健的。

创新与生产力

向更具创造力的经济体转变：
中国的进展与挑战

魏尚进　谢专　张晓波[*]

摘要： 在充分发挥低工资和人口优势的基础上，在渐进式市场化改革和国际开放的步伐下，中国经济历经了 30 余年的高速增长，但现在却面对着工资快速上涨和劳动力不断减少的威胁。于是，将来的增长将越来越多地依赖于创新和生产率的提升。我们使用企业层面的专利申请、专利授权和专利引用数据，评估了中国完成这种转型的可能性。我们发现，主动融入国际市场与应对劳动力成本的不断上升是中国经济越来越具有创造力的两个主导因素。结果，中国出口产品的质量在不断上升，表现为即使在控制单位出口产品价值的条件下，中国出口产品相比其他国家出口产品的市场份额都在稳步提升。不过，我们仍然发现了创新领域资源错配的证据：国有企业获得了更大份额的创新补贴，但私有企业的创新能力更高。如果这种资源错配的问题能够得到解决，那么向创新驱动的经济体转型的步伐可能会更快。

---

[*] 我们感谢 *Journal of Economic Perspectives* 编辑 Gordon Hanson、Enrico Moretti 尤其是 Timothy Taylor 有益的评论与建议。我们感谢在香港浸会大学、纽约大学、密歇根大学和西澳大利亚大学所召开的学术研讨会/会议上所获得的评论，以及来自中国自然科学基金（批准号：71350002）和中国自然科学基金（批准号：7675172）和中国教育部重点研究基地基金项目（批准号：14JJD790027）的资助。我们感谢 Lea Sumulong 和 Joy Glazener 出色的助理编辑和 Lintong Lin 出色的助研工作。本章代表的是笔者的个人观点，而非笔者所在机构的观点。本章的一个简短版本发表在 *Journal of Economic Perspectives* 上（31（1）：49－70，2017），标题为《从"中国制造"到"中国创造"：必要性、展望与挑战》。杂志已授权许可在本书重新发表此文。

一　引言

在整个 1980～2015 年，中国经济年均增长率为 8.7%。在这 35 年间真实人均收入累计增长比率高达 17.6 倍，即从 1980 年的 714 美元［以 2011 年国际购买力平价（PPP）美元计价］上升到 2015 年的 13277 美元［基于国际货币基金组织的世界经济展望（WEO）数据计算而来］。除中国之外，只有一个国家——赤道几内亚——在同时期有着相当的增长速度。

从 1990 年以来的连续 25 年中，中国经济每年的增长速度都超过了 6%。自 1980 年（WEO 数据库的起始年份）以后，没有任何其他国家以那种不间断的速度增长超过 20 年，更不用说四分之一个世纪了。同时期，仅有为数不多的几个国家以同等或更高的速度增长了 10～20 年，但这些增长都不是连续的。这些经济体是：埃塞俄比亚（17 年），赤道几内亚和朝鲜（均为 16 年），阿尔巴尼亚和土库曼斯坦（15 年），亚美尼亚（14 年），爱沙尼亚、拉脱维亚和立陶宛（11 年），以及阿根廷、阿塞拜疆、白俄罗斯、博茨瓦纳、伊拉克、摩尔多瓦、塞舌尔、新加坡、斯里兰卡、乌兹别克斯坦和越南（10 年）。中国的增长绩效是极其壮观又极为罕见的。

这种罕见的经济增长主要是依赖于低工资和有利的人口结构的组合。另外，国内市场化制度性改革以及更大程度地开放贸易和外商投资也促进了经济增长（例如，参考 Fan et al.，2014）。当中国在 1980 年拉开改革开放序幕的时候，其人均 GDP 为 714 美元，在 WEO 数据库可得数据的 138 个国家中仅排到第 136 位。即使在加入世界贸易组织（WTO）的 2001 年，经历过长时期的高速增长之后，中国的人均 GDP 仍然要低于 77 个国家。在整个 1980～2011 年，中国劳动年龄人口（15～60 岁）占全部人口的比重异乎寻常地高，部分原因是在 1980 年后推行了严格的计划生育政策，导致人口出生率快速下降。较低的工资水平、大规模的劳动力大军、有利的人口结构形成了中国经济发展的人口红利。自 2000 年以来，中国加入 WTO 和适婚年龄人群的性别比例失衡，进一步增加了企业家精神和工人的努力程度，拉高了经济增长率 2 个百分点（Wei 和 Zhang，2011b）。

然而，自 2011 年以后，劳动年龄人口的绝对规模开始下降（部分原因是前 30 年的计划生育政策）。截止到 2015 年，中国人均收入已经达到 13277 美元（2011 年国际购买力平价美元计价），但是以美元现价计量的平均工资要高于世界经合组织（OECD）以外的绝大多数经济体。

中国经济现在已经到达了一个十字路口。2014 年以来经济增速已放缓至 6% ~7%，而且也很有可能会进一步调整。虽然经济放缓部分是由于周期性因素（例如，全球经济相对走弱），但工资上涨和劳动年龄人口下降等结构性因素也是重要原因。

一个国家的潜在增长率来自其劳动力增长和劳动生产率增长之和。2011 年以后，中国的劳动力就开始减少（Cai 和 Wang，2008）。延长退休时间和鼓励更多女性加入劳动大军的政策转变，充其量只能缓解劳动力的减少。如果劳动力人口的规模不变，那么自 2015 年以来对独生子女政策的放开，将会使得接下来 15 年中的人口抚养比率增加（毕竟没有一对夫妇可以直接生出 16 岁大的孩子）（Wei，2015）。

中国面临的挑战常被政府和学者描述为可能掉入"中等收入陷阱"（OECD，2013；Ma，2016）。"中等收入陷阱假说"（MITH）认为，只有在极少数例外情况下，一个中等收入的国家经过管理可以成功地成为一个高收入国家，原因是这些经济体面临着独特的、具有挑战性的增长环境。然而，相比这种流行的假设，Han 和 Wei（2015）使用转换矩阵分析和非常参数分析（通过回归实现）方法，发现无条件的"中等收入陷阱"假说并没有得到支持，但是他们的研究确实识别了在何种条件下经济增长更有可能会停滞甚至倒退。

未来中国的增长需要更多来自劳动生产率的增长。2015 年，中国的投资占国内生产总值（GDP）的比重为 43.3%，已经远远高于国际平均水平。很难期待靠更多的物质资本投资驱动更高的劳动生产率增长。事实上，Bai 和 Zhang（2014）估计了投资回报率自 2008 年以后就开始出现下降的迹象。尽管如此，劳动生产率的提升可以通过减少资源错配实现（Hsieh 和 Klenow，2009），其中包括通过对要素市场和产品市场的进一步改革，例如国有企业（SOE）的改革。然而，这种方式所能产生的潜在生产率增长也是有限的。未来改革的步伐不太可能像过去那样高歌猛进，一方面是由于许多容易取得的改革已经被推行，另一方面是相比前几十年，社会层面存在更大的改革阻力（即利益集团）。生产率增长的另一个潜在来源，就在于新产品、新应用、新设计和新的生产流程，以及将这些创新转化为新的销售额或降低成本。

本文研究了中国是否转型成为创新驱动的增长模式。具体来说，我们研究了三个问题。首先，中国企业的创新能力到底有多少增长？我们从一个比较分析的视角来回答这一问题，并进一步提出的问题是，相比巴西、俄罗斯、印度、南非（金砖国家经济体）和韩国，中国的创新力到底如何？印度的人均收入不及中国，但是人口规模与中国相当，而且像中国一样，印度的海外侨民在美国科技界、学术界和精英首席执行官（CEO）团体中都有很强的影响力。巴西、俄罗斯和韩国比中国的人均收入更高。特别是韩国，早在中国之前就已经保持了长达 25 年的增长奇迹。韩国的产业包含了一大批成功的和具有创造性的企业，例如三星和 LG，而且它在很多方面都表现出了中国渴望学习的发展模式。

通过使用在中国和在美国的企业专利申请和授权的数据，我们将中国与其他代表性国家进行了对比。专利数据来源于中国国家知识产权局（SIPO）、美国专利商标局（USPTO）和世界知识产权组织（WIPO）。我们发现的证据是，中国的创新性活动——以专利申请数、专利授权数和专利引用数的增长速度来表示——表现非常强，尤其是最近这些年。

其次，我们还是用专利数据来研究哪些因素促进了中国企业创新能力的快速增长。特别地，我们还研究这种增长是不是因为中国的专利授权门槛相比国际标准更低，是不是因为政府对研发活动的补贴，抑或是中国企业自身在迎接工资成本上升的挑战时，主动着手创新以适应不断变化的比较优势？

我们发现，工资水平的快速上涨和市场规模的扩大，是中国专利爆炸式增长的两个最重要的驱动力。面对不断上升的劳动力成本，我们发现劳动密集型企业相比资本密集型企业越来越具有创新性。中国加入 WTO 以后，为本国的出口商创造了更大的市场机会，使得出口企业更能负担起研发投资的成本，从而刺激了创新性的活动。我们将使用出口数据来研究，在劳动力成本超过越来越多竞争对手时，中国企业是否已经将创新活动转化为产品质量的提升和出口份额的增加。

最后，因为中国经济的一个特征是国有企业占比不容忽视，因此我们研究了在创新领域可能存在的资源错配问题。我们发现，尽管国有企业获得了相对较多的政府补贴，但是他们的创新效率却不如私有企业。事实上，私有企业专利申请量和授权量相对补贴的弹性，都显著高于国有企业。我们认为这是一种公共资源的错配。我们还发现有意思的是，国有企业比私有企业面临更高的实际税负。为了提升资源配置的效率，政策改革的方向之一也许是应该同时减少国有企业的补贴和税收。

下一章，我们为过去经济增长的源泉提供了一个概述。第三章，我们考察了中国企业的创新速度，特别关注了专利数据。第四章，我们检验了创新增长的来源——特别地，考察了专利授权标准的可能变化、市场的扩大、补贴和税收，以及不断上涨的工资水平。第五章，我们做了一个补充性研究，看在工资水平快速上涨的背景下，中国产品出口质量是否有升级。第六章，我们研究了资源配置效率，特别是政府对不同所有制类型企业的补贴及其对企业创新的作用。第七章，是我们的结论。

二 历史性增长的源泉

中国过去几十年的快速增长有两类因素共同驱动：（1）市场化的政策改革（允许市场决定的产品价格与要素价格逐步替代行政性的价格，和产权的引入及逐步强化），以及对外开放的政策（降低国际贸易与投资的壁垒）；（2）经济基本面——有利的人口结构和较低的初始劳动力成本。我们在前文已经讨论了工资水平和人口结构的因素，我们将简要概述那些让经济基本面因素发挥作用的众多制度性改革。

中国经济增长的奇迹，开始于1980年代早期的家庭联产承包责任制（HRS）改革。在家庭联产承包责任制下，农民被赋予土地耕作的权利，从而他们可以自行决定生产决策。在这种更强的激励下，农业生产和农民收入在短短几年时间里有了巨大的增长（Lin，1992）。数百万的农民从土地上解放出来，为非农部门提供了看起来无限的劳动供给。在1980年代，中国的劳动力成本是世界上发展中国家最低的——比印度和菲律宾还要低。大量低工资劳动力确保了在后续30年中国的增长模式可以建立在低成本生产的基础之上。

1980年代，在成功实施农村改革以后，乡镇企业（TVEs）因为充足的劳动力和日用品市场需求的上升而获得了快速的增长。乡镇企业大部分是那些农村地区的制造业企业，并且可以看作对劳动力跨地区流动障碍的制度性壁垒的次优反应；乡镇企业在破除劳动力自由流动障碍之前，为劳动力从农村地区低生产率活动加速流向高生产率制造业提供了一个渠道。因为它们是次优的经济实体，乡镇企业由于产权未得到清晰界定导致其自身也带来了相应的扭曲。到 1990 年代，政府启动了大规模的乡镇企业与国有企业改革，试图给企业家更多的激励，大部分乡镇企业被私有化。对于国有企业而言，各级政府采取了"抓大放小"的政策，即私有化小型国有企业和进一步发展壮大大型国有企业（Hsieh 和 Song，2015）。改革实施之后，乡镇企业的就业人数从 1995 年的 1.29 亿人大幅下降，直至 2011 年的 600 万人；国有企业的就业人数，从 1995 年的 1.13 亿人，下降到 2011 年的 6700 万人。国有企业的数量从 1995 年的 1103665 家（占企业总数的 24%）下降到 2014 年的 545367 家（占企业总数的 3%）（见表 1）。

表 1　中国企业数

年份	年末企业数量（家）	私有占比(%)	国有占比(%)	外资占比(%)
1995	4598604	71	24	5
1996	4997932	72	23	5
1997	5293125	72	22	5
1998	5526172	73	21	5
1999	5712997	74	21	5
2000	5875706	76	19	5
2001	6032059	77	18	5
2002	6356801	79	16	5
2003	6831363	81	14	5
2004	7400172	83	12	5
2005	7980991	85	10	5
2006	8572472	86	9	5
2007	8962246	87	8	5
2008	9405281	88	7	5
2009	10130705	89	6	5
2010	11150201	90	5	5
2011	12352627	91	5	4
2012	13433213	92	4	4

续表

年份	年末企业数量（家）	私有占比（%）	国有占比（%）	外资占比（%）
2013	15184602	93	3	4
2014	18178921	94	3	3
不同时期的年均增长率（%）				
1995～2005	6	8	−3	5
2005～2014	10	11	−5	3
1995～2014	8	9	−4	4

注：笔者根据中国工商注册企业数据库计算得到。

在短期内，改革是残酷的，城市里数千万工人被迫从国有企业下岗。然而，整个国家竟然避免了失业率的大幅飙升。关键原因在于私有化改革的同时，国家采取了一系列措施以降低私有企业的进入门槛。之前由于低效的计划经济体制、国有企业占据主导地位以及行业进入门槛高等因素，市场中存在大量未被充分发掘的机会，而民营企业家对此做出了快速反应。结果，几乎所有从乡镇企业或者国有企业中流失的工作岗位，都被民营部门中新的就业机会所抵消。1995～2014年，民营企业的数量增长了近五倍，达到1700万家（见表1）。截止到2011年，1.93亿人在民营企业工作（其中包括那些个体户），差不多是国有企业部门就业人数的三倍（国家统计局，2012年）。从按照所有制类型划分的就业份额看，中国经济已经是由民营经济占主导。事实上，Wei和Zhang（2011b）使用1994～2005年的人口普查数据，阐述了两个70%法则：首先，这一阶段大约70%的工业增加值增长，来自民营部门；其次，大约70%的民营部门增加值增长，来自新增民营经济企业数量的增长（外延边际），而剩下的30%来自现有企业规模和效率的增长（集约边际）。

中国还对财政体制进行了改革，从而为地方政府发展地方经济提供更好的激励。在1980年代早期引入的制度安排下，地方政府与中央政府执行事先确定的税收分配方案（因不同地区讨价还价能力的差异而有所不同），极大地刺激了地方官员创造友好营商环境的激励。这一制度在1994年得到进一步的改革，即通过引入增值税和全国统一的在中央政府和地方政府之间执行税收分成的方案。这些改革赋予企业家和地方官员更大的权力，从而为他们追求经济增长提供了动力。

自 1979 年以来，中国就开始实行对外开放的发展战略。在 1980 年代和 1990 年代，中国政府在沿海省份设立了经济特区从而吸引外商直接投资（FDI）。中国在 2001 年 12 月加入 WTO 后与全球经济的融合进一步加速。随着中国的对外开放，外国对中国产品的需求与日俱增，反过来进一步刺激了民营企业的增长。中国的开放政策与充足廉价的劳动力吸引了大量的 FDI。到 2003 年，中国就已经成为世界上最大的 FDI 流入国。贸易和 FDI 的开放通过许多渠道促进了经济增长，而且对世界上的其他国家产生了非常重要的影响［见 Feenstra 和 Wei（2010）中的章节］。

在企业数量与要素投入增长的同时，知识增长和生产率的提升已经成为经济增长的主要驱动力。生产率的增长来源于行业内创新和资源（主要是劳动力）从低生产率行业向高生产率行业的再配置过程。创新和基础设施投资成为行业内生产率增长的两个关键支柱。创新在提升生产率中的作用在许多文献中被广泛讨论（如 Romer，1990）。中国在基础设施上的高速积累有助于提升企业生产率。尽管中国的第一条高速公路直到 1988 年才得以建成，但是截止到 2015 年，中国的全部高速公路里程已经达到了 122300 公里，比世界上任何国家的里程都长。中国高速铁路（HSR）的发展速度与成就有过之而无不及。从 2005 年的一无所有到 2015 年，高铁总里程已经超过了 19300 公里。2016 年，中国的一家高铁制造企业远赴美国，在关于建设那里的第一条高铁的问题上进行谈判。①

在企业内或产业内生产率增长的同时，资源从低生产率的部门转移到高生产率部门的结构变迁也对经济增长做出了贡献，例如从国有部门转移到民营部门，或者是从农业部门转移到非农业部门（Zhu，2012）。据估计，1978～1995 年，中国产业内生产率提升与经济结构变迁对经济增长的贡献分别达到了 42% 和 17%（Fan et al.，2003）。

人口因素是过去 35 年来中国经济增长的强大驱动力（同时也是近年来经济增速放缓的重要原因）。过去 35 年，随着人均收入的提高，中国的人口生育率逐渐下降。但相比国际经验，由于自 1979 年严格执行计划生育政策，实际生育率下降幅度更大。人口出生率的快速下降，意味着同样的劳动人口的幼儿抚养压力更低。在这 30 年中，劳动人口在总人口中所占的份额

---

① www.wsj.com/articles/u - s - throws - china - off - high - speed - rail - project - 1465465356.

稳步提升，创造了巨大的人口红利，从而为经济增长做出贡献（Cai 和 Wang，2008）。

独生子女政策导致了未曾预料到的结果，产生了男孩过多的性别比例失衡。随着独生子女一代到达适婚年龄，年轻男孩将在婚姻市场上面临激烈竞争。为了吸引潜在的新娘，许多生有儿子的家庭不得不工作得更加辛苦，储蓄更多以及冒更大风险，更有可能创业（Wei 和 Zhang，2011a，2011b；Chang 和 Zhang，2015；Wei et al.，2016）。根据估计，由于性别比例失衡导致的婚姻市场激烈竞争，对年度经济增长率贡献了约 2 个百分点（Wei 和 Zhang，2011b）。需要指出的是这种额外的经济增长实际上是一种有损社会福利的增长：虽然 GDP 增速在不断增加，但是社会福利却很有可能下降。这一增长模式的逻辑在 Wei 和 Zhang（2011b）的论文中解释如下：额外的工作和额外的风险行为所产生的更高的 GDP 增长率，由个人期望改善自身（或者自己子女）在婚姻市场机会的动机驱动。然后，不能结婚的年轻人总数是由性别比例决定的，而非经济范围内的工作努力程度、风险活动或者 GDP 所决定。在这个意义上，额外的工作努力和风险行为都是徒劳的；如果没有性别比例的失衡，那么追求效应最大化的家庭会放弃这部分的增长，从而更加快乐。

改革开放的 30 多年中，中国似乎有取之不竭的"剩余劳动力"（农村地区的低生产率的劳动力）。然而，自进入 2000 年代中期以后，劳动力短缺的一些迹象就开始显现了。据 Cai 和 Du（2011）以及 Zhang 等（2011）的研究结果，非技能工人的工资水平已自 2003～2004 年以来开始以两位数的速度增长，表明整个国家可能已经跨越了所谓的"刘易斯拐点"，也就意味着劳动力过剩的时代已经终结。

非技能工人工资率急剧上涨的确切时间点仍有争议。Wang 等（2011）报告了这个拐点最早达到 2000 年。此外，Knight 等（2011）以及 Golley 和 Meng（2011）等指出，由于存在劳动力自由流动的制度性壁垒如户籍制度，农村地区仍有剩余劳动力。一旦这些壁垒被消除，仍存在城乡移民的空间。无论如何，中国已经不再是一个低工资的国家。

自 2008 年全球金融危机爆发以来，中国产品的外部需求就在持续疲软。之前那种基于利用廉价劳动力的增长模式已不可持续。由于在 1980 年代早期开始执行严格的计划生育政策，自 2011 年开始就出现了新进入劳动力市场的新人数低于退出劳动力市场的人数。过去非常有利的人口抚养比现在变得不再有利。面对着日益上涨的劳动力成本和疲软的外部需求，众多企业不得不做出艰难的选择：内迁、外移、关停或者升级。"内迁"，是指将工厂从沿海地区向内陆地区转移，因为那里的工资水平更低。考虑到全国范围内地区工资收敛速度较快，这至多是权宜之计。"外移"，是指致力于到国外进行直接投资，将中国的知识经验与其他国家的低工资水平结合起来。毫无疑问，一些中国的公司正在追求这种战略。"关停"，是指关闭企业。这对于单个企业来说是一种策略，但对于整个国家来说却不可行。"升级"，是指创新和产业升级，从而让企业不再依赖于低工资的低技能劳动力。尽管不同的企业会选择不同的策略，但中国经济未来的决定性因素是中国企业能否进行创新和产业升级，以及速度有多快。在下一章节，我们将聚焦于创新和产业升级，并试图回答中国能否转型成为更具创新性的经济体。

三　创新的速度：以专利增长数来度量

创新可以以商业机密和专利的形式出现。创新除了发明新产品，还可以改进商业流程或商业模式。创新也可能在商业范畴之外出现，例如文化领域的创新。由于数据的可获得性，我们将关注聚焦在企业的专利上，并以此作为创新的度量，潜在的假设是创新在各个维度是高度正相关的（这一点未来需要进一步检验）。

伴随着中国经济的飞速发展，专利数也出现了爆发式增长。在国家知识产权局（SIPO）所受理的专利申请数，已经从 1995 年的不到 10 万件上升到 2014 年的超过 200 万件，其年度增长率达到 19%，是同期人均 GDP 增长率的 2 倍（见表 2）。截止到 2011 年，中国已经取代美国成为全世界专利申请件数最多的国家［世界知识产权组织（WIPO），2012］。

在三种类型的专利，即发明专利、实用新型专利和外观设计专利之中，发明专利（毫无疑问，技术含量最高的专利）申请比重，已经从 1995 年的 26%，上升到 2014 年的 39%。1995 年，专利申请数来自外国申请人的占比是 17%，但是到 2014 年这一占比已经下降到 6%。后者表明，本土的创新已经在中国经济中扮演了越来越重要的角色。

哪些因素解释了中国专利的爆炸性增长呢？我们认为潜在的因素包括授

权审查标准更松、专利质量较低、政府补贴、市场扩大以及对劳动力成本快速上升的反应。

表 2 中国专利申请数：1995～2014 年

| 年份 | 在国家知识产权局的专利申请量(件) | 专利申请量的类型部分 | | | 专利申请量中申请人来自外国的占比(%) | 中国申请人在其他国家专利局的申请量(件) |
		发明(%)	实用新型(%)	外观设计(%)		
1995	83045	26	53	21	17	224
1996	102735	28	48	24	20	191
1997	114208	29	44	27	21	394
1998	121989	29	42	28	21	321
1999	134239	27	43	30	18	397
2000	170682	30	40	29	18	1126
2001	203573	31	39	30	19	2323
2002	252631	32	37	31	19	2415
2003	308487	34	35	30	19	1811
2004	353807	37	32	31	21	2766
2005	476264	36	29	34	20	3432
2006	573178	37	28	35	18	3172
2007	693917	35	26	39	15	3602
2008	828328	35	27	38	13	3476
2009	976686	32	32	36	10	5535
2010	1222286	32	34	34	9	8440
2011	1633347	32	36	32	8	10097
2012	2050649	32	36	32	7	18451
2013	2377061	35	37	38	6	25712
2014	2361243	- 39	37	24	6	28002
不同时期专利申请量的年均增长率(%)						
1995～2005	19	23	12	25	21	31
2005～2014	19	21	23	15	5	26
1995～2014	19	22	17	20	13	29

资料来源：笔者根据中国国家知识产权（http：//www. sipo. gov. cn/tjxx/）的数据计算得到。

我们从对比在中国和在其他国家的获得专利授权的容易程度开始。图1显示的是金砖国家、韩国和美国的专利授权率。中国的专利授权率不到50%，并且随时间推移较为稳定，并不是特别高，在其他条件不变的情况下，这表明在中国并不是那么容易就能获得专利批准。国家知识产权局在

1995～2004年所授权的专利数量增长率，与专利申请数量的增长率相同，均为19%。这说明国家知识产权局也并未放松审查标准。而且，同时期中国在其他国家所获得的专利授权数量平均每年增长28%（见表3）。一般认为中国的企业、个人和机构在发达国家申请的专利质量比中国国家知识产权局的更高。海外专利授权数量更快速的增长说明中国专利质量不断提升。

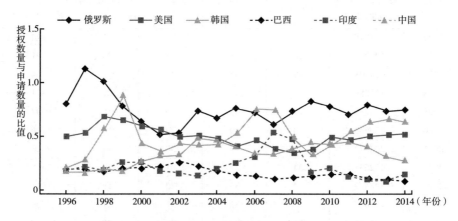

图1　金砖国家、韩国和美国的发明专利授权率

注：授权率的定义是 t 年的授权量与 $t-1$ 年的申请量的比值。
资料来源：世界知识产权组织（WIPO）。

表3　中国国家知识产权局的专利授权量和中国申请人在其他国家专利局的专利授权量

年份	中国国家知识产权局的专利授权量(件)	专利授权的类型分布			专利授权中申请人来自外国的占比(%)	中国申请人在其他国家专利局的专利授权量(件)
		发明(%)	实用新型(%)	外观设计(%)		
1995	45064	8	68	25	8	75
1996	43780	7	62	31	9	52
1997	50996	7	54	40	9	36
1998	67889	7	50	43	10	47
1999	100156	8	56	36	8	110
2000	105345	12	52	36	10	88
2001	114251	14	48	38	13	143
2002	132399	16	43	40	15	192
2003	182226	20	38	42	18	181
2004	190238	26	37	37	20	282

续表

年份	中国国家知识产权局的专利授权量(件)	专利授权的类型分布			专利授权中申请人来自外国的占比(%)	中国申请人在其他国家专利局的专利授权量(件)
		发明(%)	实用新型(%)	外观设计(%)		
2005	214003	25	37	38	20	398
2006	268002	22	40	38	16	636
2007	351782	19	43	38	14	659
2008	411982	23	43	34	14	860
2009	581992	22	35	43	14	1529
2010	814825	17	42	41	9	2587
2011	960513	18	42	40	8	3447
2012	1255138	17	46	37	7	4887
2013	1313000	16	53	31	6	8214
2014	1302687	18	54	28	7	10603
不同时期专利授权量的年均增长率(%)						
1995～2004	17	31	10	22	28	18
2005～2014	22	18	27	18	9	44
1995～2014	19	25	18	20	18	30

资料来源：笔者根据中国国家知识产权（http：//www.sipo.gov.cn/tjxx/）的数据计算得到。

有人可能认为中国专利授权量快速增长仅仅是因为专利数量基数小。中国 1985 年才成立国家知识产权局，1980 年代和 1990 年代的专利申请很少。我们试图从三个方面回应这个质疑。首先，我们将样本分为两个时期，1995～2005 年以及 2005～2014 年，然后分别计算两个阶段的专利年度增长率。如果基数小是专利爆炸性增长的主要原因，那么我们应该会看到第二阶段的增长率会更低，因为这个阶段的基数更大。事实上，我们并没有看到第二阶段比第一阶段增速更低，从专利授权的增速看，第二阶段比第一阶段高出 5 个百分点。

其次，我们考察了由国家知识产权局授权专利在国外获得引用数量的变化趋势，从而测度中国国内所授权专利的质量。虽然国家知识产权局并没有计算中国专利的国内引用数，但是在发达国家授权的专利识别了所有引用的专利——包括中国国家知识产权局授权的专利。表 4 报告了中国 1995～2014 年国内授权的发明专利与实用新型专利被国外专利引用的次数。在 1995～2004 年，中国的发明专利的国外引用数年均增长 34%，进而在 2004

~2014 年年均增速升至 49% 。实用新型专利引用数增长规律与发明专利类似，其在 1995~2014 年年均增长 36% 。中国专利被外国专利的引用数增长率甚至还超过了中国专利数量的增长率。如果中国的专利质量都很低，难以想象外国专利会更多地引用它们，至少相当一部分中国专利质量较高。

表 4   中国申请人在中国国家知识产权局获得的专利
被外国专利引用的次数（1995~2014 年）

年份	发明专利(次)	实用新型(次)
1995	100	65
1996	114	62
1997	174	100
1998	201	98
1999	244	125
2000	303	198
2001	522	357
2002	667	440
2003	1019	681
2004	1358	851
2005	1765	1089
2006	2984	1830
2007	5087	2721
2008	9183	4084
2009	13347	5097
2010	20781	7752
2011	30706	11241
2012	45364	16132
2013	55649	21072
2014	71383	23544
不同时期的年均增长率(%)		
1995~2004	34	33
2004~2014	49	39
1995~2014	41	36

资料来源：笔者基于 Google 专利系统得到的引用数据计算得到。

最后，我们将中国申请人在美国专利和商标局（USPTO）获得授权的专利数与来自其他国家的申请人在 USPTO 获得授权的专利数进行对比。这有助于我们控制 USPTO 授权的专利与 SIPO 授权的专利之间的质量差异。表5 展示了金砖国家、德国、日本和韩国在 USPTO 所获得的专利授权数量。在以上样本国家中，2005~2014 年，中国在 USPTO 获得授权的专利数量增长最快，高达 28%。不仅如此，中国与其他国家的专利授权数增速优势近期在拉大。2005~2014 年，中国所获得专利数年均增速达到了 38%，比增速位居第二的印度还要高出 12 个百分点。与此形成鲜明对照的是，同时期韩国、德国和日本在 USPTO 获得的专利授权数的年度增长率分别为 16%、7% 和 7%。

表5　金砖国家、德国、日本和韩国申请人在美国专利商标局（USPTO）获得的专利授权

单位：件

年份	中国	巴西	印度	俄罗斯	南非	德国	日本	韩国
1995	62	63	37	98	123	6600	21764	1161
1996	46	63	35	116	111	6818	23053	1493
1997	62	62	47	111	101	7008	23179	1891
1998	72	74	85	189	115	9095	30841	3259
1999	90	91	112	181	110	9337	31104	3562
2000	119	98	131	183	111	10234	31296	3314
2001	195	110	177	234	120	11260	33223	3538
2002	289	33	249	200	114	11278	34859	3786
2003	297	130	341	202	112	11444	35517	3944
2004	404	106	363	169	100	10779	35348	4428
2005	402	77	384	148	87	9011	30341	4352
2006	661	121	481	172	109	10005	36807	5908
2007	772	90	546	188	82	9051	33354	6295
2008	1225	101	634	176	91	8915	33682	7549
2009	1655	103	679	196	93	9000	35501	8762
2010	2657	175	1098	272	116	12363	44814	11671
2011	3174	215	1234	298	123	11920	46139	12262
2012	4637	196	1691	331	142	13835	50677	13233
2013	5928	254	2424	417	161	15498	51919	14548
2014	7236	334	2987	445	152	16550	53849	16469
不同时期的年均增长率(%)								
1995~2004	21	2	26	4	-3	3	3	14
2005~2014	38	18	26	13	6	7	7	16
1995~2014	28	9	26	8	1	5	5	15

资料来源：笔者根据国际知识产权组织（WIPO）的数据计算得到。

　　中国像很多人口众多的国家一样，有比一般国家更多的天才，从而产生更多的创造性思想。中国专利授权数量的快速增长，无论是国内的还是国外的，均与庞大的人口规模有关。为了打消这个疑虑，我们在做国际对比时应控制人口规模。类似地，经济发展水平也会对专利授权数产生影响：更富裕的国家能投入更多资源到研发活动（R&D），而且相比穷国具有更强烈的创新需要。于是，我们也在国际比较时控制人均GDP。

　　为了进行国际比较，我们将更多国家纳入研究样本中。我们将各国在USPTO 获得授权的发明专利总数对人口规模（取对数）、人均 GDP（取对数）、国家固定效应、年份固定效应以及所重点关心的部分国家与年度固定效应乘积做回归。图 2 分别给出了日本、德国、韩国以及金砖国家的国家×年份固定效应相对于各自人均 GDP 的散点图。它反映的是在控制人口规模和经济发展水平之后，我们所关心的国家在 USPTO 的专利授权的时间趋势相对于各国平均水平的表现。由图 2 可知，随着经济增长，中国发明专利数量实现了稳步增长，而其他国家，除了印度以外，并没有这种清晰的趋势。在相同的时期，印度也出现了经济增长与专利增长之间的正相关关系，但是中国在获得 USPTO 专利授权的表现远超印度。

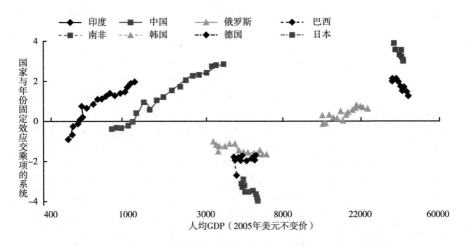

图 2　美国专利商标局（USPTO）授权给各国的专利数量

注：控制人口数量、人口数量的平方以及其他国家的固定效应和年份固定效应。
资料来源：美国专利数据（1998～2010 年）。

为了理解专利对发明者的价值，可以考察一项专利被其他专利申请人的引用次数。图 3 使用 USPTO 所有授权专利（在后续年份中）的引用次数（前向引用），来替代图 2 中的专利授权数量。我们再次发现，中国和印度的引用次数随着经济增长呈清晰的上升趋势。因为中国比印度经济增速更快，中国专利引用数的增长表现更加突出。通过比较发现，其他的金砖国家、日本、德国和韩国并未出现类似规律。重要的是，如果试图线性拟合各国的专利引用数和收入的对数，那么图 3 表明在同等收入的情况下，中国相比其他金砖国家（印度除外）获得了更多的专利引用。

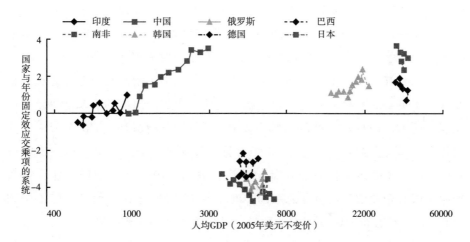

图 3　不同国家在美国专利商标局（USPTO）获得的专利的前向引用：国际比较

注：控制人口数量、人口数量的平方、其他国家的固定效应和年份固定效应。

资料来源：美国专利数据（1998～2010 年）。

总而言之，中国不仅是专利数量呈现爆炸式增长，而且它们的质量也有明显的提升。相比其他金砖国家和 OECD 的创新大国而言，中国专利质量随时间推移出现了显著提高。简而言之，中国创新的增长是真实而稳健的。

四　创新增长的源泉

中国在创新上快速增长的原因是什么呢？可能有多个多种潜在的因素。政府对研发活动（R&D）的支持、行业竞争、市场规模和相对价格的变化（例如不断上涨的工资）均可能促进中国创新能力的增长。在这一章，我们对这些可能的因素做一个研究。

首先，研发的投资是获得专利的关键投入，而中国政府已经为企业的研发活动提供了相当规模的补贴。为了测量这些补贴的幅度，我们将中国专利数据库和中国规模以上工业企业数据库（ASIEC）的数据进行合并。中国规模以上工业企业调查数据库，覆盖了1998～2009年的所有国有企业和年销售额超过500万元人民币的规模以上私有企业，其中包括企业所有制信息。[①] 专利数据库包含了1985～2012年申请且最后获得国家知识产权局授予的全部专利数据。研发数据则来自中国规模以上工业企业数据库。

图4使用中国规模以上工业企业数据库的数据，分别画出了国有企业和私有企业中的研发补贴与销售额的比重（使用增加值数据作为分母的结果类似）。从图4可知，1998～2007年（只有这个时间段有补贴数据），国有企业相比私有企业获得了更高比例的补贴。虽然中小型国有企业相比私有企业获得了更多的补贴，但它们相比私有企业在专利产出上的表现却更差。正如表6所示，1998～2009年，私有企业的专利授权数量年均增长35%，分别超过了国有企业和外资企业23个百分点和9个百分点。国有企业专利份额的下降，主要来自国有企业部门的逐步收缩。1998年，中国工业企业数据库中国有企业数量占企业总数的30%，而到2009年这一份额已经下降到只有2%。私有企业因其庞大的数量，已成为创新的主要引擎。

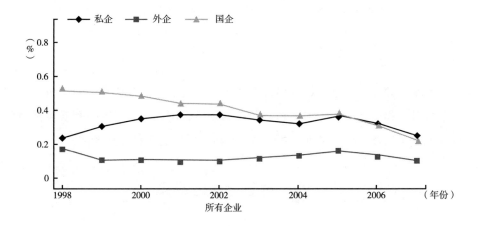

---

① 虽然ASIEC在2010～2014年的数据提出了灰色市场，但是其质量看起来令人质疑，为了保守起见，我们在这一章没有使用这些数据。

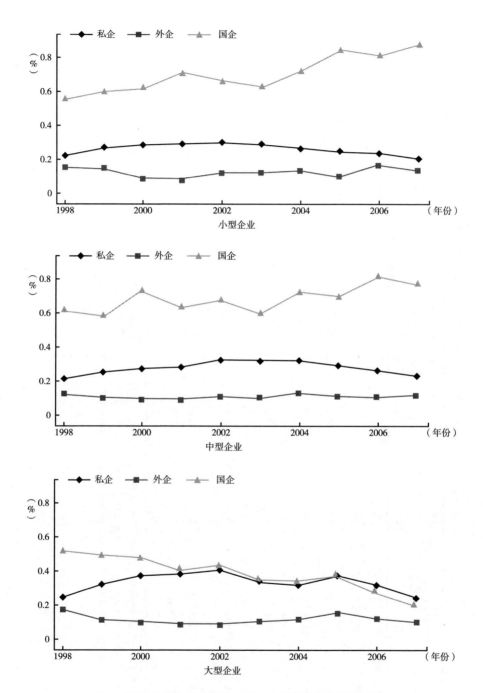

图 4 按企业所有制类型和规模分类的补贴与销售额比率

注：依据销售额将企业平均分为三组：小型、中型和大型。

表 6 企业专利授权的分布：按照企业类型和申请年份分类

年份	总数	占专利数的份额			占企业数的份额			每个企业的专利数			出口企业（%）	劳动力密集型企业（%）
		私有企业（%）	国有企业（%）	外资企业（%）	私有企业（%）	国有企业（%）	外资企业（%）	私有企业（件）	国有企业（件）	外资企业（件）		
1998	8776	37	23	40	53	30	17	0.043	0.049	0.148	59	55
1999	12181	36	22	42	55	27	18	0.058	0.072	0.209	60	59
2000	14613	39	19	42	59	22	19	0.069	0.094	0.229	59	56
2001	18121	47	12	41	64	17	20	0.089	0.089	0.254	65	62
2002	26028	49	11	39	67	13	20	0.121	0.140	0.320	64	63
2003	31483	51	13	36	70	10	21	0.131	0.240	0.319	67	63
2004	41739	52	8	40	72	6	21	0.119	0.211	0.311	73	66
2005	52017	53	7	40	74	4	21	0.150	0.326	0.400	69	69
2006	68960	54	6	40	76	3	21	0.180	0.450	0.483	69	69
2007	87086	61	5	34	78	2	20	0.220	0.658	0.474	68	68
2008	122558	61	5	34	80	2	18	0.248	0.877	0.602	73	67
2009	137900	62	5	33	80	2	18	0.365	1.371	0.825	60	66
年度增长率（%）	28	35	12	26	11	-17	8	21	35	17	28	31

注：私有企业在这里指的是私人所有或者集体所有的企业。如果国家控制了一个企业超过 50% 的股份，那么它就被定义为国有企业。外资企业是那些超过 10% 的企业股份为外国人持有，或者为来自香港、澳门，中国台北的个人或企业持有的企业。劳动力密集型企业的定义参考 Qu 等（2013）。

资料来源：笔者基于来自中国知识产权局国家专利数据库和 ASIEC 数据合并得到的企业专利数据库（1998～2009 年）进行的计算。

在文献中，市场规模已经被认为是创新的重要驱动力（Acemoglu 和 Linn，2004）。在过去的几十年中，中国经济与全球经济越来越融为一体，尤其是在中国 2001 年加入 WTO 之后。当面临着激烈的国际市场竞争环境时，出口企业保持其竞争力的一个方式，就是创新。正如表 6 和图 5 中所揭示的，中国的出口企业确实比其非出口企业具有更强的创新力。

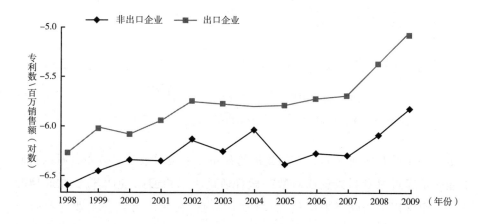

图 5　出口与非出口企业的专利密度

注：如果一个企业在某个特定年份出口额为正，就被定义为那个年度的出口商。

自 2003 年以来，中国的真实工资率以超过 10% 的年度增长率在上升。一些学者认为，中国现在已经跨过了"刘易斯拐点"，这就意味着超低工资的时代已经终结（如 Zhang et al.，2011）。面对不断上涨的劳动力成本，企业要么关停，要么迁到廉价劳动力和土地成本的地区，要么就进行创新。表 6 最后一列报告了中国劳动力密集型企业的专利授予份额随时间的变化趋势。特别地，这些企业在总的专利授予数中所占的比重在不断增长，从 1998 年的 55% 上升到 2009 年的 66%。如图 6 所示，2003～2007 年，劳动力密集型企业的专利密度——使用授予的专利总件数与销售额的比率来度量——增长比资本密集型企业快。这一时期正是真实工资开始急剧上涨的阶段。可能正是不断上涨的劳动力成本，使得劳动力密集型的企业想方设法通过更多创新来替代昂贵的劳动力。

当然，上述的描述只是基于双变量相关分析，结论只是提示性的。为了评估这些因素在促进企业创新中的相对重要性，我们现在转向多元回归。因

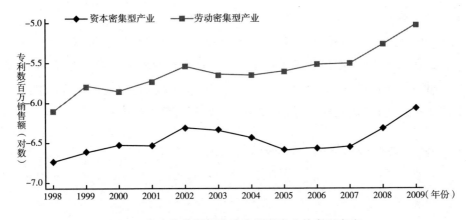

图 6　资本密集型和劳动密集型产业的专利密度

注：我们将每年资本劳动比率高于中位数数值的产业定义为资本密集型产业。

为多数企业没有任何专利，专利数量的分布并不是对数正态分布，所以我们不能简单通过对专利数量取对数来做普通最小二乘回归（OLS）。在此情况下，一个常用方法就是采用负二项回归模型；然而，当包含企业固定效应时，由于参数过多会在各年存在问题。于是，我们使用 Allison（2005）混合负二项估计方法：首先，我们计算了每个企业所有解释变量 X 的均值；其次，我们通过使用 X 的原始值减去均值，从而创造了一系列新的变量——即，$X - X$ 的均值；最后，我们使用这些新构造的变量作为自变量，并使用随机负二项模型。这一方法是固定效应和随机效应模型的混合体，而且重要的是，它极大地解决了固定效应负二项模型在条件估计上的缺点——自动地去掉了那些所有年份中专利数量均为零值的企业。我们估计的方程可以写为方程（1）：

$$P_{ijt} = F(Sales_{it}, Wage_{jt}, Subsidy_{jt}, Taxrate_{jt}, Interestrate_{jt}, \quad (1)$$
$$Tariff_{jt}, Export_{it}, HH_{jt}, 行业或企业固定效应, 年度固定效应)$$

在方程（1）中，P 是企业 i 在第 t 年获批准的专利数；$Sales$ 是企业 i 在第 t 年的年度销售额；$Wage$ 是企业坐落的地理单元中该城市—行业—年度和企业所有制类型下（排除了企业自身）的平均工资；$Subsidy$ 是企业层面上从政府获得的补贴额与总销售额的比率；$Interestrate$ 是在企业层面的本年度与上一年度支付的总利息与平均负债之间的比率；$Tariff$ 是基于联合国商品贸易统计数据库（UN Comtrade Database）的企业 i 所在标准行业分类二位编码（SIC－2），获取产品水平匹配的关税数据（使用行业—年度水平来计算），构造的加权平均贸易伙伴平均关税率；① *Export* 是一个表征该企业在第 *t* 年出口额是否为正的虚拟变量；而 *HH* 是在行业—年度水平上的赫芬达尔—赫希曼（HH）指数。②

毫无疑问，许多解释变量是内生的。本着工具变量方法的精神，我们在相同的城市—行业—所有制类型—年度的单元下，使用所有其他企业在工资率、补贴率、税率和利率等指标的均值，来替代特定企业在这些指标中的特定值。其思想（假设）就是，相同单元中所有其他企业的均值，更多地反映了当地劳动力市场的市场条件（对于工资变量而言）或者当地的政策设计（对于其他三个变量而言）。我们还去掉了企业数少于五个的数据单元。需要注意的是，我们将关税税率看作外生的，这是因为它是贸易伙伴关税税率的均值，不太可能被中国单个企业系统地操控。

表 7 报告了混合负二项回归的估计结果。③ 回归得到了几个明显的结论。第一，使用销售额来度量的企业规模与该企业获得批准的专利数正相关。毫不奇怪的是，大型企业倾向于获得更多的专利授权。第二，出口企业相比非出口企业更具有创新性。我们对企业规模与创新水平之间的正相关、出口状态与创新水平之间的正相关不做因果性解释，因果关系可能是双向的。我们只是简单地将这两个回归元视为控制变量。

表7　对专利计数的混合负二项回归：基准情形

变量	（1）专利总数	（2）发明专利	（3）实用新型专利	（4）设计专利
Sales(log)	0.437 ***	0.491 ***	0.435 ***	0.424 ***
	(0.012)	(0.024)	(0.015)	(0.019)
Export	0.115 ***	0.181 ***	0.071 **	0.157 ***
	(0.022)	(0.045)	(0.028)	(0.036)

① 我们使用标准工业分类二位编码（SIC－2）的目的主要是改善数据匹配效率。
② 赫芬达尔—赫希曼指数使用下面的步骤来计算：①对于每一个四位编码行业和年度 *t*，计算每个企业的市场份额；②对于每一个四位编码行业和年度 *t*，将每个企业的市场份额进行加总。赫芬达尔—赫希曼指数越高，市场竞争程度越低。
③ 作为稳健性检验，我们还使用了其他的设定，例如固定效应负二项模型，随机效应负二项模型以及固定效应序数线性概率模型。绝大部分变量的系数在质量上是非常类似的，从而变量是稳健的。

续表

变量	（1）专利总数	（2）发明专利	（3）实用新型专利	（4）设计专利
Wage（log）	0.082 ***	0.224 ***	0.137 ***	0.072 *
	（0.027）	（0.050）	（0.034）	（0.042）
Subsidy rate（log）	0.003	0.045 ***	0.003	0.010
	（0.006）	（0.011）	（0.007）	（0.009）
Tax rate（log）	− 0.073 ***	− 0.066 **	− 0.085 ***	− 0.036
	（0.017）	（0.032）	（0.021）	（0.027）
Interest rate（log）	− 0.025 **	0.010	− 0.042 ***	− 0.036 **
	（0.010）	（0.020）	（0.013）	（0.016）
Partner tariff	− 1.048 ***	− 0.843 ***	− 1.123 ***	− 0.482 ***
	（0.078）	（0.146）	（0.115）	（0.118）
HH index	0.143	− 0.087	0.541 **	0.358
	（0.224）	（0.425）	（0.267）	（0.328）
观测个数	1187140	1187140	1187140	1187140
企业固定效应	是	是	是	是
时间固定效应	是	是	是	是
赤池信息准则（AIC）	438522	114137	270400	213959

注：*** 表示 1% 的显著性水平。

工资对数、补贴率对数、税率对数和利率对数的数据都是在城市—行业—企业所有制类型—年度水平均值（除了企业自身）。那些少于 6 个观测数据的单元被剔除了。销售对数数据和出口数据仍然是企业年度水平值。

其他国家更低的进口税率能促进中国产品在国际市场上的扩张从而促进企业创新。因为外国关税（在很大程度上）是外生的，所以我们将这一系数解释为因果效应：国际市场的扩张或者新的出口机会使得企业更加具有创新性。表 7 的结果表明，相关行业中贸易伙伴的加权关税税率每下降 1 个百分点，专利授权数量平均会增加 1 个百分点。

在财政补贴的意义上，有一些证据表明，发明专利与研发补贴之间正相关，但是实用新型专利和设计专利与研发补贴之间的关系不显著。因为发明专利通常被认为比其他类型专利更具有创新性，那么我们就不能排除财政补贴促进了企业创新的可能性。

与此同时，更高的税率似乎不利于创新，税率的系数在所有四列中都是负的，其中三列在统计上均显著。

使用更高的隐含利率来度量的更高的资本成本，与多种类型的创新活动之间呈现负相关关系；对数利率的系数为负，并且对全部专利数以及实用新型专利数都具有统计显著性。

在工资水平和企业创新之间存在着稳健的正相关关系。由于我们使用相同数据单元中其他企业的平均工资替代单个企业自身的工资水平，较好地消除了内生性，那么我们就能把估计系数解释为：为应对不断上涨的劳动力成本的挑战，平均而言，企业变得更具创新性。当然，相比欠缺创新性的行业，创新性行业倾向于雇用更多高技能型工人。一般而言，高技能工人比低技能型工人获得的报酬更多，从而导致行业层面平均工资与企业创新水平之间可能存在正相关关系。注意到，我们在表7中的回归包含了单独的企业固定效应和年度固定效应（也就意味着包含了行业的固定效应）。因此，内生性只在行业—城市—所有制类型—年度的层面上出现。然而，为了进一步消除内生性，我们将现在的平均工资替换为相同数据单元中其他企业的滞后值的均值，我们发现了相同的定性结果（见附录表A1）。作为一个稳健性检验，我们使用城市—年度层面上的最低工资来替代相同数据单元中其他企业的平均工资，并且再次发现相同的定性结果（见附录表A2）。

然而，绝对工资水平的上升，对劳动力密集型企业和资本密集型的冲击程度不同。为了研究这一特征，我们加入了工资和表征该行业资本密集度的哑变量交乘项。劳动密集型企业被定义为在样本初期劳动力密度在全部企业处于中位数以上的虚拟变量。表8展示了估计结果。在四个回归中的三个（分别是专利总数、发明专利数和设计专利数），这个交互项的系数显著为正。这些结果与引致创新理论一致，即不断上升的劳动力成本引致劳动力密集型企业更具创新性从而生存下来。表8中的结果对于工资变量的备选变量（无论是工资的滞后变量还是最低工资水平）也是稳健的。为了节约版面，使用滞后工资水平和最低工资水平的估计结果在此就不赘述了。

表8　工资水平对劳动密集型行业创新水平的影响

变量	（1）专利总数	（2）发明专利	（3）实用新型专利	（4）设计专利
$Wage(\log) \times Labour\text{-}intensive\ dummy$	0.163 ***	0.695 ***	− 0.042	0.174 ***
	(0.038)	(0.073)	(0.052)	(0.059)
$Sales(\log)$	0.436 ***	0.483 ***	0.433 **	0.425 ***
	(0.012)	(0.024)	(0.015)	(0.019)

变量	（1）专利总数	（2）发明专利	（3）实用新型专利	（4）设计专利
Export	0.108 ***	0.162 ***	0.064 **	0.153 ***
	（0.022）	（0.045）	（0.028）	（0.036）
Wage（log）	0.010	− 0.101 *	0.184 ***	0.007
	（0.034）	（0.061）	（0.050）	（0.051）
Subsidy rate（log）	0.006	0.044 ***	0.008	0.012
	（0.006）	（0.011）	（0.007）	（0.009）
Tax rate（log）	− 0.068 ***	− 0.032	− 0.082 ***	− 0.031
	（0.017）	（0.033）	（0.021）	（0.027）
Interest rate（log）	− 0.022 **	0.021	− 0.040 ***	− 0.035 **
	（0.011）	（0.020）	（0.013）	（0.017）
Partner tariff	− 1.138 ***	− 1.091 ***	− 1.141 ***	− 0.475 ***
	（0.082）	（0.148）	（0.120）	（0.122）
HH index	0.260	− 0.090	0.597 **	0.456
	（0.223）	（0.423）	（0.265）	（0.327）
观测个数	1187140	1187140	1187140	1187140
企业固定效应	是	是	是	是
时间固定效应	是	是	是	是
赤池信息准则（AIC）	436557	114023	266115	213652

注：** 表示 5% 的显著性水平；*** 表示 1% 的显著性水平。

工资对数、补贴率对数、税率对数和利率对数的数据都是在城市—行业—企业所有制类型—年度水平均值（除了企业自身）。那些少于 6 个观测数据的单元被剔除了。销售对数数据和出口数据仍然是企业年度水平值。被解释变量是专利计数。这里使用的是混合负二项回归。参考 Qu 等（2013）关于劳动力密集型行业的定义。

研究（Autor et al.，2003）表明，计算机技术的引进已经降低了例行重复工作的岗位数。参考 Autor 等（2003）的做法，我们创造了一个虚拟变量，"routine" 表征该行业是否属于例行重复工作较多的行业，如果是，取值为 1，否则则取 0。我们预期面临劳动力成本不断上升时，涉及大量例行重复工作较多（通常由低技能工人完成）的企业，更有可能创新以寻求替代劳动力。类似表 7，我们使用双重差分（Difference-in-difference，DID）方法，通过引入工资水平与该 "routine" 虚拟变量交互项的方式，来检验不断上升的工资对例行重复工作较多的企业的影响。正如表 9 中面板 A 所示，这个交互项的系数在所有四个回归中表现出了统计显著性。换句话说，随着工资不断上升，那些能够生存下来的例行重复工作较多的企业表现为更具创新性，可能是它们依靠更多的计算机技术。

表 9　工资水平对常规密集型产业与夕阳产业创新水平的影响

变量	(1)专利总数	(2)发明专利	(3)实用新型专利	(4)设计专利
面板 A:对常规密集型产业的影响				
Wage(log)* Routine	0.490 ***	0.992 ***	0.237 ***	0.759 ***
	(0.048)	(0.089)	(0.082)	(0.072)
面板 B:对夕阳产业的影响				
Wage(log)* Routine	0.040	- 0.222 ***	- 0.058	0.089
	(0.040)	(0.072)	(0.052)	(0.064)

注：*** 表示 1% 的显著性水平。

表中报告的是混合负二项回归估计量。传统产业的定义参考 Autor 等（2003）。

当面临着劳动力成本上升时，对于劳动力密集型企业来说，存在两种类型的可能路径。在那些可能发生创新的行业，企业必须创新以谋求生存。在那些国际经验表明很难出现创新的行业，创新是非常艰难的（夕阳产业），退出或者关停是很可能发生的结果。在夕阳产业内部，由于市场份额在不断萎缩，这些企业因为担心失败难以收回成本，更不愿意做出研发投资。

我们将中国情形下的夕阳产业定义如下：首先，我们依据 2000 年的 GDP 水平选择了世界上除中国外的前 40 经济体。其次，我们收窄了范围，保留了那些人均 GDP 在中国 1.5 倍以上且绝对水平低于 12000 美元（2005年不变价）的国家。剩下的清单包括：阿根廷、巴西、捷克、墨西哥、也门、波兰、俄罗斯、土耳其、委内瑞拉和赞比亚。最后，使用这些经济体作为参考点，我们计算了每个国家每个行业的年度增长率，以及使用 GDP 作为权重计算了样本国家的经济整体增长率。如果一个行业在 1998~2007 年的年均增长率低于所有行业年均增长率的中位数，那么它就被定义为夕阳产业。

表 9 的面板 B，显示了工资水平与夕阳产业虚拟变量之间交互效应的估计结果。只有在发明专利的回归中，这一交互效应的系数才显著为负。一般而言，发明专利相比实用新型专利和设计专利涉及更多的研发投入。这些结果在交互效应中引入最低工资的滞后值时，也是稳健的。当市场

前景比较严峻是，夕阳产业的现有企业相对而言不愿意投资在研发活动上，从而相比其他行业发明专利数更少。和那些与中国相比稍微富裕的经济体一样，中国的夕阳产业企业很可能增长比较慢并最终被朝阳产业所取代。

五 从产业升级到出口成就

我们接下来考察的是中国在专利和创新上的增长是否转化成了出口成就。这是一种市场检验：劳动力成本的上升，意味着在低技能劳动力密集型产品上的比较优势逐渐丧失。中国企业只有通过充分提升劳动生产率或生产高质量的产品，才能抵消劳动力成本上升的影响，进而维持或增加它们在全球市场中的份额。尽管这一研究没有使用专利数据，但可视为更广义的产业升级与创新。

产品质量在标准的贸易统计中是不能直接观察到的。我们使用 Khandelwal（2010）最先提出并由 Amiti 和 Khandelwel（2013）概述的方法对出口质量进行度量，即方程（2）：

$$
\begin{aligned}
\log MarketShare_{ijkt} = {} & \beta_0 + \Sigma_{i \in A} \Sigma_{t=2}^{40} \beta_{1it} Interested\ Country_i \times Year_t \\
& + \beta_2 \log GDP\ of\ Exporter_{it} + \beta_3 \log GDP\ of\ Importer_{jt} + \beta_4 \log GDP\ per\ capita\ of\ Importer_{jt} \quad (2) \\
& + \Sigma_{k \in B} Product_k \times Standardised\ \log unitvalue_{ijkt} + \alpha_t + \rho_k + \varepsilon_{ijkt}
\end{aligned}
$$

在方程（2）中，i 是出口国，j 是进口国（或者目的国），k 是 6 位海关（HS）商品编码，t 表示年份，涵盖了 1995～2014 年。市场份额和单位价值定义为方程（3）：

$$
\log MarketShare_{ijkt} = \frac{Quantity_{ijkt}}{\Sigma_j Quantity_{ijkt}} \quad (3)
$$

$$
\log Unitvalue_{ijkt} = \frac{Exportvalue_{ijkt}}{Quantity_{ijkt}}
$$

因为单位价值受到很多因素的影响，例如全球资源的价格，那么它不一定能纯粹反映产品的质量。为了消除行业特定冲击对单位价值的影响，我们将单位价值进行标准化，即减去产业层面的单位价值中位数，即：

$$
Standardised\ \log Unitvalue_{ijkt} = \log Unitvalue_{ijkt} - Median \log Unitvalue_{ijkt} \quad (4)
$$

我们使用了 GDP 绝对水平最高的 40 个经济体作为考察样本。在使用不同的样本时，例如 G20 经济体或者 GDP 排名前 70 的经济体，研究结论也是类似的。除了金砖国家、德国、韩国、日本和美国以外，进口国家组别与出口国家组别的集合是一样的。产品组由中国在 2000 年依据出口价值排名前 500 的出口商品组成。β_{1it} 是我们感兴趣的系数。

在图 7 中，我们将估计的 β_{1it} 系数与感兴趣的 9 个国家（德国、日本、韩国、美国和金砖国家经济体）的人均 GDP 做图。在所有国家中，中国、印度和德国随着经济增长，它们的出口份额也在增长。其他的三个金砖国家经济体（巴西、俄罗斯和南非）、日本、韩国和美国在那段时间表现出了出口市场份额的下降。至少基于控制某些变量后的出口市场份额的度量，中国产品的质量已经有稳步的提升。

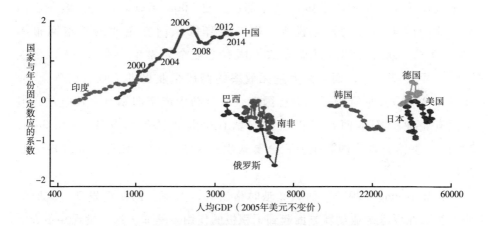

图 7　各国出口产品的市场份额

注：回归中控制了产品的单价。这样本覆盖了世界上最大的 40 个经济体。

资料来源：CEPII 的 BACI 数据库（www. cepii. fr/CEPII/en/bdd_ modele/presentation. asp? id = 1）。

六　研发资源的错配

因为国有企业在政治上仍是不可忽视的力量，而且获得了不可忽视的资源，包括政府补贴。我们在这一章节将研究中国在改善国有企业和私有企业之间研发资源配置效率的前景。

在 1990 年代末期国有企业改革拉开序幕以来，国有企业的数量在全部企业中的占比已经显著下降，从 1995 年的 24%（全部 4598604 家企业中，国有企业 1103665 家）下降到 2014 年的 3%（全部 18178921 家企业中，国有企业 545367 家）（见表 1）。在政府"抓大放小"改革期间，几乎所有的小型国有企业被关闭或者被私有化了。绝大部分留存下来的国有企业相对规模较大，并且处于上游行业或具有战略意义的行业（Hsieh 和 Song，2015）。相比私有企业，它们面临着更少的竞争，不仅如此，它们相对而言获得了来自政府更多的金融支持，例如银行贷款或者研发补贴。

不仅如此，在 1997 年亚洲金融危机和 2008 年全球金融危机之后，中国政府启动了一系列的刺激计划，向经济注入大量流动性资金，而这些资金不成比例地直接流向了国有企业部门。自 2008 年以后，这种偏向于国有企业的政策和大量资金投入，进一步降低了国有企业的资本回报率（Bai 和 Zhang，2014），从而导致了国有企业全要素生产率（TFP）出现下降（Wu，2013），而且为大量无效率的僵尸企业提供了救命稻草（Tan et al.，2016）。尽管剩下的大型国有企业劳动生产率向私有企业收敛，但是国有企业的资本回报率仍然要比私有企业要低得多（Hsieh 和 Song，2015）。整体而言，国有企业在全要素生产率上落后于私有企业（Brandt，2015）。

正如 Boeing（2016）回顾文献时指出的，大部分的研究发现，政府的研发补贴在促进企业创新方面起到了积极的作用。然而，这一发现并不表明研发补贴得到了有效配置。在 1998~2009 年，尽管国有企业一般而言比私有企业获得了更多的研发补贴，但是在专利授权数量上，私有企业却比国有企业有更快的增长（见表 10）。这说明，在国有企业和私有企业之间存在着研发补贴的资源错配。

正如图 4 所示，国有企业尤其是中小型国有企业，每单位销售额获得的研发补贴比私有企业要高。这很可能反映了地方政府向地方国有企业的补贴。大型私有企业和国有企业看起来得到了平等对待，这反映两个方面的事实：一个是中央政府相比地方政府提供更少的补贴，另一个是大型私有企业可能更有可能/资源去获得"公平的"研发补贴。当考察税率时，我们发现，相比私有企业，国有企业承担了更高的实际税率〔（所得税＋增值税）/销售额〕（见图8）。事实上，国有企业尤其是大型的国有企业的总税收减去总补贴数更高一些（见图9）。

表10　研发对专利产出的影响：不同企业

VARIABLES	（1）Total	（2）Invention	（3）Utility model	（4）Design
R&D（log）* FIE	− 0. 006 * （0. 004）	− 0. 006 （0. 006）	0. 002 （0. 004）	− 0. 016 ** （0. 006）
R&D（log）* SOE	− 0. 011 ** （0. 005）	− 0. 020 *** （0. 007）	− 0. 004 （0. 005）	− 0. 016 （0. 010）
R&D（log）	0. 015 *** （0. 002）	0. 017 *** （0. 004）	0. 013 *** （0. 003）	0. 012 *** （0. 004）
Sales（log）	0. 274 *** （0. 022）	0. 328 *** （0. 039）	0. 254 *** （0. 027）	0. 287 *** （0. 036）
Observations	785235	785235	785235	785235
Firm FE	YES	YES	YES	YES
YearFE	YES	YES	YES	YES
AIC	300800	93583	192008	136310

注：** 表示5%的显著性水平；*** 表示1%的显著性水平。

　　工资对数、补贴率对数、税率对数和利率对数的数据都是在城市—行业—企业所有制类型—年度水平均值（除了企业自身）。那些少于6个观测数据的单元被剔除了。销售对数数据和出口数据仍然是企业年度水平值。因为只能得到2005~2009年的研发数据，所以我们在样本中仅仅包含了4年的数据。

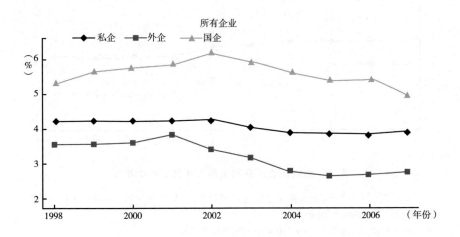

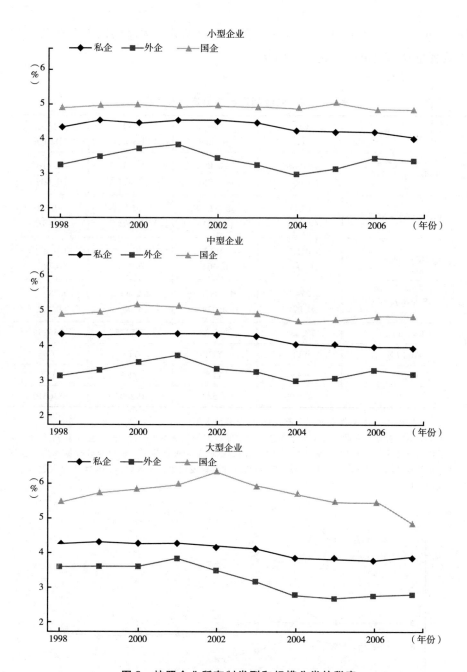

图 8　按照企业所有制类型和规模分类的税率

注：税率定义为［（收入税 + 增值税）/ 销售额］。依据销售额，企业被平均分为三组：小型、中型和大型企业。

资料来源：笔者基于 ASIEC 数据库数据进行的计算。

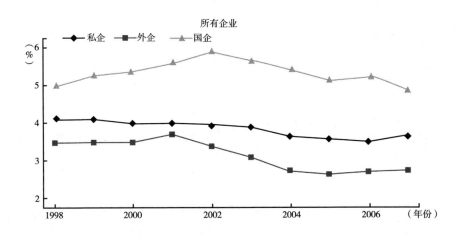

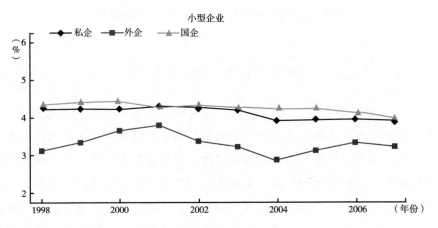

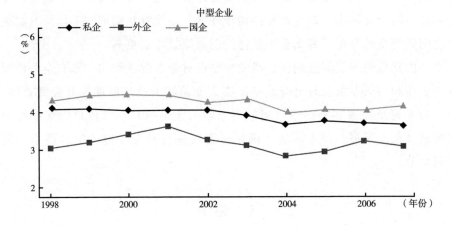

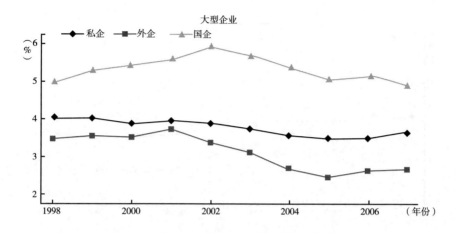

图 9　按照企业所有制类型和规模分类的净税率

注：净税率定义为 [（收入税 + 增值税 – 补贴额）/ 销售额]。依据销售额，企业被平均分为三组：小型、中型和大型企业。

资料来源：笔者基于 ASIEC 数据库数据进行的计算。

　　表 10 展示了在控制企业销售额、企业固定效应和年份固定效应之后，专利计数相对于企业研发支出的回归结果。为了评估私有企业和国有企业在研发支出上是否具有不同的专利授权弹性，我们在回归中引入了企业所有制类型与研发支出的交互项。国有企业虚拟变量与研发变量之间的交互项，显著为负，这表明私有企业在研发支出的专利授予弹性上确实显著高于国有企业。换句话说，国有企业不像私有企业那样有效地支配研发资源。这是研发补贴在不同企业间出现资源错配的初步证据。如果补贴能够在不同所有制企业之间更均衡地分配，那么整个经济的创新绩效将会更高。

　　考虑到低税率能促进创新，研发补贴也对创新促进作用，私有企业比国有企业在利用研发资源时更有效率，那么推动如下改革就能提升经济效率：（1）同步降低税率和补贴率（对政府净收入无影响）；（2）只向那些社会回报超过私人回报的经济活动（例如研发）进行补贴，但公平对待不同所有制类型。

六　结论

　　过去几十年间，中国经济取得了巨大的成就，制造业在业者的工资在

1980～2015 年增长了大约 14 倍。中国在 2012 年之后劳动人口开始减少，更增加了工资上涨的压力。中国企业必须通过创新和提高生产率来应对不断上涨的工资压力。

中国能不能良好地应对挑战？人们经常提到"中等收入陷阱"，意思是只有少数经济体能从中等收入变成创新型高收入的经济体。政府和部分学者确实表达了中国面临的中等收入陷阱的挑战（比如，OECD 2013；Ma，2016）。韩雪辉和魏尚进（Han and Wei，2015）运用转移矩阵分析和非参分析（回归树）发现数据不支持绝对的中等收入陷阱假说。但是，在特定条件下，中等收入国家的经济确实可能出现增长停滞甚至倒退的现象。

我们发现，在参与全球贸易和工资上涨的压力下，中国企业的创新能力已经呈现快速增长的趋势。从专利数量或质量来看，中国经济已经在向创新驱动型转化。因此不必对中国经济过度悲观。

如果中国能继续找到有效的办法向创新型经济体转型，就有很大机会进入高收入国家行列。减少对国企的补贴就是其中之一。即使国企在创新方面的效率低于民企，却仍能获得更多政府补贴。如果政府能消除歧视性的研发补贴，让不同类型的企业在同一起点赛跑，那么就可以减少资源错配、提升效率。其他的配套措施包括加强对知识产权的保护，推进教育改革，尤其是在教育体系中增加批判性和创造性思维的训练。

参考文献

Acemoglu, D. and Linn, J. (2004), Market size in innovation: Theory and evidence from the pharmaceutical industry, *Quarterly Journal of Economics* 119(3): 1049–1090. doi.org/10.1162/0033553041502144.

Allison, P. D. (2005), *Fixed Effects Regression Methods for Longitudinal Data Using SAS*, Cary, NC: SAS Institute.

Amiti, M. and Khandelwal, A. K. (2013), Import competition and quality upgrading, *Review of Economics and Statistics* 95(2): 476–490. doi.org/10.1162/ REST_a_00271.

Autor, D. H., Levy, F. and Murnane, R. J. (2003), The skill content of recent technological change: An empirical exploration, *Quarterly Journal of Economics* 118(4): 1279– 1333. doi.org/10.1162/003355303322552801.

Bai, C. E. and Zhang, Q. (2014), Returns to capital and their determinants in China, [in Chinese], *World Economy* 10: 2–30.

Boeing, P. (2016), The allocation and effectiveness of China's R&D subsidies: Evidence from listed firms, *Research Policy* 45(9): 1774–89. doi.org/10.1016/j.respol.2016.05.007.

Brandt, L. (2015), Policy perspectives from the bottom up: What do firm level data tell China needs to do? Paper presented at the Asia Economic Policy Conference on Policy Challenges in a Diverging Global Economy, Federal Reserve Bank of San Francisco, San Francisco, 19–20 November.

Brandt, L., Tombe, T. and Zhu, X. (2013), Factor market distortions across time, space and sectors in China, *Review of Economic Dynamics* 16(1): 39–58. doi.org/10.1016/j.red.2012.10.002.

Cai, F. and Du, Y. (2011), Wage increases, wage convergence, and the Lewis turning point in China, *China Economic Review* 22(4): 601–10. doi.org/10.1016/j.chieco.2011.07.004.

Cai, F. and Wang, M. (2008), A counterfactual analysis on unlimited surplus labor in rural China, *China & World Economy* 16(1): 51–65. doi.org/10.1111/j.1749-124x.2008.00099.x.

Chang, S. and Zhang, X. (2015), Mating competition and entrepreneurship, *Journal of Economic Behavior & Organization* 116(C): 292–309. doi.org/10.1016/j.jebo.2015.05.004.

Dang, J. and Motohashi, K. (2015), Patent statistics: A good indicator for innovation in China? Patent subsidy program impacts on patent quality, *China Economic Review* 35(C): 137– 155. doi.org/10.1016/j.chieco.2015.03.012.

Fan, S., Kanbur, R., Wei, S. J. and Zhang, X. (eds) (2014), *The Oxford Companion to the Economics of China*, Oxford: Oxford University Press.

Fan, S., Zhang, X. and Robinson, S. (2003), Structural change and economic growth in China, *Review of Development Economics* 7(3): 360– 377. doi.org/10.1111/1467-9361.00196.

Feenstra, R. and Wei, S. J. (2010), *China's Growing Role in World Trade*, Chicago: University of Chicago Press. doi.org/10.7208/chicago/9780226239729. 001.0001.

Golley, J. and Meng, X. (2011), Has China run out of surplus labour? *China Economic Review* 22(4): 555–572. doi.org/10.1016/j.chieco.2011.07.006.

Han, X. and Wei, S. J. (2015), *Re-examining the middle income trap hypothesis (MITH): What to reject and what to revive?* CEPR Discussion Paper 10989, Centre for Economic Policy Research, London.

Hsieh, C. T. and Klenow, P. J. (2009), Misallocation and manufacturing TFP in China and India, *Quarterly Journal of Economics* 124(4): 1403–1448. doi.org/10.1162/qjec.2009.124.4.1403.

Hsieh, C. T. and Song, Z. (2015), Grasp the large, let go of the small: The transformation of the state sector in China, *Brookings Papers on Economic Activity* 50(1): 295–366.

Khandelwal, A. (2010), The long and short (of) quality ladders, *Review of Economic Studies* 77(4): 1450–1476. doi.org/10.1111/j.1467-937X.2010.00602.x.

Knight, J., Deng, Q. and Li, S. (2011), The puzzle of migrant labour shortage and rural labour surplus in China, *China Economic Review* 22(4): 585–600. doi.org/10.1016/j.chieco.2011.01.006.

Lin, J. (1992), Rural reforms and agricultural growth in China, *American Economic Review* 82(1): 34–51.

Ma, D. (2016), Can China avoid the middle income trap? *Foreign Policy*, 12 March.

National Bureau of Statistics of China (NBS) (2012), *China Statistical Yearbook*, Beijing: China Statistics Press.

Organisation for Economic Co-operation and Development (OECD) (2013), *The People's Republic of China: Avoiding the middle-income trap—Policies for sustained and inclusive growth*, September, Paris: OECD.

Qu, Y., Fang, C. and Zhang, X. (2013), Has the flying geese paradigm occurred in China? *China Economist* 8(6): 18–31.

Romer, P. M. (1990), Endogenous technological change, *Journal of Political Economy* 98(5): S71–S102. doi.org/10.1086/261725.

Tan, Y., Huang, Y. and Woo, W. T. (2016), Zombie firms and the crowding-out of private investment in China, *Asian Economic Papers* 15(3). doi.org/10.1162/ASEP_a_00474.

Wang, X., Huang, J., Zhang, L. and Rozelle, S. (2011), The rise of migration and the fall of self-employment in rural China's labor market, *China Economic Review* 22(4): 573– 584. doi.org/10.1016/j.chieco.2011.07.005.

Wei, S. J. (2015), The recent change in China's population policy and its implications for China and the world economy, Keynote address to the Asia Economic Policy Conference, Federal Reserve Bank of San Francisco, San Francisco, 19–20 November.

Wei, S. J. and Zhang, X. (2011a), The competitive saving motive: Evidence from rising sex ratios and savings in China, *Journal of Political Economy* 119(3): 511– 564. doi.org/10.1086/660887.

Wei, S. J. and Zhang, X. (2011b), *Sex ratios, entrepreneurship and economic growth in the People's Republic of China*, NBER Working Paper No. 16800, National Bureau of Economic Research, Cambridge, Mass.

Wei, S. J., Zhang, X. and Liu, Y. (2016), Home ownership as status competition: Some theory and evidence, *Journal of Development Economics*. First published online, 21 December. doi.org/10.1016/j.jdeveco.2016.12.001.

World Intellectual Property Organization (WIPO) (various years), *World Intellectual Property Indicators*, Geneva: WIPO.

Wu, H. X. (2013), Measuring and interpreting total factor productivity in Chinese industry, *Comparative Studies* 69. Available from: magazine.caixin.com/2013/cs_69/.

Xie, Z. and Zhang, X. (2015), The patterns of patents in China, *China Economic Journal* 8(2): 122– 142.

Xu, C. and Zhang, X. (2009), *The evolution of Chinese entrepreneurial firms: Township–village enterprises revisited*, Discussion Paper No. 0854, International Food Policy Research Institute, Washington, DC.

Zhang, X., Yang, J. and Wang, S. (2011), China has reached the Lewis turning point, *China Economic Review* 22(4):542– 554. doi.org/10.1016/j.chieco.2011.07.002.

Zhu, X. (2012), Understanding China's growth: Past, present, and future, *Journal of Economic Perspectives* 26(4): 103– 124. doi.org/10.1257/jep.26.4.103.

附录 1 数据

出口数据来自法国展望研究及国际信息中心在较高水平的产品分类基础上开发的 BACI 数据库。原始数据由联合国统计司的商品贸易统计数据库提供。BACI 数据库采用原始程序构造程序，调和可出口商和进口商之间的申报结果。这个协调过程使得与原始数据库相比，大大扩展了贸易数据可得的国家数目。BACI 数据库提供了 1995 年以来 200 多个国家海关六位产品编码分类的双边出口贸易额和贸易量数据。这一数据库每年都会更新。如果要获取更详细的信息，见：www. cepii. fr/CEPII/en/bdd_ modele/presentation. asp？id = 1。

笔者基于中国公司注册数据库对现有企业和新企业的总数进行制表。用于国际比较的专利数据来自 WIPO 和 USPTO 数据库。

回归表格中所使用的数据，是基于国家知识产权局（SIPO）国家专利数据库的合并企业专利数据库（1998 ~ 2009 年）和 ASIEC 数据库得到的。

附录 2　附加表格

表 A1　对专利计数的混合负二项回归：使用滞后工资

变量	（1）全部专利	（2）发明专利	（3）实用新型专利	（4）设计专利
Sales（log）	0.419 ***	0.454 ***	0.418 ***	0.416 ***
	（0.013）	（0.026）	（0.016）	（0.021）
Export	0.119 ***	0.172 ***	0.065 **	0.161 ***
	（0.025）	（0.049）	（0.031）	（0.041）
Lag Wage（log）	0.510 ***	0.890 ***	0.790 ***	0.541 ***
	（0.058）	（0.113）	（0.074）	（0.090）
Subsidy rate（log）	− 0.007	0.033 ***	− 0.009	− 0.003
	（0.006）	（0.012）	（0.008）	（0.010）
Tax rate（log）	− 0.067 ***	− 0.057	− 0.080 ***	− 0.036
	（0.020）	（0.036）	（0.025）	（0.032）
Interest rate（log）	− 0.018	0.017	− 0.034 **	− 0.031 *
	（0.011）	（0.021）	（0.014）	（0.019）
Partner tariff	− 0.850 ***	− 0.314 *	− 0.666 ***	− 0.454 ***
	（0.091）	（0.171）	（0.131）	（0.140）
HH index	0.238	− 0.092	0.622 **	0.337
	（0.240）	（0.429）	（0.279）	（0.361）
观测个数	984517	984517	984517	984517
企业固定效应	是	是	是	是
年度固定效应	是	是	是	是
赤池信息准则 AIC	368333	99218	229716	173836

注：* 表示 10% 的显著性水平；** 表示 5% 的显著性水平；*** 表示 1% 的显著性水平。

工资对数、补贴率对数、税率对数和利率对数的数据都是在城市—行业—企业所有制类型—年度水平均值（除了企业自身）。那些少于 6 个观测数据的单元被剔除了。销售对数数据和出口数据仍然是企业年度水平值。工资变量的值滞后一年。

表 A2　对专利计数做混合负二项回归：使用最低工资

变量	（1）全部专利	（2）发明专利	（3）实用新型专利	（4）设计专利
Sales（log）	0.430 ***	0.441 ***	0.434 ***	0.435 ***
	（1.126）	（2.186）	（1.424）	（1.793）
Export	0.104 ***	0.172 ***	0.065 ***	0.148 ***
	（2.208）	（4.351）	（2.772）	（3.559）
Minimum Wage（log）	0.318 ***	0.484 ***	0.607 ***	0.371 ***
	（4.890）	（9.569）	（6.354）	（7.597）

续表

变量	(1)全部专利	(2)发明专利	(3)实用新型专利	(4)设计专利
Subsidy rate(log)	-0.003	0.017 *	-0.005	-0.013
	(0.526)	(0.978)	(0.664)	(0.859)
Tax rate(log)	0.050 **	0.115 ***	0.026	0.053 *
	(1.994)	(3.774)	(2.523)	(3.130)
Interest rate(log)	-0.012	-0.006	-0.040 ***	0.014
	(1.140)	(2.277)	(1.407)	(1.829)
Partner tariff	-9.156 ***	-6.279 **	-8.354 ***	-4.772 ***
	(112.564)	(258.170)	(184.781)	(127.120)
HH index	0.358	0.085	0.486 *	0.517
	(21.901)	(38.670)	(26.178)	(33.429)
观测个数	1305376	1305376	1305376	1305376
企业固定效应	是	是	是	是
年度固定效应	是	是	是	是
赤池信息准则 AIC	461094	124633	283566	217422

注：* 表示 10% 的显著性水平；** 表示 5% 的显著性水平；*** 表示 1% 的显著性水平。

工资对数、补贴率对数、税率对数和利率对数的数据都是城市—行业—企业所有制类型—年度水平的均值（除了企业自身）。那些少于 6 个观测数据的单元被剔除了。销售对数数据和出口数据仍然是企业年度水平值。最低工资是城市和年度的水平值。

生产力、创新与中国经济增长

吴延瑞　郭秀梅　〔澳〕多拉·玛丽诺娃（Dora Marinova）

中国经济增长中生产率和创新的作用，引起了众多经济学家激烈的争论。[①] 在跨越中等收入陷阱阶段的这一经济进程中，中国不得不面对许多领域的重建问题，从而这就加剧了上述问题的争论。全球金融危机（GFC）之后，中国的政策制定者选择将创新和企业家精神作为未来几十年里经济增长的新型驱动力。[②] 这种政策转变只是加剧了关于中国生产率增长和创新的讨论，并加深了上述研究。这一章陈述了最新的文献综述，并为中国经济的生产率增长、创新和效率改变提供新的估计结果。不仅如此，它还探索了可以从中国近期的经验中学到些什么，以及如何通过创新和生产率改进保持经济增长的可持续性。

这一章首先从生产率增长分析的简要文献综述开始，接着是对创新和追赶的文献讨论。这一领域的最新发展在第三节中有所讨论，而第四节则报告了分行业生产率增长的新估计结果。第五节展示了沿海地区与非沿海地区生产率绩效的比较研究结果，而第六节提供了本文的结论。

生产率增长分析

依据传统的增长核算框架，一个社会的经济增长是生产投入改变和技术

---

① 为了获得全面的文献综述，可以参考 Wu（2011）、Tian 和 Yu（2012）以及 Zhang（2016）。

② 有关中国创新能力和发展的综述，可以参考 Wu（2012）以及 Fan（2014）。

进步的结果（Solow，1957）。后者也被认为是生产率或者全要素生产率（TFP）的增长。考虑下面的科布—道格拉斯生产函数，见方程（1）：

$$y = Ak^{\alpha} l^{\beta} \qquad\qquad (1)$$

在方程（1）中，根据假设，在生产过程中，资本（k）和劳动力（l）被用于生产产出 y；α 和 β 分别是资本和劳动力的份额；A 提供了生产率的度量。方程（1）可以转化为下面的增长率公式，即方程（2）：

$$\dot{y} = tfp + (\alpha \dot{k} + \beta \dot{l}) \qquad\qquad (2)$$

在方程（2）中，上标的点表示增长率，tfp 表示全要素生产率。方程（2）表明，TFP 的增长定义为产出增长中没有被投入变化解释的部分。在这个方程条件下，一般而言，至少有三个术语——TFP 增长率、技术变化和技术进步。三个术语为经济学家交替使用。

许多作者在他们有关中国经济的经验分析中沿用了此方法。例如，Wu（1993）提出了截至并包含 1992 年的相关文献全面综述。紧接的文献综述覆盖了 1993 年以来中国经济的 151 个 TFP 增长率估计结果（Wu，2011）。Wu（2011）观察到，在 74 项综述的研究中，对中国 TFP 增长率的估计存在显著差异，并且推出 TFP 增长率的均值为 3.62%。这一增速相当于那个时期中国经济平均增长率的 1/3。通过使用元分析方法（meta-analysis method），这一研究还解释了中国制造业部门的 TFP 增长率超过了农业部门的原因。Wu（2011）所观察到的一个格外有趣的现象就是，相比中国学者，那些英文杂志期刊倾向于报告更高的 TFP 增长率。

自 Wu（2011）的综述之后，文献中出现了许多实证研究的结果。Zhu（2012）研究了 1978～2007 年这个时期，从而得出结论，在这些年中，TFP 增长为中国人均 GDP 的增长贡献份额达到了 78%。Morrison（2013）报告了年度 TFP 增长率从 2000 年的 4% 上升到 2007 年 9% 的峰值。然而，Morrison（2013）发现，2008～2012 年，TFP 增长率表现出持续下降的趋势。国际货币基金组织（IMF）经济学家 Anand 等（2014）同时也观察到了中国、印度和东南亚五国（ASEAN–5）TFP 增长比较研究中的倒 U 形特征。特别地，他们还考察了资本利用率情况。他们的结论是，资本利用率的快速下降将导致 TFP 增长率的有偏估计。他们识别出，在不考虑资本利用率的情形下，观察到的倒 U 形结构要比经过资本利用率调整的情形下平坦得多。

Wang 等（2013）使用 1985～2007 年的省域数据估计了农业生产率的增长率，并且发现 TFP 的增长对中国农业增长的贡献份额超过 50%，而沿海省份则相比非沿海地区获得了更高的 TFP 增长率。它们还发现，TFP 增长率随着时间增长而表现出下行的趋势。Du 等（2014）检验了 1998～2007 年的企业层面数据，并且报告 TFP 增长率倾向于随着时间增长而下降，并且在它们的样本末期接近于零。他们认为，这一情形一方面源自国有和非国有经济部门之间存在的资源错配，另一方面则是源自现有企业在技术进步率上的下降。

最新研究包括 Yao（2015）、Wu（2016）和 Mallick（2017）。Yao（2015）解释，经济改革和对外开放政策推动了中国生产率的显著增长，但这一增长率随着时间增长表现出下降趋势，尤其在国际金融危机爆发以后。此外，Wu（2016）发现 TFP 增长对中国经济增长仅仅起到微弱的作用，且在 2007～2012 年，TFP 增长率还一度为负值。Mallick（2017）将中国与印度进行比较，从而显示 TFP 增长对中国的贡献是显著的，但随着时间增长倾向于不断下降。

总体而言，现有文献在 TFP 对中国经济增长贡献上的研究发现，其是复杂的。但文献中有一个共识，那就是：绝大多数的文献观察到了国际金融危机之后，中国的 TFP 增长率下降了。Maliszewski 和 Zhang（2015）将这一趋势与 1990 年代亚洲金融危机时期进行了对比。Lai（2015）认为，这种生产率放缓要对中国经济增速放缓负主要责任。

创新和追赶

自 Aigner 等（1977）、Meeusen 和 van den Broeck（1977）以及 Battese 和 Corra（1977）等的研究工作之后，TFP 增长的传统概念就已经扩展到区分创新或技术进步以及效率改进或追赶。在扩展框架中，创新指的是生产前沿的移动，而效率改进捕捉的是向最优的生产实践或者生产前沿的移动（Nishimizu 和 Page，1982；Lau 和 Brada，1990）。技术进步率和效率改进比率之和等于 TFP 增长率。换句话说，TFP 增长率被分解为两个组成部分：技术进步和效率改进。自 1980 年代之后，大量的文献接受了这一概念。Lovell（1996）和 Greene（1997）提供了这些文献的综述。这一分解方法同时还应用于分析中国经济的生产率增长。Wu（1995）是最早使用中国区域数据做研究的学者之一，并且研究显示，技术进步率是农业和乡镇企业 TFP 增长率的主要驱动力。他还观察到行业之间以及中国三个区域——沿海地区、中部地区和西部地区的生产率差异。Wu（2011）对早期的文献进行了回顾。

最近，Li 等（2011）对中国农业的 TFP 增长来源进行了研究，结果发现了自 1980 年代以来中国农业生产率有了非常显著的增长。他们指出，自 1980 年代以来，这种贡献的增长主要是由技术进步所驱动的。Ma 等（2013）通过分析微观层面的数据得出相同的结论。You 和 Sarantis（2013）观察到，农村地区转型或者效率改进对 TFP 增长做出了重要贡献；然而，这种贡献的重要性随着时间增长在逐步下降，而技术进步的重要性在逐渐上升。Gao（2015）使用数据包络分析方法，运用 1992~2012 年的区域数据考察了农业 TFP，并且得出结论证实了 Li 等（2011）和 Ma 等（2013）的研究结论。

Wang 和 Szirmai（2013）发现，在 1980 年代，效率改进在工业生产率增长中占据主导作用，而在 1990 年代则是技术进步占据了主导作用。这一点与 You 和 Sarantis（2013）有关中国农业部门的相关结论是一致的。Zhang 等（2014）将注意力集中到 1978~2012 年的 TFP 对经济增长贡献率的下降趋势上，并提出了中国经济增长可持续性的相关重要问题。

最近，Han 和 Shen（2015）使用数据包络分析方法并且显示，1990~2009 年，TFP 的年度增长率为 5.9%。这一增长主要是由技术进步占主导，占 5.5%。然而，Yu 等（2015）认为，中国的经济追赶过程可以使用"创造性重构"（或效率改进）而非"创造性破坏"（或创新）来解释。Curtis（2016）认为，1992~1997 年，资源的重新配置占 TFP 增长的 21.5 个百分点。总体而言，在关于技术进步与效率改进的重要性上，学者圈对此抱有非常不同的看法。然而，更多的证据倾向于支持技术进步在中国经济几十年的 TFP 增长中占主导作用而且 TFP 增长率倾向于随着时间增长不断下降，尤其是国际金融危机之后。

扩　展

新增长理论承认了非传统生产要素如人力资本、研发支出等在增长过程中的作用。有一系列文献接受了新增长理论来研究中国经济。Wang 和 Yao

（2003）可能是第一篇提供 1952～1999 年中国人力资本估计以及融合人力资本增长核算的文献。他们发现，在中国改革开放时期产生的快速人力资本积累和相关生产率增长，对经济增长做出了积极贡献。Ding 和 Knight（2011）发现人力资本形成对经济增长的积极影响。Wei 和 Hao（2011）检验了人力资本在中国 TFP 增长中的作用，并且发现在 1985～2004 年，人力资本对省域 TFP 增长产生了正向的效应。然而研究发现，人力资本的效应在沿海地区、中部和西部地区之间有所不同。Lucksteadet 等（2014）显示，人力资本在 TFP 增长中的作用，在 1952～1978 年平均达到了 24%，而在 1979～2000 年为 42%。Chen 和 Funke（2013）检验了自 1980 年代以来，一系列物质资本积累、人力资本积累和创新分别对驱动中国增长的贡献。

第二条脉络上的研究，探索的是新增变量如何影响中国的 TFP。例如，Jiang（2011）发现了区域开放度与 TFP 增长之间的负相关关系。然而，Yu（2015）发现关税的下降对中国整体经济 TFP 增长的贡献在 14.5% 以上。Lin 等（2011）研究了外商直接投资（FDI）与区域生产率之间的关系，他们的结论是 FDI 对生产率的总体效应是正的，特别是在沿海地区。Hong 和 Sun（2011）支持了这一发现。Choi 等（2015）考虑了环境敏感的生产率增长，结果发现生产率增长率在中国比较低而且相对稳定。他们还观察到相对生产率的增长主要是由创新驱动。

Hu（2001）分析企业层面的数据并发现，私营企业研发与生产率之间存在较强的联系。Ljungwall 和 Tingvall（2015）在研发支出对经济增长效应文献的元分析中发现，中国的研发支出对经济增长的效应相比其他国家要弱，包括所有包含在文献中的国家，无论是经合组织（OECD）还是非经合组织国家。他们的发现在一定程度上得到了 Boeing 等（2016）的支持，即提供了微观证据发现，专利存量的剧烈上升与所涉及的中国企业 TFP 增长率从正值逐渐递减甚至消失的影响相关。然而，Boeing 等（2016）的结论与 Fang 等（2016）的研究结果产生争议，他们使用的也是企业层面的数据。后者的分析使用了倾向匹配得分方法来解释企业内专利存量增长与 TFP 增长之间的关系。

最后，学者们还推导了中国无形资本的估计量并检验了其对生产率增长的相对贡献。无形资本一般而言指的是嵌入无形产品或流程中的知识（Li 和 Wu，即将发表）。例如，软件、研发、设计和广告。Hulten 和 Hao（2012）可能是最先推导这些的学者，而且他们的研究显示，在 2000～2008

年，大约 1/6 的生产率增长是来自无形资本。Li 和 Wu（即将发表）考察了省域层面的无形资本并得出结论，如果不考虑无形资本的话，TFP 增长估计量将会是有偏的。他们在全球金融危机中观察到了 TFP 增长的下降；然而，Li 和 Wu 同时也注意到，人力资本深化和无形资本深化在国际金融危机期间相比以前起到了更大的作用。Fleisher 等（2015）给出了微观层面的证据表明，无论是在国内所有还是国外投资的企业中，知识资本都是有助于提升生产率的。

增长核算估计

为了利用行业和地区层面最新统计数据找到生产率增长和技术进步的新证据，我们使用增长核算框架研究生产率和经济增长的源泉。我们的研究框架使用了方程（1）和方程（2），并且将它们扩展到一个包含了时间趋势项的生产函数中。时间趋势的系数（δ）度量了技术进步率。TFP 增长率与 δ 之间的差给出了效率改变的指标（ec）。潜在的模型基本上是确定性的模型（Aigner 和 Chu，1968）。给定这个定义，方程（2）扩展成如下方程（3）：

$$\dot{y} = \delta + ec + (\alpha k + \beta l) \tag{3}$$

为了估计方程（3）右边的各项，我们使用中国 31 个省 1991～2015 年的面板数据。原始数据来自《中国统计年鉴》（中国国家统计局历年数据）。产出（y）使用省级层面的三个部门农业、制造业和服务业的增加值进行度量。资本存量（k）的估计量在 Wu（2016）中有所描述。Wu（2016）使用了地区层面和部门层面的资本折旧率。无论是产出还是资本存量，均以不变价格来表述。劳动力（l）使用年末雇用的劳动力数量进行度量，因为没有真实的工作小时数据。

在实证研究中，生产函数中包含了特定时间的虚拟变量，从而捕捉了参数 δ、α 和 β 在三个时间子区间上可能存在的变动：1990 年代、2000 年代和国际金融危机之后。做这种划分的目的是为了让每个子区间具有大约相同的样本长度。不仅如此，这三个子区间恰好与主要的改革运动相吻合——从1992 年开始的邓小平"南方谈话"，中国在 2001 年 12 月加入世界贸易组织（WTO），以及全球金融危机爆发和之后的一段时间（2008 年以后）。三个主要的事件或政策转变可能导致相关时期内中国经济结构的变迁。事实上，包含虚拟变量的目的是为了允许在三个子区间中使用不同的生产前沿。第一组回归模型计算结果（由于篇幅所限在此没有报告）总结于表 1 中。

从表 1 看出，很明显，自 20 世纪 90 年代以来 TFP 的增长确实成为中国经济增长的主要驱动力。与此相关的事实是，TFP 增长在产出增长的贡献率从 63% 变动到 93%（在表 1 中的 TFP/Output 这一列）。在最近几年，TFP 对经济增长的贡献是最高的，紧接着是服务业和制造业。这一点与 Wu（2016）以及 Hoffman 和 Polk（2014）的研究结果显示出强烈的反差，而后者的主要差异是，他们使用了 Solow（1956）和 Swan（1956）的传统增长核算框架，并假设规模报酬不变。事实上，表 1 中的劳动产出弹性和资本产出弹性的估计值之和，恰好低于 1。因为这表明所有三个部门中存在规模报酬递减的现象，所以在此情形下，使用规模报酬不变假设的增长核算就会高估生产要素的贡献，进而低估 TFP 增长的作用。

表 1　计算的增长率、份额以及规模报酬（其他情况除非有特殊说明）

单位：%

阶段	Output	TFP	TP	EC	TFP/Output	Scale*
农业						
1	5.17	3.90	4.24	-0.3	75.48	046
2	4.40	4.05	4.25	-0.19	92.25	0.46
3	4.32	3.90	3.41	0.49	90.30	0.49
制造业						
1	13.45	10.87	9.98	0.89	80.82	0.55
2	14.42	11.31	10.56	0.75	78.43	0.53
3	13.74	8.68	8.09	0.59	63.17	0.56
服务业						
1	13.26	10.95	9.92	1.03	82.58	0.26
2	11.89	9.76	9.19	0.57	82.04	0.25
3	10.77	7.73	7.57	0.16	71.77	0.29

注：Scale* 报告的是估计得到的规模报酬，并且没有单位。

第 1 阶段是指 1992～1999 年，第二阶段是第二个子区间（2000～2007 年），第三阶段是第三个子区间（2008～2015 年）。每一列中的值代表省域增加值（产出）、TFP、技术进步率（TP）和效率改变（EC）的平均增长率。在 "TFP/Output" 的这一列中展示的数字是 TFP 增长率对总产出增长率的贡献份额。由于数据修匀的原因，TP 与 EC 的求和可能不等于 TFP。

资料来源：笔者的计算。

表 1 中结果表明，技术进步在所有三个部门的生产率增长中起到主导作用。相关的数据同时表明，尽管增长率仍然保持相对较高的水平，但中国的 TFP 增长自国际金融危机之后开始放缓。其他学者也观察到了这种下行的趋势（例如，Wang et al. ，2013；Yao，2015；Mallick，2017）。这种放缓的含义值得警惕，因为全球经济复苏非常缓慢。从表 1 还注意到，服务业部门估计得到的规模报酬远远小于制造业部门。在 2016 年服务业部门对中国经济贡献率超过 50% 的条件下，Liu 和 Yang（2015）认为，中国经济未来的增长将依赖于服务业部门生产率增长的表现。Lee（2016）通过检验韩国的经济增长和追赶进程得出类似的观点。Lee 认为，韩国的生产率增长受到其服务行业糟糕的表现所影响，并且中国应该通过提升服务行业的生产率，从而避免这种结果。

最后，很有趣的是，本文估计得到的相对较高的 TFP 增长率与其他学者的发现相一致（见表 2）。例如，Zhu（2012），他报告有关中国经济的相似研究成果，以及 Gao（2015），他研究的是中国的农业部门。Brandt 等（2012）以及 Ding 等（2016）聚焦于制造业部门的生产率增长。

表 2　TFP 增长的代表性估计量及其在产出增长中所占份额

单位：%

来源	年份	增长	TFP/Output	部门
本研究	1992~2015	8.9	77.1	经济总体
	1992~2007	9.4	81.1	经济总体
	2000~2015	8.7	75.5	经济总体
	2008~2015	7.9	69.0	经济总体
Zhu（2012）	1978~2007		78.0	经济总体
Morrison（2013）	2000~2012	6.0*		经济总体
Han&Shen（2015）	1990~2009	5.9		经济总体
Ding 等（2016）	1998~2007	9.6		制造业
Brandt 等（2012）	1978~2007	8.0		制造业
Yang（2015）	1998~2009	3.8		制造业
Gao（2015）	1992~2012	3.1	79.2	农业

注：这一增长率是使用 Morrison（2013）的图 3 方法估计得到。

沿海地区与非沿海地区

中国主要的政策就是降低区域的不平等，特别是沿海省份与非沿海省份的不平衡发展。于是，评估和比较这两个主要区域 TFP 增长的作用，在政策制定上显得非常重要。出于这种目的，我们重复上述的研究流程，从而允许两个地区（沿海地区与非沿海地区）的农业、制造业和服务业三个部门之间在技术上的区域差异——不同的 δ、α 和 β 值。通过同时使用特定时期和特定区域的虚拟变量，从而实现这一目标。由于篇幅所限，相关的估计结果并没有列出。但计算结果，在表 3 中进行了总结。

表 3　计算结果：沿海地区与非沿海地区

单位：%

阶段	沿海地区			非沿海地区		
	Output	TFP	TFP/Output	Output	TFP	TFP/Output
农业						
1	4.89	3.64	74.53	5.31	4.32	81.40
2	3.69	3.60	97.55	4.73	4.62	97.61
3	2.71	3.08	113.66	5.09	4.81	94.52
制造业						
1	15.84	15.27	96.38	13.40	11.35	84.67
2	14.09	10.64	75.51	14.58	12.24	83.99
3	10.27	4.41	42.96	13.27	8.82	66.51
服务业						
1	14.07	12.83	91.19	12.88	9.55	74.14
2	12.32	11.06	89.82	11.69	8.86	75.79
3	10.49	8.48	80.90	10.91	7.38	67.65

注：见表 1 的注释。

资料来源：笔者自己的计算。

表 3 强化了我们早期的发现，即 TFP 在中国近几十年的增长中起到了重要作用。正如之前提到的那样，无论是 TFP 还是经济增长都随着时间变慢了。然而，在这里我们识别出，这种下降的趋势在沿海地区比非沿海地区更加严重。沿海地区作为中国传统制造业的中心，见证了 TFP 的大幅度下降。相反，非沿海地区保持了制造业的强劲增长，从而在国际金融危机期间，在三个部门全面超越了沿海地区。这对于沿海地区来说是坏消息，但对于降低全国的区域不平等来说是好消息。然而，对于沿海地区来说，有趣的是，自从国际金融危机爆发后，服务行业的增长绩效超越了制造业部门。由于沿海经济的服务行业占主导，所以服务行业的相对高速增长可能有助于这些地区的经济重构，从而有助于经济的可持续发展。

结 论

理解中国经济增长中生产率和创新的作用，是一件极富争议的事情。自国际金融危机之后，相关的讨论就已经获得了越来越多的关注，而中国经济试图向新的增长源泉转变。通过使用多种方法分析宏观、区域和企业等多个层面的中国数据，现有文献的主流观点倾向于支持最近几十年 TFP 对经济增长做出了显著而积极的贡献。绝大部分的研究也认为，最近几年中 TFP 和经济增长开始放缓。无论这种下行的趋势是否持续，都对于中国经济发展具有重要的启示。

这篇研究通过分析中国分区域和分行业的最新统计数据，展示了有关 TFP 和经济增长的一些新证据。我们的估计结果与现有文献一致的发现是，生产率增长对中国经济增长做出了积极贡献。特别是，生产率增长是农业、制造业和服务业三个部门经济增长的主要驱动力。同时还发现，技术进步是 TFP 增长的最重要因素。

尽管 TFP 增长在国际金融危机之后倾向于逐步下降，但仍然存在其他推动中国经济增长的因素。首先，广义的非沿海地区保持了高增长，并在三个部门都超越了沿海地区。这一点有利于降低区域不平等，而降低区域不平等正是中国多年的主要政策焦点。其次，尽管在绝大多数沿海地区的制造业开始停滞，但是这些地区服务行业的增长仅仅下降了一点，尤其是服务行业的 TFP 增长仍然十分强劲。由于沿海地区服务行业产生了超过 50% 的增加值，那么 TFP 的强劲增长将有助于保持这些地区未来的经济增长。最后，制造业份额的下降和非资源密集型服务行业的上升，也可能有助于沿海地区环境的积极发展。

参考文献

Aigner, D. J. and Chu, S. F. (1968), On estimating the industry production function, *The American Economic Review* 58(4): 826–839.

Aigner, D. J., Lovell, C. A. K. and Schmidt, P. J. (1977), Formulation and estimation of stochastic frontier models, *Journal of Econometrics* 6(1): 21–37. doi.org/10.1016/0304-4076(77)90052-5.

Anand, R., Cheng, K. C., Rehman, S. and Zhang, L. (2014), *Potential growth in emerging Asia*, IMF Working Paper WP/14/2, International Monetary Fund, Washington, DC.

Battese, G. E. and Corra, G. S. (1977), Estimation of a production frontier model: With application to the pastoral zone of eastern Australia, *Australian Journal of Agricultural Economics* 21(3): 169–179. doi.org/10.1111/j.1467-8489.1977. tb00204.x.

Boeing, P., Mueller, E. and Sandner, P. (2016), China's R&D explosion: Analyzing productivity effects across ownership types and over time, *Research Policy* 45(1): 159–76. doi.org/10.1016/j.respol.2015.07.008.

Brandt, L., Biesebroeck, J. V. and Zhang, Y. (2012), Creative accounting or creative destruction? Firm-level productivity growth in Chinese manufacturing, *Journal of Development Economics* 97: 339–351.doi.org/10.1016/j.jdeveco.2011.02.002.

Chen, X. and Funke, M. (2013), The dynamics of catch-up and skill and technology upgrading in China, *Journal of Macroeconomics* 38: 465–80. doi.org/10.1016/j. jmacro.2013.07.002.

Choi, Y., Oh, D. H. and Zhang, N. (2015), Environmentally sensitive productivity growth and its decompositions in China: A metafrontier Malmquist–Luenberger productivity index approach, *Empirical Economics* 49(3): 1017–1043. doi.org/10.1007/s00181-014-0896-5.

Curtis, C. C. (2016), Economic reforms and the evolution of China's total factor productivity, *Review of Economic Dynamics* 21: 225–245. doi.org/10.1016/j. red.2015.02.005.

Ding, S. and Knight, J. (2011), Why has China grown so fast? The role of physical and human capital formation, *Oxford Bulletin of Economics and Statistics* 73(2): 141–174. doi.org/10.1111/j.1468-0084.2010.00625.x.

Ding, S., Guariglia, A. and Harris, R. (2016), The determinants of productivity in Chinese large and medium-sized industrial firms, 1998–2007, *Journal of Productivity Analysis* 45(2): 131–55. doi.org/10.1007/s11123-015-0460-0.

Du, J., Liu, X. and Zhou, Y. (2014), State advances and private retreats? Evidence of aggregate productivity decomposition in China, *China Economic Review* 31: 459–74. doi.org/10.1016/j.chieco.2014.03.002.

Fan, P. (2014), Innovation in China, *Journal of Economic Surveys* 28(4):725–745. doi.org/10.1111/joes.12083.

Fang, J., He, H. and Li, N. (2016), *China's rising IQ (innovation quotient) and growth: Firm-level evidence*, IMF Working Paper WP/16/249, International Monetary Fund, Washington, DC.

Fleisher, B. M., McGuire, W. H., Smith, A. N. and Zhou, M. (2015), Knowledge capital, innovation and growth in China, *Journal of Asian Economics* 39: 31–42. doi.org/10.1016/j.asieco.2015.05.002.

Gao, F. (2015), Evolution trend and internal mechanism of regional total factor productivity in Chinese agriculture, *Journal of Quantitative and Technical Economics* 32(5): 3–19.

Greene, W. H. (1997), Frontier production functions, in M. H. Pesaran and P. Schmidt (eds), *Handbook of Applied Econometrics II: Microeconomics*, pp. 81–166, Oxford: Blackwell.

Han, J. and Shen, Y. (2015), Financial development and total factor productivity growth: Evidence from China, *Emerging Markets Finance and Trade* 51(Supp. 1): S261–S274. doi.org/10.1080/1540496X.2014.998928.

Hoffman, D. and Polk, A. (2014), *The long soft fall in Chinese growth: Business realities, risks and opportunities*, Conference Board Research Report, US–China Business Council, Washington, DC, and Beijing. Available from: www.uschina. org/china-hub/report-long-soft-fall-chinese-growth.

Hong, E. and Sun, L. (2011), Foreign direct investment and total factor productivity in China: A spatial dynamic panel analysis, *Oxford Bulletin of Economics and Statistics* 73(6): 771–791. doi.org/10.1111/j.1468-0084.2011.00672.x.

Hu, A. G. (2001), Ownership, government R&D, private R&D, and productivity in Chinese industry, *Journal of Comparative Economics* 29(1): 136–57. doi.org/10.1006/jcec.2000.1704.

Hulten, C. R. and Hao, J. X. (2012), *The role of intangible capital in the transformation and growth of the Chinese economy*, NBER Working Paper No.18405, National Bureau of Economic Research, Cambridge, Mass. doi.org/10.3386/w18405.

Jiang, Y. (2011), Economic environment, technology diffusion, and growth of regional total factor productivity in China, *Journal of Chinese Economic and Business Studies* 9(2): 151–161. doi.org/10.1080/14765284.2011.568684.

Lai, P. (2015), Growth slowdown in China since 2008: Will there be a hard landing in the near future? *China and World Economy* 23(3): 42–58. doi.org/10.1111/cwe.12113.

Lau, K. T. and Brada, J. C. (1990), Technological progress and technical efficiency in Chinese industrial growth: A frontier production approach, *China Economic Review* 1(2): 113–124. doi.org/10.1016/1043-951X(90)90001-5.

Lee, J. W. (2016), Korea's economic growth and catch-up: Implications for China, *China and World Economy* 24(5): 71–97. doi.org/10.1111/cwe.12175.

Li, G., You, L. and Feng, Z. (2011), The sources of total factor productivity growth in Chinese agriculture: Technological progress or efficiency gain? *Journal of Chinese Economic and Business Studies* 9(2): 181–203. doi.org/10.1080/14765 284.2011.568686.

Li, Q. and Wu, Y. (forthcoming), Intangible capital in Chinese regional economies: Measurement and analysis, *China Economic Review*.

Lin, C. H., Lee, C. M. and Yang, C. H. (2011), Does foreign direct investment really enhance China's regional productivity? *The Journal of International Trade & Economic Development* 20(6):741–768. doi.org/10.1080/09638190903294866.

Liu, H. and Yang, T. (2015), Explaining the productivity growth gap between China and India: The role of structural transformation, *Developing Economies* 53(2): 100–21. doi.org/10.1111/deve.12071.

Ljungwall, C. and Tingvall, P. G. (2015), Is China different? A meta-analysis of the growth-enhancing effect from R&D spending in China, *China Economic Review* 36: 272–278. doi.org/10.1016/j.chieco.2015.10.001.

Lovell, C. A. K. (1996), Applying efficiency measurement techniques to the measurement of productivity change, *Journal of Productivity Analysis* 7: 329–40. doi.org/10.1007/BF00157047.

Luckstead, J., Choi, S. M., Devadoss, S. and Mittelhammer, R. C. (2014), China's catch-up to the US economy: Decomposing TFP through investment-specific technology and human capital, *Applied Economics* 46(31–3): 3995–4007.

Ma, H., Huang, J. and Oxley, L. (2013), Capital formation and agricultural growth in China, *Asian Economic Papers* 12(1): 166–90. doi.org/10.1162/ASEP_a_00200.

Maliszewski, W. and Zhang, L. (2015), *China's growth: Can goldilocks outgrow bears?* IMF Working Paper WP/15/113, International Monetary Fund, Washington, DC.

Mallick, J. (2017), *Structural change and productivity growth in India and the People's Republic of China*, ADBI Working Paper No. 656, Asian Development Bank Institute, Tokyo.

Meeusen, W. and van den Broeck, J. (1977), Efficiency estimation from Cobb–Douglas production functions with composed error, *International Economic Review* 18(2): 435–444. doi.org/10.2307/2525757.

Morrison, W. M. (2013), *China's economic rise: History, trends, challenges, and implications for the United States*, CRS Report for Congress 7-5700 RL33534, Congressional Research Service, Washington, DC.

National Bureau of Statistics of China (NBS) (various issues), *China Statistical Yearbook*, Beijing: China Statistics Press.

Nishimizu, M. and Page, J. M. (1982), Total factor productivity growth, technological progress and technical efficiency change, *Economic Journal* 92: 920–936. doi.org/10.2307/2232675.

Solow, R. M. (1956), A contribution to the theory of economic growth, *Quarterly Journal of Economics* 70(1): 65–94. doi.org/10.2307/1884513.

Solow, R. M. (1957), Technical change and the aggregate production function, *Review of Economics and Statistics* 39(3): 312–320. doi.org/10.2307/1926047.

Swan, T. W. (1956), Economic growth and capital accumulation, *Economic Record* 32(2): 334–61. doi.org/10.1111/j.1475-4932.1956.tb00434.x.

Tian, X. and Yu, X. (2012), The enigmas of TFP in China: A meta-analysis, *China Economic Review* 23(2): 396–414. doi.org/10.1016/j.chieco.2012.02.007.

Wang, L. and Szirmai, A. (2013), The unexpected convergence of regional productivity in Chinese industry, 1978–2005, *Oxford Development Studies* 41(1): 29–53. doi.org/10.1080/13600818.2012.756464.

Wang, S. L., Tuan, F., Gale, F., Somwaru, A. and Hansen, J. (2013), China's regional agricultural productivity growth in 1985–2007: A multilateral comparison, *Agricultural Economics* 44(2): 241–251. doi.org/10.1111/agec.12008.

Wang, Y. and Yao, Y. (2003), Sources of China's economic growth 1952–1999: Incorporating human capital accumulation, *China Economic Review* 14: 32–52. doi.org/10.1016/S1043-951X(02)00084-6.

Wei, Z. and Hao, R. (2011), The role of human capital in China's total factor productivity growth: A cross-province analysis, *The Developing Economies* 49(1): 1–35. doi.org/10.1111/j.1746-1049.2010.00120.x.

Wu, Y. (1995), Total factor productivity growth, technological progress and technical efficiency change in China: A three sector analysis, *Journal of Comparative Economics* 21(2): 207–229. doi.org/10.1006/jcec.1995.9997.

Wu, Y. (2011), Total factor productivity growth in China: A review, *Journal of*

Chinese Economic and Business Studies 9(2): 111–26. doi.org/10.1080/147652 84.2011.568682.

Wu, H. X. (2016), Sustainability of China's growth model: A productivity perspective, *China & World Economy* 24(5): 42–70. doi.org/10.1111/cwe.12174.

Wu, Y. (1993), Productive efficiency in Chinese industry: A review, *Asian-Pacific Economic Literature* 7(2): 58–66. doi.org/10.1111/j.1467-8411.1993.tb00191.x.

Wu, Y. (2012), Trends and prospects in China's research and development sector, *Australian Economic Review* 45(4): 467–474. doi.org/10.1111/j.1467-8462.2012.00707.x.

Wu, Y. (2016), China's capital stock series by region and sector, *Frontiers of Economics in China* 11(1): 156–172.

Yang, R. (2015), Study on the total factor productivity of Chinese manufacturing enterprises, *Economic Research Journal* 50(2): 61–74.

Yao, Z. (2015), Productivity growth and industrial structure adjustment: An analysis of China's provincial panel data, *Chinese Economy* 48(4): 253–268. doi.org/10.10 80/10971475.2015.1044848.

You, K. and Sarantis, N. (2013), Structural breaks, rural transformation and total factor productivity growth in China, *Journal of Productivity Analysis* 39(3): 231–242. doi.org/10.1007/s11123-012-0285-z.

Yu, M. (2015), Processing trade, tariff reductions and firm productivity: Evidence from Chinese firms, *Economic Journal* 125(585): 943–988. doi.org/10.1111/ecoj.12127.

Yu, X., Dosi, G., Lei, J. and Nuvolari, A. (2015), Institutional change and productivity growth in China's manufacturing: The microeconomics of knowledge accumulation and 'creative restructuring', *Industrial and Corporate Change* 24(3): 565–602. doi.org/10.1093/icc/dtv011.

Zhang, J., Jiang, C. and Wang, P. (2014), Total factor productivity and China's miraculous growth: An empirical analysis, Unpublished ms. Available from: papers. ssrn.com/sol3/papers.cfm?abstract_id=2456009. doi.org/10.2139ssrn.2456009.

Zhang, Y. (2016), *China's productivity: Past success and future challenges*, MPFD Working Paper No. WP/16/06, Macroeconomics Policy and Financing for Development Division, United Nations Economic and Social Commission for Asia and the Pacific, Bangkok. Available from: www.unescap.org/resources/mpfd-working-paper-chinas-productivity-past-success-and-future-challenges.

Zhu, X. (2012), Understanding China's growth: Past, present and future, *Journal of Economic Perspectives* 26(4): 103–24. doi.org/10.1257/jep.26.4.103.

中国区域创新能力与经济收敛的经验研究

杨朝峰　赵志耘　张志娟

引　言

现代区域经济研究中，增长极理论被广泛用作区域发展的指导理论。由法国经济学家 Perroux（1950）首次提出的增长极理论认为，一个国家要实现平衡发展只是一种理想，在现实中是不可能的。经济增长通常是从一个或数个"增长中心"逐渐向其他部门或地区传导。因此，增长并非出现在所有地方，而是以不同强度首先出现在一些增长点或增长极上，这些增长点或增长极通过不同的渠道向外扩散，对整个经济产生不同的最终影响。增长极理论因其对社会发展过程的描述更加真实，被许多国家尤其是发展中国家（包括中国）广泛应用于经济规划、生产力布局和区域经济的发展战略。改革开放以来，中国经济实现了高速增长，综合实力大大增强，人民生活水平有了显著提高。但在经济高速增长的同时，区域发展差距逐步加大。虽然近年来在国家宏观政策的调控下地区经济发展差距有所缩小，但整体效果仍不明显。经济发展的不平衡问题日益成为制约我国国民经济整体健康发展的重要因素。在知识经济时代，创新能力已经成为一个国家和地区的核心竞争力，是经济社会发展的决定性因素。那么，创新能力是否对经济收敛产生影响？如果有，如何优化创新资源的区域布局，缩小区域经济发展的差距？这些问题都亟待解决。

一般认为，经济收敛概念源于 Solow（1956）提出的新古典增长模型。由于该模型假定资本的边际报酬递减，在拥有同样技术的情况下，后发地区应该比先发地区增长得更快。然而，尽管 Baumol（1986）和 Barro 和 Sala-I-Martin（1992）等的经验研究表明美国不同州之间，以及发达国家之间人均收入水平出现了收敛，但是 Romer（1994）等的研究发现绝大多数发展中国家却并没有能够缩小与发达国家的人均收入差距。Carrington（2003）的检验结果表明欧洲国家之间人均收入水平不存在收敛。国内对于区域经济收敛性的检验，可以分为两类。第一类在进行区域经济收敛性检验时不考虑空间效应。大部分检验都表明，中国区域经济不存在全域性的绝对收敛，但存在条件收敛。魏后凯（1997）对 1978～1995 年中国区域经济的收敛性检验结果表明总体上中国各地区人均 GDP 增长趋于收敛。蔡昉和都阳（2000）、沈坤荣和马俊（2002）的实证发现改革开放以来中国区域经济发展不存在全域性的绝对收敛，但存在条件收敛。王铮和葛昭攀（2002）的研究表明中国东中西三大区域存在俱乐部收敛。林毅夫和刘明兴（2003）的研究表明 1981～1999 年中国区域经济存在条件收敛。第二类区域经济收敛性研究则在实证模型中考虑到了空间相关性。大部分研究都发现，在考虑空间相关性之后，中国区域经济存在全域性的绝对收敛。林光平等（2005）采用空间经济计量方法，发现 1978～2002 年中国区域经济存在绝对收敛的趋势。吴玉鸣（2006）研究发现，当考虑空间效应后，各省域的经济表现出较为显著的条件趋同。潘文卿（2010）将空间效应纳入收敛检验模型后发现，中国在改革开放的 30 多年里存在着在全域范围内的绝对收敛特征。任玲玉等（2014）研究发现 R&D 边际生产力对区域经济收敛存在显著的驱动效应。

这些研究取得了丰富的成果，对于后续研究具有重要的借鉴意义，但这些研究也存在两个方面的明显不足：一是绝大多数文献在进行收敛性检验时使用忽视空间效应的普通最小二乘法（OLS）进行模型估计，或者尽管考虑到了空间效应，但在选择空间权重时过于简单化，使得在实际应用中往往存在模型的设定偏差问题，进而导致研究得出的各种结果和推论不够完整、科学，缺乏应有的解释力（吴玉鸣，2007）；二是尽管现有文献研究了政策、技术引进等方面因素对经济收敛的影响，但很少将创新能力作为条件收敛的解释变量。鉴于此，本文将在借鉴经济收敛理论框架基础上，通过扩展经济收敛模型，借助空间计量等研究方法开展实证检验，探讨创新能力对经济收敛的影响，为中国区域经济均衡协调发展和国家创新驱动发展战略实施提供理论支撑。

研究设计

所谓经济收敛是指一个国家人均产出的增长速度与初始水平呈负相关，从而使得两国间的经济差距有不断缩小的趋势。经济收敛的概念也可以用于一个国家内部不同地区间的经济发展关系上。经济收敛可分为两类：δ收敛和β收敛。δ收敛是指不同地区人均收入的方差或者离散系数随时间的推移趋于减小的过程。宏观经济主要关注的是β收敛，这种形式的收敛主要表现为落后地区的经济增长速度高于发达地区，从而导致前者的人均收入逐渐赶上后者。如果β收敛是以一些因素（如人力资本、政策变量、基础设施等）为条件的，则称之为条件β收敛，否则就是绝对β收敛。创新可以提高劳动和资本的生产率，是决定经济长期增长的一个主要因素。创新能力对区域经济增长收敛的影响主要是通过创新扩散来实现的。区域创新扩散的动力源于区域内存在的创新能力的"位势差"，由于相邻区域具有某些方面的共缘性与相似性，使创新能在相邻区域间更顺利地实现扩散，逐渐减少创新能力的"位势差"，实现创新能力的某种收敛性，从而在一定条件下，带动整个区域经济增长趋于收敛。因此，从这个角度看，区域创新能力和经济增长的收敛之间存在密切的关系。在以往的经济收敛实证研究中，所采用的检验模型一般都是对 Barro 与 Sala-I-Martin（1992）提出的收敛性分析框架的简化。本文在其模型中引入创新能力控制因素并进行简化，得到区域经济绝对β收敛的检验方程为：

$$\frac{1}{T}\ln\left(\frac{y_{i,t+T}}{y_{i,t}}\right) = \alpha + \beta\ln(y_{i,t}) + \varepsilon_{i,t} \qquad (1)$$

式（1）中，$y_{i,t}$ 是第 i 个地区第 t 年的人均 GDP，T 为考察期，$\frac{1}{T}\ln\left(\frac{y_{i,t+T}}{y_{i,t}}\right)$ 是地区 i 在时期 t 到 $t+T$ 的真实人均 GDP 的年增长率；$\ln(y_{i,t})$ 是地区 i 在时期 t 的真实人均 GDP 水平的自然对数。α 是常数项，β 是收敛系数，$\varepsilon_{i,t}$ 是随机误差项。条件β收敛是在绝对β收敛模型中增加了控制变量（本文中是创新能力），其检验方程为：

$$\frac{1}{T}\ln\left(\frac{y_{i,t+T}}{y_{i,t}}\right) = \alpha + \beta\ln(y_{i,t}) + \zeta\ln(P_{i,t}) + \varepsilon_{i,t} \tag{2}$$

式（2）中，$P_{i,t}$ 是反映 i 区域第 t 年的创新能力的变量。国外学者多认为区域创新能力是由生产一系列相关创新产品的潜力来确定的，最重要的因素是 R&D 存量（Furman et al, 2002）；国内学者倾向于认为区域创新能力是开展创新活动的能力和创新成果的产出，最重要的因素是专利申请量。近年来，专利特别是发明专利对于我国区域创新能力乃至经济发展的支撑作用日益显现，并且成为区域创新能力的重要标志，区域创新能力居前省市，往往都是发明专利受理量和授权量排名靠前的省市。因此，本文用发明专利申请量来衡量区域创新能力。

上述经济发展的 β 收敛检验是基于传统的计量方法进行测算的，没有考虑到空间效应。毫无疑问，任何一个区域的经济都不可能独立发展，它总是与其他区域的经济存在千丝万缕的联系，其发展往往会影响到临近地区或者更远的地区。空间效应包括空间依赖性和空间差异性：前者指一个地区的样本观测值与其他地区的观测值相关；后者指由于空间单位的异质性而产生的空间效应在区域层面上的非均一性（Anselin，1988）。这两种空间效应对应的空间计量模型分别为空间滞后模型（Spatial Lag Model，SLM）和空间误差模型（Spatial Error Model，SEM）。相应地，区域经济绝对 β 收敛和条件 β 收敛的空间滞后模型表达式分别为：

$$\frac{1}{T}\ln\left(\frac{y_{i,t+T}}{y_{i,t}}\right) = \alpha + \beta\ln(y_{i,t}) + \frac{\rho}{T}W\ln\left(\frac{y_{i,t+T}}{y_{i,t}}\right) + \varepsilon_{i,t} \tag{3}$$

$$\frac{1}{T}\ln\left(\frac{y_{i,t+T}}{y_{i,t}}\right) = \alpha + \beta\ln(y_{i,t}) + \zeta\ln(P_{i,t}) + \frac{\rho}{T}W\ln\left(\frac{y_{i,t+T}}{y_{i,t}}\right) + \varepsilon_{i,t} \tag{4}$$

式（3）和式（4）中，ρ 是空间滞后系数，衡量权重矩阵观测值之间的空间相互作用的程度，W 是空间权重系数矩阵。空间权重矩阵是空间计量模型的关键，目前大多数研究采用的是简单的邻近矩阵，然而，相邻地区间的经济联系并非完全相同，一般而言，区域间的相互影响程度随相隔距离的增加而减弱。考虑到一般情况下空间距离与空间相关程度成反比关系，本文采用不同区域质心间的直线距离的倒数作为 W 中元素的取值。

类似地，区域经济绝对 β 收敛和条件 β 收敛的空间误差模型表达式分别为：

$$\frac{1}{T}\ln\left(\frac{y_{i,t+T}}{y_{i,t}}\right) = \alpha + \beta\ln(y_{i,t}) + (1 - \lambda W)^{-1}\mu_{i,t} \tag{5}$$

$$\frac{1}{T}\ln\left(\frac{y_{i,t+T}}{y_{i,t}}\right) = \alpha + \beta\ln(y_{i,t}) + \zeta\ln(P_{i,t}) + (1 - \lambda W)^{-1}\mu_{i,t} \tag{6}$$

式（5）和式（6）中，λ 是空间误差系数，反映回归残差之间空间相关强度的参数，$\mu_{i,t} \sim N(0, \sigma^2 I)$。

上述模型中，如果 β 的估计值显著为负，则说明区域的人均 GDP 增长率与初始时期的人均 GDP 水平呈现负相关，经济落后区域的人均 GDP 增长速度比发达省份要快，因而存在区域经济的 β 收敛。空间计量模型不再适合用 OLS 进行估计，一般采用极大似然法（ML）进行估计而得到可信的参数估计值。此外，根据 β 的估计值，可以出计算出区域人均 GDP 的收敛速度 θ 以及用收敛的半生命周期 τ 表示的经济落后地区追赶上经济发达地区所需的时间：

$$\theta = -\frac{\ln(1 + \beta)}{t} \tag{7}$$

$$\tau = \frac{\ln(2)}{\theta} \tag{8}$$

在采用空间计量模型之前，首先需要判断区域经济间的空间相关存在与否，一般通过 Moran（1950）最早提出来的 Moran's I 检验来进行，其表达式为：

$$\text{Moran's I} = \frac{\sum_{i=1}^{n}\sum_{j=1}^{n}\omega_{ij}(x_i - \bar{x})(x_j - \bar{x})}{S^2\sum_{i=1}^{n}\sum_{j=1}^{n}W_{ij}} \tag{9}$$

式（9）中，$S^2 = \frac{1}{n}\sum_{i=1}^{n}(x_i - \bar{x})^2$，$\bar{x} = \frac{1}{n}\sum_{i=1}^{n}x_i$，$x_i$ 表示第 i 个区域的观测值，n 为区域个数，ω_{ij} 为区域 i 和区域 j 之间的空间权重值。Moran's I 的绝对值越接近于 1 就说明区域创新能力的空间自相关性越强。对空间滞后和空间误差模型的选择，Anselin 等（1997）提出了如下判别准则：如果在空间计量模型的估计中发现 LMLAG 较之 LMERR 在统计上更加显著，则选择空间滞后模型；如果 LMERR 比 LMLAG 的统计量更显著，则选择空间误差模型。

本文考察范围是中国 31 个省份（不包括港澳台），考察期为 2001～2015 年，所采用的数据均来自相应年份的《中国统计年鉴》，其中人均 GDP 采用 2000 年价格。

估计结果与分析

区域人均 GDP 空间相关性检验

根据 2001～2015 年我国省际人均 GDP 可计算得到其 Moran's I 指数（见图 1）。2001～2012 年 15 年间区域人均 GDP 的 Moran's I 指数均通过了 5% 水平下的显著性检验，Moran's I 指数尽管存在波动，但都在 0.5 以上，而且整体上呈现不断上升的趋势，表明我国区域经济活动并不是处于随机状态，而是在地理空间上呈现集聚现象，且这种集聚呈现不断增强的态势。也就是说，我国人均 GDP 具有较强的空间相关性，较高经济发展水平的省份趋于和较高经济发展水平的省域相邻，而经济落后的省份趋于和经济落后的省份相邻。

图 1　2001～2012 年我国区域人均 GDP 的 Moran's I 指数

模型及权重的选择

为便于比较，本文先用 OLS 估计不考虑空间效应的区域经济绝对 β 收敛的检验方程，得到结果见表 1。

表 1　不考虑空间效应的区域经济绝对 β 收敛检验结果

变量	估计值	标准误差
α	3.7236*	0.5240
β	−0.2884*	0.0584
R^2	0.4567	—
调整后的 R^2	0.4380	—
AIC	−17.556	—

注：* 和 ** 分别表示在 5% 和 1% 的水平下显著。

从表 1 可以发现，收敛系数为负，与预期一致，且在 1% 水平下显著，但模型的拟合系数偏低，说明模型的设定或者估计方法存在问题。对模型拟合残差的空间相关性结果表明残差项存在明显的空间自相关，其空间自相关系数为 0.0155，p 值为 0.0225。这进一步说明 OLS 模型忽略地区间的空间相关性会带来结果的误差，因而需要利用空间权重矩阵对 OLS 模型进行修正。

在空间权重的选择上，我们首先采用大多数研究所采用的简单邻近矩阵对 OLS 模型进行修正。利用 R 语言的 spdep 扩展包对区域经济绝对 β 收敛的空间模型进行估计，结果见表 2。

表 2　区域经济绝对 β 收敛检验结果（邻近矩阵权重）

变量	空间滞后模型估计值	空间误差模型估计值
α	3.8342*	0.7381*
β	−0.2956*	0.0527*
ρ / λ	0.0398	0.0176
Log likelihood	11.8075	11.7825
AIC	−15.615	−15.565

注：* 和 ** 分别表示在 1% 和 5% 的水平下显著。

从表 2 可以发现，在以邻近矩阵作为区域经济收敛空间计量模型的权重矩阵时，空间滞后系数 ρ 和空间误差系数 λ 均不显著，说明邻近省份的经济发展对其自身经济发展没有造成统计意义上的影响；误差项的空间自相关不强，将其纳入模型作用不大。同时，从赤池信息准则（AIC）来看，空间滞后模型和空间误差模型分别为 −15.615 和 −15.565，大于不考虑空间效应的 OLS 模型的 - 17.556，说明如果以邻近矩阵作为区域经济收敛空间计量模型的权重矩阵反而降低了模型的拟合程度。邻近矩阵假设地区之间在地理上相邻则权重矩阵中对应数值取 1，否则对应数值取 0，也就是说对所有相邻地区的关系都简单地视为相同，对所有不相邻地区都视为没有影响。事实上，相邻地区间经济上的相互关系不可能完全一样，需要加以区别；不相邻地区仍然会存在经济上的相互关系。

区域经济绝对 β 收敛检验

通过前述检验可知，自 2001 年以来我国各省份经济发展水平的空间相关性越来越强，如果忽略地区间的空间相关性会影响估计结果的可靠性，如果采用邻近矩阵作为区域经济收敛空间计量模型的权重矩阵也无助于模型的改善。鉴于此，本文在分析时将采用不同区域质心间的直线距离的倒数作为区域经济收敛检验空间计量模型的权重取值。由于区域经济发展的收敛性往往具有阶段性，因此除了考察整个期间的经济收敛性外，本文还将考察期划分为两个时段（2001～2006 年，2007～2012 年）分别进行考察不同时间段的经济收敛性。为了选择合适的空间计量模型，本文通过拉格朗日乘子检验来检验空间滞后模型和空间误差模型的适用性。检验结果表明，无论是在整个考察期还是两个时段，LMLAG 较之 LMERR 在统计上更加显著，因而选择空间滞后模型。采用空间距离倒数矩阵作为权重，对区域经济绝对 β 收敛的空间滞后模型进行估计，结果见表 3。

表 3　区域经济绝对 β 收敛检验结果（空间距离倒数权重）

年份	2001～2015	2001～2010	2011～2015
α	5.6449 *	3.9415 *	1.0277 *
β	- 0.3706 *	- 0.2143	- 0.0898 *
ρ	0.7688 **	1.1202 **	0.5223 **
Log likelihood	12.2190	14.5290	35.6480
AIC	- 16.438	- 21.058	- 63.296

注：* 和 ** 分别表示在 1% 和 5% 的水平下显著。

从赤池信息准则（AIC）来看，空间滞后模型 AIC 均小于不考虑空间效应的 OLS 模型，说明如果以空间距离倒数为区域经济收敛空间计量模型的权重矩阵有利于改善模型的拟合度。对数似然值的增大也表明该模型优于以邻近矩为权重矩阵的区域经济收敛空间计量模型。从 2001～2012 年区域经济绝对 β 收敛检验结果可以发现，空间滞后系数 ρ 为 1.2102，并且通过了 5% 的水平下的显著性检验，说明我国省际的经济发展存在显著的正的空间自相关，也就是说经济发展在省际存在溢出效应，一个区域的经济发展对邻近区域的经济发展有明显的带动作用。收敛系数 β 为 -0.3295，且在 1% 的水平下显著。这表明各省份的经济发展速度与期初经济水平是负相关的。也就是说，期初发展水平相对较高的省份，其增长速度会放缓，而期初经济水平相对较低的省份，其经济增长速度则会较快。检验结果表明，2001～2012 年我国区域经济发展呈现收敛的趋势。从 2001～2006 年经济收敛检验结果来看，收敛系数 β 在统计上不显著，说明在这一时间段我国区域经济发展不存在收敛现象。但在 2007～2012 年区域经济发展是收敛的（收敛系数 β 为 -0.2401，在 1% 的水平下显著）。

事实上，从衡量区域经济发展差距的基尼系数、泰尔指数、变异系数、赫芬达尔指数等其他指标来看，它们在考察期内的趋势也是在下降的，见图 2。

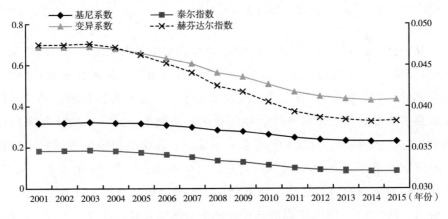

图 2　区域经济发展四种差距指标[①]

从图 2 还可看出，虽然基尼系数、泰尔指数、变异系数、赫芬达尔指数在 2001～2015 年整体是下降的，但在 2001～2006 年却保持了相对稳定，只是从 2006 年后才出现明显的下降趋势。这也从一个侧面有力地验证了本

---

① 指标利用 R 语言 ineq 扩展包计算得到，赫芬达尔指数在次坐标轴。

文的实证结果。此外，据 β 的估计值，还可以计算出 2001～2012 年我国区域人均 GDP 的收敛速度为 3.634%，收敛的半生命周期为 19.07 年，也就是说经济落后地区追赶上经济发达地区平均需要 19.07 年。

区域创新能力对经济收敛的影响

除了进行绝对收敛分析外，本文在空间模型中纳入区域创新能力，分析区域创新能力对经济收敛的影响。区域经济条件 β 收敛的空间滞后模型估计结果见表 4。

表 4　区域经济条件 β 收敛检验结果

年份	2001～2015	2001～2010	2011～2015
α	4.4207*	2.7380*	1.4669*
β	-0.3449*	-0.1969	-0.1356*
ζ	0.0059**	0.0105	0.0401
ρ	1.3102**	0.6321	0.4528
Log likelihood	13.0045	13.7573	36.2550
AIC	-16.009	-17.515	-62.510

注：* 和 ** 分别表示在 1% 和 5% 的水平下显著。

从 2001～2012 年区域经济条件 β 收敛检验结果可以发现，空间滞后参数 ρ 为 1.3752，并且通过了 5% 的水平下的显著性检验。区域经济条件 β 收敛的空间滞后系数比绝对 β 收敛的空间滞后系数大，说明我国创新活动及其创新成果的扩散有利于增强省际的经济发展互动程度。2001～2012 年条件收敛系数 β 为 -0.4660，且在 1% 的水平下显著，说明中国经济发展水平在整个经济空间里存在条件 β 收敛。回归系数为 0.0696，且在 5% 的水平下显著，表明省份的创新能力每提升 1 个百分点，能使得经济增长速度提高 6.96 个百分点。从 2001～2006 年经济条件收敛检验结果来看，收敛系数 β 在统计上不显著，说明在这一时间段即使加入控制因素创新能力，中国区域经济发展也不存在收敛现象。但在 2007～2012 年区域经济发展是条件收敛的（收敛系数 β 为 -0.2359，在 1% 的水平下显著），这表明近年来我国的区域创新的辐射和带动作用逐渐显现，促进了区域经济发展的收敛。

类似地，根据条件收敛系数 β 的估计值，可以出计算出在考虑创新能力后，区域人均 GDP 的条件收敛速度为 3.021%，比绝对收敛速度慢 0.6 个百分点；条件收敛的半生命周期为 12.15 年，也就是说在考虑区域创新能力的影响后，经济落后地区追赶上经济发达地区所需要的时间要比不考虑区域创新能力时快近 7 年。

研究结论与政策建议

本文采用不同区域质心间的直线距离的倒数作为权重矩阵对我国 31 个省份 2001～2012 年实际人均 GDP 的收敛情况进行了实证分析，并探讨了区域创新能力对经济收敛的影响。结果表明：（1）在考虑空间效应后，我国区域经济发展既存在条件收敛，也存在绝对收敛；（2）近年来我国区域经济发展的收敛趋势比以前明显；（3）在考虑区域创新能力的影响后，我国区域间经济的收敛的速度将提高。

中国区域经济增长存在绝对收敛，这一结论无法从 OLS 框架中得出。虽然从经济发展实践来看，短期内绝对收敛不明显，但从长期来看，中国存在绝对收敛趋势，而且这种趋势越来越明显。因此，中国区域经济收敛符合新古典增长模型所预言的原意，而不是控制了相关变量的影响之后表现出的经济收敛。这也表明我国采用增长极理论来发展经济不仅是可行的，也是有效的。尽管地理条件、资源禀赋等因素可能对收敛趋势造成了不利影响，但随着市场经济体系的逐步建立和完善，我国区域经济增长仍表现出明显的收敛。

中国正处于经济转型期，如何通过有效的干预控制和缩小区域发展差距，是中国目前宏观经济调控的一个重点目标所在，也是当前中国亟待解决的重要问题。Romer（1990）等很多研究认为人力资本水平是影响经济收敛速度的重要因素。本文的研究表明，创新能力也对经济收敛的速度有显著的影响，不同区域创新能力的差异和由此带来的溢出效应，都为相对落后地区的学习提高提供了"后发优势"的机会，从而导致收敛的发生。因此政府部门在制定创新政策时，应注重空间相关性的相互作用机理，要使各区域充分利用创新资源禀赋以及创新能力方面的差异进行合作来缩小区域经济发展差距。

如果创新资源过度集聚、创新水平严重不平衡的二元空间格局无法得到改善，中国经济发展将步入创新主导的区域差距再次扩大的阶段。

参考文献

蔡昉、都阳，2000：《中国地区经济增长的趋同与差异——对西部开发战略的启示》，《经济研究》第 10 期，第 30 ~ 37 页。

陈晓玲、李国平，2006：《我国地区经济收敛的空间面板数据模型分析》，《经济科学》第 5 期，第 5 ~ 17 页。

林光平、龙志和、吴梅，2005：《我国地区经济收敛的空间计量实证分析：1978 ~ 2002 年》，《经济学》（季刊），第 10 期，第 67 ~ 82 页。

林毅夫、刘明兴，2003：《中国的经济增长收敛与收入分配》，《世界经济》第 8 期，第 3 ~ 14 页。

潘文卿，2010：《中国区域经济差异与收敛》，《中国社会科学》第 1 期，第 72 ~ 84 页。

任玲玉、薛俊波、刘银国等，2014：《R&D 边际生产力驱动区域经济收敛研究》，《科学研究》第 11 期，第 1661 ~ 1667 页。

沈坤荣、马俊，2002：《中国经济增长的"俱乐部收敛"特征及其成因研究》，《经济研究》第 1 期，第 33 ~ 39 页。

王铮、葛昭攀，2002，《中国区域经济发展的多重均衡态与转变前兆》，《中国社会科学》第 4 期，第 31 ~ 39 页。

魏后凯，1997：《中国地区经济增长及其收敛性》，《中国工业经济》第 3 期，第 31 ~ 37 页。

吴玉鸣，2006：《中国省域经济增长趋同的空间计量经济分析》，《数量经济技术经济研究》第 12 期，第 101 ~ 108 页。

吴玉鸣，2007，《中国区域研发、知识溢出与创新的空间计量经济研究》，人民出版社，第 149 ~ 163 页。

Anselin, L., Varga, A. and Acs, Z. (1997), Local geographic spillovers between university research and high technology innovations, *Journal of Urban Economics* (42)：422 – 448.

Anselin, L. (1988), *Spatial econometrics*：*Methods and models*, Dordrecht Kluwer Academic Publishers.

Barro, R. J., Sala-I-Martin, X. (1992), Convergence, *Journal of Political Economy* 100 (2)：223 – 251.

Baumol, W. J. (1986), Productivity growth, convergence, and welfare：What the long-run data Show, *American Economic Review* 76 (5)：1072 – 1085.

Carrington, A. (2003), A divided Europe? Regional convergence and neighbourhood spillover effects, *Kyklos* 56 （3）: 381 - 393.

Furman, J. L., Porter, M. E. and Stem, S. （2002）, The determinants of national innovative capacity, *Research Policy*, 31 （6）: 899 - 933.

Moran, P. A. P. （1950）, Notes on Continuous Stochastic Phenomena, *Biometrika* 37 （1）: 17 - 23.

Perroux, F. （1965）, Economic space: Theory and applications, *Quarterly Journal of Economics* 64 （1）: 89 - 104.

Romer, P. M. （1990）, Endogenous technological change, *Journal of Political Economy* （5）: 71 ~ 102.

Romer, P. M. （1994）, The origins of endogenous growth, *Journal of Economic Perspectives* （5）: 3 - 22.

Solow, R. M. （1956）, A contribution to the theory of economic growth, *Quarterly Journal of Economics* 70 （1）: 65 - 94.

中国的专利保护与企业研发支出

尹志锋　毛　昊

基于 2013 年中国专利调查数据，本章从因果关系视角研究加强专利保护与企业研发投入的关系，进一步考察企业专利动机、专利数量及结构和保护途径选择三类因素对专利保护研发促进作用的调节效应。研究发现：（1）与传统市场动机相比，强专利保护不能促进基于行政驱动和战略驱动的企业继续增加研发投入；（2）专利积累规模对研发推动作用具有显著的效应，而专利结构（使用发明专利在全部专利中的比重来表示）对研发支出的积极效应并不显著；（3）行政保护的利用对研发推动作用具有积极的影响。

问题提出

作为知识产权制度的重要组成部分，专利保护制度需要在激励创新所带来的动态高效以及市场垄断所带来的静态低效之间维持基本的平衡（Nordhaus，1969；Klemperer，1990）。围绕着专利保护增强是否能够增加企业研发投入并以此促进企业创新，学术界开展了激烈的争论。Jaffe 和 Lerner（2006）、Boldrin 和 Levine（2008）、Burk 和 Lemley（2009）强调专利保护并没有促进企业研发，甚至可能在很大程度上抑制了研发的积极性；过分热衷于专利保护将导致社会中垄断的无效性，同时也限制了知识的分享。

从跨国经验的层面来看，Helpman（1993）发现，严格的专利保护加剧了知识产权所有者的垄断权利，削弱了研发激励并降低了全球技术进步的速度。Shapiro（2001）进一步指出，过强的专利保护将会增加发展中国家的学习成本，从而不利于技术追赶。持相反观点的学者则认为，专利制度在运行过程中虽然存在一些问题（Gilbert，2011），但依然显示出对于创新的正向激励功能。Yang 和 Maskus（2001）指出，借助技术许可和外商直接投资途径，加强知识产权保护将有利于技术转移和技术创新速率的提升。

基于以上学术研究争论，借助实证研究讨论专利保护的研发促进效果就具有重要的理论价值与现实意义。对此，Ginarte 和 Park（1997）通过构建知识产权保护指数，发现更趋严格的知识产权保护有助于提升全球的创新发展；Kanwar 和 Evenson（2009）以及 Chen 和 Puttitanun（2005）基于跨国宏观数据，分别考察了专利保护对一国研发投入和创新产出的影响，发现国别专利保护与研发投入及创新产出具有正相关性；在基于微观数据考察专利保护强度的创新作用机制方面，Mansfield（1986）指出专利保护对企业研发的影响依产业而异；尹志锋等（2013）检验了知识产权保护增强通过增加企业研发投入和外资进入来提升东道国企业创新产出的作用机制，发现促进研发投入的作用机制显著。

既有研究对于理解专利保护强度的创新促进效应具有重要参考价值，但上述研究在因果关系识别上还有待完善。不论是采用联立方程组，还是滞后阶段的专利保护水平（Chen 和 Puttitanun，2005；Kanwar 和 Evenson，2009）来解析专利保护与创新之间的关系均存有异议：专利保护程度本身具有自相关性，上述实证策略虽然能够在一定程度上减少基于双向因果关系导致的内生性问题，但得到的政策效果可能还受到其他干扰因素的影响，未能真正从实证层面得到令人信服的因果关系。从研究设计及数据信息层面来看，能较好避免双向因果关系，同时分离专利保护增强促进研发增加的作用效果的途径是问卷调查。在问卷调查中，可直接询问企业诸如"如果专利保护增强，你是否会增加研发投入"之类的问题取得第一手研究数据。值得一提的是，由于此类调查通常具有高实施成本、低回收比率等特征，在美国、欧洲、日本、韩国等国家的创新调查和国家专利调查中鲜有尝试，我们也尚未发现基于调查数据考察专利保护创新促进效果的国际文献。

本章基于国家知识产权局在全国范围内组织调研、收集整理的大规模专利调查数据，研究专利保护对推动创新的影响。本章在以下两个维度丰富了既有文献：一是基于问卷中提出的问项"专利保护强度（加强）对企业研发投入影响"所含信息，从因果关系角度识别专利保护增强对于企业创新投入的影响；二是基于本国创新企业"专利动机、专利结构、保护途径"

视角，解释强保护的研发促进效果在不同行为特征和创新活动企业间的结构差异。本研究对于专利保护的研发促进效应的探讨，将为我国强化专利保护政策提供科学依据，同时为企业充分发挥专利保护的创新促进效应、实现创新驱动发展提供有益参考。

研究假说和设计

研究假说

专利保护的创新激励效应受到一个国家经济发展、技术积累和国家政策的影响（Maskus，2000；Chen 和 Puttitanun，2005）。发达国家的理论研究和市场实践表明，强专利保护能提升技术可专有性①，增加创新收益，进而激励企业研发。然而，专利保护的研发激励效果会因特定因素而产生削减，甚至发生改变。例如，Maskus（2000）指出，专利保护强度与经济发展间存在 U 形关系，在人均国民收入达到中等发达水平后，知识产权保护的促进效果方能显著体现，如果尚未达到中等发达水平，专利保护强度的提升可能对经济增长和研发投入带来不确定影响。类似地，Chen 和 Puttitanun（2005）显示，一个国家的专利保护强度并非单调地依赖于发展水平，专利保护强度与经济发展水平具有 U 形关系。据此，我们不仅需要从总体上考察专利保护强度是否会促进企业进行创新，更需要深入考察不同情境、不同影响因素对于专利保护研发促进效应的调节效果。从企业知识产权创造、运用、保护和管理的战略环节及影响企业创新过程活动构成角度出发，我们认为上述因素应至少包括：申请专利的动机、获取专利的数量规模与质量结构、企业专利维权途径选择等。基于此，我们提出以下三组假说。

假设 1： 专利动机差异对研发促进效果产生不同影响，政策驱动及战略性动机将降低专利保护的研发激励效果。

政府通常可以借助行政力量在优先发展的企业和部门中配置资源，通过行政命令推动改革（林毅夫，2003）。在专利领域，政府政策对于企业的专

---

① 技术可专有性是指创新者在解决了科学或技术层面的技术创新问题后，可以从创新中获利的能力或者将创新的经济收益内部化的能力。

利行为亦表现出较强的影响。当企业专利申请、维持行为并非旨在获得并运用专利技术，而更多的是为了获得政府资格认定、行政考核硬性要求时，必然降低强保护的研发激励效果。此外，随着市场竞争条件下专利工具性属性的增强，专利制度也在产生异化。Harabi（1995）、Arundel（1995）、Cohen和Goto（2002）以及Blind等（2006）的研究表明，在新的市场竞争环境下，企业申请与维持专利并非仅局限于利用专利拓展市场、保护研发成果、防止技术被模仿等传统职能，而更多地表现出战略性的非实施特征，如对竞争对手形成抑制或封锁、宣传与提升企业形象、形成专利和丛林标准等。与传统专利实施动机（如旨在对专利进行产业化使用）相比，非实施动机更强调专利的宣传、获取谈判筹码等战略性工具属性，对于传统研发的依赖性降低，因此会在一定程度上抑制专利保护的研发促进效应。

假设2：专利数量及质量结构与专利保护对研发的促进作用呈正相关。

专利数量是企业综合实力和创新能力的重要表征。随着专利累积数量增多，企业能够获得更有利的市场竞争地位与经营利润，进而在维持专利数量规模与持续研发创新间形成良性循环。专利质量结构是指发明专利、实用新型专利和设计专利的比例。[①] Kim等（2012）的研究发现，在技术追赶的阶段，获取实用新型专利是一条有效的学习路径。Maskus和McDaniel（1999）的历史研究也发现，在日本技术追赶过程中，实用新型带来的技术溢出作用显著。但不可否认的是，实用新型较发明专利质量更低，不利于企业达到创新前沿。关于这一点，Kim等（2012）和Beneito（2006）的研究表明，如果一个企业希望实现更高的技术能力，它应该投资到发明专利而非实用新型上。据此，我们推断，企业的专利结构的优化（企业专利中发明专利占比越高）将带来更大的研发激励效果。

假设3：如果企业能够主动运用专利行政、司法制度来进行专利维权，专利保护增强的研发促进效应更显著。

中国的专利保护具有"双轮驱动"特点，即企业可以选择行政保护与

---

① 在中国有三种类型的专利：发明专利、实用新型专利和外观设计。不同于发明专利，实用新型专利和外观设计在授权时不需要进行实质审查。

司法保护两种不同途径来进行维权。尽管学术界对于应该以行政保护为主导还是以司法保护为主导尚存在诸多争议，但两者所具有的相对优势及其互补性也为社会所普遍认同。其中，知识产权的私权属性赋予了司法保护以制度优势；行政执法具备简便、快捷、效率高的优势，在使专利侵权成本大幅提高的同时使维权成本显著降低；对此我们预期，如果企业能够更充分利用两种维权机制，专利保护强度增强所带来的研发促进效应更大。

数据与模型设定

我们使用 2013 年中国专利调查数据对上述假说进行检验。国家知识产权局自 2008 年起在全国范围内组织开展专利调查，其中，2013 年调查的样本框为 2012 年国内授权专利。调查为抽样调查，采用与规模成比例的抽样方法，同时辅以配额抽样。2013 年调查的抽样框包括 777308 件专利；抽取样本覆盖 26 个省（自治区、直辖市），共 65 个城市。2013 年调查涉及专利权人共 11141 个，企业 9161 家；抽取专利 33667 件，其中企业专利 22615 件。调查最终回收率为 87.7%，其中有效问卷占 93.7%。。

2013 年中国专利调查问卷中设计了如下问题："专利保护强度（加强）对您所在企业研发投入有何影响？"答案选项包括"保护强度增强研发投入增加""保护强度增强研发投入减少""没有明显影响"及"不清楚"。该问项信息有利于揭示专利保护强度与研发投入的因果关系。另外，问卷也涵盖了较为丰富的、有利于揭示政策效果差异性的变量信息（后文将详述），同时还包括能够反映企业基本特征的变量，如企业所在省份、所有制、企业规模、企业资质（是否为省级以上政府认定的知识产权企业、是否为高新企业、是否为中央属企业）等方面的信息。

我们采用多元回归方法来验证假说 1～假说 3 是否成立。由于被解释变量为反映专利保护研发促进效应大小的排序变量，我们将采用有序 probit 模型进行回归分析（Cameron 和 Trivedi，2005；Long 和 Freese，2006）。具体的模型设定如下：假设专利保护增强的研发促进效应取决于企业一系列特征因素，用向量 X 表示；基于每个企业的特征会有一个潜在的政策促进效果 y^*，假定 $y^* = X\beta + \varepsilon$，且 ε 服从标准正态分布。存在 2 个临界值 a_1、a_2，令 $a_1 < a_2$。当 y^* 小于或等于 a_1 时，y 等于 1，当 y^* 大于 a_1 且小于 a_2 时，y 等于

2；当 y^* 大于 a_2 时，y^* 等于 3。具体而言，令 Φ 为标准正态分布函数，我们有如下回归方程：

$$p(y = 1 \mid X) = p(y^* \leq a_1 \mid X) = \Phi(a_1 - X\beta) \tag{1}$$

$$p(y = 2 \mid X) = p(a_1 < y^* \leq a_1 \mid X) = \Phi(a_2 - X\beta) - \Phi(a_1 - X\beta) \tag{2}$$

$$p(y = 3 \mid X) = p(y^* > a_2 \mid X) = 1 - \Phi(a_2 - X\beta) \tag{3}$$

其中，y 为专利保护研发促进效果的排序变量，X 主要包括如下变量：反映假说 1 的变量，包括企业专利维持行为的市场属性和企业战略性专利运用强度；反映假说 2 的变量，包括企业的专利数量与专利结构变量；反映假说 3 的变量，即企业维权方式选择及对专利行政执法的信心。与此同时，结合数据可获得性，我们在回归中还控制了一些反映企业资质的变量，如企业是否为经过省级以上政府认定的知识产权企业、是否为高新企业、是否为上市企业、是否为中央所属企业及企业所在的省份、所处行业虚拟变量。

实证结果

主要变量的描述性统计

表 1 列举了分析中采用的主要变量的描述统计信息。除特殊说明外，表中的变量均直接取自专利调查的企业调查部分。非直接取自调查问卷或需要经过特定程序构建的变量包括：市场型专利维持、战略性专利运用强度、有效专利数量、发明专利占比、行政保护维权、司法保护维权、专利执法信心。

表 1　主要变量的描述统计 （N = 4067）

变量	含义	平均值	标准差	最小值	最大值
Rdy	专利保护研发促进程度（1~3）	2.48	0.61	1	3
dum_mark	市场型专利维持	0.79	0.41	0	1
fss_r	战略性专利运用强度	0.56	0.25	0	1
Totpatg	有效专利数量（1 = 高于中位数）	0.60	0.49	0	1
inv_sharg	发明专利占比（1 = 高于中位数）	0.55	0.50	0	1

续表

变量	含义	平均值	标准差	最小值	最大值
dum_adm_bh	行政保护	0.83	0.38	0	1
dum_law	司法保护	0.15	0.36	0	1
Xzbhxx	专利执法信心	0.31	0.46	0	1
Own	所有制	1.32	0.67	1	3
scale1	企业规模（1＝大中型）	0.69	0.46	0	1
Zcqy	知产认定企业（1＝是）	0.34	0.47	0	1
Gxqy	高新企业（1＝是）	0.70	0.46	0	1
Ssqy	上市企业（1＝是）	0.13	0.33	0	1
Zyqy	中央企业（1＝是）	0.07	0.25	0	1

注：采用主回归方程中均没有缺失的样本进行统计。专利保护研发促进程度中 1~3 分别表示研发投入减少，研发投入没有明显影响或不清楚，研发投入增加；所有制变量中 1、2、3 分别代表内资企业、港澳台企业、外商投资企业。

我们用市场型专利维持、战略性专利运用强度两个变量来刻画企业的专利动机。其中，市场型专利维持变量的构造如下：基于专利调查企业问卷，企业在回答维持专利的原因时提供的信息，将选择至少涵盖如下一项原因，包括"增加经济利润、降低生产经营成本""利用专利形成交换资本或谈判筹码""保护企业技术"的企业定义为市场型专利维持企业，记为 1，反之为 0。战略性专利运用强度变量的构造方法如下：基于企业在回答专利申请目的时提供的信息，将企业选择"利用专利抢占或拓展市场""防止本企业技术被模仿"这两项传统专利实施动机外的其他选项数目与企业在该题中的全部选项项数的占比，来反映企业非实施专利申请动机所占的比重。

本章用专利数量、发明专利占比两个变量来刻画企业的专利特征。其中，基于企业名，从有效专利库中计算企业截至 2012 年的有效专利数，并依据样本企业有效专利中位数将高于中位数的企业计为 1，反之为 0，构造变量 Totpatg；类似的，我们基于企业名，从有效专利库中得到企业截至 2012 年的有效发明专利数，计算发明专利在有效专利总量中的占比，并将高于中位数的企业定义为 1，反之为 0，构造变量 inv_ sharg。

我们用行政保护、司法保护及专利执法信心来反映企业专利维权特征。其中，行政保护变量的构造如下：根据企业在回答"您所在企业最希望能够通过哪种方式或途径来保护专利权？"所提供的信息，将前2个回答项（限选2项）中包括"向专利管理机关举报，如拨打12330""希望专利管理机关主动执法查处侵权行为"项之一的企业定义为行政保护维权企业，记为1，反之为0；与行政保护维权变量类似，司法保护维权变量的构造主要根据企业在回答"您所在企业最希望能够通过哪种方式或途径来保护专利权？"所提供的信息，将前2个回答项中包括"直接去法院进行诉讼"的企业定义为司法保护型企业，记为1，反之为0；我们通过如下方式构造专利执法信心变量：根据企业在回答"您所在企业对行政执法解决专利纠纷最突出的印象是什么"时提供的信息，将前三个回答项（限选3项）中包括"能够通过行政调处等方式解决纠纷"项的企业定义为对专利执法有信心的企业，记为1，反之为0。表1的统计结果表明，各变量均落在合理的取值范围。进一步地，我们计算了主要解释变量的相关系数，发现上述变量间的两两相关系数均小于0.3，因此后续的回归较少受到多重共线性的困扰。

专利保护增强的研发促进效应分布

表2列举了专利保护研发促进效果的统计分布情况。结果显示，52.5%的企业认为专利保护增强会促进自身研发投入增加；29%的企业认为专利保护增强对其研发投入没有明显影响。这表明除专利制度以外的商业秘密、政府补贴和奖励等其他激励机制也在发挥作用（Wrght，1983；Teece，1986；Gallini 和 Scotchmer，2002）。企业策略性的专利行为及替代制度使得专利保护的研发促进效应变得相对不明显。与此同时，有11.9%的企业认为专利保护增强对于企业研发投入具有不确定性的影响①。

---

① 在专利保护研发促进效应分析中，我们将"没有明显影响""不清楚"归为一类，统一定义为"没有明显影响"。在稳健性回归中，删除了"不清楚"的样本后，基本结论也是稳健的。

表2　专利保护增强的研发促进效应分布

专利保护研发促进效果	样本数(个)	比重(%)
保护强度增强研发投入增加	4484	52.46
没有明显影响	2478	28.99
不清楚	1019	11.92
保护强度增强研发投入减少	566	6.62

资料来源：笔者的计算。

专利保护研发促进效应的结构差异分析

表3的第1列考察了市场型专利维持、战略性专利运用强度与研发促进效果的相关性。回归结果表明，相对于那些并非基于专利市场化运用而维持专利的企业，基于专利的市场化运用而维持专利的企业对于专利保护的研发促进效果评价更高。经济解释在于，目前我国企业的专利行为受到较强的行政驱动影响，相对于那些为了"满足政府资格认定需要"，"获得相关资助与补贴"，"完成专利考核指标"而维持专利的企业，那些旨在通过专利维持来"增加经济利润、降低生产经营成本"，"保护企业技术"的企业对于专利保护更为敏感。专利保护增强在很大程度上能够增加企业专利技术的可专有性，遵循市场化规律的企业能够更深刻地意识到专利保护的增强对于其专利市场价值实现的重要作用。因而，专利保护的研发激励效果在该类企业中的作用效果更大。实证结果同时表明，企业战略性动机越强，企业对于专利保护的研发促进效应评价越低。其意味着，传统市场动机比新兴战略性动机更能够提升专利保护的研发促进效果。相对于旨在对专利进行产业化利用而申请专利的企业，从专利的战略性使用角度申请专利的企业将更多地申请具有防御性和出于宣传考虑的专利，这些专利具有市场策略性，而并不具有实施性特征，尽管有利于帮助企业取得市场地位，但对研发激励的效果有限。

第2列考察了专利总量与发明专利占比对促进研发支出的调节作用。实证结果表明，专利总量与研发促进效应具有显著的正相关性。企业专利积累数量越多，表明企业用于专利组合的专利越多，在专利保护增强的情况下，研发促进效应更大；与此同时，发明专利占比与专利保护的研发促进效应具有正相关性，但在统计上并不显著。其表明，实用新型依然构成我国企业技术创新的重要模式，而高水平的发明专利对于研发激励则主要集中在特殊产业和特定样本中，尚未在总体样本中显著体现。这说明借助创新研发实现中国产业结构升级需要借助多重创新模式，同时发挥发明、实用新型、外观设计在国家产业结构升级中的作用。

第3列考查了企业专利维权方式选择与研发提升效果的相关性。回归结果表明，相对于非主要采用行政维权方式（如双方协商等）的企业，选择行政维权方式的企业更倾向于认为专利保护增强能够在更大程度上促进其进行研发投入；与此同时，相对于非主要采用司法维权的企业，选择通过司法途径进行专利维权的企业认为专利保护具有相对更大的研发激励效果。行政保护与司法保护作为我国专利保护的两种正式制度，构成提升专利保护研发促进效应的重要制度基础，两者从不同维度增加了专利权人在维权过程中的选择灵活性，进而提升了专利保护的研发促进效果。与此同时，从专利执法信任度来看，那些认为专利行政执法能够解决专利纠纷的企业更倾向于认为专利保护具有更强的研发激励效果。专利保护研发促进效应的充分发挥需要借助专利权人对于维权制度的灵活使用及基于制度自信之上。

表3　专利保护研发促进效应结构差异分析

	（1）	（2）	（3）	（4）	（5）
市场型专利维持	0.325 ***			0.282 ***	0.276 ***
	（0.0430）			（0.0437）	（0.0477）
战略性专利运用强度	− 0.187 **			− 0.158 **	− 0.169 **
	（0.0778）			（0.0793）	（0.0859）
专利总量 （1 = 高于中位数）		0.126 ***		0.115 ***	0.0817 *
		（0.0415）		（0.0423）	（0.0458）
发明专利占比 （1 = 高于中位数）		0.0328		0.0240	− 0.00137
		（0.0423）		（0.0433）	（0.0471）
行政保护			0.133 ***	0.121 **	0.121 **
			（0.0488）	（0.0492）	（0.0545）
司法保护			0.0815	0.0695	0.117 *
			（0.0545）	（0.0549）	（0.0620）

续表

	（1）	（2）	（3）	（4）	（5）
专利执法信心			0.339 ***	0.299 ***	0.263 ***
			（0.0460）	（0.0464）	（0.0492）
港澳台	0.188 ***	0.197 ***	0.204 ***	0.198 ***	0.229 ***
	（0.0667）	（0.0670）	（0.0671）	（0.0668）	（0.0750）
外商	0.0108	0.00536	0.0211	0.0255	0.0327
	（0.0571）	（0.0569）	（0.0578）	（0.0580）	（0.0639）
大中型	0.108 **	0.0891 **	0.101 **	0.0722	0.0873 *
	（0.0432）	（0.0440）	（0.0439）	（0.0448）	（0.0474）
知产认定企业	0.0661	0.0850 *	0.0783 *	0.0380	0.0787
	（0.0443）	（0.0441）	（0.0450）	（0.0455）	（0.0495）
高新企业	0.0825 *	0.0519	0.0998 **	0.0823 *	0.0924 *
	（0.0462）	（0.0479）	（0.0467）	（0.0487）	（0.0523）
上市企业	− 0.0398	− 0.0440	− 0.0373	− 0.0706	− 0.0203
	（0.0601）	（0.0601）	（0.0605）	（0.0614）	（0.0686）
中央企业	0.0712	− 0.0198	0.0353	0.0741	0.0789
	（0.0747）	（0.0754）	（0.0754）	（0.0765）	（0.0829）
cut1_cons	− 6.008 ***	− 5.944 ***	− 5.575 ***	− 5.416 ***	− 5.240 ***
	（0.241）	（0.320）	（0.151）	（0.267）	（0.266）
cut2_cons	− 4.557 ***	− 4.503 ***	− 4.120 ***	− 3.951 ***	− 4.009 ***
	（0.236）	（0.328）	（0.134）	（0.265）	（0.268）
拟 r^2	0.0301	0.0221	0.0319	0.0399	0.0413
对数似然值	− 3520.5	− 3548.1	− 3435.1	− 3404.1	− 2962.7
观察值	4171	4169	4071	4067	3627

注：采用有序 probit 模型。所有回归均控制省份、产业固定效应。企业所有制的基准组为内资企业；规模的基准组为小型及微型企业；知识产权资质的基准组为非省级以上政府知识产权认定企业；高新企业资质的基准组为非高新企业；企业上市资质的基准组为非上市企业；企业隶属特征的基准组为非中央企业；括号中为稳健标准误；* 表示 $p < 0.1$ 的显著水平，** 表示 $p < 0.05$ 的显著水平，*** 表示 $p < 0.01$ 的显著水平。

第 4 列同时讨论了"专利动机、专利数量及结构、保护途径"与研发促进效应的相关性。回归结果表明，上述因素与专利保护研发促进效应的相关结论是稳健的。相应的经济解释与单独讨论的情形一致，故不再赘述。最后，考虑到在构建专利保护研发促进效应变量时，我们将回答"不清楚"及"没有明显影响"列为一类，其中"不清楚"可能包含不少噪音，我们在第5列中删除了回答"不清楚"的样本。实证结果表明，基本的结论与之前大体一致，说明假说1～3的研究结论是稳健的。

值得一提的是，控制变量中有些因素与研发促进效应差异具有显著的相关性。相对而言，港澳台企业、大中型企业以及高新技术企业更倾向于认为专利保护增强能够更大程度上促进其增加研发投入。而上市企业及中央所属企业则没有表现出较非上市企业、非中央属企业更大的研发促进效果。经济解释在于，中央企业的市场竞争优势很可能来自贸易、资源垄断等要素而非技术创新，故其对专利保护的研发激励效果评价更低；而上市企业未能真正将技术创新和对应的研发投入作为实现资本增值与运营的必要前提条件，故专利保护的研发激励效果也较为有限。

结　论

本章基于2013年中国企业专利调查数据，通过对问卷调查问题"专利保护强度对您所在企业研发投入有何影响"的研究，揭示了专利保护增强对企业研发投入的影响，进而分析了专利保护的研发促进效应在企业"专利动机、专利数量及结构、保护途径"三方面的结构差异。本文主要研究结论如下。

第一，从总体上看，国家实施专利强保护政策能够显著促进企业研发投入。调查显示，52.5%的企业认为专利保护增强会使其研发投入增加；29%的企业认为专利保护增强对于其研发投入没有明显影响。

第二，专利强保护政策的研发促进效果因"专利动机、专利数量及结构、保护途径"不同而存在结构差异。一是与传统的市场动机相比，强专利保护并不能促进基于行政驱动和战略驱动的企业进一步增加研发投入。如果企业是基于市场力量驱动而进行专利申请、维持，强专利保护有利于激励企业研发投入；相反，如果企业只是基于行政力量驱动，那么激励效果则非常有限。与此同时，战略性的专利策略动机会在一定程度上抑制专利保护的研发促进效应。其表明如果企业申请、维持专利的目的在于利用"专利形成交换资本""提升企业社会影响力"等，而非旨在通过专利实施"增加经济利润，降低生产成本"，这种多元的专利申请、维持策略会降低专利保护所带来的研发激励效果。二是专利保护增强对于具有较大专利积累数量的企业具有更大的研发促进效果，以高发明占比为代表的专利质量指标尚未在提升专利保护研发促进效应中发挥显著作用。三是借助行政维权渠道将对专利保护的研发促进效应具有积极影响。其一方面表现为，相对于通过非行政保护进行专利维权的企业，选择通过行政保护维权的企业对专利保护的研发促进效应评价更高；另一方面表现为，企业对于专利行政保护具有足够信心，其对于专利保护的研发促进效应评价更高。

基于上述主要研究结论，我们提出三点政策建议。

第一，对于企业的专利动机实施有效干预，提升专利制度的研发激励效果。本章发现专利已经不是传统的保护研发成果的防卫性手段，正在从防御性权利变成商业性工具。强专利保护并不能促进基于行政驱动和战略驱动企业进一步增加研发投入，进而降低了专利制度的创新激励效果。对此，国家需要实施企业专利动机管理，减少政府行政力量对于企业专利行为驱动的影响，同时确保传统市场动机对于企业研发的正向激励作用，避免出现因专利动机异化削弱专利制度的创新激励效果。

第二，实施总量规模和质量结构并举的管理思路，逐步建立高质量专利增长模式。现阶段中国在专利数量与质量管理上的总体思路仍为"以专利数量布局，以专利质量取胜"。但是目前，我国很多企业的专利研发基础投入有限，专利结构仍以实用新型为主要构成，高发明结构企业持续研发的意愿不足。国际经验表明，国家转型升级必须依靠高端发明，合理的专利结构和必要研发投入是企业创新能力提升的核心要素。因此，在新时代需要建立更趋理性的国家专利政策取向，采用强激励手段提升高发明专利对于研发创新的激励作用。

第三，加强司法与行政执法的专利"双驱"保护，增强创新主体对行政执法的使用信心。本文发现专利司法保护、政府行政执法及权利人使用行政执法的能力均将对于后续研发带来正向的影响。政府需要借助司法保护和行政执法保护的双驱作用，强化保持市场良好运行所必需的产权、治理结构，有效借助行政执法途径，对动态增长过程中先行者产生的"外部性"给予补偿。

参考文献

Arundel, A. (1995), *Innovation strategies of Europe's largest industrial firms: Results of the survey for information sources, public research, protection of innovations and government programmes*, Final Report, MERIT Institute, University of Limburg.

Beneito, P. (2006), The innovative performance of in-house and contracted R&D in terms of patents and utility models, *Research Policy* 35(4): 502– 517. doi.org/10.1016/j.respol.2006.01.007.

Blind, K., Edler, J., Frietsch, R. and Schmoch, U. (2006), Motives to patent: Empirical evidence from Germany, *Research Policy* 35(5): 655–672. doi.org/ 10.1016/j.respol.2006.03.002.

Boldrin, M. and Levine, D. K. (2008), *Against Intellectual Monopoly*, Cambridge: Cambridge University Press.

Burk, D. L. and Lemley, M. A. (2009), *The Patent Crisis and How the Courts Can Solve It*, Chicago: University of Chicago Press. doi.org/10.7208/ chicago/9780226080635.001.0001.

Cameron, A. C. and Trivedi, P. K. (2005), *Micro-econometrics: Methods and appli cations*, New York: Cambridge University Press. doi.org/10.1017/ CBO978 0511811241.

Chen, Y. and Puttitanun, T. (2005), Intellectual property rights and innovation in developing countries, *Journal of Development Economics* 78(2): 474– 493. doi.org/10.1016/j.jdeveco.2004.11.005.

Cohen, W. M. and Goto, A. N. (2002), R&D spillovers, patents and the incentives to innovate in Japan and the United States, *Research Policy* 31(8):1349–1367. doi.org/10.1016/S0048-7333(02)00068-9.

Gallini, N. and Scotchmer, S. (2002), Intellectual property: When is it the best incentive system? *Innovation Policy and the Economy*, 2: 51–77. doi.org/ 10.1086/653754.

Gilbert, R. (2011), A world without intellectual property? A review of Michele Boldrin and David Levine's "Against Intellectual Monopoly", *Journal of Economic Literature* 49(2): 421–432. doi.org/10.1257/jel.49.2.421.

Ginarte, J. C. and Park, W. G. (1997), Determinants of patent rights: A cross-national study, *Research Policy* 26(3): 283–301. doi.org/10.1016/S0048-7333(97)00022-X.

Harabi, N. (1995), Appropriability of technical innovations: An empirical analysis, *Research Policy* 24(94): 981–992. doi.org/10.1016/0048-7333(94)00812-4.

Helpman, E. (1993), Innovation, imitation, and intellectual property rights, *Econometrica* 61(6): 1247–1280. doi.org/10.2307/2951642.

Jaffe, A. B. and Lerner, J. (2006), *Innovation and its Discontents: How our broken patent system is endangering innovation and progress, and what to do about it*, Princeton, NJ: Princeton University Press.

Kanwar, S. and Evenson, R. (2009), On the strength of intellectual property protection that nations provide, *Journal of Development Economics* 90(90): 50–6. doi.org/10.1016/j.jdeveco.2008.11.006.

Kim, Y. K., Lee, K., Park, W. G. and Choo, K. (2012), Appropriate intellectual property protection and economic growth in countries at different levels of development, *Research Policy* 41(2): 358–375. doi.org/10.1016/j.respol.2011.09.003.

Klemperer, P. (1990), How broad should the scope of patent protection be? *RAND Journal of Economics* 21(1): 113–130. doi.org/10.2307/2555498.

Lin, J. (2003), Backward advantage or backward disadvantage: A discussion with Yang Xiaokai, [in Chinese], *China Economic Quarterly* 2(2): 989–1004.

Long, J. S. and Freese, J. (2006), *Regression models for categorical dependent variables using stata*, 2nd edn, College Station, Tex.: Stata Press.

Mansfield, E. (1986), Patents and innovation: An empirical study, *Management Science* 32(2): 173–181. doi.org/10.1287/mnsc.32.2.173.

Maskus, K. E. (2000), Intellectual property rights and economic development, *Case Western Reserve Journal of International Law* 32(3): 471–506.

Maskus, K. E. and McDaniel, C. (1999), Impacts of the Japanese patent system on productivity growth, *Japan & the World Economy* 11(4): 557–574.

Nordhaus, W. (1969), *Invention, growth and welfare: A theoretical treatment of technological change*, Cambridge, Mass.: MIT Press.

Shapiro, B. C. (2001), Navigating the patent thicket: Cross licenses, patent pools, and standard-setting, in A. B. Jaffe, J. Lerner and S. Stern (eds), *Innovation Policy and the Economy: Volume I*, pp. 119–150, Cambridge, Mass.: MIT Press.

doi.org/10.2139/ssrn.273550.

Teece, D. (1986), Profiting from technological innovation: Implications for integration, collaboration, licensing and public policy, *Research Policy* 15: 285–294. doi.org/10.1016/0048-7333(86)90027-2.

Wright, B. D. (1983), The economics of invention incentives: Patents, prizes and research contracts, *American Economic Review* 73(4): 691–707.

Yang, G. and Maskus, K. E. (2001), Intellectual property rights, licensing, and innovation in an endogenous product-cycle model, *Journal of International Economics* 53(1): 169–187. doi.org/10.1016/S0022-1996(00)00062-3.

Yin, Z., Ye, J., Huang, Y. and Qin, X. (2013), Intellectual property protection and enterprise innovation: Mechanism and empirical test, [in Chinese], *World Economy* 12: 111–129.

中国航天技术与创新体系的专家社群：文化的维度

〔美〕康琳娜（Alanna Krolikowski）

引　言

仅仅在 20 年前，中国还只是全球空间产业中的小角色。今天，中国空间项目的发展速度空前迅猛，并且它已经在行业发展中走向前列。中国是继苏联和美国之后第一个独立将人类送往太空以及将探测车降落在月球上的国家。中国的空间站不久将成为国际空间站以外的唯一一座环绕地球的人类长期栖息地。在未来 10 年中，中国可能是历史上第二个由人类在月球表面登陆的国家。中国已经拥有世界上最庞大的射电望远镜而且还在建设更多的大型装置。这个国家在航空学上取得的成就不再是令人惊诧的。一家中国企业已经搅动了区域性支线飞行市场，并直指进入民用大型飞机的市场，以挑战空客——波音的双寡垄断局面。中国的企业已经生产出先进的军事卫星去执行敏感的飞行任务。

这些发展的首要原因来自中国国家财富的增长。至少从 1979 年开始，中国的最高领导人就已经宣布了在政治和思想上致力于科学和技术（S&T）现代化的承诺。但是，直到 1990 年代中期，那些航空航天项目的倡导者才努力说服最高领导人，他们的努力值得牺牲一部分公共资金，并且寻求让他们的项目生存下来的机会（Li，2013）。只有在过去 20 年政府财政充实的情况下，才允许执政者胡锦涛和习近平将大量的资源配置到这些项目中

（Suttmeier，1980；Liu et al.，2011）。这就像中国在研发支出上的加速增长那样（见图1）。

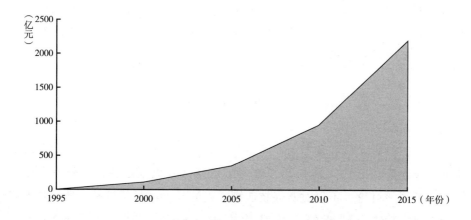

图1　中国在研发上的支出（人民币）

资料来源：国家统计局（2017）。

尽管中央政府的实质性支持使得追求提升航天能力成为可能，但它并没有解释这些能力是如何获得的。有关科技研究的大量学者解释，航天产业的技术获得和创新存在着多种路径（Zeitlin，1995；Montresor，2001；Keller 和 Samuels，2003；Pekkanen，2003；Hughes，2004；Pavelec，2004；Hickie，2006；Palmer，2006；Jeon，2010）。政策、制度和项目的多重整合可能会带来这项工程的成功。事实上，中国的航天产业解释了中国的创新体系如何适应了多样性的方法去追求这种充满雄心的科技目标。这一章检验了中国中央政府为什么以及如何在具有相似特征的两个临近产业追求截然相反的创新战略以提升国家能力：民用飞机制造产业和民用航天器制造产业。前一个产业强调的方法是吸取国外的知识和制度，并将中国企业融入全球价值链中，而后一个产业强调的方法是优先发展本土技术来提高国家的自主创新力。

为了领会这两个产业发展战略存在的差异，放眼中国过去40年在科学、技术和创新体系转型中的大环境变迁，是十分有利的。正是这些翻天覆地的变化，才允许杰出的专家群体们整合和影响主要创新战略的设计和执行。这些专家群体已经成为他们所在领域强大的长期政策制定者，而他们的政策投入，也正是造成飞行器制造业和航天器制造业发展战略差异的主要因素。

本章的第一部分对改变了中国技术和创新体系及该体系中航空与航天产业的制度变迁，进行了文献调查。第二部分从文化的维度研究了促进两个产业发展的独特专家群体，以及他们是如何制定政策的，从而使得两个产业形成截然相反的发展战略。

制度建立

中国的科研人员和技术人才库是非常庞大的，并且在整个国家劳动力群体中的份额持续上升（见图2）。学者们已经记录到了这些人力资本存量的转变并开展了讨论，不仅对新兴技能型工人的投入进行了检验，还包括他们的组织如何融合到新的人才结构中去（Saich，1989；Dickson，1998；Suttmeier 和 Cao，1999；Liu 和 White，2001；Huang et al.，2002；Cao，2003；Sleeboom-Faulkner，2006；Appelbaum et al.，2011）。这些研究检验了关键制度的改革与发展如何对科技活动的开展进行了重构，从而揭示这些制度的贡献及其局限性。

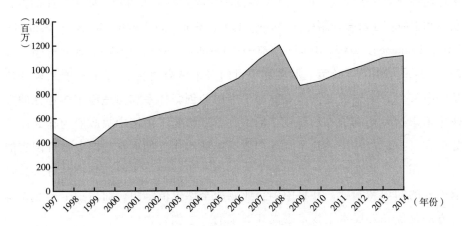

图2 中国研发部门的科研人员数

资料来源：世界银行（2017）。

通常，这些机构变迁为增强其他投入对创新的影响创造了条件。这些转型改善了中国航空科技建设的资源使用效率，更有效地抓住政府部门扩大航空采购和整体经济技术升级的机会。这些趋势多数是在 1990 年代才开始显现，并包括了科技活动的制度化、不同职能和产业科技建设的专业化以及相关科研人员的职业化。下面的讨论勾画出了这些转变的大致轮廓，因为这些转变发生在大范围的产业中，其中就包括航空产业和航天产业。

制度化

制度化在此是指创造和发展稳定的正式机构以及其他执行科技政策与项目的流程。自 1978 年以后，中国的创新体系就开始从一个程序特定、无效率和高度政治化的项目驱动决策制定和执行机制发展为一个系统、稳健和连贯的体制机制，从而制定和执行重大的长期科技战略以及在这些战略下的中短期政策与规划（Suttmeier，1980；Simon 和 Goldman，1988；Saich，1989；Cheung，2011）。

这种科技活动的制度化进程，以一种相互支持的方式，与中国国内其他领域政策制定的制度化进程同步发生（Liu 和 White，2001）。这些制度化进程包括：经济领域的广泛改革、公共部门的治理以及国防部门的现代化。

这一制度化进程的许多特征显著提升了技术密集型装备制造业的水平，例如飞机制造业和航天器制造业。长期战略为政策和项目提供了稳健性和预测性。专家群体向决策制定者的系统性沟通渠道显著改善了决策的质量。整个国家对国有工业集团的监管也更加精细化和统一化。装备制造业和终端用户之间的互动关系也得到改善。这些新制度环境的特征，还强化了来自同行业中不同工作单位科研人员的交流，从而促进了行业中专家社群的出现。

专业化

随着创新体系的发展，其内部也在发生分化。从 2000 年以来，新的研发项目迅猛增长，从而吸收了剧增的科技人员和科研资源。这些项目主要是以多样化的课题、基金、区域发展推动等形式出现的，其机构和设施的建立基本涉及每一个主要的科技分支。这些领域从核能工程与造船业到人工智能，影响面非常宽广。

时至今日，国家创新机器基本上活跃在所有的科技领域，从而对经济或国防的现代化具有重大影响。许多致力于特种技术领域的科研机构，跨越了无数个科技领域建立了起来。它们的范围也在成倍地扩大（见图3）。某些大型的机构还在内部进一步细分为多个小型机构，从而集中突破专门的生产环节和技术领域。换句话说，系统性水平上的扩张和多样化，与产业、企业以及这些实体中的更小单元的专业化和再专业化，一直在同步发生。与广泛的制度化一样，专业化新型机构的不断发展，也促进了不同产业与子产业中专家社群的出现。

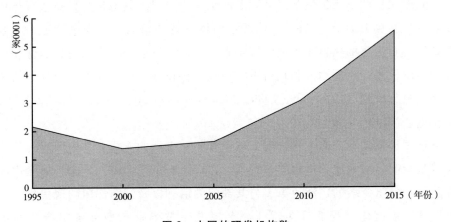

图3　中国的研发机构数

资料来源：国家统计局（2017）。

职业化

另一个促进高技术能力发展的因素，就是科技人员的职业化。在1980年代末及以前，主要的技术项目由精英科学家和工程技术人员带领完成，有时候还是白手起家。这些人物的贡献，从他们现有权力来看是非常巨大而且持久的，但毕竟还要取决于个人的身份地位，取决于他们与政治和军队领导人及其所在派别之间的关系。一般而言，科技项目会受到政策风向变动的影响——当他们遇到非技术性决策者的青睐时，就会获得帮助、资金和支持，而遇到非技术决策者不感兴趣时，就会在财政支持上被忽视、被延期甚至被终止（Schneider，1988；Chang，1996；Feigenbaum，2003；Handberg 和 Li，2007；Schmalzer，2008；Andreas，2009）。

然而，自1980年代以后，在这种科研人员梯队管理上经历了三个主要的变化，从而减轻了政治干预、个人权威和不规则管理的不利影响。

第一种改变是去政治化。最高领导人在科研人员任命和科技活动中直接和出于政治性动机的干涉（Schneider，1988；Handberg 和 Li，2007；Andreas，2009；Hu，2009；Luke，2015），在胡锦涛执政的末期才真正完全消失。甚至在习近平主席推动的政治反腐运动下，虽然直指许多涉及高技术产业的大型国有企业（SOEs），但航空和航天制造业避免了领导层的大幅度变动和受到干扰。今天，至少在航空产业，重大决策争议反映的似乎不再是国家内部权力的斗争，而是在技术、财政和其他层面的斗争。

第二种改变就是去个体化。相比 20 年以前，现在科技项目的命运远远不再与有影响力的个人或者群体的职业或政治命运紧密联系（Lu，2005a；Li，2013）。许多科技精英已经极大地提升了管理水平和承担了其他的管理角色（Cao，2004）。在这些项目中，领导层的变动现在更加标准化。虽然高层领导对科技项目的个人关注仍然是这一创新系统中的特点，就像习近平不断亲自视察关键的科研设施所传达的那样，但是最近没有任何大型的航空项目因为某个有影响力的人物跌落神坛而受到影响。

第三种改变就是去程序化。从跟前任国家主席胡锦涛开始，科技项目提出、采纳和执行的机制得到了更加稳健的发展，并持续到今天。项目启动之前，要求经过层层的评估才能送达高层决策者那里。[①] 绝大多数的项目由产业或下一级产业的领导，基于中央政府的长期规划目标向上级提出申请（Liu et al.，2011）。当这种项目涉及一个大型系统时，例如大型防空计划，采购单位的领导必须将高层战略中设定的目标，转化为具体的方案目标，以及具体的系统性要求（Puska et al.，2011）。

制度化、专业化和职业化的进程已经重构了创新的设定，并为更加复杂、要求更高的科技活动打下了基础。这些改变还促进了特定产业专家社群的形成，这正是我们将要讨论的。

专家社群

专家是指在给定技术行业内，拥有该行业外人群所缺专长的个体。一个专家社群是这样专家的集合，这些专家活跃于给定的行业，在行业内不仅分

---

① 受访者 43 - 42 - 18，对来自中国研究机构的空间科学专家进行的访问，2010 年。

享这种专业化的技术知识，而且还分享相关技术的基本假设以及围绕这些技术的一切（Rouse，1993）。行业内的专家通常会分享一个包含了基本哲学信仰的世界观。这些假设被如此广泛地接受，从而它们不需要明确地表达出来。因为他们常常心照不宣，所以这些假设通常被称为"背景知识"（Adler，1992；Adler 和 Pouliot，2011）。这些心照不宣的理解形成了专家社群文化的基本原则。专家社群的成员，会在一系列的日常职业实践中表达和强化他们的背景知识，其中就包括演讲和写作的习惯（Adler 和 Pouliot，2011）。行业专家分享背景知识、以共同方式进行表达的行为，构成了他们的专家社群文化（Rouse，2003）。中国的科技建设融合了无数的专业行业，从生物科技到纳米科技，这些专家形成了截然不同的专家社群。

在这个社群的成员间分享的专家文化元素，可能会超越国界、语言壁垒和职位的差异。科学家、工程师、技术人员、投资者、律师和保险人通常属于一个单一的专家社群。网站、教材、学术期刊、行业杂志和会议展示，带来了世界各个大洲的代表性做法，并通过跨国界的专家群体将它们扩散出去，即使这个群体的成员在地理上是分散的。于是，我们所观察到的是，不是科学、技术和创新的中国特色文化，而是在中国科技建设中存在并向其相邻领域扩张的许多专家文化。例如，在航空领域，中国专家的实践和理解，反映了他们与苏联/俄罗斯、美国和欧洲国家专家相互接触的结果（Krolikowski，2015）。

在每个高技术产业内部，某些专家并未分享主导性的专家社群背景知识和实践积累。尽管持有不同的意见，但在一个专家社群的主流专业文化还是可以辨认出来的。当专家们仅仅在特定政策或项目上而非基本方向存在异议时，他们的分歧，通常是可通过其所在产业及其工作普遍接受的基本假设预期得到的。

当专家们在向政策制定者描述和界定他们所在产业和政策需要的时候，他们就会借鉴这种专家文化。当专家们代表其所在行业进行演讲或写作的时候，他们依赖于一系列规范性的做法或者是表述习惯，从而在其所在社群中进行分享。这些话语行为反映和传达了在专家社群中心照不宣地分享的潜在哲学假设。规范性的做法是重要的，这是因为它们绑定了其他实践做法，例如规划实践和管理实践（Swidler，2001）。

专家群体形成了科技建设体系，因为他们从表述上构成了不同的产业，从而形成要求不同类型科技政策的基地。在向政策制定者描述其所在产业时，专家还心照不宣地传达了相关哲学假设，从而相比其他政策，对某些政策给予了特别的支持。产业专家通常会将其所在产业定义为政策的对象。他们的演讲行为和解释不仅是展示性的，而且对他们所在产业和科技都是具有实际意义的。

中国的创新体系是扮演这些角色的专家社群的乐园。在航空产业内，至少有五个条件有助于形成和保护专家社群的紧密联系。

（1）在产业专家与外部人之间在思想上存在的交流障碍，形成了孤岛式的专家文化。例子包括保密规则和技术性知识的程序特殊性，这两点刻画了中国航空公司隶属的国防工业集团中的特殊工作。①

（2）某个专家的进入和退出壁垒保留了一个专业社群的内部文化。中国的航空和航天专家倾向于将自己毕生的精力都奉献到所在行业里面，就像许多其他国家的同行那样，部分原因是项目具有较长的生命周期，而部分是因为在这种稀有的大型工业集团外部所存在的吸引人的机会太少了。②

（3）产业主要由大型企业和机构所主导，例如巨型的航空航天工业集团，相比那些分为许多小型实体的产业，更具有稳定的内部文化。大型机构为这种文化的维持和传播提供了渠道。

（4）层级结构在组织内部为专家文化的培育和巩固提供了土壤。层级结构为个人提供了角色模式和报酬体系，从而有利于社群文化实践的正确表现。大型的国有企业刻画了这种特征。

（5）那些以师徒关系形式来开展专业培训和互动的组织，例如，导师—学生，实验室主任—技术员，管理投资人—客户等，均在吸引新的进入者融入其文化圈的有效社交模式（Chang，1996；Qiu，2009；Wang，2011）。航空产业正好刻画了这种互动关系。③

政策制定中的科学家和工程师

专家社群值得研究的原因，就在于他们是中国科技产出最直接的责任

---

① 受访者 25 – 43 – 20，向空间部门执行机构的空间专家进行的采访，2010 年。
② 受访者 20 – 36 – 42，向中国研究机构中的空间专家做的访问，2010 年。
③ 受访者 25 – 43 – 20。

人。同时，他们还对政策和项目产生影响，从而最终形成了中国创新的长期前景。多重条件赋予了科学家和工程师在政策制定中的独特作用。

科学家和工程师为政策制定者形成了技术专家库，并提供咨询意见。政策制定者在设计创新战略时，几乎没有任何具体产业的直接工作经验，所以他们依赖于专家群体向他们解释这些创新战略。政策制定官员指定专家来考察趋势、提出问题、给出政策选择方案和做出政策建议。

当前还存在将专家意见向高层决策者传递的机制。专家们向领导人介绍基本情况、撰写报告和出席会议，从而为那些制定产业规划和发展战略的决策者提供参考（Halpern，1988；Zhu，2009）。[①]

自 1950 年代以来，那些优秀的科学家和工程师们就已经受到诸如周恩来和聂荣臻等国家领导人的青睐（Feigenbaum，2003；Besha，2010；Li，2013）。一些杰出的科学家获得并利用了这种影响力，追求重大科技项目的自主设计和主动性。

科技精英们从他们的专家身份中获得了权力和影响力。这一点几乎到哪都一样，但在中华人民共和国成立初期的中国技术背景下尤其如此（Cheng和 White，1990；Hua，1995；Greenhalgh，2003）。历史上，这种状况使得空间科学专家具有显著的政策影响力，甚至已经延伸到他们所接受正式训练的领域之外，例如农业政策和计划生育政策（Chang，1996；Greenhalgh，2005）。

这些因素联合到一起，使得中国的航空与航天专家们投入到所在产业的政策制定中，并对政策制定产生影响。

航空和航天专家社群

航空和航天专家们有时候利用这种影响力并将其归结为自己或者所在利益集团。然而，作为专家社群，它们确实已经在推动创新项目的格局上，产生了最持久和最深远的影响。中国的航空与航天专家们属于完全不同的专家社群，每一个都被特定的内部文化连接在一起。当航空和航天专家们向政策制定者展示其所在产业时，他们还隐含地传达了截然不同的政策处方，帮助

---

① 受访者 40 - 27 - 18，向中国研究机构中的空间专家做的访问，2010 年；受访者 24 - 19 - 41，向中国智库的出口控制专家做的访问，2010 年。

形成产业的总体创新战略。

中央政府发展本国航空与航天产业的时候采取了显著不同的战略。发展飞机制造业的方法是在 1990 年代早期就开始与外国企业开展贸易与产业合作。与之相反，航天器产业的发展战略，是在苏联解体之后，重视关键系统在国内的自主开发以及全国范围内产业的垂直整合从而为几十年的发展打下基础。在很大程度上，这些差异反映了中国企业和机构在贸易与获得国外帮助上显著不同的机会，其中飞机制造业面临的机会比航天器制造产业更多且更具实质性的影响。然而，仔细研读专家们的言论，就会揭示每个产业采用不同的做法深度捕捉到中国企业进入国际技术的差异。这种情形表明，航空与航天领域的专家们，在采用几十年截然不同的战略方式之前，就已经了解并描述了其所在产业的世界发展形势。

航空专家与政策

在中国内部，航空专家们就已经出现在一系列跨企业组织中，其中包括国防部门的国有企业，即中国航空工业集团（AVIC）及其附属民用企业中国商业飞机公司（Comac）以及政府机构、军队和工科大学（Deng et al.，1988；Allen et al.，1995；Goldstein，2006；MIIT，2009；Cliff，2010）。

中国的航空专家属于更大范围的飞行器技术专家群体，他们享有共同的基本假设和话语实践。与其他国家的同行一样，中国的航空专家们倾向于将航空技术本质上看作一种全球产品（Zhang，2007）。专家们将现代飞行器定义为融合了不同国家设计与制造的元素。他们将全球产品网络描述为这一产业最先进和不言而喻的制造模式。这些观念植根于对国际政治经济和世界市场良性运转的基础之上。正如航空专家们解释的那样，企业和国家产业之间的竞争驱动了创新，并最终受益于消费者（Chen，2008）。

这种理解在航空专家在有关全球航空活动和飞行物理环境的描述中，具有相似之处。航空工程师们倾向于将全球空域看作一个单一的跨国界区域。他们将空中运输系统和基础设施理想和自然地描述为一个超越了国界的全球无缝整体。关于飞行环境的这种观点，扩展到专家们在飞行器运行、管制和生产的一系列表述中，所有这些都要求以一种类似的方式进行跨国整合（Zhang，2007）。

这些观念使得中国航空专家们，在有关他们国家产业如何发展问题上形成了相同的预期。顶尖的专家一致解释，就像世界上领先的飞机制造商，空客和波音那样，中国的领头企业应该建立全球价值链并致力于为全球的航空公司提供支持（Zhang，2008；AVIC，2015）。这些专家还为购买他们飞机的其他国家的航空公司做出补偿性的安排，并将其看作这种自然演变的一部分。[①]

这些观点，与中国以及国际航空专家共有的其他、更基础的理解相一致。他们对全球贸易和跨国分配的生产环节，建立在什么可以被冠之"经济性"或工具性的技术哲学上。在这种理解下，技术实体，例如航空客机和航空发动机，都反映了它们在社会维度的需求以及它们的设计者和制造者的选择（Zhang，2007；Chen，2008）。航空科技不会随其自身的逻辑演进，相反，会依据市场压力、客户需求和其他人类和社会因素做出反应（Qi和Cheng，2006）。工程师和发明者们是这些设备的制造者，然后他们去裁剪，以满足其时间和位置的需要（Yao，1996；Liu，2007）.

这些礼节传达到为航空产业制定长期创新和产业化战略的高层决策者那里。航空专家们通过分析和提供给政策制定者的其他技术投入，传达他们的理念。当专家们将产业描述为具有某些特殊禀赋时，他们隐含地假设国家政策与这些特征相一致。

当航空专家们将其所在行业和技术描述为具有全球本质特征时，他们实际上就将该产业表述为一个需要贸易、跨国界产业整合和跨政府民间合作等政策支持的产业（Guo，2000；Lu，2005b）。这些措施包括促进飞行器相关的跨国销售和飞行器设施的跨国界投资、协调产品的全球标准以及支持与国外先进公司的伙伴关系（Yu，2009；Mecham和Anselmo，2011）。当航空实体以这种形式出现的时候，坚持发展使用自主技术以实现国家技术自主，似乎会适得其反和自我限制。相反，专家的描述是优先放松对航天器件出入境的管制，吸引最优的国外合作伙伴并最终确保中国企业嵌入到全球价值链中（Frenken，2000；Bowen，2007；Raska和Krolikowski，2013）。

这些表述接着以特殊的方式支撑了产业战略。中国航空产业发展战略的目标是将中国企业整合到跨国的产业网络的最优结点中去（Grevatt，2012）。

---

① 受访者18-00-18，对中国飞行器工业高级专家的访问，2010年。

这一方法避免了飞机制造在国内的垂直整合（Tyroler-Cooper 和 Peet，2011）。这种战略并不是直接地瞄准进口替代，因为 ARJ21 和 C919 等国产大飞机项目的长期目标，是零部件国产比率达到 10% ~ 30%（Lu，2005a）。[①] 相反，将中国企业嵌入跨国网络中要求他们选择的专业化生产的是高附加值产品，无论是国内还是国外，同时还伴随着其他零部件与服务的进口和外包（Perrett，2009b）。理想的最终目标，是使用本土的合格产品替代高附加值进口产品，并在某些领域进口外国产品和与外资开展合作（Perrett，2009a；Anselmo et al.，2011）。例如，其中一项长期目标就是在商业飞行器引擎制造业方面提升国家实力（中央人民政府，2009）。

在此设想下，中国航空工业集团将会作为全球顶级飞行器制造商，开发区域性和全球性的生产流程（AVIC，2015）。在这种产业发展战略下，衡量成功的标准有两个：中国企业的技术产出和成功出口都是非常重要的。对于这些专家来说，在国内生产能飞起来的飞机，是这一方法最优先的选择，但同时强调了将 AVIC 发展为一个具备盈利能力、竞争力的出口导向型经济实体。[②] 最终的结果是一个包含了特殊特征的产业发展战略，即使这一战略采取了与相近的航天产业截然不同的发展战略，但它在很大程度上仍然毫无争议。

航天专家社群及其政策

中国的航天专家有属于他们自己特定的社群。他们工作的单位与航空工业一样分散在众多的机构中。这些包括两个大型的国有国防工业集团，中国航天科技集团公司（CASC）和中国航天科工集团公司（CASIC），一些政府机构、军队单位、工科大学和许多的研究机构（Sun，2007a；Ma，2011）。

中国的航天专家们同其他国家的航天专家具有一样的专家文化，但是他们的世界观并不像航空专家那么一致。当航天专家在他们的专业之外进行观察时，他们看到的是一个国家工业基础之间相互竞争的等级体系，每个国家的地位取决于其对关键技术的掌控。[③] 在此观点下，国家能力和工业实力相

---

① 受访者 18 - 00 - 18，对中国飞行器工业高级专家的访问，2010 年。
② 同上。
③ 受访者 19 - 36 - 43，对一家学术机构航天专家的访问，2010 年。

互影响，从而工业能力仍然会受到国家边界的分割。① 航天产业的自然状况就是，企业致力于在本国境内作为总部进行研发和生产活动，并且在这些企业中，专家们与来自本国或者至多是亲密盟国的同行们一起工作。不同国家的工业基地展开了全面的竞争。

这些专家描述，全球航天产业的预期是不可避免地持续分裂为不同国家的工业基地。在航天产业的这种战略角色下，一个崛起中的大国必须发展自己的产业，保证其获取和利用空间资源的独立性（Huang，2006，2007）。

这些观念暗示了一个世界政治理论，在这个理论中，技术因素决定了国与国之间在安全与话语权上的斗争结果。对于航天专家来说，技术突破就是世界历史的引擎。航天系统的进步就是在这些技术突破中最为重要的因素，它们为国际政治和其他社会现象带来了革命性的影响（Liu et al.，1996；Chang，2004）。例如，在这个观点下，太空武器的出现改变了国际体系，造成了政府和军队无法控制的发展势头（Zhang，2005；Huang，2006；Dai，2007；Peoples，2008a）。于是，与航空专家们不同，航天专家们对航天技术及其对社会的影响，表述为一种决定性和结构性的假设（Liang，2002；Dai，2007；Ma，2008；Peoples，2008b）。尽管意识到技术变迁具有许多种来源，航天专家们假设至少它们中的一种是来自技术本身的力量（Huang，1999）。他们经常将技术进步表述为试图脱离人类的控制。技术变迁会沿着其自身的内部逻辑发展，并在很大程度上抵制人类的管理（Xu，2007）。技术进步发生进步，紧接着是社会环境对此进行响应（Liu et al.，1996）。

中国的专家们已经使用这种观念上的敌意，解释了美国 1999 年收紧对中国航天零部件出口的限制，从而作为美国抑制中国和平崛起战略的一部分（Liao，2006；Ning et al.，2006）。在这种理解下，美国对中国航天产品出口的收紧，不仅拒绝了这种贸易机会，而且更是服务于美国封锁中国以阻止中国民族复兴的更大战略：一项针对中国发展和安全核心利益的"空间遏制政策"（Zhang，2003；《共产党员》，2008）。这种"空间禁运"通过将中国从世界高技术产品市场排除出去来压制中国的经济发展，而且更坏的是，扼杀中国在社会发展和国防上的现代化（Ma，2008）。这些刻画使中国在民用、商业、军事和情报等领域的能力得以飞速发展和自主发展的政策，得到了

---

① 受访者 25 - 43 - 20。

支撑，也更显得合理化（Liao，2006；Sun，2006，2007b；Zhang，2007）。

于是，长期的理想状况就是国家掌控卫星和运载火箭的制造和运行的关键过程（国务院，2006）。根据这一目标要求，相关制造业在本国企业体系中实现几乎全部的垂直一体化。产业政策的目标，就是在中国国内建立一整套工业基础，而选择性地参与能够带来显著收益但风险较低的国际合作项目（Zhang，2007；中国航天科技集团党组，2009）。外国合作伙伴的投入可以作为补充，但不能替代或者干扰本土的研发能力（Liang，2002；Lan，2007）。CASC 和 CASIC的成功意味着其任务达成，并在配套技术上也取得了相应的成就（Guo，2007）。经济绩效远远只是次要的目标。[①] 这些企业集团的改革宗旨，是提高其技术产出，而非提高自身盈利水平或改善公司治理。出口是追求的目标，也代表了工业成就，但是这不是产业总体发展战略的基本目标（见表1）。

表1　中国航空航天产业的技术发展与创新战略

特征	航空学	航天技术
全球产业的结构预期	跨国的产业整合	国际产业分割
寻求的产业结构形式	合格的进口替代目标,不绝对垂直整合并非终极目标 AVIC 在某个特殊的结点进入全球产业链	完全的国内垂直一体化 国家控制从研发到运营的全部要素和流程 要在中国建立整套工业基础
与国外技术和供应商的关系	AVIC 进入全球生产网络 预期修正 在客户所在国实现制造本土化 寻求稳定的供应链——实现该目标的方法是国际标准	国外投入品作为补充,但始终不能完全替代国产的投入品
主要企业的成功目标	出口很重要:同时使用技术产出和经济绩效来度量 AVIC 的成功	CASC 和 CASIC 的成功意味着任务达成和技术成就 经济利益位于第二位的

通过他们的表述，中国的航空与航天专家们将他们所在的产业作为需要政策的对象。在航空产业，这些政策促进了全球贸易与合作。但是

---

① 受访者 25 – 43 – 20。

在航天产业，他们限制了贸易与合作，反而将发展自主研发能力放到优先的位置。

结 论

中国目前可能拥有世界上发展最快的空间项目，并且正准备进入全球航空工业中技术要求极高的大型运输机行业中。在这个不断发展的创新系统中，一群具有共同的专业知识和特定的专家文化的专家们，联合到了一起。这些专家社群是科技系统中最重要的行动者，以及创新政策的塑造者。

中国的专家社群对长期创新战略产生了扩散和间接的影响。专家们作为所在研究课题和技术领域的权威，参与到了政策制定的过程中。在这个过程中，他们执行规范性的做法，并将其所在产业变为体现国家行动的具体场所。这些做法不仅传达了专家的技术知识，而且还心照不宣地传达了他们的政策建议。它们反映了专家社群的文化。航空和航天产业的专家们解释了这些进程。通过展示，这些专家创造了对每个产业所用创新战略有利的条件。航空专家们将他们所在的产业这样描述，即需要吸取国外知识和制度并将中国企业嵌入全球价值链之中。与此相反，中国的航天专家们将他们的产业描述为，需要优先发展自主技术从而加强国家独立性的发展战略。于是，这些专家就定义了一系列在决策者看来合理而且可行的政策与成果，并在此过程中，为他们所在领域采取什么样的发展战略提供参数设定。通过这种规范做法，专家们对政策目标和实现手段达成了协议。

参考文献

Adler, E. (1992), The emergence of cooperation: National epistemic communities and the international evolution of the idea of nuclear arms control, *International Organization* 46: 101–145. doi.org/10.1017/S0020818300001466.

Adler, E. and Pouliot, V. (2011), International practices, *International Theory* 3(1): 1–36. doi.org/10.1017/S175297191000031X.

Allen, K. W., Krumel, G. and Pollack, J. D. (1995), *China's Air Force Enters the 21st Century*, Santa Monica, CA: Rand Corporation.

Andreas, J. (2009), *Rise of the Red Engineers: The Cultural Revolution and the origins of China's new class*, Stanford, CA: Stanford University Press.

Anselmo, J. C., Mecham, M. and Perrett, B. (2011), Made in China: Airbus's Tianjin assembly plant replicates European quality, but at a higher cost, *Aviation Week & Space Technology*, 25 April.

Appelbaum, R. P., Parker, R. and Cao, C. (2011), Developmental state and innovation: Nanotechnology in China, *Global Networks* 11(3): 298–314. doi.org/10.1111/j.1471-0374.2011.00327.x.

Aviation Industry Corporation of China (AVIC) (2015), *AVIC Corporate Strategy*. 7 September. Available from: www.avic.com/en/aboutus/corporatestrategy/index.shtml.

Besha, P. (2010), Policy making in China's space program: A history and analysis of the Chang'e Lunar Orbiter Project, *Space Policy* 26(4):214-221. doi.org/10.1016/j.spacepol.2010.08.005.

Bowen, J. T. (2007), Global production networks, the developmental state and the articulation of Asia Pacific economies in the commercial aircraft industry, *Asia Pacific Viewpoint* 48(3): 312–329. doi.org/10.1111/j.1467-8373.2007.00350.x.

Cao, C. (2003), Digital dragon: High-technology enterprises in China, *The China Quarterly* (2003): 538–539.

Cao, C. (2004), *China's Scientific Elite*, New York: RoutledgeCurzon.

Central People's Government of the People's Republic of China (Central People's Government) (2009), When will large domestic aircraft have a "Chinese heart"? [in Chinese], 20 January, Central People's Government of the People's Republic of China, Beijing. Available from: www.gov.cn/fwxx/kp/2009-01/20/content_1209835.htm.

Chang, I. (1996), *Thread of the Silkworm*, New York: Basic Books.

Chang, X. (2004), *Military Astronautics*, [in Chinese], 2nd edn, Beijing: National Defense Industries Press.

Chen, D. (2008), *Discussion of Aviation*, [in Chinese], Beijing: National Defense Industries Press.

Cheng, L. and White, L. (1990), Elite transformation and modern change in Mainland China and Taiwan: Empirical data and the theory of technocracy, *The China Quarterly* 121: 1–35. doi.org/10.1017/S0305741000013497.

Cheung, T. M. (2011), The Chinese defense economy's long march from imitation to innovation, *Journal of Strategic Studies* 34(3):325–354. doi.org/10.1080/0140 2390.2011.574976.

Cheung, T. M. (2016), *The rise of the Chinese national security state under Xi Jinping*, CPI Analysis, 15 December, China Policy Institute, Nottingham, UK. Available from: cpianalysis.org/2016/12/15/the-rise-of-the-chinese-national-security-state-under-xi-jinping/.

Cliff, R. (2010), The development of China's air force capabilities, Testimony to the US–China Economic and Security Review Commission, Washington, DC.

Communist Party Member (2008), China says "no" to space hegemony, [in Chinese], *Communist Party Member* (4): 25.

Dai, X. (2007), Space: War's ultimate high ground, [in Chinese], *Contemporary Military Digest*, Reprinted from China Defense Daily, 30 January 2007.

Deng, L., Ma, H. and Wu, H. (eds) (1988), *Contemporary China's Aviation Industry*, [in Chinese], Beijing: China Social Sciences Press.

Dickson, D. (1998), Back on track: The rebirth of human genetics in China, *Nature* 396(6709): 303–306. doi.org/10.1038/24470.

Feigenbaum, E. (2003), *China's Techno-Warriors: National security and strategic competition from the nuclear to the information age*, Stanford, CA: Stanford University Press.

Frenken, K. (2000), A complexity approach to innovation networks: The case of the aircraft industry (1909–1997), *Research Policy* 29(2): 257– 272. doi.org/10.1016/S0048-7333(99)00064-5.

Goldstein, A. (2006), The political economy of industrial policy in China: The case of aircraft manufacturing, *Journal of Chinese Economic and Business Studies* 4(3): 259– 273. doi.org/10.1080/14765280600991628.

Greenhalgh, S. (2003), Science, modernity, and the making of China's one-child policy, *Population and Development Review* 29(2):163–196. doi.org/10.1111/j.1728-4457.2003.00163.x.

Greenhalgh, S. (2005), Missile science, population science: The origins of China's one-child policy, *The China Quarterly* (182):253– 276. doi.org/10.1017/S0305741005000184.

Grevatt, J. (2012), AVIC boss eyes M&A activity and teaming to grow "global industrial chain", *Jane's Defence Weekly*, 19 November.

Guo, B. (2007), Milestones in China's space development: "China's Space Activities" white paper, [in Chinese], *Aerospace China*, May.

Guo, E. (2000), Development of and responses to aircraft manufacturing technology, [in Chinese], *Aircraft Manufacturing Technology* 6: 16–20.

Halpern, N. M. (1988), Scientific decision making: The organization of expert advice in post-Mao China, in D. F. Simon and M. Goldman (eds), *Science and Technology in Post-Mao China*, pp. 157–174. Cambridge, Mass.: Harvard University Press.

Handberg, R. and Li, Z. (2007), *Chinese Space Policy: A study in domestic and international politics*, London: RoutledgeCurzon.

Hickie, D. (2006), Knowledge and competitiveness in the aerospace industry: The cases of Toulouse, Seattle and north-west England, *European Planning Studies* 14(5): 697–716. doi.org/10.1080/09654310500500254.

Hu, D. (2009), *China and Albert Einstein: The reception of the physicist and his theory in China, 1917–1979*, Cambridge, Mass.: Harvard University Press.

Hua, S. (1995), Science, scientism and humanism, in S. Hua, *Scientism and Humanism: Two cultures in post-mao China*, pp. 9–32, Albany, NY: State University of New York Press.

Huang, J., Rozelle, S., Pray, C. and Wang, Q. (2002), Plant biotechnology in China, *Science* 295(5555): 674–676. doi.org/10.1126/science.1067226.

Huang, Z. (1999), Reflecting upon space strategy for our country in the early 21st century, [in Chinese], *Journal of Institute of Command and Technology* 10(6): 1–5.

Huang, Z. (2006), Space weaponisation and space deterrence, [in Chinese], *Studies in International Technology and Economy* 9(1): 24– 28.

Huang, Z. (2007), *Space Science and Technology and Society: The fourth wave*, [in Chinese], Guangzhou: Guangdong Education Publishing House.

Hughes, T. P. (2004), *Human-Built World: How to think about technology and culture*, Chicago: University of Chicago Press.

Jeon, C. (2010), Technologies of the operator: Engineering the pilot in the US and Japan, 1930–1960, Thesis, Massachusetts Institute of Technology, Cambridge, Mass.

Keller, W. W. and Samuels, R. J. (eds) (2003), *Crisis and Innovation in Asian Technology*, New York: Cambridge University Press.

Krolikowski, A. (2015), *Specialist communities: People and cultures in China's defense science and technology system*, Research Brief, University of California Institute on Global Conflict and Cooperation, La Jolla, CA.

Lan, B. (2007), China's "Beidou" breaks Western space monopoly, [in Chinese], *Communist Party Member*.

Leading Party Group of Chinese Aerospace Science and Technology Corporation (CASC) (2009), An exploit cast in reform and opening: The achievements, experience and prospects of our country's space development, [in Chinese], *Aerospace China*, January.

Li, C. (2013), The Chinese GNSS: System development and policy analysis, *Space Policy* 29: 9–19. doi.org/10.1016/j.spacepol.2012.11.001.

Liang, S. (2002), *Long March Toward Space*, [in Chinese], Beijing: China Astronautics Publishing House.

Liao, C. (2006), Commentary on the state of the new round of international space competition, [in Chinese], *International Outer Space* (7): 1–6.

Liu, F. C.,Simon, D. F., Sun, Y. T.and Cao, C. (2011), China's innovation policies: Evolution, institutional structure, and trajectory, *Research Policy* 40(7): 917–931.doi.org/10.1016/j.respol.2011.05.005.

Liu, J., Bai, B. A.and Liu, J. (eds) (1996), *Space Technology and Modern Society*, [in Chinese], Beijing: China Astronautics Publishing House.

Liu, X. and White, S. (2001), Comparing innovation systems: A framework and application to China's transitional context, *Research Policy* 30(7):1091–1114. doi.org/10.1016/S0048-7333(00)00132-3.

Liu, Y. (eds) (2007), *China's Aviation History*, [in Chinese], 2nd edn, Changsha, China: Hunan Science and Technology Press.

Lu, F. (2005a), Reflections on our country's large aircraft development strategy, [in Chinese], *China's Soft Sciences*: 10–16.

Lu, F. (2005b), Research report on China's large aircraft development strategy, [in Chinese], *Business Affairs Weekly*, 20 March.

Luke, Y. L. C. (2015), *A History of Biophysics in Contemporary China*, Heidelberg, Germany: Springer. doi.org/10.1007/978-3-319-18093-9.

Ma, X. (2008), Develop space manufacturing, serve the national economy, spur on social progress, [in Chinese], *China Aerospace*, May: 3–7.

Ma, X. (2011), *Space Science and Technology Personnel's Journey to Maturity*, [in Chinese], Beijing: China Astronautics Publishing House and China Aerospace Science and Technology Corporation.

MacKenzie, D. A. (2006), *An Engine, Not a Camera: How financial models shape markets*, Cambridge, Mass.: MIT Press. doi.org/10.7551/mitpress/9780262134606.001.0001.

Mecham, M. and Anselmo, J. C. (2011), Aviation's 'learnaholics': China has the size, money and interest to engage and challenge Western companies, *Aviation Week & Space Technology*, 25 April.

Miller, T. E. (2002), Epistemic communities in the space-policy arena: Evidence of their existence, their evolution, and their influence on policy, PhD thesis, University of Colorado, Denver.

Ministry of Industry and Information Technology of the People's Republic of China (MIIT) (2009), *Overview of China's Civil Aviation Industry Enterprise Units*, [in Chinese], Beijing: Aviation Industry Press.

Montresor, S. (2001), Techno-globalism, techno-nationalism and technological systems: Organizing the evidence, *Technovation* 21(7): 399–412. doi:10.1016/S0166-4972(00)00061-4.

National Bureau of Statistics of China (NBS) (2017), *Annual Data: Statistics Database*. Available from: www.stats.gov.cn/english/statisticaldata/AnnualData/.

Ning, L., Wang, C. and Rong, H. (2006), *Confrontation in Space*, [in Chinese], Beijing: Military Affairs Literature Publishing House.

Palmer, S. W. (2006), *Dictatorship of the Air: Aviation culture and the fate of modern Russia*, Cambridge: Cambridge University Press.

Pavelec, S. M. (2004), The development of turbojet aircraft in Germany, Britain, and the United States: A multi-national comparison of aeronautical engineering, 1935–1946, PhD thesis, Ohio State University, Columbus.

Pekkanen, S. (2003), *Picking Winners? From technology catch-up to the space race in Japan*, Stanford, CA: Stanford University Press.

Peoples, C. (2008a), Assuming the inevitable? Overcoming the inevitability of outer space weaponization and conflict, *Contemporary Security Policy* 29(3):502– 520. doi.org/10.1080/13523260802514811.

Peoples, C. (2008b), Sputnik and 'skill thinking' revisited: Technological determinism in American responses to the Soviet missile threat, *Cold War History* 8(1): 55–75. doi.org/10.1080/14682740701791334.

Perrett, B. (2009a), Nosing ahead, *Aviation Week & Space Technology*, 14 September: 26–27.

Perrett, B. (2009b), Cheaper by design, *Aviation Week & Space Technology*, 14 September: 28–29.

Puska, S. M., McReynolds, J. and Geary, D. (2011), *China's military representatives: Striving toward professional contracting and procurement*, SITC Research Brief No. 21, Institute on Global Conflict and Cooperation, University of California. Available from: escholarship.org/uc/item/8kb3g12j.

Qi, X. and Cheng, Z. (eds) (2006), *The Birth and Development of Aircraft*, [in Chinese], Beijing: National Defense Industries Press.

Qiu, J. (2009), Obituary: Qian Xuesen (1911–2009), *Nature* 462(7274): 735. doi.org/10.1038/462735a.

Raska, M. and Krolikowski, A. (2013), *China's military aviation industry: In search of innovation*, SITC Research Brief No. 2013-5, Institute on Global Conflict and Cooperation, University of California. Available from: escholarship.org/uc/item/8t12095f.

Rouse, J. (1993), What are cultural studies of scientific knowledge? *Configurations* 1(1): 1–22. doi.org/10.1353/con.1993.0006.

Rouse, J. (2003), How scientific practices matter: Reclaiming philosophical naturalism, *Isis* 94(4): 791–792.

Saich, T. (1989), *China's Science Policy in the 80s*, Manchester: Manchester University Press.

Schmalzer, S. (2008), *The People's Peking Man: Popular science and human identity in twentieth-century China*, Chicago: University of Chicago Press. doi.org/10.7208/chicago/9780226738611.001.0001.

Schneider, L. (1988), Learning from Russia: Lysenkoism and the fate of genetics in China, 1950–1986, in D. F. Simon and M. Goldman (eds), *Science and Technology in Post-Mao China*, pp. 45–68. Cambridge, Mass.: Harvard University Press.

Simon, D. F. and Goldman, M. (eds) (1988), *Science and Technology in Post-Mao China*, Cambridge, Mass.: Harvard University Press.

Sleeboom-Faulkner, M. (2006), *The Chinese Academy of Social Sciences*, Boston: Brill.

State Council of the People's Republic of China (State Council) (2006), *Government White Papers: China's space activities in 2006*, Beijing: Information Office of the State Council of the People's Republic of China. Available from: www.china.org. cn/english/features/book/183672.htm.

Sun, L. (2006), The brilliant achievements and development strategy of China's space sector, [in Chinese], *Defense Science and Technology Industry*, September: 12–14.

Sun, L. (2007a), The development strategy and key areas of China's space sector, [in Chinese], *Aerospace China*, January: 3–8, 13.

Sun, L. (2007b), Peacefully use military technology, spur on economic and social development, [in Chinese], *Military-Civil Dual-Use Technology and Products* (11): 3–4.

Suttmeier, R. P. (1980), *Science, Technology, and China's Drive for Modernization*, Stanford, CA: Hoover Institution Press.

Suttmeier, R. P. and Cao, C. (1999), China faces the new industrial revolution: Achievement and uncertainty in the search for research and innovation strategies, *Asian Perspective* 23(3): 153–200.

Swidler, A. (2001), What anchors cultural practices, in T. R. Schatzki, K. Knorr-Cetina and E. von Savigny (eds), *The Practice Turn in Contemporary Theory*, pp. 74–92, New York: Routledge.

Tyroler-Cooper, S. and Peet, A. (2011), The Chinese aviation industry: Techno-hybrid patterns of development in the C919 program, *Journal of Strategic Studies* 34(3): 383–404. doi:10.1080/01402390.2011.574981.

Wang, N. (2011), The making of an intellectual hero: Chinese narratives of Qian Xuesen, *The China Quarterly* 206: 352– 371. doi.org/10.1017/S0305741011000300.

World Bank (2017), *DataBank: World development indicators*, Washington, DC: The World Bank. Available from: databank.worldbank.org/data/reports. aspx?source=world-development-indicators#.

Xu, N. (2007), Some thoughts on the space security plight, [in Chinese], *Foreign Affairs Review* 96: 59–63.

Yao, J. (eds) (1996), *China's Aviation History*, [in Chinese], Beijing: Dajia Press.

Yu, D. (2009), First domestic large aircraft engine test flight by 2014, [in Chinese], *Caijing*, 27 August. Available from: www.caijing.com.cn/2009-08-27/110230032.html.

Zeitlin, J. (1995), Flexibility and mass production at war: Aircraft manufacture in Britain, the United States, and Germany, 1939–1945, *Technology and Culture* 36(1): 46–79. doi.org/10.2307/3106341.

Zhang, H. (2005), Action/reaction: US space weaponization and China, *Arms Control Today* 35(10): 6–11.

Zhang, Q. (2003), Exploring diversified international cooperation for China's space industry, [in Chinese], *Aerospace China*, July: 1–4.

Zhang, Q. (2007), Future prospects of China's space development, [in Chinese], *Space Exploration*, September: 22–23.

Zhang, Q. (2008), Resolving to make China's large passenger aircraft soar the blue skies soon, *Seeking Truth*.

Zhang, Y. (eds) (2007), *Development of Aeronautical Science and Technology*, [in Chinese], Century of Aeronautic Science and Technology Series, Beijing: Aviation Industries Press.

Zhu, X. (2009), The influence of think tanks in the Chinese policy process: Different ways and mechanisms, *Asian Survey* 49(2):333–357. doi.org/10.1525/as.2009.49.2.333.

经济部门的技术变迁

小农户的机械化外包与农业生产率：中国农村土地改革的启示

盛誉 宋立刚 易青

引 言

在过去 40 年中，中国的农业生产力经历了快速的增长。1978～2013 年，农业全要素生产率（TFP）的平均增长率为 2.86%，这比全球的平均增速 0.95% 的 3 倍还多（Fuglie 和 Rada，2015）。农业部门生产率的快速增长减轻了因为要素（例如土地和水资源）供给约束和恶劣天气条件造成的负面效应，促进了农业产出的迅速提高。自 1970 年代末以来，中国农业总产值已经增长了 4.6 倍，从 1978 年的 1296 亿美元上升到 2013 年的 5949 亿美元（以 2004～2006 年不变价计算），而要素投入量在同期只增长了 66.7%。农业生产率的提升同时还释放了农业劳动力。截至 2015 年，大约 2.7 亿农村移民（约占农村人口的 31.7%）迁移到中国的城市中，为城市提供了丰富的劳动力供给，支撑了中国城镇化和工业化的高速发展。

虽然成绩瞩目，但是中国农业生产率的增长正面临发展的瓶颈。积弊未除的同时，新的挑战接踵而至。例如，过去的几十年中，由于化肥和农药的滥用导致土壤的逐步退化降低了主要农作物的增长产量（Zhang et al.，2013；Lu et al.，2015）。除此之外，不断上涨的工资和农村劳动力的短缺导致了农业生产成本的上升，进而威胁着长久以来依靠劳动力密集型技术生产的中国农业（Huang，2013；Han，2015）。一个更为紧迫的问题是，农户平均经营规模的下降（土地耕作面积的意义上）限制了那些需要依托大型装置或机械使用的先进技术（例如最小耕作法和休耕法）的采用（Sheng 和 Chancellor，2017）。基于农业部中国农村住户调查数据和一些学者的估计结果，中国农场的平均规模已经从 1980 年代早期的 0.73 公顷下降到 2003 年的 0.53 公顷（国家统计局，1985~2005；Huang 和 Ding，2016a）。结果，代表性农作物的生产率增长率在 2005~2014 年出现了下滑：相比 1961 年以来的长期增长率，小麦增速下降到 70%，玉米增速下降到 73%，大麦增速下降到 51%（联合国粮农组织，2017）。

认识到农业生产力可持续增长对实现长期粮食安全的重要意义，中国政府已于过去 12 年间启动了一系列制度性改革来推动农业生产的机械化和现代化（Huang 和 Yang，2017）。这些政策主要包括：从农业税收到农业补贴的转换（Tao 和 Qin，2007；Liu et al.，2012）、加大农业研发（R&D）的公共投资（Huang 和 Rozelle，2014；Babu et al.，2016）、逐步推动市场化改革和贸易自由化（Park et al.，2002；Huang 和 Rozelle，2006；Huang et al.，2009）等。其中最引人注目是自 2013 年以来实施的土地确权登记政策。这项改革的目的之一是通过对农村土地所有权、使用权和他项权利的确认，促进土地要素的流动，有望加速传统小农生产向较为现代的规模化、机械化和集约化的生产方式转变。

在现有文献中，广泛认为通过协助小农户提升耕作技术或者转移到其他行业，将有助于提高农业机械化水平和农业的生产力（联合国粮农组织，2015；国际食品研究所，2015）。其潜在的假设就是，大农户相比小农户更有投资先进资本设备的意愿和能力，通过利用蕴含在机械装置中的先进技术实现规模报酬递增，获得更高的收益（Sheng et al.，2016）。然而单纯通过市场化的方式实现土地的规模经营仍然是一项挑战，即使在农户数量较少，平均经营规模较大的发达国家中亦是如此。这是由于小农户不仅需要克服许多市场和法律法规的限制，而且需要面对由文化和偏好差异所引起的不确定性和较高的交易成本。值得一提的是，小农户问题并非只存在于中国：2012 年超过 50% 的美国农场都是销售额和耕作面积规模在均值 20% 份额以下的小型农场（Key，2017）。寻找解决农户生产规模过于狭小问题的替代方法是超过 50% 的农户经营面积低于 1 公顷的中国所迫切需要的。

本章研究了源自资本市场（即资本外包）制度创新及其在中国推动小

农户机械化方面的潜力。我们认为在促进土地流转等相应制度的配合下，推广机械社会化服务农业机械的社会化服务（特别是资本外包）不仅可以替代农户自身在农业装置和机械上的投资，而且可以提高中小农户的资本劳动比率，从而进一步提高农业生产的效率。为了证实这一论点，我们分析了自1978 年以来中国农业生产力变化趋势，并结合农业资本设备和平均经营规模的变化，研究了土地改革和农机社会化服务之间的相互作用及其对农业生产力的影响。我们的研究提供了间接的证据表明，在某些条件下小农户可以通过机械社会化服务购买社会化服务的方式显著提升生产中的资本—劳动比率，从而在不花费高昂沉没成本的条件下，应用新技术寻求生产里的提升。不仅如此，机械社会化服务农机社会化服务也有助于土地集中经营和改变小农户的传统生产方式。本研究对于中国和其他急切希望提升中小农户生产力的国家提供了更实际可行的方案。

　　本章组织结构如下。第 2 节描述了中国过去 30 年的农业生产率变化趋势，并将近期生产率增长的停滞与中国大部分农户生产规模狭小联系起来。第 3 节讨论了历史上的土地改革及其对中国农业生产规模的影响，并提出了这样一个问题，土地流转是否有助于长期的土地规模经营和小农户的生产力增长？第 4 节分析了机械社会化服务农机社会化服务的发展，它们对农户投资农业机械的潜在替代作用以及它们对农业机械化水平的影响。第 5 节研究了机械社会化服务农机社会化服务对农户生产规模和生产力的影响，指出了它在解决小农户问题中的潜在作用。第 6 节是相应问题的总结。

农业生产率、资本投资和小农问题

　　1978 年的家庭联产承包责任制（HRS）实施以后，中国的农业生产力实现了快速增长。作为一项植根于人民公社集体所有制度下用以解决激励问题的制度创新，家庭联产承包责任制通过与每村农户签订耕地承包合同的方式，显著提升了农业生产率（Huang 和 Yang，2017）。对比改革前的 1961 ~ 1978 年，TFP 年度增长率只有 0.66%，而之后的年均增长率达到了 3% 以上。其中，在改革的早期，1979 ~ 1984 年，年增长率达到了 3.08%，在后续改革阶段，1985 ~ 2013 年，年度增长率达到 2.95%（见图 1）。在整个1961 ~ 2013 年，农业 TFP 的增长对中国的农业真实产出增长（4.3%）的贡献

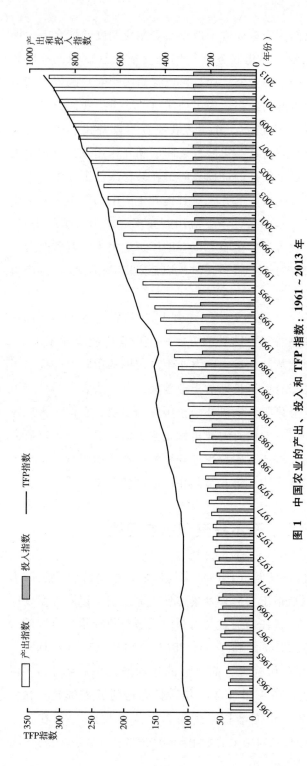

图 1 中国农业的产出、投入和 TFP 指数：1961~2013 年

资料来源：笔者基于 Fuglie 和 Rada（2015）数据的估计。

已超过一半——这一产出增速也远高于绝大部分发达国家和发展中国家的产出增速（见图2）。①

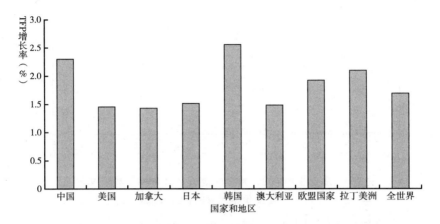

图2　中国与世界其他国家的农业 TFP 增长的比较：1961～2013 年

资料来源：笔者基于 Sheng 和 Song（2017）数据的估计。

在农业生产率快速增长的背后，是农业产出和投入结构的巨大变化。1989～2014 年，中国的实际农业总产值从 1296 亿美元上升到 5949 亿美元（以 2004～2006 年不变价格计算），年度增长率为 4.5%。然而，粮食产值在全部农业总产值中所占的比重从 33.6% 下降到 23.5%。与此相对，蔬菜、水果、坚果等的比重从 8.2% 上升到 19.2%，同样畜产品在农业总产值中的比重也从 25.6% 上升到 29.3%。农业生产向高附加值和高蛋白含量的产品转变，一方面是由于粗粮相对于其他农产品在生产效率的巨大提升，另一方面是由食物需求变动所驱动的。在投入端，资本和物质投入的显著增长对土地和劳动力进行了替代。1978～2014 年，中国的农业实际总投入以 1.58% 的年速率增长，其中机械单位（以 40 马力拖拉机的等价数形式进行度量）和化肥的使用分别以 6.23% 和 4.19% 的年增速增长。后两者补偿了劳动力使用量的下降（年增速为 -0.6%）和土地使用量的温和上升（年增速为 0.56%）（见图3）。

───────────

① 需要注意，不同国家之间农业 TFP 的比较需要谨慎地进行处理，相比美国、加拿大和澳大利亚等拥有较好规章制度和市场环境的国家而言，例如中国、朝鲜和一些拉美国家等发展中国家自 1961 年以来发展的起点很低，因此全要素的增长率会有一个较高的增长。

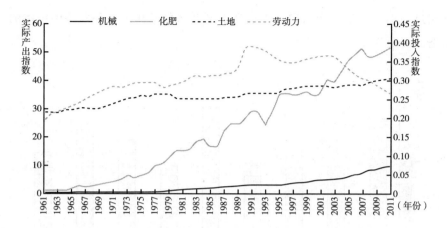

**图 3　农业生产中投入成分的变动（以 2004～2006 年的
不变价格计算的百万美元价值）**

资料来源：笔者基于 Fuglie 和 Rada（2015）数据的估计。

在产业端，目前的广泛认识是农业技术进步和农户间的技术扩散是中国农业生产率增长和投入产出结构的不断调整的驱动力（Huang 和 Yang，2017）。在技术扩散的过程中，投资新机器设备被看作农户提升其机械化水平和获得技术进步的主要渠道。1978～2013 年，农业生产的人均机器设备动力从 3.5 千瓦上升到 44.7 千瓦，其年度增长率为 6%（中国农业部系列统计数据）。使用资本设备来替代劳动力，不仅有助于农户提升初始投入要素如土地和劳动力的生产率，而且还提升了其全要素生产率和利润率。正因如此，我们可以观察到过去30 年间，产业层面的农业生产率（例如，产出、劳动生产率和全要素生产率）和人均资本设备数量之间有着非常强的正相关关系（见图 4）。

尽管中国农业的资本劳动比率随着时间有着显著的增长，但是它仍然低于诸如美国、欧盟（EU）、澳大利亚、日本等许多发达国家（见图 5）。在2013 年，中国农业部门的人均资本设备水平仅仅是澳大利亚的 1/20，美国的 1/47，日本的 1/76（Fuglie 和 Rada，2015）。不仅如此，中国农业生产使用的大部分（超过 85%）机器设备相比发达国家所使用的更小型化且缺乏效率（中国农业部统计数据）。这种相对较低的资本劳动比率和低等级的资本设备阻碍了中国农业进一步提升其产业层面的生产率。因此，对政策制定者而言，一个重要问题就是鼓励农业资本设备投资，提升农业生产的机械化水平。

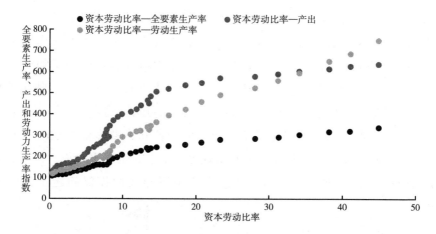

图 4　资本劳动比率与农业生产率之间的关系：1961～2013 年

资料来源：笔者基于 Fuglie 和 Rada（2015）数据的估计。

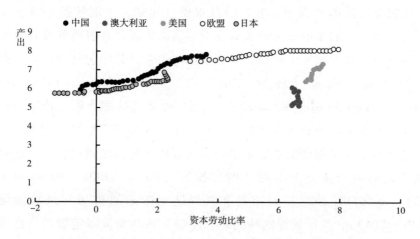

图 5　不同国家之间的产出对数与资本劳动比率之间的关系：1961～2013 年

资料来源：笔者基于 Fuglie 和 Rada（2015）数据的估计。

　　理论上讲，大型农场倾向于投资更大型、更先进的设备。这不仅是因为大型农场在资本投资上的预算约束更低，还因为资本投资的平均沉没成本会随着产出的增加而降低。相比而言，小农户做出资本投资的意愿和能力，会受到自身资金约束和狭小规模对技术采用收益增加的限制。这一大小农户之间的行为差异在对更加昂贵且更加有效率的新资本装置的研发进行投资的时候同样存在。

在中国，农业生产是建立在农户家庭承包经营村集体的小面积土地的基础之上。中国农户的平均经营规模低于 1 公顷（连全世界小型农场平均规模的 40% 都不到），不仅如此，直到 2004 年，中国家庭经营的平均规模还在持续下降（Huang 和 Ding，2016a）。虽然一些小农户也可以获得较高的生产率，但是大部分家庭农场都依赖于家庭成员劳动力的密集使用，而非资本的投入。不仅如此，目前应用于生产中的机器和设备多数是过时和低效的。这就限制农业提升机械化水平和实现更高水平的生产率增长。为了消除相关的阻碍，解决小农户由于生产规模狭小所导致的投资问题是其中的关键。

土地政策、农场集约经营和转型

在农业发展的文献中，农户经营规模（比如，土地规模）对农业资本投资和生产率的影响长久以来就有着持续的争议。许多研究发现发展中国家的农户经营规模和生产率之间具有反向关系，其中包括印度、越南和一些拉丁美洲国家（例如，Sen，1962，1966；Lipton，1993；Dyer，1996；Deininger 和 Byerlee，2012）。当然同时还有证据表明，持续的技术进步改变农业生产和管理方法的时候，小农户未必就有效率。例如，小农户可能会越来越多地面临农业需求结构变迁带来的持续挑战，还可能更不愿意在新的生产技术上不愿意做出投资（Hazell，2005；Huang et al.，2008）。小农户还缺乏应对市场和气候波动带来的机遇和风险的能力（HLPE，2013）。为了处理这些问题，经济学者和政策制定者的广泛认识就是，可以通过帮助小农户扩大生产规模，或者是帮助小农退出农业生产部门的方式，将小规模生产变成大规模生产扩大小农户的生产经营规模（或集约化农业生产）（国际粮食政策研究所，2015；联合国粮农组织，2017）。

尽管需要解决小型农场挑战的原则是清晰的，但在实践操作上却存在困难，尤其在农产品和要素市场通常不健全的发展中国家更是如此。在中国，小农户的转型，特别地受到农业土地发包分配及其相关制度安排的约束。自1978 年的家庭联产承包责任制（HRS）实施以来，每个村基于每户的人口数量或单位劳动力数量（或者等价计量单位），将耕地承包给农户家庭。作为解决之前人民公社集体生产制缺乏内在激励问题的一种制度性创新，家庭联产承包责任制成功地在改革早期（1978~1984 年）提高了农业生产率，它同时也将土地使用权从集体转移到基于农户家庭。因为土地使用权（独立于土地所有权）在初始分配之后是不可转移的，所以改革之后的农场平均耕作规模，受到初始配置于每个人家庭的土地面积的制约。基于农村住户调查的数据估计显示，中国农村的家庭平均经营规模在 1980 年代早期为 0.73 公顷（国家统计局，1985~2005 年），而且一直下降到 2013 年的 0.61 公顷。

自 1978 年启动的土地改革的另一特征是土地承包经营权的不稳定，影响了经营规模的最优化和农户在资本投资上的决策。在 1980 年代早期，土地承包权时间仅仅持续三年或者更短。短期土地合约导致农户没有信心或者激励去做出长期的生产和投资计划。为了提高承包权的稳定性，尽管其"并没有得到正式的公布或者执行"（Zhu 和 Prosterman，2007），1984 年提出了一项新的政策，将合约期限延长为 15 年。在 1993 年，中央政府公布了一条指导性的意见，将土地承包合约的期限延长为持续的、固定的 30 年期限。然而这一意见直到 1998 年才正式加入法律中，并得到重点宣传（Zhao，2015）。但是这些政策一般很少改变农户投资的激励，这是因为村干部（当地政府）在某些规则下有权利在承包期重新分配土地（也称为土地调整）（Kung 和 Liu，1997；O'Brien 和 Li，1999；Pastor 和 Tan，2000）。这样的土地重新分配也称之为土地调整，其中全村范围内的土地调整，称之为大调整，个别农户之间的重新分配称之为小调整。

在整个 1980 年代到 1990 年代，大部分的农村土地都是由村一级的干部使用行政权力的方法重新分配，并且村与村之间的土地调整频率可能存在较大的差别（Brandt et al.，2002；Krusekopf，2002）。依据 1990 年代的调查，到 1996 年，中国 2/3 的村庄都使用了行政手段来重新配置土地，通常是在土地承包合约的中期（Brandt et al.，2002）。到 2002 年，中国农业部的农村定点调查数据显示，244 个村庄中有 207 个村庄进行了土地调整，而且每个村庄在 1980~2002 年土地调整的平均次数为两次（Zhao，2015）。尽管土地重新分配的具体方式在不同村庄存在较大的差别（见图 6），但其最常见的实践形式，就是村领导将所有村土地依据土地质量分类，将不同类型土地划分为平均分布的小块，然后依据家庭人口和农业劳动力数量重新配给各类质量的土地若干块。因为土地的重新分配主要追求的是相对公平的土地分布，并能反映出土地使用的效率，从而使得那段时间的平均地块面积和家庭经营规模是在下降的。到2003年，每个农户家庭平均的耕地面积下降到了0.53公顷，而这只是1980年代平均值的72.6%（国家统计局，1985~2005年）。

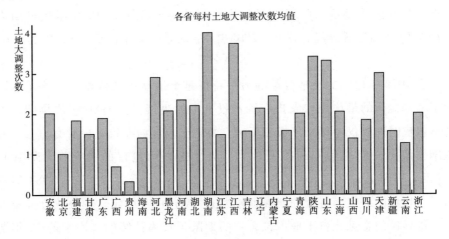

各省每村土地大调整次数均值

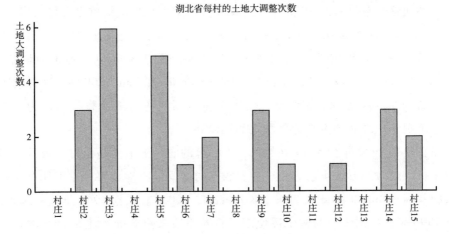

湖北省每村的土地大调整次数

图6　土地调整次数的差异

资料来源：Zhao（2015）。

2003年，全国人大决定制定《农村土地承包法》（RLCL），其目的是保障农户的土地承包权。与之前颁布的法律不同，《农村土地承包法》澄清集体土地所有权和农户土地使用权之间的关系，并约束二者间的这种合约安排

（Prosterman et al. , 2006）。特别地，它明令禁止村干部在农户30年土地承包权未到期前进行土地调整。自此以后，农村土地重新配置的频率就得到了显著的下降。平均而言，在2003~2006年只有2%的村庄进行了土地调整，而在2003年以前，这一年度比率大约为9%（Zhao，2015）。然而，《农村土地承包法》仍然没有允许农户通过市场的形式实现土地使用权的流转。于是，在家庭联产承包责任制下的改革有助于提升土地承包权的稳定性，却还不足以实现农户之间的土地流转或帮助中国农业实现规模化经营。

从2000年以来，中国的城镇化进程加速，越来越多的农村居民因为更高的工资而移居到城市里。截止到2010年，差不多1.6亿的农村居民移居到城镇地区（Meng和Zhang，2010），农村地区劳动力比率从2003年的49.1%下降到2013年的31.4%（国家统计局，1978~2014年）。农村劳动力供给的快速下降提高了农业生产中劳动力相对于土地的回报率，但在现行土地配置的制度安排下，并没有同比例地增加农场的规模。2003~2013年，劳动力相对于土地的生产率提升了66.3%，但是平均农场规模只增加了15.1%（见图7）。尽管土地流转的进程在2000年以后加速了，但是这些土地流转多发生在同一个村庄内的亲戚朋友之间（Huang et al. , 2012）。到2013年年底，大约5300万（23%）农户向外出租了它们的土地，总的土流流转面积占到了全部农业耕地面积的26%（中国农业部，2014年）。然而，平均经营规模对农户家庭而言维持在0.61公顷的水平，对所有农业经营主体而言维持在0.78公顷（Huang和Ding，2016a）。由于农场规模依然太小，从而不能获得利用更大型、更高效的资本设备对生产率提升带来的好处。

最后，在生产经营规模的分布特征上，尽管大中规模的农户数量在迅速增长，但大部分农户仍然是在小块土地上进行耕作的。截止到2013年年底，中国东北和华北地区土地耕作面积超过70公顷的农户在总农场数中（其中平均农场规模为1.73公顷，大约是全国均值的3倍）所占的比例仍然低于0.02%。基于北京大学中国农村政策研究中心的一项农户生产调查数据的估计结果，中国的东北与华北地区超过90%的农户的耕作面积不到3公顷，其中，大约有2/3的农户耕作面积还不到1公顷（见图8）。

为了鼓励农户之间的土地流转从而提升土地的规模经营程度，中国国务院在2015年修正了《国家土地法》，正式地将土地使用权从土地承包权中分离出来。这项政策第一次允许土地使用权合法地通过市场进行转让。在这

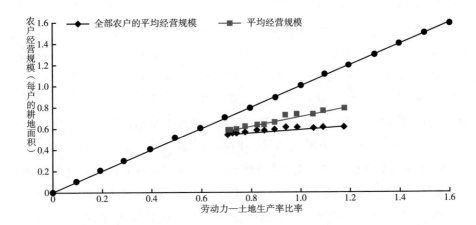

图 7　劳动力—土地相对生产率与经营规模的相互关系：2000～2013 年

注：由农户家庭耕作的土地面积占据了全部耕地面积的 93%。农户经营规模的估计排除了一部分家庭，其家庭成员虽然仍居住在农村地区但全部从事非农就业。

资料来源：笔者基于国家统计局（1978～2014 年）数据的估计。

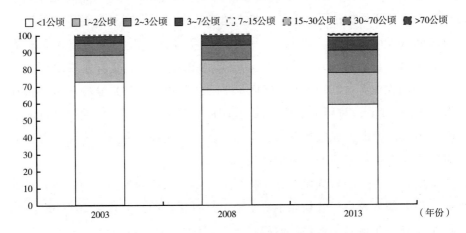

图 8　中国东北与华北地区农户经营规模（耕地面积）的分布：
2003 年、2008 年与 2013 年

资料来源：笔者基于 Huang 和 Ding（2016a）数据的估计。

项方针的指引下，一系列的制度创新（包括建立土地流转服务中心）已经持续地帮助小农户通过市场交易的形式扩大其生产规模（Huang 和 Ding，2016a）。随着时间的推移，这种类型的制度性安排将逐步支持那些决定留在农业生产领域的农户，实现土地经营的集中化，并将提升土地使用效率。

然而，这一切将取决于农场土地流转过程中的市场失灵问题（例如土地流转的高额交易成本；正如 Kimura et al.（2011）所述的那样）是否会得到妥善的解决。目前公认的是，单纯通过市场交易方式实现的土地集中进而实现机械化，可能是一个漫长的过程。

农业机械化和机械社会化服务

正如第 3 节所讨论的那样，土地流转和集中将有助于通过改变农户在资本投资上的意愿，从而提升农业生产率。当家庭在一块面积相对较大的土地上开展经营活动时，因为可以从规模报酬递增和使用新设备与机器中蕴含的先进技术获得更多收益，所以他们更愿意支付资本投资的沉没成本。不仅如此，经营规模越大，机械化程度和生产率就会越高。如果提出这种联系的文献（例如，Sheng et al.，2016；Foster 和 Rosenzweig，2017）是正确的，那么农场规模与生产率之间的正相关关系也可以解释为在大量小农户存在的情况下所导致的市场失灵，或者是由资本供给的不可分性导致的资本市场错配。

尽管扩大农场规模可以调和这一问题，但小型农场的资本需求与工业化生产下的资本供给之间的不匹配问题依然是存在的，甚至还将随着时间的推移越发失调，因为持续的技术进步将使得先进的资本设备更加有效但也更加昂贵。为了解决这一冲突，资本外包服务的制度性创新相比土地的集中利用可能提供了一个更为有效的解决方案。特别地，基于市场的机械社会化服务提供主体可以将个体小农户的机械社会化服务需求进行加总，筹措资金购买相关的设备，匹配资本供给者的需求。通过这一过程，参与各方都最小化了其成本，并且不同规模的农户将会获得相同的资本设备和蕴含技术而不需要承担相关的沉没成本，否则，就需要个体农场购买资本设备。当基于市场的机械社会化服务成为个体投资农业机器设备的一种完全替代以后，农户就有望在生产率上追赶大中型农户。这表明，使用基于市场的机械社会化服务替代个体层面的机械投资，是提高农户资本劳动比率和生产率的一种替代性和更有效的方式。

在 1978 年改革开放之后的几十年进程中，中国先进生产技术（使用农业生产的机械化水平进行度量）的利用与人均资本设备水平之间呈正向关系。1980～1990 年，农业生产的机械化水平一直停留在一个较低的水平上，使用农业机械耕地、播种和收割的农地面积比重分别只有 28.8%，9.4% 和 5.4%（见图 9）。这主要归因于当时农业生产主要依赖于劳动密集型技术的事实。随着越来越多的农村劳动力转移向城镇地区，农业投资的快速上升提高了中国农业生产的资本—劳动比率和机械化水平。在整个 1990～2003 年，人均的拖拉机数量、相关的设备数量和总机械动力分别增加了 2 倍、4 倍和 90%（见图 10）。结果，使用机械化耕地、播种和收割的农地面积占比来度量的农业生产的机械化水平，到 2003 年扩张了 2 倍还多。从 2003 年开始，随着人均资本设备的加速增长，以及资本投资进一步的增加和农村劳动力供给的下降，中国农业的机械化水平增长更为迅速。截止到 2014 年，在所有耕地中，超过一半采用机械化播种和收割，而大约 80% 的耕地采用过机械化耕地。

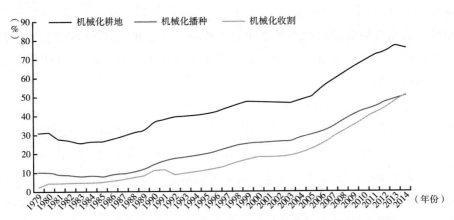

图 9　采用机械化耕地、播种和收割的农地面积：1979～2014 年

资料来源：笔者基于国家统计局（1978～2014 年）数据的估计。

　　尽管自 1980 年以来农业生产的资本劳动比率在不断增加，但随着时间发生变化，资本设备的结构（在每单位设备的规模上）和农场规模一起同向变动。1980～2003 年，大型拖拉机发动机功率在全部发动机功率中的占比从 60% 下降到 20%，而同时平均农场规模从 0.73 公顷下降到 0.53 公顷（图 11a－b 和图 12）。这段时间，总资本设备的增长主要来自小型拖拉机和设备的投资增加（图 11a 和图 11b）。当 2003 年以后平均农场规模开始增加的时候，大型拖拉机和相关设备的总量和占比也在开始增加。然而，小型拖

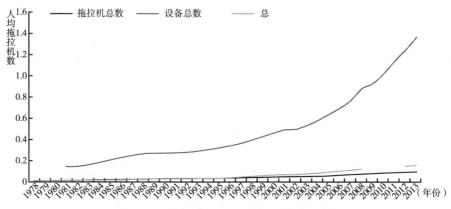

图 10　中国人均拖拉机数、人均相关设备数量和人均机械
总动力数：1978～2013 年

资料来源：笔者基于国家统计局（1978～2014 年）数据的估计。

拉机和资本设备的使用增速到 2010 年以后开始下降。这就表明，大型拖拉机和相关设备的使用量增长成为全部资本设备增长的驱动力。这就进一步表明在 2010 年前后，随着农户平均经营规模的扩大，中国农业生产的资本结构的变化主要体现在，大型机器设备使用的增长，且资本效率也得到了提升（因为大型机械一般而言更有效率）。

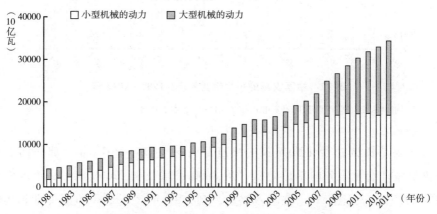

图 11a　分规模的在用大型拖拉机和相关设备的发动机功率数：1981～2014 年

资料来源：笔者基于国家统计局（1978～2014 年）数据的估计。

除了农场规模扩大以外，另一项促使 2003 年以后中国农业生产的资本结构向更大型和更有效的机器设备转变的重要因素，就是农村地区社会化服

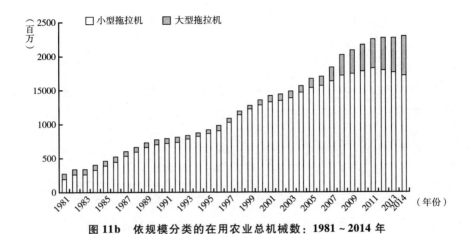

图 11b　依规模分类的在用农业总机械数：1981～2014 年

资料来源：笔者基于国家统计局（1978～2014 年）数据的估计。

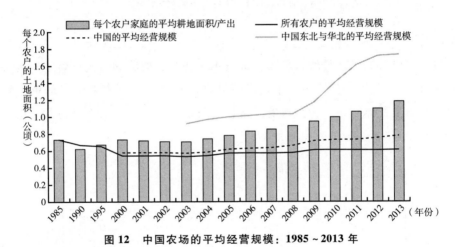

图 12　中国农场的平均经营规模：1985～2013 年

资料来源：笔者基于 Huang 和 Ding（2016b）数据的估计。

务（主要是机械社会化服务）的快速发展。[①] 2008～2013 年，那些向农户提供机械社会化服务的单位总数，从 8600 家增长到 42000 家——年度增长率为 37.2%（见图 13）。在农场层面，到 2013 年，有 168600 家专业机构向中国农村地区的农户提供机械社会化服务，而且超过 12.4%（全部 4240万户中的 524 万户）的农户拥有大型设备和机器向市场提供机械社会化

[①]　当然也有观点认为，政府对大型机器和设备的补贴是大型机器和设备投资的另一重要驱动因素（He et al.，2010）。

服务。这一年，这种机械社会化服务的市场总收入为 5108 亿元，总利润为 1956 亿元。资本设备相关服务市场的快速发展，不仅使得农户可以通过获得大型机器和设备的机械社会化服务，像大农户那样提升生产率，而且也激励了资本设备持有者进一步投资于大型的设备和机器。结果，大且有效率的拖拉机和设备相对于小型和低效率的拖拉机和设备的相对需求，随着时间快速增长。

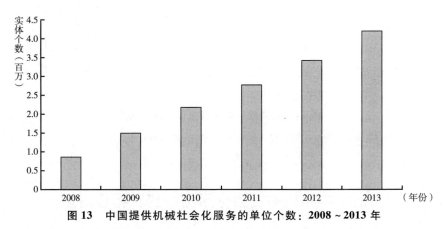

图 13　中国提供机械社会化服务的单位个数：2008～2013 年

资料来源：笔者基于国家统计局（1978～2014 年）数据的估计。

尽管机械社会化服务逐渐变为推动中国农业生产机械化的一项重要渠道，但它们对农业资本设备总需求和总供给的效应仍然是微不足道的。这主要是因为土地集中和平均农户规模都受到了高额土地交易成本的制约，这种制约来自现有的制度性安排。特别地，专业组织提供的机械社会化服务机械社会化服务在总的机械社会化服务中所占比率非常小。截止到 2013年，机械社会化服务农业机械社会化服务组织总数 16.86 万户，占机械社会化服务合约供应者总数（全部 425.6 万户）的不到 0.4%。在这些供应者总数中，不到 20% 的供应者是大型机械（机器和设备的现值超过 50 万人民币）的持有者（见图 14）。自 2014 年以后，中央政府加大了政策支持力度，从而有望在 2020 年使农业机械社会化服务组织机械社会化服务总数翻一番（中国农业部，2014 年）。即便如此，在这种基于市场的服务在替代农场层面的投资过程中扮演重要角色之前，还有一条漫长的道路要走。

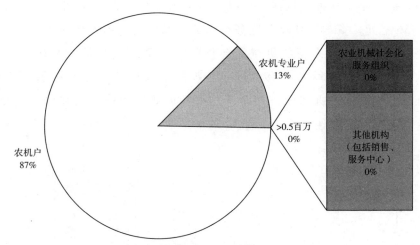

图 14　机械社会化服务主体，2013 年

资料来源：笔者基于国家统计局（1978～2014 年）数据的估计。

土地集中和机械社会化服务合约：相互对接

尽管土地集中和机械化服务可能有助于应对中国生产规模狭小带来的部分挑战，但它们仅仅处于发展的初始阶段，只是提供推动农业资本使用和农业生产率提升的不同机制的处理方案。于是产生了两个问题：（1）哪一种是更为有效的——土地集中还是机械社会化服务？（2）土地集中和机械社会化服务之间的关系是怎样的？为了回答这些问题，我们回顾了分析农户经营规模——生产率关系及其在中国潜在决定因素的三组现有文献，并且使用来自这些研究的发现来揭示这一问题。

第一类文献检验了农户经营（特别地，在这里指土地规模）与生产率之间的关系，并为理解土地集中在解决小农户相关挑战中的相对贡献提供了有效信息。沿着检验农户经营规模与生产率之间反向关系的文献（Assuncao 和 Ghatak，2003；Deininger 和 Byerlee，2012），Chen 等（2010）使用 1995～1999 年农村家户调查数据，检验了中国农户经营规模与生产率之间的关系。他们的研究发现，中国的农业总产出和耕地面积都在下降，这主要归因于地区行政性的土地分配政策、无规律的非农工作机会和土地质量的异质性。最近，Huang 和 Ding（2016b）使用了 2003～2013 年中国东北和华北地区的农场层面和围场层面的粮食产业数据，重新检验了农场规模与生产率之间的关系。他们提供一些证据表明，在过去 10 年中，中国农场规模与水稻、小麦和玉米产业的产出或利润率存在倒 U 形的关系（见图 15 和图 16），其中每个农场的最优耕地面积为 7 ~ 15 公顷。

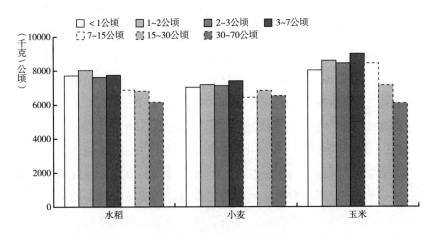

图 15　中国农场规模与作物生产率，2013 年

资料来源：Huang 和 Ding（2016b）。

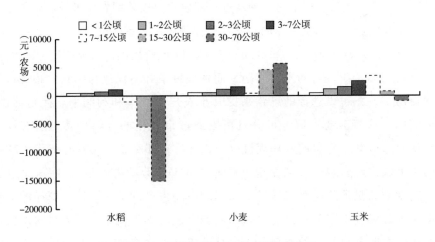

图 16　中国农场的规模—利润率关系

资料来源：Huang 和 Ding（2016b）。

检验农户经营规模—生产率关系的实证研究发现，中国的小农户可能并不能从持续扩大经营规模的面积中获得好处。尽管上述研究中有关中国农村家庭最优土地规模的发现是值得质疑的（因为作者没有合理地考虑农场规模—生产率关系中，增加资本设备所起的作用），但是它仍然强调了这样的事实，即在长期中土地交易和集中利用并非可持续的。目前仍然不清楚的是，例如，土地改革（在现行的制度安排下）将花费多久时间使得大部分家庭农场的规模变为 7 ~ 15 公顷。不仅如此，对那些应用新作物技术（引进最小耕作法和休耕法的生产实践，最少需要 1000 公顷到 2000 公顷的土地面积来实施）和追求递增规模报酬的家庭农场来说，这种规模可能仍然还是太小了。在这个意义上，我们所获得的启示就是，虽然土地改革有助于土地流转和土地集中，从而帮助扩大农场的经营规模，但它可能并不是解决小农户基本问题的必要条件。

与聚焦农户生产规模不同的是，第二类文献（例如，Yang et al.，2013；Zhang et al.，2017）指出，"机械化收割服务小组"可能会改变小农户的生产模式。正如这些作者所提到的，在农业生产某个阶段，劳动力和资本的专业化程度的缺乏，约束了中国小型农场的生产力提升。为了克服这一约束问题，在恰当的制度安排保证到位的条件下，小型农场可以通过外包某些生产活动，例如收割和播种等需要专业化技能的生产阶段，将其生产过程分解为不同的阶段。Yang 等（2013）和 Zhang 等（2017）对江苏省沛县跨区域机械社会化服务的案例进行研究第一次注意到了另一种观点，即农户可以采用农业机械社会化服务来补偿在家庭劳动力与资本上的缺乏从而促进生产效率的改进。

尽管 Yang 等（2013）和 Zhang 等（2017）所提出的机制没有解决农业生产分解为多个阶段后的主要问题，而且该方案并不仅仅与小农户相关，但是它提出了一条可供选择的思路来提升小农户生产率和利润率。换句话说，如果资本（或者劳动）服务可分且可以通过市场化的合约将其与所有权分离，从而适应某个特定的农场规模（见图 17），那么就不再有必要集中耕地从而扩大农户经营规模（来使用更先进的资本或劳动力服务）。在这个过程中，制度创新是消除高昂交易成本引起的市场失灵的关键，这些高昂的交易成本与拆分和资本服务在农场之间的分配有关。尽管机械化服务目前仅仅占到农业资本服务总体中的小部分，但是近年来许多农民合作社开始在中国的各省之间提供资本服务，反映了中国农业生产中来自小农户的市场需求在不断增长（Zhang et al.，2017），具有未来进一步发展的潜力。

最后，第三类文献分析了土地集中和机械社会化服务之间的关系。尽管机械社会化服务允许小农户在资本设备上追赶大农户从而降低不同规模农户之间

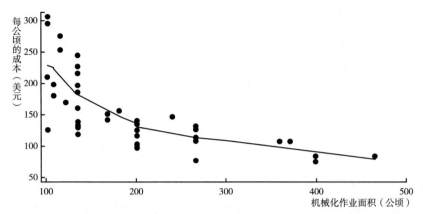

图17 使用服务合约的联合作业服务企业：每公顷成本与收割面积之间的关系

资料来源：Zhang 等（2017）。

的生产率差距（Sheng 和 Chancellor，2017），但是它们并不会中止农场变大的进程。在绝大部分情况下，机械社会化服务事实上有助于土地流转和集中，因为那些有着更良好资本设备的农户将更有可能有效地管理大面积的土地。Huang 和 Ding（2016a）证明，2003～2013 年，中国东北和华北地区，签订这种类型机械社会化服务的粮食生产农户相比没有使用机械社会化服务的农户，平均规模要大 0.12 公顷左右。不仅如此，如果考虑到其他农户和特定区域因素，合作社或公司农场相比普通农户家庭更有可能保留这种关系。这就表明，机械社会化服务合约倾向于加强中国粮食生产中的土地集中利用。

结 论

长久以来，中国和许多其他发展中国家的农户生产经营规模狭小，被认为是农业生产率增长的主要约束。作为文献中促进土地集中这一传统解决方法的替代，这一章指出了通过机械化服务提高农户资本劳动比率从而解决小农户问题的前景。作为个体农户投资的替代，市场化的资本外包将允许小农户像大农户所做的那样获得蕴含在机器和设备中的新型生产技术，与此同时，还可以将他们的生产过程资本化而不需要支付相应的沉没成本。在某些条件下，机械化服务可以像土地集中那样有效地提升农业生产的机械化程度和生产率水平，而无须支付巨额的社会和经济成本。不仅如此，由于精耕技术将有助于增加受损土壤上的产出，以前的土壤破坏问题就可以通过资本外包形式获得的先进技术来克服。

通过将资本密集型的生产过程（例如收割）进行外包，中国的一些农户尽管受到规模狭小和土地细碎化的困扰，但仍然保留了其竞争力（Huang 和 Ding，2016a；Zhang et al.，2017）。尽管在理论上是有前途的，但是基于市场的机械社会化服务仍然受到市场摩擦、高昂的交易成本和众多制度壁垒的限制，从而其在中国农村的发展仍然处于初级阶段。截止到 2013 年年底，在中国农业生产中，只有不到 1% 的农业资本设备来自农业机械社会化服务组织。机械社会化服务供给者和潜在使用者之间的信息不对称，阻碍了他们满足农业现代化生产中不断增长的机械社会化服务需求。因此，这就需要制度的创新，降低交易成本来促进机械化服务的使用以及土地流转来应对农业生产中的小农户生产规模狭小问题。

中国的经验为印度、印度尼西亚等小农户所占比重较大的发展中国家在提升农业生产率方面提供了一些有用的启示。由于劳动和资本服务具有可分性，如果资本设备的最优使用可通过机械社会化服务实现，那么农场规模就不再是规模生产的限制因素。

参考文献

Assuncao, J. and Ghatak, M. (2003), On the inverse relationship between farm size and productivity, *Economics Letters* 80(2):189–194. doi.org/10.1016/S0165-1765(03)00091-0.

Babu, S. C., Huang, J., Venkatesh, P. and Zhang, Y. (2016), A comparative analysis of agricultural research and extension reforms in China and India, *China Agricultural Economic Review* 7(4): 541–572.

Brandt, L., Huang, J., Li, G. and Rozelle, S. (2002), Land rights in rural China: Facts, fictions and issues, *The China Journal* (47): 67–97. doi.org/10.2307/3182074.

Chen, Z., Huffman, W. E., and Rozelle, S. (2010), Inverse relationship between productivity and farm size: The case of China, *Contemporary Economic Policy* 29(4): 580– 592.

Deininger, K. and Byerlee, D. (2012), The rise of large farms in land abundant countries: Do they have a future? *World Development* 40(4): 701–714. doi.org/10.1016/j.worlddev.2011.04.030.

Dyer, G. (1996), Output per acre and size of holding: The logic of peasar agriculture under semi-feudalism, *Journal of Peasant Studies* 24: 103–131 doi.org/10.1080/03066159608438632.

Food and Agriculture Organization of the United Nations (FAO) (2015), *Food an Food Security Data*, October, Rome: FAO.

Food and Agriculture Organization of the United Nations (FAO) (2017), *Statistic* Rome: FAO. Available from: www.fao.org/statistics/en/.

Foster, A. and Rosenzweig, M. R. (2017), Input transaction costs, mechanizatio and mis-allocation of land, Conference paper presented to Farm Size an Productivity: A global look, Washington, DC, 2–3 February.

Fuglie, K. and Rada, N. (2015), *Methodolgy for measuring internationa agricultural total factor productivity (TFP) growth in Documentation an Methods*, Washington, DC: United States Department of Agriculture Economi Research Service. Available from: www.ers.usda.gov/data-products/internationa agricultural-productivity/documentation-and-methods/.

Han, J. (2015), *China: Food security and agricultural going out, in Strategy Researc* [in Chinese], Beijing: China Development Press.

Hazell, P. B. (2005), Is there a future for small farms? *Agricultural Economi* 32(s1): 93–101. doi.org/10.1111/j.0169-5150.2004.00016.x.

He, W., Zhu, X., Huang, Y., Zhao, X. and Ma, H. (2010), Machinery subsid policy in China: An empirical analysis, [in Chinese], *Agricultural Mechanisatio Study* 4: 195–198.

High Level Panel of Experts on Food Security and Nutrition (HLPE) (2013 *Investing in smallholder agriculture for food security*, Report, Committee on Worl Food Security, FAO, Rome.

Huang, J. (2013), China's agricultural development in the new era: Opportunitie [in Chinese], *Bulletin of Chinese Academic Science* 3: 295–300.

Huang, J. and Ding, J. (2016a), Institutional innovation and policy support t facilitate small-scale farming transformation in China, *Agricultural Economi* 47: 227–37. doi.org/10.1111/agec.12309.

Huang, J. and Ding, J. (2016b), *An inverse u-shaped relationship between farm si and land productivity or profitability: Evidence from grain production in Chin* Working Paper, Center for Chinese Agricultural Policy, Peking Universit Beijing.

Huang, J. and Rozelle, S. (2006), The emergence of agricultural commodity markets in China, *China Economic Review* 17:266– 280. doi.org/10.1016/j.chieco.2006.04.008.

Huang, J. and Rozelle, S. (2014), Agricultural R&D and extension, in S. Fan, R. Kanbur, S. J. Wei and X. Zhang (eds), *The Oxford Companion to the Economics of China*, pp.315– 319, London: Oxford University Press. doi.org/10.1093/acprof:oso/9780199678204.003.0051.

Huang, J. and Yang, G. (2017), Understanding recent challenges and new food policy in China, *Global Food Security* 12(March):119–126. doi.org/10.1016/j.gfs.2016.10.002.

Huang, J., Gao, L. and Rozelle, S. (2012), The effect of off-farm employment on the decisions of households to rent out and rent in cultivated land in China, *China Agricultural Economic Review* 4: 5–17. doi.org/10.1108/17561371211196748.

Huang, J., Liu, Y., Martin, W. and Rozelle, S. (2009), Changes in trade and domestic distortions affecting China's agriculture, *Food Policy* 34:407– 416. doi.org/10.1016/j.foodpol.2009.04.001.

Huang, J., Wu, Y., Zhi, H. and Rozelle, S. (2008), Small holder incomes, food safety and producing, and marketing China's fruit, *Review of Agricultural Economics* 30: 469– 479. doi.org/10.1111/j.1467-9353.2008.00421.x.

International Food Policy Research Institute (IFPRI) (2015), *Global Food Report, 2014–2015*, Washington, DC: IFPRI.

Key, N. (2017), Farm size and productivity growth in the United States corn belt, Conference paper presented to Farm Size and Productivity: A global look, Washington, DC, 2–3 February.

Kimura, S., Otsuka, K. Sonobe, T., Rozelle, S. (2011), Efficiency of land allocation through tenancy markets: evidence from China, *Economic Development Cultural Change* 59: 485–510.

Krusekopf, C. C. (2002), Diversity in land-tenure arrangements under the household responsibility system in China, *China Economic Review* 13(2–3): 297–312. doi.org/10.1016/s1043-951x(02)00071-8.

Kung, J. K. S. and Liu, S. (1997), Farmers' preferences regarding ownership and land tenure in post-Mao China: Unexpected evidence from eight counties, *The China Journal* (38): 33–63. doi.org/10.2307/2950334.

Lipton, M. (1993), Land reform as commenced business: The evidence against stopping, *World Development* 21(4):641–657. doi.org/10.1016/0305-750X(93)90116-Q.

Liu, M., Xu, Z., Su, F. and Tao, R. (2012), Rural tax reform and the extractive capacity of local state in China, *China Economic Review* 23: 190–203.

Lu, Y., Jenkins, A., Ferrier, R. C., Bailey, M., Gordon, I. J., Song, S., Huang, J., Jia, S., Zhang, F., Liu, X., Feng, Z. and Zhang, B. (2015), Addressing China's grand challenge of achieving food security while ensuring environmental sustainability, *Science Advances* 1(1): e1400039. doi.org/10.1126/sciadv.1400039.

Meng, X. and Zhang, D. (2010), *Labour market impact of large-scale internal migration on Chinese urban "native" workers*, IZA Discussion Paper 5288, Institute of Labor Economics, Bonn.

Ministry of Agriculture of China (MOA) (various issues), *China Agriculture Yearbook*, Beijing: China Statistics Press.

Ministry of Agriculture of China (MOA) (2014), The status of transferring rural household responsibility land in 2013, *Rural Business Management* 5: 42.

National Bureau of Statistics of China (NBS) (1978–2014), *China Rural Statistical Yearbook*, Beijing: China Statistics Press.

National Bureau of Statistics of China (NBS) (1985–2005), *China Rural Household Survey Statistical Yearbook*, Beijing: China Statistics Press.

O'Brien, K. and Li, L. (1999), *The Struggle Over Village Elections: The paradox of China's post-Mao reforms*, Cambridge, Mass.: Harvard University Press.

Park, A., Jin, H., Rozelle, S. and Huang, J. (2002), Market emergence and transition: Arbitrage, transition costs, and autarky in China's grain market, *American Journal of Agricultural Economics* 84(1): 67–82. doi.org/10.1111/1467-8276.00243.

Pastor, R. A. and Tan, Q. (2000), The meaning of China's village elections, *The China Quarterly* 162: 490–512. doi.org/10.1017/S0305741000008225.

Prosterman, R., Ping, L. and Zhu, K. (2006), *China's Regulatory Framework on Rural Land: A review and recommendations*, Seattle: Rural Development Institute.

Sen, A. K. (1962), An aspect of Indian agriculture, *Economic Weekly* 14: 243–266.

Sen, A. K. (1966), Peasants and dualism with or without surplus labor, *Journal of Political Economy* 74: 425–450. doi.org/10.1086/259198.

Sheng, Y. and Chancellor, W. (2017), *Exploring the relationship between farm size and productivity: Evidence from the Australian grain industry*, ERS-USDA Working Paper, United States Department of Agriculture Economic Research Service, Washington, DC.

Sheng, Y. and Song, L. (2017), *Agricultural production and food consumption in China: A long-term projection*, CCAP Working Paper Series 2017, Center for Chinese Agricultural Policy, Beijing.

Sheng, Y., Davidson, A., Fuglie, K. and Zhang, D. (2016), Input substitution, productivity performance and farm size, *Australian Journal of Agricultural and Resource Economics* 60(3): 327– 347. doi.org/10.1111/1467-8489.12136.

Tao, R. and Qin, P. (2007), How has rural tax reform affected farmers and local governance in China? *China World Economy* 15: 19–32. doi.org/10.1111/j.1749-124X.2007.00066.x.

Yang, J., Huang, Z., Zhang, X. and Reardon, T. (2013), The rapid rise of cross-regional agricultural mechanization services in China, *American Journal of Agricultural Economics* 95(5): 1245– 1251. doi.org/10.1093/ajae/aat027.

Zhang, F., Chen, X. and Vitousek, P. (2013), Chinese agriculture: An experiment for the world, *Nature* 497: 33– 35. doi.org/10.1038/497033a.

Zhang, X., Yang, J. and Reardon, T. (2017), Mechanization outsourcing clusters and division of labor in Chinese agriculture, *China Economic Review* 43(April): 184–195. doi.org/10.1016/j.chieco.2017.01.012.

Zhao, X. (2015), *To Reallocate or Not? Optimal Land Institutions Under Communal Tenure: Evidence from China*, New Haven, Conn.: Campus Press.

Zhu, K. and Prosterman, R. (2007), *Securing land rights for Chinese farmers: A leap forward for stability and growth*, Development Policy Analysis No. 3, Center for Global Liberty and Prosperity, Washington, DC.

可再生能源发展中的技术进步

姜克隽

中国可再生能源的最新发展

发展概况

当前，中国已经是可再生能源发展领域的大国。中国每年的可再生能源新增产能已经达到了全球新增产能的三分之一。自2011年以来，可再生能源行业的增长就已经显示出非常强劲的势头，其中风能的年度增长率达到22%，太阳能的年度增长率达到110%。2015年以后，中国已经成为世界上现代可再生能源的最大消费国。图1解释了2000年后的15年，中国在水电、风能、太阳能光电池和生物能源等可再生能源领域装机容量的增长情况。

图1还关注了在促进中国可再生能源发展相关政策的重要性。在上网电价的政策颁布之后，风能和太阳能的年度新装机容量开始了大幅度增长。

作为可再生能源市场的重要一员，中国已经是世界上这一市场最大的国家，其后分别是美国、巴西、德国和加拿大。中国在世界可再生能源装机容量总和的比重已经超过四分之一，大约达到5亿千瓦。其中超过半数的可再生能源是水电，约为296GW。在非水电装机容量领域，装机容量最大的国家依次是中国、美国和德国，紧随其后的是日本、印度、意大利和西班牙（见图2和图3）。

2015年，全球可再生能源和燃料的投资额达到了2859亿美元（其中

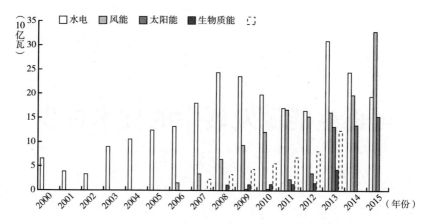

图 1 中国主要可再生能源发电新增装机容量

资料来源：中国电力企业联合会（2017）。

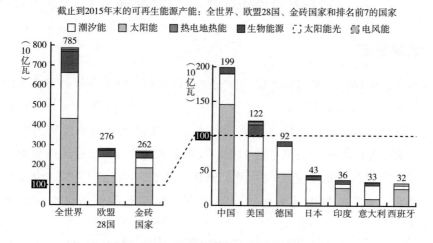

图 2 全球和主要国家可再生能源产能

资料来源：21 世纪可再生能源政策网（2016）。

不含超过 50 兆瓦（MW）的大型水电项目），比 2014 年增长了 5%，并超过了 2011 年所创造的纪录，即 2785 亿美元（21 世纪可再生能源政策网，2016）。

在全部 2859 亿美元的总投资中，中国的投资额度为 1029 亿美元——同比增长 17%，并且占据了全球投资总量的 36%。绝大部分中国可再生能源的投资正在进行资产融资，其中 55 亿美元均投资在小型项目上。在大型公

全球产能达到
1064 GW

水电产能及其附加，新增产能排名前6的国家，2015年

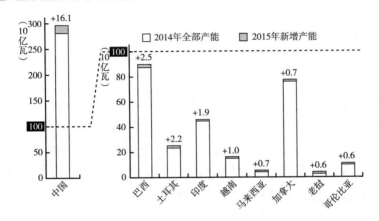

图3　全球和主要估价水电装机容量

资料来源：21 世纪可再生能源政策网（2016）

用事业项目上的风力发电投资，达到 476 亿美元，而投资到太阳能的投资为 443 亿美元。近海风能在中国实现了突破，总计有 9 个项目，全部融资规模达到 56 亿美元。中国还大力投资大型的水电项目；全年新开工建设水电项目规模达到 16GW，其中的很大一部分是大型水电项目。

总体而言，这相当于 2015 年全球可再生能源装机容量超过三分之一的份额，并创造了 350 万个工作岗位。不仅如此，中国大型水电项目的就业支撑了 44 万个直接岗位，其中的绝大部分属于在建工程项目的就业机会。

2016 年的进展

基于中国电力企业联合会的相关信息，在 2016 年，中国的全国电力需求达到了 5919.8 万亿瓦时（TWh）——比上一年增长 5%。在这其中，第一产业的电力需求为 1075 亿千瓦时，其增速为 5.3%。第二产业的电力消耗为 42108 亿千瓦时，同比增长率为 11.2%。最后，第三产业的电力消耗量为 7961 亿千瓦时，相比 2015 年增长 10.8%。

2016 年全国发电产能新增装机容量达到 120.6GW，比上一年新增装机容量少 11.23GW。2016 年，新增火电装机容量为 48.36GW（比上一年少 18.42GW），新增太阳能装机容量为 34.59GW（相比上一年多 20.79GW），新增水电装机容量为 11.74GW（比上一年少 2.01GW），新增风力发电装机容量为 18.73GW（比上一年少 12.67GW）以及新增核电装机容量 7.2GW（比上一年少 1.08GW）。

截止到 2016 年年末，6MW 以上的电厂装机容量的总和达到了 1332.11GW。联网的风电装机容量为 148.64GW，联网的太阳能光伏发电装机容量达到了 77.42GW，联网的生物质能源发电装机容量为 12.14GW。全国可再生能源装机容量为 570.31GW，占到中国全部发电装机容量的 34.7%。

2016 年，非化石能源在中国全部电力装机容量中所占的比重为 36.7%。全国可再生能源发电量达到了 1552.6TWh（或者相当于 480 百万吨标准煤当量），占全国发电总量的 25.9%。对 6MW 及以上的电厂，其全部非化石能源资源发电达到了 1765.8TWh（相当于 550 百万吨标准煤当量），占全国发电总量的 29.5%。

2016 年，受电价补贴影响，太阳能新增发电装机容量急速上升，达到了 34.24GW——比上年同比增长了 126%。同一年，太阳能光伏电站新增装机容量达到了 29.98GW，相比 2015 年上升了 118%。新增分布式太阳能光伏发电量为 4.26GW，相比 2015 年增长了 200%；太阳能光伏发电装机容量达到了 77.42GW，相比 2015 年增长了 79%，占全部发电装机容量的 4.7%。

2016 年，太阳能发电的弃光量[①]达到了 74TWh，上涨了 53%，弃光率达到了 11%，相比上一年下降了 0.3 个百分点。

同一年，生物质能源发电新增发电装机容量为 1.821GW，其中农林生物质发电装机容量 0.746GW，垃圾发电装机容量为 1.057GW，而沼气发电装机容量为 19MW。

截止到 2016 年年底，生物质能源发电装机容量总计达到 12.14GW，其中农林生物质发电装机容量达到 6.05GW，垃圾发电装机容量达到 5.74GW。

---

① 弃光量是指，可再生能源电站如太阳能光电、风电和水电等电站，即使当时存在可供发电的太阳能、风能和水流动能，却因电网调度的原因不能正常发电。这种情况一般发生在电力需求较低时期，一些电厂不得不降低他们的产出，电网调度决定了哪些电厂应该停工或降低产出。

2016 年，生物质发电总量达到 64.7TWh，上升了 20.1%，其中林业剩余物和农业生物质发电总量为 31.6TWh。

技术进步

中国可再生能源的快速发展，受益于政策的大力扶持和技术进步（尤其是风力涡轮机、太阳能和水电方面的技术），这些都显著降低了这些资源的开发成本。

风能

风电的技术进步主要集中在风机尺寸、风机安全性和风机效率上。中国是世界上最大的风机制造大国，其后是欧盟（EU）和美国，制造企业比较集中。据估计，到 2015 年中国的金风公司已经超越了荷兰的维斯塔斯，成为世界上最大的风机制造商。虽然中国公司在新的全球性市场上表现也很活跃，但金风公司（以及其他中国公司）最近的增长，几乎全部来自国内市场。

风机之所以能降低成本和提升效率，其中一个主要因素，就在于单台风机容量的提升。在 2009 年，全球单位风力涡轮机发电容量均值为 1599 千瓦（kW）；在中国是 1360 千瓦，在美国是 1500 千瓦，在欧洲达到了 2~3MW。在跟随国际风机领先制造商之后，中国的制造商已经逐步提升了单个涡轮机发电容量，目前正在追赶其全球的竞争者。一般而言，风电厂规模的扩大和材料价格的下降，都可以看作风电厂成本在过去 10 年中显著下降的标志。在中国，2015 年全年的新增风电装机容量为 30.8GW，而总装机容量超过了145GW——这一水平要远远高于整个欧盟的装机容量之和（21 世纪可再生能源政策网，2016）。

2015 年，连接到国家电网的新增装机容量达到 33GW，并开始接受上网电价，其中大约 129GW 的装机容量被认为是接入电网。

装机容量的显著增长预期，降低了预计的上网电价水平（自 2016 年 1月 1 日），但即使在中国经济放缓的背景下，市场需求还是超过了预期。市场需求还受中国政府推动提升能源安全和降低燃煤消耗的政策所驱动，而这些政策又源于中国政府在气候变化和大气污染问题上不断增长的努力。2015

年，中国的风力发电量为 186.3TWh，占到全国发电量的 3.3%（在 2014 年 2.8% 的水平上进一步增长）（21 世纪可再生能源政策网，2016）。

在中国各省份中，截止到 2015 年末，内蒙古占全国风电装机总装机容量的 18.7%，其次是新疆（12.5%）、甘肃（9.7%）和河北（7.9%）。由于前三个省份远离中国的人口中心，因此，电力传输过程中依然存在较多的困难——这一挑战同电力需求的缓慢增长（0.6%）一起，导致了大幅度的电网限电。限电水平从 2014 年的 8%，上升到了 2015 年的 15%，也就相当于以 33.9TWh 的电力无法输送到电网。不仅如此，许多安装完毕的风机无法得到使用，等待着长距离电能传输的实现，这也是一些风电企业开始在中国东南部建立风电厂的原因。虽然那里的平均风速更低且土地也更加昂贵，但风电厂更为接近需求中心能确保它们能够接入现有的电网基础设施中。

中国的风电弃风限电，使得中国在 2015 年损失了大约 27.7 亿美元（相当于 180 亿元人民币）。为了降低弃风限电率，中国政府已经采取了一些必要的措施，例如促进西北地区吸引更多高耗能企业和鼓励使用风能供暖（额外收益就是它可以替代燃煤）。与此同时，新的传输通道正在建设之中，一些新的抽水蓄能设施也在规划之中。弃风限电的挑战在其他地区也可见——例如，在美国，德克萨斯州的限电水平在新的传输线建设完工之后有了明显的下降。2015 年，全球有许多项目正在规划或者在进展之中，从而加强和扩大传输能力以有效地将风力发电传输到需要的地方。

在 2015 年和 2016 年，新安装的风力发电机组主要使用的是单机 1.5~2MW 的涡轮机。大型的风力涡轮机主要应用于海上风电场，其中欧洲和美国在这方面的基础设施处于领先水平。西门子、三菱重工、维斯塔斯和阿德文正合作开发装机容量达到 8MW 的风力涡轮机。中国企业明阳公司正致力于 6.5~7MW 风力涡轮机的研发。

在国家发展与改革委员会（NDRC）、工业和信息化部（MII）以及国家能源局（NEA）所宣布的《中国制造 2025——能源设备实施方案》战略中，未来研发的重点将是 10MW 的海上风电涡轮机，其高度将为 100~200 米。

风力发电的一个挑战就是低风速。在中国，68% 的国土区域为低风速区域，主要集中在中国的中东部和南部地区，但此区域也是人口高密度地区。低速风力涡轮机可在低于 6.5m/s 甚至 5m/s 的风速下运行。由于其他国家还没有这种类型的技术，所以中国的制造业企业在这一技术上处于世界领先的地位。自 2015 年以来，无论是在中国还是在国际上，开发低速涡轮机技术已经获得了更大的关注。

截止到 2014 年，中国的低速风电机组装机并入网的装机容量达到了 25.8GW，而国家能源局已经批准了 74.25GW 的低风速装机容量。中国首个低速风电厂于 2011 年 1 月建造于安徽省来安县，其装机容量为 200MW，平均风速 5.8m/s。这个风电厂有 132 个风力涡轮机，每一个的装机容量为 1.5MW。同来安县的选址一样，中国绝大部分的低风速地区处于丘陵甚至高山地区，具有非常复杂的地理条件，从而要求更为谨慎的选址设计，以及相比其他地区更高昂的投资规模。与此同时，绝大部分低速风电厂位于中国的东南部，从而接近于电力消费的中心。风力涡轮机的利用率相对较高，因此很少存在限电的问题，这也是低速风电厂获取利润的积极因素。对于低速风电厂来说，为了产生盈利，他们每年需要发电 1800～2000 小时当量。随着风力涡轮机的叶片越来越大，确保这些电厂的安全性和可靠性也非常重要。

图 1 展示了 2016 年建成的凤凰山风电厂，其平均风速不超过 6m/s。在 2016 年，从凤凰山风电厂发出的电量为 1.716 亿千瓦时，风力涡轮机利用率达到了 98.74%，其间平均风速不超过 6m/s。这一地区容易受到严寒天气和频繁雷暴天气的影响，因此涡轮制造厂必须对这些问题做出技术改进。

图 1　凤凰山风力发电厂

资料来源：www.chinadevelopment.com.cn/news/ny/2017/02/1121750.shtml。

中国同时还是海上风力发电的主要国家，其海上风电装机容量从 2015 年仅有的 900MW 增加到 2016 年的 1.627GW。在 2016 年，中国新增海上风电装机容量占全球份额的 26.7%。也是在 2016 年，中国已经超越了荷兰成为世界上的海上风力发电第三大国，排在英国（5.516GW）和德国（3.3GW）之后。

由于有超过 18000 公里的海岸线，中国具有进一步开发海上风电的潜力，而且将远远超过当前估计的 750GW 的水平。江苏、福建和广东具有最大的海上风电开发潜力。2006 年，中国的第一座海上风力发电厂，东发电厂，就是在浙江省发展起来的。

海上风电厂的开发目前正在稳步推进并有望在未来加速发展。中国海上风电的装机容量有望在 2020 年达到 30GW。到 2020 年，上海、江苏、浙江、山东和福建等省份的海上风电装机容量有望达到 25.8GW，而辽宁、河北、广东、广西和海南等省份规划，到 2020 年海上风电装机容量达到 9.2GW。这就意味着到 2020 年，全部海上风电装机容量将超过 35GW。

单个海上风力涡轮机的装机容量，已经从 2MW 上升到 4MW、5MW 甚至更高的水平。2015 年，在安装的风力涡轮机中，装机容量超过 2.5MW 的涡轮机占 18.48%，超过 3MW 的涡轮机占 17.74%，超过 4MW 的涡轮机占 34.69%。2017 年，绝大部分海上涡轮机装机容量为 4MW ~ 6MW。海上涡轮机必须耐腐蚀且能稳定运行，尤其在高风速环境下——这些因素都必须纳入设计考虑。这就要求，工程建模和分析工具能够降低海上设施成本，以及设计经过优化的下一代大型风力涡轮机，以适应海上的运行环境。

2014 年 5 月，中国全部海上风力发电装机容量为 565MW，到 2015 年，这一水平已经上升到大约 900MW。然而，这一水平要低于早期目标的五分之一（见图 2）。中国海上风力发电的发展慢于预期，主要是由于国内风机制造商缺乏经验。结果是开发者必须使用外国产品，其中西门子是中国海上风力发电涡轮机的最大供应商。其他限制因素还包括需要大量的投资和海上风力发电存在的相关风险，这就降低了企业的积极性。

另外一个降低成本和扩大风力发电规模的关键因素，就是提升风电厂的就地工程安装能力。中国企业现在已经是世界上风力发电机组工程安装的领跑者，无论在陆上还是在海上。

风力发电成本普遍随着时间发生改变。自 2008 年以来，风力发电成本

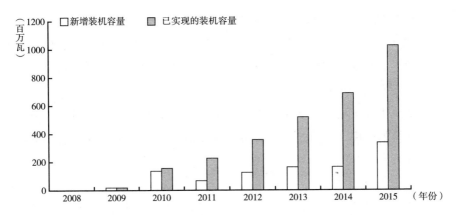

图 2　中国海上风力发电装机容量的规划和已安装的装机容量

资料来源：中国电力企业联合会（2017）。

大约下降了 35%。2016 年，陆上风力发电的平均成本约为 7000 元/kW。例如，对于中国南方的低速风力发电厂，风机成本大约在 4000 元/kW，安装成本为 4000～4500 元/kW。

截止到 2016 年，中国建设风力发电场的投资成本已经是世界上最低的，为 1050 美元/kW，日本为 2500 美元/kW，在美国和欧洲达到了 1600 美元/kW。在一些风力条件较好和化石能源成本相对较高的地区，风电成本已经完全可以与新型燃煤火电的成本相匹敌，其中就包括澳大利亚、智利、墨西哥、新西兰、土耳其和南非。

风力发电的成本包括风机的成本、基座与安装成本、入网成本和运行成本。例如，对于中国南方的一个低速风电场来说，风力涡轮机的成本是 4000 元/kW，安装成本是 4000～4500 元/kW，运行成本是 120～130 元/kW，劳动力成本是 30 元/kW，其他材料成本是 70 元/kW。这样一个风电场，通过设定贴现率 8%，其平均发电成本为 0.51～0.54 元每千瓦时，这一成本要低于补贴电价水平，电厂经营才是有利润的。然而，在中国北方，建造成本比较低，由于限电的原因，发电时间会更低。如果投资成本是 7500 元/kW，平均发电成本为 0.57 元/kWh，这就要高于当地的补贴电价，从而意味着当地的发电厂要盈利就更加困难。

风力发电成本的进一步下降主要集中在降低全部成本和增加电能输出上，例如：（1）改善风机的运行和降低生产成本；（2）改善风力涡轮机模块设计和降低安装成本；（3）增加风机叶片直径，从而提升风机效率；（4）增强风机的可靠性；（5）降低运行和维护成本。材料成本也存在一些下降的潜力，从而降低涡轮机的成本。改善风力预测同样会增强可靠性，从而降低风力发电的成本。

未来风力发电的发展主要包括：增加单位涡轮机的输电容量，提高风力利用和转换的效率，提升部件质量和改善输送效率，提高涡轮机对不同环境的适应性。

太阳能

技术进步

中国是世界上最大的太阳能光伏利用和太阳能热能利用国家，有超过400家光伏企业。太阳能热水器也得到了广泛的利用，截止到2014年年末，总装机容量已经达到了290GW，约占全球太阳能热能装机总容量的70%。2016年，中国新增太阳能发电装机容量达到34.59GW，入网的太阳能发电装机总容量为77.42GW。

中国政府已经在不断提高太阳能装机容量目标，以增加可再生能源发电量解决严重的污染问题和促进国内制造业的发展。在2015年，中国新增太阳能光伏装机容量达到了15.2GW，全部装机容量接近44GW，约占全球太阳能发电总量的19%，超越了长期的领跑者德国从而成为世界上太阳能光伏发电容量最大的国家。新疆（2.1GW）、内蒙古（1.9GW）和江苏（1.7GW）等省份是该年占据市场份额最大的几个省份，但是这些装机容量的绝大部分远离国家的主要人口中心。不过，东部和中部地区有六个省份在2015年的太阳能光伏容量超过1GW。大型太阳能光伏电厂占全部太阳能装机容量的86%，其余的安装在分布式屋顶系统和其他小型装置上（21世纪可再生能源政策网，2016）。

为了支持太阳能发电，中国在过去几十年中相继引进了太阳能光伏补贴。"金太阳"工程于2009年开始实施，在各个项目的基础上为太阳能光伏装置的安装提供资本补贴，直至2011年。非并网安装的太阳能装置可以获得70%的资金补贴，而并网安装的太阳能装置可以获得50%的资金补贴。不过，合格的并网装置必须具有300千瓦或更大的容量。当然，这一工程还对项目有所限定，从而限制了系统装机容量总数；在一系列条件下，每个省份的安装权限都限制在了 20MW 以内。

时至今日，金太阳工程下已经开发了将近 300 个项目，全部装机容量达到 640MW，近 200 亿元人民币的投资。作为该工程的一部分，财政部与住建部为并网的太阳能光伏装置提供 15 元/W（2.20 美元/W）的补贴，为实现建筑一体化的光伏热电装置提供 20 元/W（2.9 美元/W）的补贴。符合条件的装置必须达到 50 千瓦或者更大容量，以及必须使用达到最低效率水平的太阳能光伏板（单晶片的效率至少为 16%，多晶片的效率至少14% 以及非晶光伏达到 6%）。在 2010 年，并网 PV 的补贴水平已经下降至 12 元/W（1.9 美元/W），建筑一体化光伏发电的补贴下降至 17 元/W（2.5 美元/W）。

与风电产业的早期发展情况相似，政府在 2009 年启动了一项太阳能光伏发电项目的竞标计划。这一计划在竞标的基础上，为太阳能光伏发电创造了新的基准电价（所谓的核定价格）。其中一个例子就是 2009 年在甘肃省敦煌地区的两个 10MW 项目的竞标过程。竞标价格从 0.69 元/kWh（0.10美元/kWh）开始，最终得到的核定价格是 1.09 元/kWh（0.16 美元/kWh）。另一个核定价格是 1.15 元/kWh（0.17 美元/kWh），涉及 2010 年 4月在宁夏竞标的 4 个项目，装机容量为 40MW。

最后，省级层面也对太阳能光伏发电项目给予优惠电价，如浙江和江苏省的一些项目。在浙江省，2009 年上网补贴电价设定为 0.7 元/kWh（0.10美元/kWh），加上该省平均煤炭发电价格为 0.46 元/kWh（0.07 美元/kWh），从而产生的总电价为 1.16 元/kWh（0.17 美元/kWh）。江苏省设定的上网电价要显著高于浙江省，同时还依据技术类型设定了一系列的上网电价：陆基光伏系统的电价为 2.1 元/kWh（0.31 美元/kWh），屋顶光伏系统的电价为 3.7 元/kWh（0.54 美元/kWh），建筑一体化光伏系统的电价为4.3 元/kWh（0.63 美元/kWh）（所有价格都是 2009 年价格水平）。江苏省同时还预定将逐步降低上网电价水平：2010 年，陆基光伏系统的电价为 1.7元/kWh，屋顶光伏系统的电价为 3 元/kWh（0.54 美元/kWh），建筑一体化光伏系统的电价为 3.5 元/kWh（0.63 美元/kWh）。一直到 2011 年，陆基光伏系统的电价为 1.4 元/kWh，屋顶光伏系统的电价为 2.4 元/kWh，建筑一体化光伏系统的电价为 2.9 元/kWh。

然而，中国太阳能光伏发电容量的快速发展对电网接纳造成了问题。在

2015 年，弃光限电开始成为一个非常严重的挑战，在甘肃省（全年限电 31%）和新疆维吾尔自治区（全年限电 26%）尤其高，全国的限电均值为 12%。截至 2015 年年末，电网容量不足就成为新建电厂的显著障碍，而且由于补贴到位的延迟和太阳能电池板的质量问题，投资者已经对光伏发电越来越慎重。为了解决这些与弃光限电有关的挑战，中国政府已经要求太阳能发电量大的省份，优先考虑可再生能源的传输，建设具有更强的输电能力的电厂以及吸引更多能源密集型企业增加当地能源消费量。面对这些传输和限电的挑战，2015 年中国太阳能光伏发电量依然达到 2TWh——相比 2014 年增长 57%。中国企业也纷纷走出国境，特别是到巴基斯坦。在那里，中国在该国可再生能源的发展中起到越来越重要的作用，其中就包括太阳能光伏发电。

在这种快速的扩张和刺激计划下，中国的许多太阳能产品制造商经历着利润率低、产能过剩和庞大的债务等问题。例如，天威公司就在 2015 年对一笔国内债券的利息支出违约后破产，同时，英利公司在 2017 年请求政府的救助，以及在 2016 年，汉能公司开始接受香港证券及期货事务监察委员会的调查。普遍而言，电力生产上的限制和补贴支付的滞后，迫使开发厂商们中止这些项目并停止进一步地开发。

在中国的五年规划尤其是"十二五"产业发展规划中，可再生能源的发展已经成为特别关注的七类经济问题之一，这些经济问题还包括贷款和税收优惠。结果就是，中国创造了世界上最大的太阳能制造产业——从廉价太阳能光电板起步，发展为在很多方面的全球市场价格领导者。然而另一个结果是导致了世界范围内的产能过剩。2008～2013 年，中国的新型太阳能电产业使得世界价格下降了将近 80%——即使在竞争激烈的高科技领域，这也是一项令人震惊的成就。

中国的环境特别适合于发展先进的太阳能产业，其中有 70% 的最适宜地区集中在中国西部和北部省份。据估计，每年中国国土的太阳能等价于 4.9 万亿吨标准煤。不仅如此，中国还有很大的沙漠地带适宜建设光热太阳能（CSP）电站。中国具有 264 万平方公里的干旱荒漠区和丰富的太阳能资源。仅新疆一地，就有 111 百万平方公里的荒漠区。

较为突出的项目包括青海省德令哈太阳能热发电项目一期工程，该工程将会使用亮源能源公司的成熟太阳能塔式技术，为超过 45 万户居民提供清洁、可靠的太阳能电力。德令哈项目有六个 135MW 的聚光太阳能塔式电站，加上一期工程的两个135MW太阳能电站以及超过3.5小时的热能储备。

与此同时，中国还具有世界上最大的太阳能发电厂。这个发电厂还被美国国家航空航天局公布了卫星图像。同样在青海省，这个电厂的规模达到了惊人的约850MW。根据陆地卫星8号在2017年1月所拍摄的图像显示，在此地区安装的四百万个太阳能电池板，其覆盖面积相当于一个澳门那么大。

德令哈光伏电场，已经超越印度泰米尔纳德邦的卡穆迪太阳能发电工程，成为世界上最大的太阳能发电站。中国目前还在宁夏回族自治区建设一个更大的太阳能发电装置，其发电功率达到了2GW。

在中国，太阳能光热发电装置（CSP）的商业应用仍处于早期阶段。这种技术采用常规发电类似技术，有助于降低新技术开发的风险。中国已经为太阳能光热技术的发展设定了宏伟的目标，尽管起步速度较慢，但它仍然是光热能应用的一个尤其令人振奋的领域，特别是在中国对能源结构的多样化和碳减排的强力承诺条件下。

太阳能热电厂以熔盐为媒介转换太阳能，通过提供更高的温度和更稳定的媒介改善了发电系统效率。原有的CSP系统则使用油或者水作为媒介，但是油不能到达很高的温度，水又容易变为蒸汽，所以这种介质必须装在高压环境下。中国首个熔盐太阳能发电厂已经开始并网输电。天津滨海的太阳能光热电力有限公司表示，他们在中国西北甘肃省阿克塞投资的50MW熔盐太阳能项目，就是一项太阳能热利用技术成熟的商业开发的示范工程。该公司将使用这种技术于2018年进行大规模投产，计划生产年输电200MW的太阳能发电设备。阿克塞电厂也是中国能源局2016年所列在建的20个示范性太阳能热电厂之一，并作为政府促进可再生能源发展的重点对象。

"十二五"规划（2011~2015年）要求，到2015年，完成聚光太阳能装置装机容量1GW，到2020年达到3GW。规划和在建中的电厂，包括以下12项。

1. 1MW八达岭试点项目——由电器工程研究所（IEE）与中国科学院（CAS）开展合作。

2. 新疆青松建材化工集团有限公司和国电新疆公司合作的12MW（短期）/300MW（长期）项目。

3. 华能西藏公司承建的西藏50MW项目。

4. 天威新能源公司承建的四川阿坝藏族羌族自治州100MW项目。

5. 中国华电集团承建的50MW项目（待定）。

6. 国电能源承建的格尔木 100MW 项目。

7. 北京控股技术有限公司承建的宁夏 100MW 项目。

8. 中航西安航空发动机集团有限公司承建的 100MW 项目（待定）。

9. 广东康达公司承建的 100MW 项目（待定）。

10. 天津国家经贸委承建的甘肃 100MW 项目。

11. 莱昂国际投资有限公司承建的青海 1000MW 项目。

12. 山东蓬莱电力和太阳能发电公司承建的陕西 200MW 项目。

根据计划，太阳能光热发电项目（CSP）发电装机容量在 2020 年年底将达到 5GW，这比 2015 年全球 CSP 装机容量还要多。青海德令哈的 50MW 项目已于 2015 年年底正式开工建设。这套设施将是全国首个商业化 CSP 电厂，计划在 2018 年投入使用。其他总计 700MW 的相关设施正处于不同的建设阶段之中，虽然全部竣工的时间表仍不明朗。

太阳能的另一项利用就是太阳能热水器。中国在全球的太阳能热水器市场中占据主导地位，其在全世界的份额超过了 70%。早在 2015 年，中国就已经是世界上最大的太阳能热水器市场，全部太阳能热能装机容量为 30.45GWth（安装面板总面积为 4350 万平方米）——比新增装机容量排名第 2 的土耳其的 21 倍还多。2017 年末，中国运行中的累计装机容量估计将达到 309.4GWth，占全世界份额的 71%。中国市场连续两年收缩——在 2014 年下降 18% 以后，2015 年继续下降 17%，这是由建筑业的放缓所致。

太阳能水加热装置使用了多项技术，例如真空管、太阳能导热管、平板集热器和太阳能缸等。真空管继续在 2015 年主导中国市场，占全部新增产能的 87%；然而，平板集热器依然广受欢迎，特别是在城市地区屋顶与立面的一体化应用中。太阳能导热管，是最先进但也最昂贵的技术。2015 年，中国太阳能热系统在住宅以及旅游与公共部门中的应用，占到了新增集热装置安装量的 61%。

制造商与成本下降

2008 年以来，中国已经是世界上最大的太阳能板制造国，并在 2011 年以后，按年产量计算，中国已经生产了世界上光伏发电系统的绝大部分。根据行业预测，2017 年年底中国将有足够的产能，可在一年之内生产 51GW 的光伏发电装置。2016 年，中国的国内需求大约在 34GW——这个产能

（51GW）比 2010 年全球光伏产量 24GW 的 2 倍还要多。

光伏产业主要以几个大型制造商为主，其中包括正泰集团、晶澳太阳能控股、金牛能源、尚德电力、英利、中电光伏和韩华太阳能。一些制造商正面临着大规模债务的挑战。

10 年中，中国的太阳能光伏电池板的成本急剧下降，从 50 元/W 下降到 4 元/W，系统成本从 60 元/W 下降到了 7 元/W，降幅超过了 85%。随着投资成本的下降，太阳能光伏发电成本也降低了 76%，从而提升了市场竞争力。

成本降低的主要动力，是通过技术创新实现的太阳能光伏电池生产规模的扩大。快速增长的市场容量，在提升产量的同时还降低了生产成本。技术创新不仅为制造商创造了更有效率的产品，而且还带来了更高的发电效率。

水力发电

概述

在中国，水力仍是目前最廉价的发电资源，水电也是成本效率最高和最为稳定的可再生能源形式。这就使得开发者在安装水力发电装置时，不需要较高的上网电价。水电还受益于其灵活性，因为在过去的某些时期，发电厂可以迅速调整产出对变动的能源需求做出反应。

从 2010 年到 2016 年年末，中国的水电新增装机容量达到了 103.48GW，同比增长了 8.1%。在这些新增装机容量中，新增大型水电设施容量总计 80.76GW，新增小型水电 16.6GW 以及新增抽水蓄能容量 6.12GW。水电的全部产能达到了 319.54GW，占全球装机容量总数的 27%。在这些全部装机容量中，大型水电为 221.51GW，小型水电为 75GW，抽水蓄能水电 23.03GW。中国的水电发电量为 11000 亿千瓦时，占全国电力产出的 19.4%，占全部非化石燃料电力产出的 73.7%。全世界最大的 10 座水电站中，中国就占了 5 座。全球所有装机容量在 700MW 以上的水电机组，有一半由中国三峡集团运营。

不仅如此，中国目前仍有许多水电项目正在建设之中（见表 1）。2015 年，新开工项目的装机容量为 20.9GW，这也是历史上的最高水平。

尽管从生产和上网电价的角度看，水电是一种非常有效的可再生能源形式，但它也面临着许多挑战，其中包括：能够长期开发的时间、相关的社会

表 1 中国在建的水电项目

类型	河流/电网	发电站
常规水电	金沙江	乌东德、梨园、苏洼龙、阿海站、鲁地拉、龙开口、观音岩
	雅砻江	两河口、杨房沟
	大渡河	双江口、猴子岩、黄金坪、安谷、枕头坝、沙坪二级电站
	黄河	刘家峡（扩建工程）、黄丰
	其他河流	马马崖、丰满（重建）、小漩、立洲、卡基娃、多布
抽水蓄能电站	华北电网	枫林、文登、沂蒙
	华东电网	绩溪、金寨、川龙山
	华中电网	天池、蟠龙
	东北电网	敦化、荒沟
	南方电网	琼中、深圳、梅州、阳江

资料来源：国家发展与改革委员会（2017）。

安置和环境问题，以及获取潜在可开发场地的难度越来越大。这些因素预示着中国在 2020 年以后的水电投资规模将会开始下降。大型水电安装所带来的社会和环境后果，是另一项挑战。为了建设三峡大坝，有超过 150 万人被异地安置。移民已经成为水电开发中的一个关键问题并将使得这个部门的未来发展更为复杂。

在国际上，主要的水电设备供应商包括通用（美国）、安德里茨水电（奥地利）和福伊特水电（德国），每个供应商大致具有相同的市场份额。它们一起占全球水电设备行业的一半。其他著名的制造商包括：哈尔滨（中国）、东方（中国）和电力设备（俄罗斯）。

中国水电开发的放缓和市场的饱和，正刺激着中国企业在世界范围内提升水电项目的参与程度。它们的参与既有建设方面又有运营方面，尤其关注非洲、南亚和南美洲市场。2016 年初，中国的三峡集团收购了巴西的两家发电厂，成为该国第二大的私营电力企业。

根据中国公布"十三五"规划中的水电发展部分，2020 年水电总装机容量目标是 380GW，其中 340GW 是常规水电项目，而 40GW 是抽水蓄能项目。每年水电发电量将达到 1250TWh，在全部非化石燃料发电量中的比重超过 50%。

中国全部可开发的水电资源为 660GW，年发电量大约为 3000TWh。但是这些资源分布极不均衡，其中 70% 的水电资源分布在中国的西南地区。

在技术发展层面，中国已经是世界上水电开发的领导者，从规划、设计、建设到设备制造、运营和维护。

近些年来，水电的主要技术成就包括：在复杂地质条件下建设高 300 米的拱坝，在沙砾土上建设一座超高的心墙堆石坝，建设一座 35 米宽的地下水电站厂房、开凿深层地下水多重引水隧道等。800MW 的弗兰西斯式水电涡轮机和水头达 500 米的 350MW 抽水蓄能水电机组，都可以在中国进行制造。近几年建成的包括：世界上最高的混凝土双曲拱坝（锦屏一级水电站）、深埋隧道水电站（锦屏二级水电站）、世界第三大水电站（溪洛渡水电站）和一座复杂地质条件下的水电站（大岗山水电站）。

新公布的中国水电开发计划，主要集中在发展电网和水电系统，这是由全国水电资源分布不均所决定的。根据目前的规划，最终将会有超过 100GW 的水电从全国西部地区输送到东部地区。

然而，中国的水电部门将面临许多的挑战。环境问题越来越多地获得了公众的关注，从而使得新项目的执行越来越困难。要将人口迁移出水电项目开发区域，会越来越困难。因此，新水电项目就向偏远地区和经济发展程度较低的地区转移。在这些地区，水电被视为发展地方经济的一种手段，而较低的人口密度也降低了移民成本。

生物质

生物质能源，指的是来自农业残余和废弃物、林业产品和废弃物，以及来自畜牧业和城市垃圾的生物乙醇、生物柴油和沼气等的能源。中国具有巨大的生物质能源发展潜力。长期以来，政府一直推动着传统生物质能源的利用，包括农村地区的秸秆和薪柴的发电。几十年来，农村的能源政策一直支持着高效生物质炉、生物质加热床和生物沼气池的利用。现代生物质能利用政策开始于2005 年。截止到 2010 年，中国的生物质能发电总装机容量已经达到 5.5GW，固体成型燃料的利用达每年 100 万吨，沼气利用量 190 亿立方米；利用非粮食原料生产的乙醇燃料达到 200 万吨，生物柴油达到 20 万吨（国务院，2011）。

自 1995 年以来，中国就一直将生物质能源的利用列入其五年规划之中。在"九五"规划中，开发用于处理高浓度有机废水和城市垃圾的高效厌氧技术，就被列为一项重点科技项目。在"十五"规划期间（2001～2005年），就已经引入了农业生物质能产业的发展规划。自"十一五"规划之后，每个五年规划都包含了生物质能产业发展的特别规划。

2011 年印发的"十二五"规划（2011～2015 年）指出，在此期间，农作物秸秆综合利用方案就是对这一来源获得的产出进一步开发。依照规划，到 2015 年秸秆综合利用率超过 80%，秸秆能源化利用率达到 13%。2012 年印发的可再生能源发展和生物质能发展的"十二五"规划明确要求，截止到 2015 年，生物质能的利用率将超过 5000 万吨标准煤当量。当生物质能发电总装机容量达到 13GW 以及相关的年度发电量增长到 78TWh 时，每年的生物质能供给将增加到 220 亿立方米，固体成型燃料将会达到 1000 万吨，生物质液体燃料达到 500 万吨。生物质能发展计划的"十三五"规划正在进行中。

一方面，生物质能源的开发和利用为热能资源的替代提供了潜力，从而更好地保护了环境。另一方面，它目前的开发和利用成本还远远不能与那些传统的能源来源相竞争。为此，中国政府采取了一系列的激励措施减轻企业和用户的成本负担，并直接对生物质能源的开发利用提供补贴。主要的措施包括：在前端对生物质能生产链开发的激励，在市场末端对生物质能销售和使用的激励，以及促进整个行业发展的间接激励措施。

2015 年，中国的生物能发电装机容量达到了 10.3GW，比上一年增长了 0.8GW。相比 2014 年，发电量增长了 16%，大约达到了 48.3TWh。"十二五"规划设定的目标是，在 2015 年总装机容量达到 13GW，但是生物能发电的真实装机容量没有达到这一目标。制约这一进展的因素包括原材料价格偏高、项目的协调性差以及技术层面操作困难等原因。

作为世界上第三大生物乙醇制造国，2015 年中国生产生物乙醇量为 28 亿升——下降了 14%。这一年中国增加了生物乙醇的进口但没有增加新的产能，部分原因是暂停了以玉米为原料的乙醇生产。亚洲的另一个主要生产国，泰国，其乙醇产量从 2014 年的 11 亿升上升到 2015 年的 12 亿升，上升了 10%。中国生物柴油产量预计显著增长——估计增长了 24%——2015 年的产量达到 3.5 亿升（21 世纪可再生能源政策网，2016）。

在"十三五"规划可再生能源发展目标的基础上，2020 年生物质能发电的总装机容量目标将达到 30GW；固体成型燃料的年利用率将达到 5000 万吨，沼气 440 亿立方米，非粮食原料制造的生物乙醇 1000 万吨，生物柴油 200 万吨。

其他可再生能源

世界上直接使用地热发电容量最大的国家，分别是中国（6.1GW）、土耳其（2.9GW）、日本（2.1GW）、冰岛（2GW）、印度（1GW）、匈牙利（0.9GW）、意大利（0.8GW）和美国（0.6GW）。同装机容量相一致，中国是世界上使用地热发电的电量最多的国家（20.6TWh）。

中国同时也在开发海洋能源技术——潮汐能与波浪能。在2015年，海洋能源总装机容量为10.7MW，其中包括一些在开发中的项目。江厦潮汐能电站于2015年升级，装机容量从3.9MW上升到4.1MW。在所有新开发的项目中，其中一个是100KW的瑞鹰波浪能转换器，它开发于2015年。迄今为止，中国的经验就是本国目前的潮汐能利用技术相比波浪能利用技术显著降低了成本，但是所有这些能源利用都受到技术不成熟、缺乏经验和配套基础设施等的限制。

政策发展

在中国，开发新型、清洁的可再生能源是中国培育新兴产业的关键战略举措，它对于整个国家有着极其重要的作用。它也被看作是国家环境保护行动的一部分，以应对气候变化和实现可持续发展。经过努力，中国目前一次能源消费中非化石能源的份额已经上升到了11.4%，并且规划到2030年年底占一次能源的20%。

在全球性能源危机、区域性空气污染和气候变化的背景下，可再生能源利用技术的发展，对替代化石燃料和实现人类可持续发展来说，具有非常重要的实践意义和长期效应。中国的能源安全已经成为一个越来越突出的问题，环境约束不断强化，节能减排的形势也越发严峻。在这个背景下，政府将调整中国能源结构和开发替代性的绿色、清洁、低碳可再生能源放在优先发展的位置。生物质能——有着丰富的资源和稳定的供给——可以在数量上大幅度地替代煤炭、石油和天然气。它还可以显著地降低污染和实现二氧化碳的接近零排放。于是，近些年来，中国的各级政府更加关注可再生能源的发展，并为这一行业的发展推出了一系列的政策和措施。

中国可再生能源开发政策的基本框架包括了《可再生能源法》《可再生能源中长期发展规划》，以及每个"五年"规划，从而通过建立一系列行之有效的激励机制，吸引更多的厂商和消费者参与到可再生能源的开发利用中来。

法律基础

《中华人民共和国可再生能源法》颁布于2005年，并于2006年1月正式施行。这是中国第一部能源法，从而表明了中国政府对于可再生能源的重视程度。

《可再生能源法》于 2009 年年底修正，新版修正案于 2010 年 4 月 1 日开始施行。该修正案设立了可再生能源发展基金，这个基金通过电网额外收费的形式征集，从而支持可再生能源的发展。

目标体系

中国政府对可再生能源发展的中长期发展规划，就是将可再生能源在全部能源消费中的比重从 2005 年的 7.2% 提升到 2010 年的 10%，2020 年计划为 16%，2030 年为 20%。该计划将风力发电看作可再生能源的主要来源，并设定了风力发电中长期发展目标（见表 2）。

这一规划强调了可再生能源的开发，包括风能、水能、生物质能、沼气能、固体成型燃料和生物液体燃料等。表 2 给出了依据中国经济与社会发展需求和生物能利用技术所制定的发展目标。

表 2　中国可再生能源的发展目标

	2005 年	2010 年	2020 年
可再生能源在总能源消费中的份额	7.2%	10%	16%
可再生能源的年度消费量	160 m TCE	270 m TCE	530 m TCE
可再生能源（排除水电）在全部发电量中的比重	—	1%	3%
水电发电容量	117GW	180GW	300GW
风力发电容量	1.26GW	5GW	30GW
生物资源发电容量	2GW	5.5GW	30GW
年度沼气消费量	8b cu m	19b cu m	40b cu m
光电池装机容量	70MW	300MW	1.8GW
太阳能热水器集热面积	80 bsq m	150bsq m	300 msq m
酒精年度消费量	1.02 m t	2 m t	10 m t

注：TCE ＝吨煤当量；m ＝百万；b ＝十亿。
资料来源：国家发展与改革委员会（2007）。

随着可再生能源技术的不断进步和政府的强力政策支持，中国的可再生能源开发尤其是风能与太阳能发电领域的发展，已经超出了预期，这就意味着这些目标正在被不断地修订。表 3 展示了这些修订中的发展目标。

表 3 中国可再生能源发展的修正目标

年份	目标
2009	到 2020 年发展风力发电 80GW
2010	到 2020 年发展风力发电 150GW,太阳能发电 20GW
2013	"十二五"规划:到 2015 年发展太阳能光电 20GW;风力发电 150GW
2013	到 2015 年发展太阳能光电 35GW
2016	到 2020 年发展风力发电 250GW,太阳能 100GW

资料来源:笔者。

2005 年版《可再生能源法》,授权在政府指导价的基础上对风能发电给予电价补贴,这一措施涉及每年风电装机的上网竞价,从而产生了标准定价或核准定价,这些价格在不同省份一般也不尽相同。

依据《可再生能源法》第 14 条,电网企业(国家电网)必须与那些获得政府批准的可再生能源发电企业签署上网电价协议。

早在 2003 年,上网电价就已经在中国开始应用,以支持风能的开发。一开始,电价水平是通过逐个案例的竞价或谈判来确定的。然而,这种安排导致了大型国有可再生能源发电站之间的激烈竞争,它们通常会发出不足以支撑项目真正实施的投机性竞标方案。这种做法被认为是有害于风能产业的长期可持续发展。

对此,国家发展与改革委员会于 2009 年 8 月为风力上网电价设定了基准价格。电价的范围在 0.51 元/kWh 到 0.61 元/kWh 之间不等,这要取决于风电场的地理位置,其中按顺序包含了四类风能资源。[①] 2011 年,国家发展与改革委员会将 2011 年及以后启动的全国太阳能项目的上网电价设定在 1 元/kWh。为了支持上网电价,国家发展与改革委员会于 2006 年开征可再生能源电力使用附加费,0.0001 元/kWh。2009 年,这一附加费上涨到 0.004 元/kWh,2011 年上涨到 0.008 元/kWh,从而支持可再生能源快速增

---

① 为了处理好风力发电的价格,NDRC 根据风力资源定义了四类风力发电区,它们分别是 I 类到 IV 类。

长后对上网电价补贴的需求。尽管翻了8倍，但是这项附加费仍然低于国际标准：由于全国居民用电的平均价格水平为0.52元/kWh，这就意味着附加费率相当于总电价的1.5%。作为比较，2013年德国的可再生能源附加费达到了0.053欧元/kWh（0.34元人民币/kWh），相当于总电价的20%。中国较低的可再生能源电力使用附加费对于可再生能源的使用非常重要，这是因为它为进一步提升上网电价补贴留出了足够的空间。

2016年12月，国家发展和改革委员会对2017年的新建项目设定了更低的电价补贴水平。以风能为例，按照四种风能资源排序削减上网电价的幅度分别为15%、10%、9%和5%，费率分别削减到0.40元/kWh、0.45元/kWh、0.49元/kWh、0.57元/kWh。对于太阳能，分别对三类太阳能资源排序①削减上网电价的幅度分别为19%、15%和13%，费率分别是0.65元/kWh、0.75元/kWh和0.85元/kWh。分布式太阳能电力的补贴保持在0.42元/kWh。海上风能和潮汐地带风能的上网电价也保持不变，分别是0.85元/kWh和0.75元/kWh。

根据国家能源局最新的一项宣布，要求电力企业发电来源的15%以上必须来自可再生能源，其中不包括大型水电企业。这是促进可再生能源发展的又一个信号。

可再生能源的未来发展

将全球气温上升幅度控制在2℃以内的目标，以及中国自身空气质量目标都是促进中国能源体系转型的强有力推动因素。基于中国综合政策评价模型建模团队的一项研究，中国的能源转型可以支撑全球的气候变化目标，同时还可以改善空气质量。图4展示了在全球升温2℃目标下的一次能源需求。

到2050年，可再生能源将占到中国一次能源需求总量的33.8%。2050年，可再生能源总装机容量将增加到289GW，可再生能源的发电总量将达到571TWh（见图5和图6）。

---

① 类似于风能资源排序，也存在建立在太阳能资源基础上的三类太阳能发电区域，分别位列第一类到第三类，从而决定太阳能发电的基准价格。

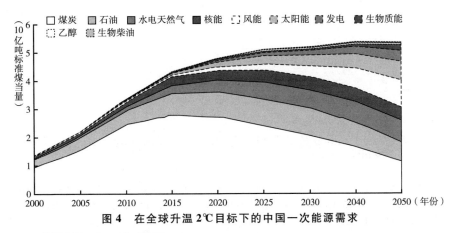

图4 在全球升温2℃目标下的中国一次能源需求

资料来源：Jiang 等（2013）。

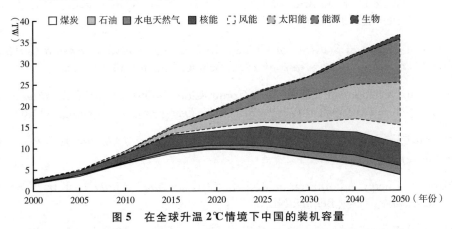

图5 在全球升温2℃情境下中国的装机容量

资料来源：Jiang 等 （2013）。

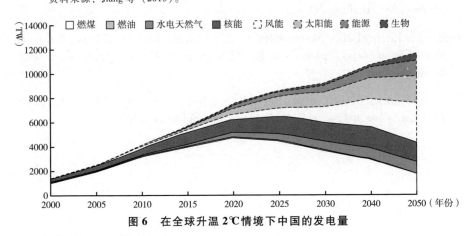

图6 在全球升温2℃情境下中国的发电量

资料来源：Jiang 等 （2013）。

参考文献

China Electricity Council (CEC) (2017), *Annual Information on Power Industry in China*, Beijing: NEA.

Jiang, K., Zhuang X., Miao, R. and He, C. (2013), China's Role in Attaining the Global 2 Target, *Climate Policy* 13(S01): 55–69. dx.doi.org/10.1080/14693 062.2012.746070.

National Bureau of Statistics of China (NBS) (2016), *China Statistics Yearbook 2016*, Beijing: China Statistics Press.

National Bureau of Statistics of China (NBS) Energy Statistics Division (2016), *China Energy Statistics Yearbook 2016*, Beijing: China Statistics Press.

National Development and Reform Commission (NDRC) (2007), *Medium and Long-Term Development Plan for Renewable Energy in China*, Beijing: NDRC.

National Energy Administration (NEA) (2016), *China's 13th Five Year Plan on Energy*, Beijing: NEA.

National Energy Administration (NEA) (2017), *China's 13th Five Year Plan on Renewable Energy*, Beijing: NEA.

National Energy Administration (NEA) (2017), *China's 13th Five Year Plan on Hydro-power*, Beijing: NEA.

Renewable Energy Policy Network for the 21st Century (Ren21) (2016), *Renewables 2016 Global Status Report*, Paris: Ren21 Secretariat. Available from: www.ren21.net/gsr-online/.

The State Council of the People's Republic of China (State Council) (2011), *Twelfth Five-Year Plan 2011–2015*. Available from: english.gov.cn/.

中国银行间回购协议市场[*]

〔澳〕罗斯·肯德尔（Ross Kendall）

〔澳〕乔纳森·里斯（Jonathan Lees）[**]

回购协议市场（repo）是中国金融机构在经营过程中的一项重要短期融资来源。中国人民银行通过其公开市场操作来管理国内的流动性条件，不仅如此，它作为一种货币政策传导渠道，将随时间变得越来越重要。这一章概述了中国回购协议市场的关键特征，首先聚焦于银行间市场，然后讨论其最近的发展及其对债券市场的影响。我们认为，过去两年中回购利率过低而且波动更少导致了金融市场更大规模的风险行为，中国的政策制定在此过程中一直处于动态变化中，从而对这些市场的发展变化做出了响应。

引　言

回购协议是两个实体之间的一项协议。在此协议中，现金借款人向现金出借人卖出或抵押一项证券（通常是固定收益证券），然后在将来某个时期购回该抵押物或者解除抵押关系。因此回购协议在经济上等价于担保贷款，它是许多经济体短期融资市场上重要的一部分。

在中国，回购协议可以在上海证券交易所或者深圳证券交易所上市交易，也可以在银行间市场柜台（OTC）交易。交易所交易市场在最近几年得

---

   * 这一文章的另一版本还发表在《澳大利亚储备银行（RBA）公告》的 2017 年 6 月版上。

  ** 笔者来自澳大利亚储备银行国际部。本章所表达的观点全为笔者的观点，与澳大利亚储备银行国际部无关。本章最后成稿于 2017 年 4 月 21 日。

到了迅猛的增长；然而，银行间市场——大量的银行机构和非银行金融机构活跃在这个市场中——相比在交易所交易的回购市场，具有更大的市场份额、更高的成交量和未偿贷款余额（见图1和图2）。中国人民银行（PBC）也会使用公开市场操作的方式来调整国内市场的流动性条件。在中国的银行间回购市场上，大约有5万亿元（7200亿美元）的未偿贷款余额，这一体量相当于美国回购市场的三分之一。①

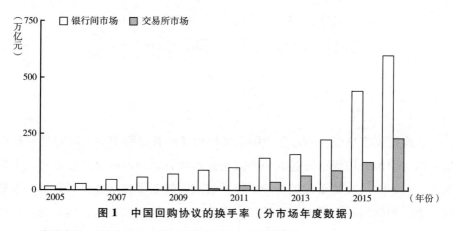

图1 中国回购协议的换手率（分市场年度数据）

资料来源：笔者自己的计算；万德（WIND）信息数据库。

图2 未偿贷款余额（分市场）

资料来源：CEIC 数据库；全国银行间同业拆借中心。

---

① 根据纽约联邦储备银行初级交易商统计数据库未偿回购协议的 2016 年数据显示，美国回购市场的规模要稍微高于 2 万亿美元。

这一章将主要集中于银行间回购市场，这是因为考虑到：它作为短期融资的主要来源具有的系统重要性、它在中国人民银行（PBC）的流动性管理中的重要作用，以及中国人民银行将其看作中国货币政策传导新兴渠道的事实。我们通过透视主要的现金出借人和借贷人来概述回购市场的主要特征，并进一步讨论回购市场的最新发展，关注风险的集聚和中国人民银行流动性管理框架的变化。

抵押物的所有权

同世界上主要的回购市场一样，中国的银行间回购市场中的低信贷风险债券占抵押债券的绝大部分。最近几年，中国政府债券以及中国政策性银行发行的债券，占全部回购抵押物的将近90%（见图3）。央行票据在历史上占了回购抵押物的相当一部分，但是随着未偿的央行票据存量逐步下降，它们的使用也在逐步减少。[①] 其他的工具（绝大部分是公司债券和地方政府债券）在银行间回购市场的份额，仅比10%多一点。[②]

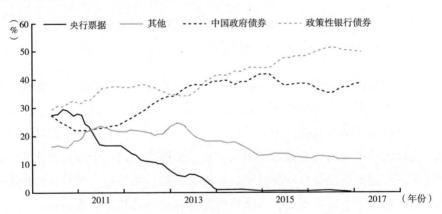

**图3　回购协议市场上的抵押物（银行间市场、担保抵押，
按月成交量计算的市场份额）**

注：6个月移动平均值。
资料来源：笔者的计算；中央国债登记结算中心（CCDC）；CEIC数据库。

---

① 目前已经不存在央行票据，保留到最后的一批票据已于2016年到期。
② 在银行同业拆放市场中，抵押物必须满足现金出借人提出的相关条件，其他条件都是通用的。这就是说，就像绝大部分主要市场中那样，现金出借人并不能要求专门或"特定"的证券作为抵押物。

在中国的银行间市场中，回购协议通常基于"抵押"进行交易，这与其他主要市场通常基于"买断"有所不同（见图 4）。[1] 在一个买断的回购协议交易条件下，抵押物的所有权在交易持续期内转移到了现金出借人。相反，在抵押性的回购协议中，抵押物的所有权仍然属于现金借款人，只是抵押给了现金出借人，从而现金借款人不能将其用作其他目的，直到现金的本金和利息如数偿还。[2]

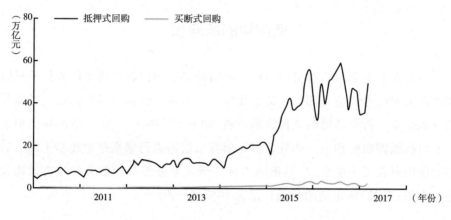

图 4　中国银行间回购市场（月度交易量）

资料来源：CEIC 数据库；全国银行同业拆借中心。

由于在抵押回购协议中，抵押物的所有权并没有转移到现金出借人，那么现金出借人在交易期限中就不能使用（或"再抵押"）该抵押物。这对于中国的金融市场结构具有几个方面的重要含义。第一，它排除了在其他主要的回购市场中出现的交易商经纪模式。在这个模式中，一个交易商作为一个中间商，通过出借现金给一个对手方从而交换获得抵押物，然后使用该抵押物从其他的对手方借得现金，从而将两笔交易之间的利差作为利润。

尽管市场参与者可能会基于机会主义准则像中间商那样操作，但是中国的抵押回购协议市场上的转贷资金过程，相比抵押物所有权转让的买断回购市场要求更多的抵押物。

第二，抵押物回购协议相比买断式回购灵活性更差。例如，债券交易商

---

① 2016 年，抵押协议交易额占比高达 95%。
② 中央国债登记结算公司（CCDC），是一家负责登记、托管和结算中国大部分固定收益证券的国有单位，它的职责是确保其持有的质押证券不可用于其他任何用途，包括用作另一个回购协议的抵押品，直至相关的交易结清。

和投资者通常会使用回购市场为债券头寸融资。这就涉及直接购买债券，在回购协议中将其作为抵押物从而为需要购买的债券借入现金。虽然净现金流为零，但是投资者获得了债券的风险敞口。在一个买断式回购协议市场上，投资者可以在回购协议期内通过在第二个回购交易中接入等量债券并将其买断式卖出，从而绕开债券头寸。[①] 这就相当于创造了一个空头头寸，从而抵消了原有的多头头寸。然而，这在抵押性的回购协议市场上是不可能的，这是因为抵押物是不可以出售的。结果，那些使用抵押回购市场的投资者，相比那些在买断式回购市场中为头寸融资的相同投资者而言，在他们希望获得退出当前头寸位置的能力时，就会偏好为短期头寸借入资金。事实上，2015年，中国的抵押回购市场中的隔夜拆借回购和债券回购套利交易量一样，都有大幅度的增长（下面将会进行讨论）。

最后，抵押物不可以再抵押的性质，缩小了市场参与者从利率差异中获益的空间。这也许就可以部分地解释中国回购市场收益率曲线陡峭的斜率，尤其是隔夜回购利率与7天回购利率之间的利差非常之大（见图5）。在一个买

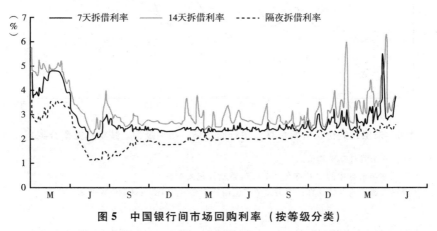

图5 中国银行间市场回购利率（按等级分类）

注：中国银行间同业拆借中心公布的固定回购利率，使用每个交易日上午的交易利率的总位数来计算。M = 3 月结束的季度，J = 6 月结束的季度；S = 9 月结束的季度，D = 12 月结束的季度。

资料来源：CEIC 数据库。

---

① 在大部分主要市场中，交易商可能会通过替换抵押物显示出债券头寸，或者他们也可能会使用开放式回购协议，在这样的协议中交易回合开始时并未制定第二回合开始的日期。但是，这些方法在银行同业拆借市场中是不可能的。

断式的回购市场中，市场参与者以 7 天利率借出现金，然后使用获得的抵押物以更低利率借入资金，从而充分地利用到了利率差异。但是在抵押式回购市场上，这些市场参与者需要出示他们自己的抵押物，从而增加了交易成本。

现金出借人

在历史上，中国的大型商业银行是银行间抵押回购协议市场上最主要的现金供应商（见图 6）。特别是大型国有商业银行占据了全部贷款份额的大部分。这反映了它们作为零售存款大型基地和相对保守的资产负债表管理的特征，从而导致了更多的资金可以出借到回购协议市场中。[①]

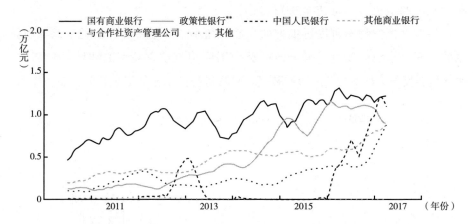

图 6　未偿回购协议贷款余额（银行间市场，担保抵押，按机构类型分类）*

注：*6 个月移动平均值。

**从来源数据中的"特殊会员单位"重新标记而来。

资料来源：笔者的计算；中央国债登记结算中心（CCDC）；CEIC 数据库。

与大型国有银行相比，中小型银行（图 6 中标记为"其他商业银行和合作社"）在回购协议市场上作为净借款人（下面会讨论），尽管他们也占有相当一部分的贷款份额。这些机构同时参与到市场中大规模的借入与借出

---

① 从中国国债登记结算中心（CCDC）提供的"国有商业银行"回购行动的数据不能在大型国有商业银行和小型"股份制银行"之间进行区分，但是来自中国人民银行（PBC）的国内银行体系资金来源与使用数据表明，四大国有商业银行在这类银行中占据了回购借出协议的大部分。

活动，就可能是贷款转借活动的信号，从而这些机构可以利用这些机会，以低于他们借出资金利率的方式借入资金。然而，这也可能反映了在这类银行机构群体中的差异性。

银行间回购市场中另一个显著的资金来源就是中国的一些政策性银行，它们的金融活动被记录在"特殊成员"类别中（Cruz et al.，2014）。政策性银行不仅在政府的基础设施和发展项目上作为融资渠道发挥了准财政的作用，而且也在整个金融体系中起到了非常重要的作用。在三个政策性银行中，国家开发银行（CDB）是回购市场中最为活跃的银行，其在抵押式回购协议市场上作为特殊成员的净贷款额，与国家开发银行资产负债表上的回购市场贷款记录密切相关。

自 2014 年年初以来，政策性银行在回购市场上的借出量就有了显著的增长，在两年的时间里增长了三倍，从而使得它们已经成为市场中具有系统重要性的参与者。最近一些年，政策性银行通过债券发行（政策性银行的传统融资来源）和央行的抵押补充贷款工具（2014 年启动，从而为政策性银行提供低成本融资和支持开发性借贷），提高了它们提供贷款的能力。很有可能的是，正是政策性银行在回购市场活跃程度的增加，从而使其成为国家主导推动下降低回购利率波动性的一部分（参考下面的"最新发展及其启示"）。

央行通过其公开市场操作在银行间抵押回购市场上发放的贷款，也在最近两年中迅猛增长。[①] 这反映，随着 2014 年以来央行外汇储备呈现下降的趋势，央行更加偏好通过更多地使用公开市场操作而非变动要求的准备金率来管理市场流动性条件。就像政策性银行那样，央行在回购市场中活跃程度的增加，很有可能是以降低回购利率波动性为目的。

资产管理公司将回购市场用作流动性管理。随着近些年来资产管理规模的逐年增长，它们也增加了借出份额。[②] 然而这些机构仅占未偿贷款余额的很小一部分，它们在银行间回购市场上的现金借出量相比它们借入量的规模小得多（下面将讨论）。

---

① 央行回购的借贷数据可以使用央行的公开市场操作数据计算得到。央行的借出或者借入不能通过其他金融机构的数据刻画，也不能通过加总的交易量或者余额数据来反映。

② 从本章研究目的出发，我们将所有记录的机构一起分组为：基金机构、保险机构、证券公司和非银行金融机构等作为资产管理公司。

现金借入方

小型银行（图 7 中的"其他商业银行与合作社"）和资产管理公司在银行间抵押回购市场中占据了借入方的绝大部分比重，其中小型银行的未偿贷款约占一半。相比大型国有商业银行，这些银行的零售存款基数较小，但最近一些年它们的资产负债表规模在不断地扩张，结果导致了对批发融资如回购协议等的更强依赖（澳洲联储银行，2016）。

近些年来，资产管理公司不断增加它们在银行间抵押回购市场中的借入量，并在市场全部未偿贷款中占很大的比重。这种增长与这些基金所管理资产规模的急剧扩张有关，部分地反映出某些类型的资产管理公司一般比银行的活动面临着更少的监管。资产管理公司很有可能在最近几年中增加其借入资金的规模，从而参与到债券套利交易中（下面将讨论）。

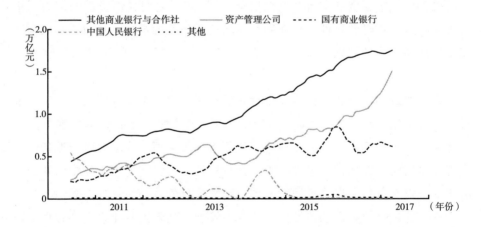

图 7　回购协议未偿贷款余额（银行间市场，担保抵押，按机构类型分类）*

注：*6 个月的移动均值

资料来源：笔者的计算；中央国债登记结算中心（CCDC）；CEIC 数据库。

图 7 中"国有商业银行"分类下的金融机构借贷，刻画了股份制银行（与作为市场主要资金供应商的大型国有商业银行相比，这些机构的规模更小）的借入量和大型国有商业银行用于转贷的借入量。银行间回购协议利

率将同时基于所提供抵押物的质量和借款人的信誉而有所差异（Shevlin 和 Chang，2015）。^① 大型国有商业银行被认为具有最高的信用质量，从而资金借入的利率低于那些小型银行，而那些资产管理公司借入资金的利率要高于小型银行。评级更高的机构如国有商业银行可以利用它们的信用优势，以相对较低的利率借入资金然后以较高的利率转贷给小型（信誉更低的）金融机构从而获取利润。图 8 显示了按照机构类型分组的抵押回购市场净贷款余额，其中忽略了转贷活动和组内金融机构的差异，从而显示了资金的最终供给方和使用方。在净余额的意义上，政策性银行和中国人民银行相比国有商业银行，是最大的资金供应商，而小型银行和资产管理公司是净借入方。

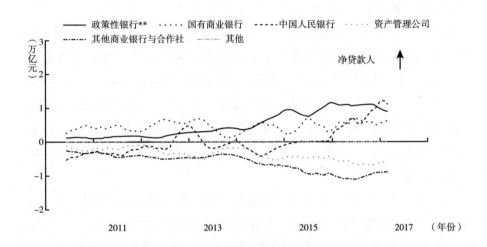

图 8　未偿回购贷款净额（银行间市场，担保抵押，按机构类型分类）*

注：*6 个月移动平均值。

** 从来源数据中的"特殊会员单位"重新标记而来。

资料来源：笔者的计算；中央国债登记结算中心（CCDC）；CEIC 数据库。

----

① 在其他条件不变的情况下，借款人的信用质量在抵押回购体系中显得更为重要。在一定程度上，贷款人很难在一个违约事件中要求获得抵押物。我们意识到中国银行间回购市场报告的唯一一起违约事件，涉及 2017 年 3 月的一起规模低于 5000 万元（约合 700 万美元）的隔夜拆借违约。但是这一报告的违约尚未得到官方的证实。

最新发展及其启示

回购利率波动性的下降

2015 年中国回购利率的波动性有了显著下降并且自那以后保持着较低的波动水平，尽管自 2016 年下半年以来有所增加（下面将讨论，见图 9）。导致波动性更低的一个因素就是 2015 年 9 月所引入的资本充足率均值（IMF，2016）。[1] 然而，随着政策性银行和央行越来越多地参与到回购协议市场，这就意味着中国抑制回购利率波动的宏大目标。一篇与中国人民银行研究局首席经济学家合著的工作论文支持了这一论点。特别地，它强调将货币政策从目前的方法（关注数量性贷款目标、"窗口指导"以及对存贷款基准利率的中央指导）转换到利率缓冲方法，并改善短期利率（尤其是 7 天回购利率）向经济中其他利率的传导机制（Ma et al.，2016）。不仅如此，2017 年 2 月的一篇来自中国人民银行行长助理张晓慧的署名文章也重申了这些目标。文章说，从短期利率（尤其是 7 天回购利率和央行中长期贷款利率）向债券利率和银行贷款利率的传导机制明显改善了（Zhang，2017）。[2]

政策性银行从 2014 年年初以来增加了它们在抵押回购市场上的贷款量，使得它们的未偿贷款份额从 20% 上升到 2015 年年初的接近 40%。2016 年年初，随着中国人民银行增加了其他回购市场中的参与度，政策性银行和央行的贷款份额进一步增长（见图 10）。与此同时，中国人民银行开始更加主动地管理流动性，扩大了市场流动性注入和退出的规模，并从双周公开市场转移到每日的公开市场操作（见图 11）。同其他央行一样，这就使得中国人民银行更加有效地缓冲流动性条件的短期波动——例如，大规模税收支付和现金的季节性需求导致的短期波动。

---

① 该规则变动允许银行在某特定报告日期的资本金率比央行要求的资本金率低 1%，只要其在审查期内的资本金率均值符合要求。

② 众多市场分析师也讨论了这种向利率缓冲体系的转变，同时国际货币基金组织（IMF，2016）强调了这一转变并鼓励其在最新的转变中取得进一步的进展。

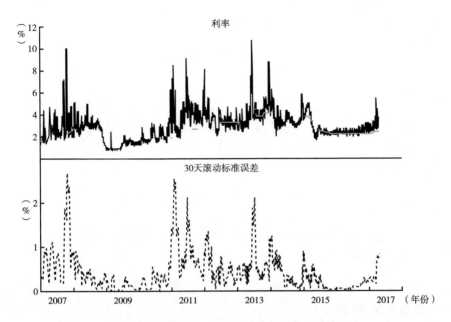

图9 中国回购利率（7天固定回购利率，日数据）

注：小点表示央行在回购市场上的 7 天公开市场操作利率（2012 年之前）和 7 天逆回购利率（2012 年之后）

资料来源：笔者的计算；CEIC 数据库。

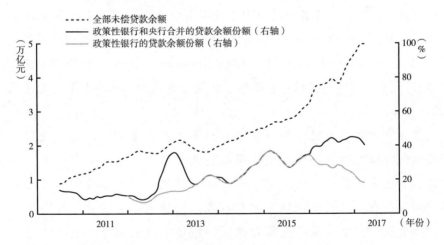

图10 政策性银行与央行的回购市场贷款余额（银行间市场，担保抵押）*

注：*6 个月移动平均。

资料来源：笔者的计算；中央国债登记结算公司；CEIC 数据库。

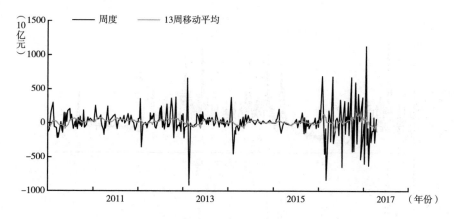

图11 央行的流动性注入和退出（公开市场操作，净值）

资料来源：彭博社。

债券套利交易

回购利率波动性的结构性下降导致了短期回购协议与长期债券之间存在持久的利差。这种利差有助于债券的"套利交易"——这是一个杠杆性的债券投资，其中投资者获得了更高的长期利率，但是只需要支付较低的短期利率（这就是说，投资者通过回购市场购买债券然后将其抵押换取现金）。众多报告显示，回购利率的低水平和低波动性确实导致了杠杆性债券投资的增加（例如参考：彭博新闻，2016；Dongming，2016；新华财经频道，2016），同时中国人民银行评论指出，相关金融机构面临着期限错配的风险（Zhang，2017）。

在投资者通过短期回购协议投资长期债券的案例中，交易受限于再融资风险。这是因为基于此交易赚得的利差会随着回购利率的上升而消失甚至为负。套利交易还受限于资本损失的风险，因为投资者几乎很少通过回购持有一项长期债券直到其到期。这种风险会通过该投资的杠杆本质而放大，其结果就是投资者在回购市场的融资头寸对债券收益率的变动高度敏感。

隔夜拆借和长期债券之间的利差是最大同时也是最持久的（见图12）。这很有可能导致了2015年年初的隔夜回购交易的大幅度增长，以及小型银行与资产管理公司在回购协议市场上借入资金规模的增长（见图13）。在投资这一侧，使用买卖价差度量的流动性与此同时在显著增长，从而套利交易在一个偏低和稳健的利率环境下增加了债券交易量。然而，尽管套利交易在一定程度上支撑了债券市场的流动性，但是当利率上升时它的交易量也会很快下降。2016 年 12 月对应的季度为这一原理提供了一些证据，当时随着回购市场波动性和债券回报率的增加，买卖价差拉大。此外，杠杆债券投资的增长提高了债券市场对回购利率的敏感性。例如，在 2013 年，回购利率的大幅增加对于债券市场影响不大，但是其后在 2016 年回购利率水平和波动性的相对较小幅度的上升，都会导致收益率的显著上调。

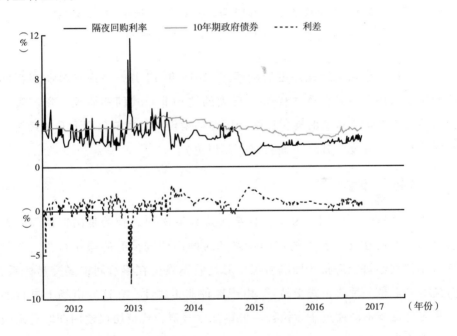

图 12　债券利率与回购利率（日度，新发行的债券）

资料来源：彭博社。

2016 年下半年的回购利率水平和波动性的部分上升反映了这段时期内资产管理公司增加了它们借入资金的份额（同时还有中国人民银行流动性操作的转变，下面将讨论）。一般而言，资产管理公司很可能比银行以更高的利率借入资金，所以这类机构在交易量中的份额上升就会导致平均回购利率的上升，以及在一定程度上产生更高的波动性，因为这些机构可以借款的

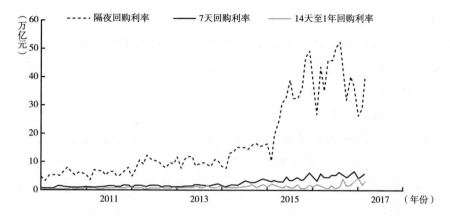

图 13　回购市场交易量（银行间市场，月度，担保抵押，按等级分类）

资料来源：笔者的计算；CEIC 数据库；全国银行同业拆借中心。

利率对于信贷市场风险偏好更加敏感。[1] 2016 年 12 月，考虑到某些银行间回购协议市场参与者存在"代持"行为的这种非正式回购协议，资产管理公司被要求在借入资金时支付比银行更高的溢价并且数值急剧上升，最终导致回购利率大幅度上升（下面将进一步讨论）。

"代持"市场

代持（这个可以翻译为"代替某人持有某物"），指的是出售债券以换取现金，然后在交易初期约定的价格和时间内回购债券的操作行为。"代持"协议在经济上等价于回购协议，但是它不发生在银行间市场交易体系，而且本质上是一种非正式交易。[2] 由于这种非正式性，在这一市场上进行的一些交易可能不同通过法律执行——例如据报道，代持协议使用即时通讯服务达成协议。

还有其他一些原因，使得市场参与者可能选择在代持市场而非正式的银

---

[1]　资产管理公司被认为是具有较高的信贷风险，从而很有可能比银行支付更高的利率（Shevlin 和 Chang，2015）。从 chinamoney. com. cn/english（中国外汇交易系统网站，这个网站处理是银行间回购交易数据）上检索到《抵押回购月度公报》的数据显示，其他金融机构的平均回购利率总是比任何一家中国的银行要高（尽管这并不能表明不同金融机构在回购资金利率条件上存在潜在差异）。

[2]　关于代持市场的信息，基于 Dong（2016）；Moriyasu（2016）；BIS（2017）；Hong（2017）；Long（2017）。

行间市场开展交易。代持交易可用于在贷款期内从资产负债表上转移资产，从而规避对杠杆的监管控制。代持同时也允许抵押物的再抵押，从而相比抵押回购具有更大的灵活性和杠杆率。

尽管关于这一非正规市场几乎没有可得的数据，但这种操作却是被广泛报道的。中央国债登记结算中心（CCDC）的主席估计，代持协议的未偿贷款额度可能高达 12 万亿元人民币（1.7 万亿美元），从而其体量相当于银行间回购市场的 2 倍大（Dong，2016；Hong，2017）。在不知所使用抵押物类型、合约可执行性以及所涉及机构信誉的情况下，很难评估这一活动所涉及的风险。然而，代持市场的非正规性表明，这一风险要显著高于正式回购市场的风险。不仅如此，正式回购市场和非正式回购市场的参与者之间很有可能存在一定程度的交叉，结果使得体现在代持市场的风险可能会溢出到银行间市场甚至交易所市场。

例如，在 2016 年 12 月中期，国海证券宣布其两名前任董事伪造了 165 亿元（24 亿美元）的代持合约与其他金融机构进行交易。国海证券的公告消除了该企业是否会回购涉嫌到欺诈交易债券的疑问，彼时相当于市值损失 10 亿元（1.45 亿美元）左右，约占该企业股东权益的 7%。

这一公告导致了利率市场的大幅波动。在正式的回购市场上，现金出借人不再愿意为非银行金融机构提供资金，从而使得这些机构支付的利率与银行支付的利率之间的利差大幅度上升。[①] 债券市场上，收益率显著上升而且买卖利差进一步拉大。[②] 不过，这种错位是短暂的，因为据报道，中国证券监督管理委员会已经介入此事的解决，而中国的大型银行通过"X—回购"的方式增加它们在回购市场上的资金供应量。"X—回购"是中国人民银行于 2015 年启动的一项回购工具，它要求在满足标准化的抵押品和折扣要求下，对银行间回购市场的贷款人和借款人实施匿名匹配。"X—回购"的方式为非银行金融机构获得了借入资金的融资条件，而在传统的回购市场上，这些机构因为代持市场向银行间市场的信贷焦虑溢出效应，无法获得融资机会。

---

① 所有类型金融机构借贷的 7 天回购协议与吸收存款的金融机构借贷的 7 天回购协议之间的利率差异，在 12 月底扩大到了 100 个基点，而通常这一利差只有 20～30 个基点。

② 中国政府债券期货的交易也暂停了，成交量下降到日度极限低值。

中国人民银行公开市场操作条件的延伸

杠杆性债券回购的使用增加以及非正式回购市场，都加剧了中国金融系统的风险。为了对这些风险做出明确回应，2016 年 8 月，中国人民银行开始在其 14 天公开市场操作和 28 天公开市场操作的基础上，推出了标准化的 7 天公开市场操作业务。尽管在这一时期没有对这一操作方法改变提供官方评论，但是有许多研究报告（例如，Reuters，2016）分析，中国人民银行试图通过鼓励减少使用隔夜拆借协议和增加使用长期拆借回购协议，从而降低债券购买的杠杆率。

2017 年 2 月，中国人民银行行长助理张晓慧指出，中国人民银行公开市场在操作方面所发生的转变对于缓和金融机构期限错配和流动性风险具有实际的效果（Zhang，2017）。回购市场交易量在这些变化之后明显下降，从而使得一些债券套利交易的投资者可能因回购利率水平与波动性的增加而望而却步。

结 论

中国的回购市场在近些年来飞速扩张。这与中国金融市场的广阔发展相一致，并且为金融市场参与者提供了有效管理短期资产与负债所需的参与深度与流动性。不仅如此，中国人民银行还认为，回购市场的发展将进一步支持未来以短期利率为调控目标的货币政策框架。然而，如同其他金融市场一样，短期融资市场的扩张也可能增加金融系统的稳定性风险，特别是在这些市场本质上是非正式市场的时候。这些风险看起来随着中国回购市场的发展在不断上升，而政策环境正是对这些风险做出的响应。

参考文献

Bank for International Settlements (BIS) (2017), *BIS Quarterly Review*, March 2017, Basel: BIS. Available at from: bis.org/publ/qtrpdf/r_qt1703.htm.

Bloomberg News (2016), China's $1 trillion bond leverage unwinds as Pimco senses panic, *Bloomberg.com*, 28 April. Available from: bloomberg.com/news/articles/2016-04-27/china-s-1-trillion-bond-leverage-unwinds-as-pimco-senses-panic.

Bloomberg News (2017), PBOC said to inject funds after missed interbank payments, *Bloomberg.com*, 21 March. Available from: bloomberg.com/news/articles/2017-03-21/pboc-said-to-inject-liquidity-after-interbank-payments-missed-j0jejifd.

Cruz, P. C., Gao, Y. and Song, L. L. (2014), *The People's Republic of China's financial markets: Are they deep and liquid enough for renminbi internationalization?* ADBI Working Paper Series 477, Asian Development Bank Institute, Tokyo.

Dong, J. (2016), Scale of dai chi market estimated at RMB12 trillion, changes proposed to improve repo market , *Caixin.com*, 27 December. Available from: finance.caixin.com/2016-12-27/101030995.html.

Dong, T. X. (2016), *The cause of the current bond market turmoil?* OCBC China Insights, 19 December, Overseas-Chinese Banking Corporation, Singapore. Available from: ocbc.com/assets/pdf/regional%20focus/china/china%20insights/2016/china%20insights%2019122016.pdf.

Hong, S. (2017), Behind China's bond selloff, a risky twist on the repo trade, *The Wall Street Journal*, 17 January. Available from: wsj.com/articles/behind-chinas-bond-selloff-a-risky-twist-on-the-repo-trade-1484654059.

International Monetary Fund (IMF) (2016), *The People's Republic of China: Selected issues*, IMF Country Report No. 16/271, International Monetary Fund, Washington, DC.

Long, C. (2017), Dodging a bullet in the interbank market, *Gavekal Dragonomics*, 19 January. Available from: research.gavekal.com/search-result?search=&fr=&to=&au=11781&selectItemau=11781&sort=date.

Ma, J., Hong, H., Jia, Y., Zhang, S., Yin, L. H. and An, G. (2016), *The role of yield curves in monetary policy transmission*, PBC Working Paper No. 2016/1, People's Bank of China, Beijing.

Moriyasu, K. (2016), China bonds the latest bubble to pop, *Nikkei Asian Review*, 22 December. Available from: asia.nikkei.com/Markets/Capital-Markets/China-bonds-the-latest-bubble-to-pop?page=1.

Reserve Bank of Australia (RBA) (2016), Box A: Recent growth of small and medium-sized Chinese banks, *Financial Stability Review* (October): 14–16. Available from: rba.gov.au/publications/fsr/2016/oct/.

Reuters (2016), China central bank urges banks to spread out tenors of loans: Sources, *Reuters.com*, 25 August. Available from: reuters.com/article/us-china-economy-centralbank-liquidity-idUSKCN110065?il=0.

Shevlin, A. and Chang, A. (2015), China's repo markets, *JP Morgan Liquidity Insights*. Available from: am.jpmorgan.com/au/en/asset-management/gim/liq/liquidity-insights/chinas-repo-markets.

Xinhua Finance Agency (2016), Regulators survey risk of RMB5 trln leverage fund in bond market, *Xinhua Finance*, 21 April. Available from: en.xfafinance.com/html/In_depth/2016/216356.shtml.

Zhang, X. (2017), Review and prospect of monetary policy, *China Finance 2017*, No. 3, 3 February. Available from: business.sohu.com/20170203/n479832292.shtml.

贸易与投资中的技术

中国在全球生产网络中的角色演进：
特朗普贸易战的启示

〔澳〕普雷玛－钱德拉·阿杜克拉拉

（Prema-chandra Athukorala）[*]

引　言

那些研究中国崛起为出口大国的早期文献，将中国出口产品组成由标准的劳动力密集型产品向全球生产网络内"高技术产品"的转变解释为中国正成为先进技术大国的信号。根据预测，人们已经感知到的中国出口篮子构成的复杂性，已经飞快地接近那些最先进工业国家的水平（Lall 和 Albaladejo，2004；Rodrik，2006；Yusuf et al.，2007）。中国这种举世瞩目的出口实力和以中国为中心的生产网路区域内贸易的迅猛发展，导致有观点认为，中国正摆脱对传统市场经济体发展前景的依赖成为一个自给自足的经济实体，而且还有潜力维持蓬勃发展。

然而，后续一些研究通过考虑全球生产网络内的国际联系，挑战了这一观点（Bergsten et al.，2006；Schott，2008；Athukorala，2009；Roach，2014；Yao，2009；Athukorala 和 Kohpaiboon，2012）。这些研究阐述的是，有关中国在全球经济一体化的解释忽视了这样的事实，即中国主要集中在以东亚为中心的全球高科技产业生产网络的最后组装阶段。尽管东亚经济体已

---

* 笔者感谢 Arianto Patunru 对本章早期版本提出的有价值的评论意见。

经成为在中国所装配零部件的主要供应来源，但大部分最终产品还是销往了本地区以外的市场。这就是说，声称中国和东亚经济正在与世界经济脱钩还言之尚早。

本章通过将研究时间跨度扩展到最近的若干年，从而重新审视这场辩论。文章的分析目的，来源于最近有许多文献研究了中国在全球生产份额中比重越来越大的问题。有来自企业层面的研究表明，那些在中国从事最终产品组装的企业开始从国内的渠道获得投入要素（Upward et al.，2013；Yang 和 Hayakawa，2015；Yang 和 Tsou，2015；Kang 和 Shen，2016；Kee 和 Tang，2016；Kong 和 Kneller，2016）。根据这些研究，中国的工业深化过程得益于外国厂商选址于中国，支撑了中国境内最终产品组装活动的快速扩张。还有证据表明，由于在中国当地投资企业的迅速扩张，并且其中一些还成为全球生产活动的重要参与者，使得外资企业（FIEs）在其国内制造业中所占的份额明显下降（Lardy，2014）。与所有制结构转变紧密联系的，是中国企业表现出的纯模仿战略向自主创新战略转变的信号（Wei et al.，2017；Yip 和 McKern，2016）。据猜测，这些结构转型导致了更大程度的国内采购倾向；然而目前还没有研究试图检验，国内制造业转型是否已开始转变着中国参与全球贸易网的模式。填补这项知识的空白，对于加深理解中国参与全球经济的过程有着重要意义。

美国总统唐纳德·特朗普在阐述中美关系和世界经济时，宣布将实施"贸易战"。清楚理解中国当前新兴的贸易模式，将在很大程度上与有关"贸易战"启示的争论紧密联系。最新的贸易模式研究预测，如果将特朗普提出的关税税率提至 45% 并付诸实施，将导致中国对美出口下降 73%（Guo et al.，2017）。在对一些中国专家采访的基础上，Wu（2017）报告的非官方数据表明，出口确实可能存在类似的收缩趋势。这些预测都是建立在货物贸易从始至终一定发生在某个国家内部（横向专业化分工）的传统观念之上。

然而，这些预测的有效性应该受到质疑，因为"全球生产分享"是将生产过程拆分为若干个独立的活动，然后分配到不同国家，这已成为全球贸易和中国的全球经济一体化进程的主要推动力。全球生产分享驱动的现代国际贸易创造了不同国家的相依关系，这是在原有水平专业化分工贸易模式不能捕捉到的特点。一个国家出口的产品通常使用进口零部件来生产，而它进口的产品通常有助于扩大国内生产量，并间接地引致本国的出口。关于生产和贸易之间这种错综复杂的互补关系，无论是对于特朗普总统能否实施惩罚性关税，还是对贸易保护主义威胁成为现实产生的经济影响，都具有直接的启示。

本章其他部分结构如下。下一节概述了中国成为全球出口大国的发展过程。第三节分析了中国致力于全球生产分工的兴起模式，同时聚焦其商品构成的变化和贸易地理概况。第四节，在特朗普办公室提出惩罚性关税并引发有关政策含义争论的背景下，检验了中国在全球生产网络中的发展模式对中美贸易关系的启示。最后一节总结主要发现并给出政策建议。

全球生产网络中的中国

中国作为一个贸易大国的崛起，应该是二战后最重大的进展之一，其影响甚至超越了德国和日本令人惊叹的崛起程度。中国的商品出口，从 1978 年拉开市场化帷幕的 80 亿美元（约占全球出口的 1%），上升到 2000 年的 4080 亿美元（约占全球出口的 7.7%），及 2015 年的 2 万亿美元（约占全球出口的 14.1%）。① 在 2004 年，中国超越日本成为世界上第三大出口国，紧随美国和德国之后。然后再经过三年以后，它已经成为第二大出口国，超过了美国。从 2009 年开始，中国就已经是世界上最大的出口国。中国的出口份额占国内生产总值的比重目前已经达到 33%，相比之下，其他主要经济体例如美国、印度和巴西等的平均份额为 10%（世界银行历年数据）。

中国这种"超常"的出口扩张，受到其出口商品组成结构急剧转变的影响，从初级产品的出口转向工业制成品的出口。中国全部出口商品中，制造业产品的份额在 1970 年代不到 40%，而在 1990 年代末期以后，这一份额已经超过了 90%，相比而言全球出口平均水平为 70%。1990 ~ 2015 年，中国已经出口了全球制造业产品出口总额的一半还多。在这一时期，国内制造业与全球生产网络的整合已经成为中国崛起为一个出口大国的主要推动力。

在组织结构的意义上，生产网络主要采取两种形式：买方驱动的生产网

---

① 本章所报告的数据均以美元现价计算，除非特殊说明，数据都来自于联合国商品贸易统计数据库（comtrade. un. org/）。

络和生产者驱动的生产网络。[①] 直到 1990 年代初，中国制造业产品出口的扩张主要还是发生在买方驱动的生产网络内。这一时期中国的出口组成仍然主要集中在传统的劳动密集型制造业产品例如服饰、鞋子、玩具和体育用品等。香港的制造业企业将他们的厂址选择中国大陆新成立的经济特区（SEZ），从而在将中国与这些生产网络联系起来过程中，发挥了纽带作用（Song 和 Sung，1995；Roach，2014）。

自此以后，中国的出口组成开始发生明显的转型，从传统的劳动密集型产品向生产者驱动生产网络内部的组装产品转变——特别是那些门类众多的机械与运输设备中。经过若干年以后，中国在全球机械设备领域的增长速度已经超过了传统劳动密集型的制造业。这种出口扩张得益于跨国公司（MNEs）大举进军中国设立组装工厂。中国制造业出口中跨国企业子公司的份额已经从 1990 年代初的 10% 上升到 2010 年的 60%（Lardy，2014）。

将一个发展中国家成功地与全球生产网络相联系，要求政策改革能够创造一个有利于出口导向的经济环境。然而，将经济范围的改革与吸引跨国公司建设生产基地而制定专门的公共政策相结合是一件至关重要的事情，在生产者驱动网络中的生产分工情形下尤其如此。

中国一跃而成全球最大组装中心的主要推动力包括：其相对廉价、可供训练劳动力的充分供给，贸易自由化，通过设立经济特区已实现贸易相关的基础设施供给。在劳动力供给层面，中国在监管工人方面有特殊的优势从而弥补了大量非熟练技能工人的不足。在生产网络内的组装流程，相比传统的劳动力密集型制造业，要求大量的中层监管工人（以及可以获得大量可供

---

① 购买者驱动的生产网络在技术扩散的消费品工业中非常常见（例如服装、鞋类、旅行用品和玩具等）。在这一网络中的"核心企业"是国际购买者（例如沃尔玛、玛莎百货和海恩斯—莫里斯（H&M）连锁等大型零售巨头），而生产共享大多是通过正常的合作关系来实现的，其中全球供应商（价值链中介）在将生产者和核心企业联系起来的过程中，起到了重要的作用。生产者驱动网络在全球垂直一体化产业中常见，例如电子器件、电器产品和汽车等。在这些网络中，核心企业是跨国制造业企业（例如英特尔、摩托罗拉、苹果和三星）而生产分享主要通过核心企业的全球分支机构和/或已签订合约的制造商保持的紧密合作关系来实现。于是，在这个网络中贸易和外商直接投资（FDI）之间保持了非常紧密的联系。为了对这两类生产网络的差异做一个分析性的区分，可以参考 Gereffi（1999）。

培训的低成本非熟练工人）。① 在全球生产分享的背景下，发达国家普遍将价值链中低技能密集型的生产环节，向发展中国家转移；然而，这些低技能活动可能比发展中国家原有的最具有技能密集型的活动，更具有技能密集型的特征（Feenstra，2010）。

除这些因素以外，冷战②结束后"国家风险"的显著下降以及中国于2001 年加入世界贸易组织（WTO），对以中国为中心的生产网络顺利运转提供了有利条件。无论是设立子公司还是与当地企业建立合作关系，国家风险是一个企业将其生产流程外包到另一个国家的关键因素。这是因为在海外某个地区的供应中断将可能会破坏整个生产环节，而且也不可能通过签订完备合约的方式来完全抵消这些风险（Spencer，2005；Helpman，2006）。

贸易模式

为了研究跨国生产网络中的贸易规模和贸易模式，很有必要将报告的标准（基于海关记录的）贸易数据中全球生产网络中的零部件贸易（以下简称配件）与最终（组装）产品贸易区分开来。附录 1 中描述了数据收集方法。在下面的讨论中，"全球生产网络（GPN）产品"指的是配件产品与组装产品的总和。

来自中国的 GPN 产品出口，从 1992 ~ 1993 年的 470 亿美元上升到 2014 ~ 2015 年的 1.5 万亿美元，③ 此时这些产品已经占到中国全部制造业产品出口的 70% 以上。这一时期，在 GPN 产品内，组装产品比配件产品占有更大的份额。这一贸易模式反映了中国在全球生产网络组装产品中心的绝对地位。

---

① 参考 Isaacson（2011）中史蒂夫·乔布斯与美国前总统巴拉克·奥巴马关于苹果在中国设立总装工厂的讨论：在那一时期，苹果公司在中国雇用了 70 万名中国工人，而且这也就是为什么需要 3 万名工程师来监督这些工人的原因。但如果你可以培养出这些工程师，他会说，我们可以将更多的制造工厂搬至这里。

② 冷战时期的国家风险考虑被认为是美国电子工业跨国企业在它们海外运作的初始阶段（1960 ~ 1970 年代）倾向于选择新加坡（其后是马来西亚、泰国和菲律宾）来建立总装工厂，反而绕过了韩国、中国台湾和香港（特别是香港，这一地区几乎完全遵循了放任自流的经济政策）等这些对它们来说更为熟悉的国家和地区（Athukorala 和 Kohpaiboon，2014）。

③ 为了减小随机冲击和测量误差的影响，本章在做跨期比较时全部使用了两年平均的数据来显示。

然而配件产品也在 GPN 产品占据很大一部分，而且比重在近些年逐渐上升，反映了国内生产基地的不断深化。具体详见图 1。

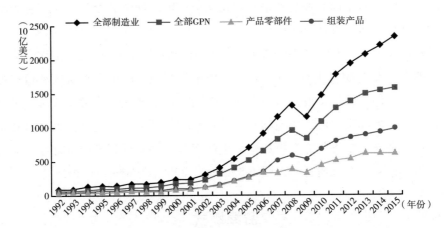

图 1　中国的制造业出口：1992～2015 年

资料来源：数据从联合国商品贸易统计数据库收集而来（comtrade. un. org）。

从 1990 年代初开始，中国在全球生产网络中的比重一直要高于其在全球制造业产品出口中的比重，而且在 2005 年后两者的差距已经非常明显。2014～2015 年，中国在世界的全球生产网络中所占的比重为 27%，相比之下其在全球制造业产品出口中的比重为 18%（见图 2）。无论组装产品还是配件产品，都要显著高于其在全球出口中所占的份额。

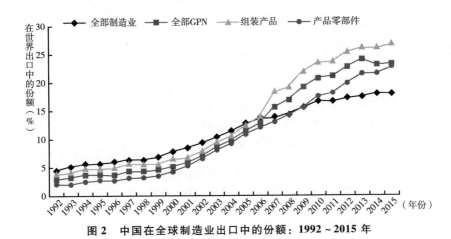

图 2　中国在全球制造业出口中的份额：1992～2015 年

资料来源：数据从联合国商品贸易统计数据库收集而来（comtrade. un. org）。

产品组成

在生产者驱动的生产网络中，中国出口产品在全部 GPN 产品中的份额，已经从 2000 ~ 2001 年的 52.1% 上升到 2014 ~ 2015 年的 74.2%（见图 3、表 1）。信息技术产品（自动数据处理设备、电信和录音设备以及电力机械）是这类产品中的主要出口产品。2014 ~ 2015 年，这类产品占全部全球生产网络出口的比重达到 45% 以上。

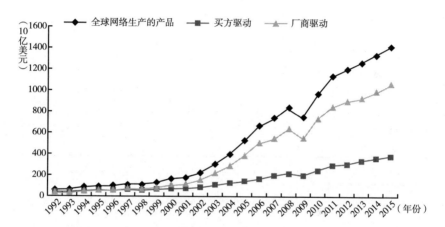

图 3   中国的厂商驱动、买方驱动与全球网络生产的出口：1992 ~ 2015 年

资料来源：数据从联合国商品贸易统计数据库收集而来（comtrade. un. org）。

表 1   中国在全球网络贸易中的出口商品组成：
2000 ~ 2001 年，2014 ~ 2015 年[①]

单位：%

产品[②]	零部件产品		最后组装产品		全部全球网络产品	
	2000 ~ 2001 年	2014 ~ 2015 年	2000 ~ 2001 年	2014 ~ 2015 年	2000 ~ 2001 年	2014 ~ 2015 年
(a)厂商驱动网络中的出口	72.0	85.3	34.8	64.5	52.1	74.2
化学品(5)	0.3	0.7	—	—	0.1	0.3
发电机(71)	4.05	5.6	0.25	0.5	1.65	2.7
特种工业机器(72)	1.15	2.0	0.8	3.7	1.6	3.0
金属加工机器(73)	0.3	0.4	0.6	0.7	0.5	0.6
一般工业机械(74)	4.35	8.1	1.8	7.2	3.95	7.6

产品[②]	零部件产品		最后组装产品		全部全球网络产品	
	2000 ~ 2001 年	2014 ~ 2015 年	2000 ~ 2001 年	2014 ~ 2015 年	2000 ~ 2001 年	2014 ~ 2015 年
自动数据处理设备(75)	18.0	14.9	5.7	15.9	12.1	15.7
电信和录音设备(76)	18.7	22.3	6.1	8.7	13.9	14.6
电力机械(77)	18.8	22.0	6.75	10.1	11.5	16.2
公路车辆(78)	2.8	6.1	3.8	4.6	3.45	5.3
其他运输设备(79)	0.5	0.4	2	4.1	1.4	2.5
专业和科学仪器(87)	0.5	1.2	3.4	7.2	2.1	4.6
摄影设备(88)	1.65	0.8	3.3	1.9	2.7	1.4
(b)买方驱动网络中的出口	27.95	14.7	65.2	35.5	47.9	25.2
纺织品(656 - 657)	28.15	14.2	0	—	10.1	5.9
服装与服装配饰(84)	0.25	0.5	40.7	24.4	28.1	13.1
鞋类(85)	—	—	10.75	7.3	6.9	4.1
旅游用品(83)	—	—	3.8	3.8	2.4	2.1
总计(a+b)	100	100	100	100	100	100

注：①两年均值；②括号中显示的是标准国际贸易分类（SITC）中的商品编码。
—为零或可以忽略不计。
资料来源：数据从联合国商品贸易统计数据库收集而来（comtrade.un.org）。

产品组成从购买者驱动网络化产品向生产者驱动网络化产品的转型，反映的似乎是国内生产基地的扩大，而非中国正失去购买者驱动网络产品的国际竞争力。正如表 2 所示，在两位国际贸易标准分类编码的层面上，中国绝大部分产品的全球出口份额在这一时期持续上升，尽管人们已经认识到中国国际竞争力的下降归因于不断上涨的国内工资水平。然而有趣的是，购买者驱动的产品出口在世界市场的份额在大幅上升，尽管这些产品被认为更加具有劳动密集型特征。中国这类产品占世界市场的份额，从 2000 ~ 2001 年的 30.9% 上升到 2014 ~ 2015 年的 49.2%。在这期间，中国鞋类和旅行用品产品的世界市场份额，从 21.9% 上升到 40.5%。在生产者驱动的出口中，自动数据处理设备（SITC75）、电信和录音设备（SITC76）展示了最快的全球市场渗透率：2014 ~ 2015 年，在这些产品的全球出口中，中国的世界市场份额分别是 49.2% 和 36.1%。有趣的是，在生产者驱动的生产网络中，无论是配件还是组装产品，中国的世界市场份额都得到了提升，这反映了中国在全球生产网络中的牢固地位。

表 2 中国在全球网络贸易中的份额：2000～2001 年，2014～2015 年①

单位：%

产品②	零部件产品		最后组装产品		全部全球网络产品	
	2000～ 2001 年	2014～ 2015 年	2000～ 2001 年	2014～ 2015 年	2000～ 2001 年	2014～ 2015 年
(a)厂商驱动网络中的出口	5.85	17.8	13.65	16.2	3.7	11.5
化学品(5)	1.8	12.1	—	—	1.8	11.9
发电机(71)	2.25	9.1	6.0	8.5	1.15	4.8
特种工业机器(72)	2.0	8.4	6.0	9.7	1.6	7.2
金属加工机器(73)	2.4	9.1	6.15	8.1	1.75	6.5
一般工业机械(74)	3.8	13.4	10.8	16.3	2.8	9.8
自动数据处理设备(75)	11.1	29.9	39.8	71.3	7.7	49.28
电信和录音设备(76)	12.5	46.3	37.3	35.4	8.3	36.1
电力机械(77)	5.0	19.2	18.8	30.6	3.35	12.9
公路车辆(78)	2.1	8.6	5.35	3.7	1.2	4.0
其他运输设备(79)	1.2	2.9	3.3	11.1	1.6	7.5
专业和科学仪器(87)	2.3	10.5	10.1	16.1	3.9	13.3
摄影设备(88)	9.5	18.5	12.8	13.3	5.5	12
(b)买方驱动网络中的出口	12.9	32.1	33.8	46.2	19.7	39.6
纺织品(656 - 657)	13.6	34.5	17.3	—	13.6	34.8
服装与服装配饰(84)	—	—		48.1	30.9	49.2
鞋类(85)	8.7	20.6	25.6	42.6	21.9	40.5
旅行用品(83)	0	0	16.5	41.8	23.7	41.6
总计(a+b)	6.5	22.4	16.7	27.6	5.1	17.6

注：①两年均值；②括号中显示的是标准国际贸易分类（SITC）中的商品编码。
—为零或可以忽略不计。
资料来源：数据从联合国商品贸易统计数据库收集而来（comtrade. un. org）。

对于中国制造业产品出口向全球市场跨国渗透的增加，至少有四种可能的解释。第一，尽管国内平均工资水平有了显著提升，但是中国的制造业工资水平仍然要远低于美国和那些成熟的工业化经济体（见表3）。例如，在 2014 年，中国制造业工人的平均工资水平只有美国和大多数发达国家的五分之一。即使在其他因素不变的条件下（下面将讨论），这种"国际化"的工资差距可能是中国作为生产网络内选址考虑吸引力的显著决定因素。第二，中国内陆省份和厂商中的劳动力市场依然比较萧条，从而跨国公司可以选择将生产流程配置在国内，以对沿海省份劳动力稀缺和工资上升做出回应。位于工业中心的大企业依然可以选择使用转包协议的方式，从而以乡镇企业（TVEs）作为对工资上升的一种回应（Athukorala 和 We，2017）。第三，因为贸易与投资政策的改革以及更重要的贸易相关基础设施供给的改善，使得服务联系成本的下降抵消了劳动力成本上升的影响。第四，如前所述，中国具有许多国际无法企及的劳动力优势（非技能型劳动力和监管人才），而这些优势正是全球生产网络内大规模组装操作所需要的。

生产份额的深化

正如本章开头提及，目前有一些零散的证据表明中国的制造业基地在过去一些年中不断深化，其在全球生产网络中的配件在国内生产的比重也在加大。在中国的贸易数据中，是否反映出这种结构随时间发生变化的显著影响呢？

本文收集的两个数据揭示了这一问题，并在图4中绘出：配件出口占配件进口的比重以及配件进口占组装产品出口的比重。前一个指标表明中国作为配件的供应商融合到全球生产网络中的程度；后一个指标表明在中国的最终产品组装多大程度上依赖于进口配件。

表3　主要国家和地区制造业工人的平均工资水平

单位：美元

国家	2010 年	2014 年
澳大利亚	71420	84743
加拿大	53454	58452
法国	72771	74403
德国	75519	78895
爱尔兰	—	75288
意大利	63757	70483
荷兰	73816	75216
瑞典	—	78050
英国	61958	70400
美国	77055	87021
捷克共和国	—	24863

续表

国家	2010 年	2014 年
波兰	23605	24088
巴西	32590	36735
墨西哥	16021	16675
中国	15508	16287
印度	14039	14708
印度尼西亚	19048	18771
日本	65643	66339
韩国	46293	60039
马来西亚	17726	21899
菲律宾	10998	9526
新加坡	54997	66852
中国台湾	29307	31845
越南	—	10652

注：—表示为了避免披露个别公司的数据而做的数据保密。美国的数据涉及在美制造业中的外国跨国公司的子公司。对于其他国家，使用了美国跨国公司的海外分支结构。

资料来源：美国经济分析局（2014）。

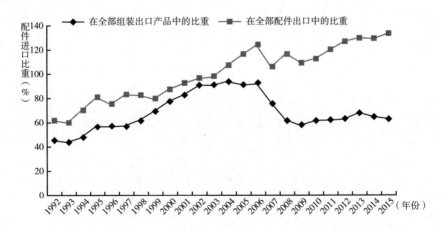

图 4　中国：零部件进口相对于零部件出口和组装产品出口的比重

资料来源：数据从联合国商品贸易统计数据库收集而来（comtrade. un. org）。

在 1990 年代初，中国的配件出口只占到其配件进口总额的 60%。这一份额在后续年份中持续上升。2013～2014 年，配件出口超过了配件进口的 25%。进口配件占最终产品出口的比重，从 1980 年代中期的 38%，上升到

2005 年的超过 90%。这一时期正是从购买者驱动出口向生产者驱动出口急剧转型的年代。但是这一比重之后开始下降，2014 ~ 2015 年达到了 60%。于是数据清晰地显示，过去二十多年中国参与全球生产共享的程度得以深化。[①]

地理概况

表 4 和表 5 总结了中国 GPN 产品出口和进口的目的国与来源国数据。由此我们可以观察到许多有趣的趋势发展，这些变动与中国参与全球生产网络的地理模式紧密相关。

表 4　中国全球网络出口目的国家与地区组成：2000 ~ 2001 年，2014 ~ 2015 年 *

单位：%

国家/国家组织	零部件		组装产品		全部 GPN 产品	
	2000 ~ 2001 年	2014 ~ 2015 年	2000 ~ 2001 年	2014 ~ 2015 年	2000 ~ 2001 年	2014 ~ 2015 年
日本	19.4	9.4	15.3	7.1	17.8	8.1
韩国	4.5	7.1	2.8	4.8	3.8	5.7
中国台湾	5.9	2.7	3.9	2.6	5.0	2.6
东南亚	11.5	11.5	8.6	12.5	10.1	11.9
南亚	2.4	5.0	2.6	4.2	2.5	4.6
印度	0.4	3.1	0.5	2.4	0.5	2.7
西亚	1.8	4.3	2.5	5.0	2.1	5.7
中亚	0.1	0.6	0.1	0.8	0.1	0.7
大洋洲	1.1	1.6	1.7	2.5	1.4	2.1
澳大利亚	1.0	1.5	1.5	2.0	1.2	1.8
北美自由贸易区	28.8	27.0	31.7	25.3	29.6	24.1
美国	27.1	23.4	29.7	22.2	27.7	22.7
加拿大	1.1	1.4	1.3	1.3	1.2	1.4
欧盟（EU）	21.1	18.9	21.4	19.9	21.2	19.5
非欧盟西欧地区	0.4	0.3	1.6	0.6	1.0	0.5
俄罗斯	0.1	2.1	0.4	2.3	0.3	2.2

[①] Constantinescu 等（2015）也报告了中国配件进口相比总装出口的比例在逐年下降，从 1990 年代中期的 55% 下降到 2012 年的 35%。然而，由于没有考察配件出口发生的情况，他们的研究错误地将这些数据解释为"生产流程步骤的逐步下降"。

续表

国家/国家组织	零部件		组装产品		全部 GPN 产品	
	2000 ~ 2001 年	2014 ~ 2015 年	2000 ~ 2001 年	2014 ~ 2015 年	2000 ~ 2001 年	2014 ~ 2015 年
非洲	1.6	3.5	3.2	4.6	2.3	4.1
拉丁美洲和加勒比地区	2.3	6.9	4.4	7.9	3.3	8.5
全部	100	100	100	100	100	100
备忘录项目						
发达国家#	70.1	52.0	70.3	50.0	69.7	50.2
除日本外的发达国家	49.3	42.6	54.9	43.0	51.9	42.8
发展中国家#	29.9	48.0	29.7	50.0	30.3	49.8

注：* 两年的均值；^北美自由贸易协定；#基于联合国标准国家分类计算。

资料来源：数据从联合国商品贸易统计数据库收集而来（comtrade. un. org）。

表 5 中国全球网络进口来源国家与地区组成：2000 ~ 2001 年，2014 ~ 2015 年 *

单位：%

国家/国家组织	零部件		组装产品		全部 GPN 产品	
	2000 ~ 2001 年	2014 ~ 2015 年	2000 ~ 2001 年	2014 ~ 2015 年	2000 ~ 2001 年	2014 ~ 2015 年
日本	28.5	22.2	28.8	12.8	28.8	15.5
韩国	8.2	14.1	5.3	19.4	6.7	17.7
中国台湾	16.2	11.4	12.4	19.6	14.3	17.2
东南亚	8.7	14.9	3.5	12.9	6.8	13.5
南亚	0.0	0.4	0.0	0.1	0.0	0.2
印度	0.0	0.4	0.0	0.1	0.0	0.2
西亚	0.1	0.3	0.2	0.3	0.2	0.3
中亚	0.0	0.0	0.0	0.0	0.0	0.0
大洋洲	0.3	0.2	0.5	0.1	0.3	0.1
澳大利亚	0.2	0.1	0.3	0.1	0.3	0.1
北美自由贸易区 *	15.3	10.0	16.4	12.8	15.1	11.4
美国	14.0	9.3	17.4	11.9	15.0	10.6
加拿大	1.0	0.4	1.0	0.5	1.0	0.5
欧盟（EU）	20.5	24.2	28.5	19.2	24.3	21.1
非欧盟西欧地区	0.8	1.1	1.3	1.3	1.0	1.2
俄罗斯	1.1	0.1	1.2	0.1	1.1	0.1
非洲	0.0	0.1	0.0	0.1	0.0	0.1

续表

国家/国家组织	零部件		组装产品		全部 GPN 产品	
	2000 ~ 2001 年	2014 ~ 2015 年	2000 ~ 2001 年	2014 ~ 2015 年	2000 ~ 2001 年	2014 ~ 2015 年
拉丁美洲和加勒比地区	0.3	1.2	0.1	1.8	0.2	1.6
全部	100	100	100	100	100	100
备忘录项目						
发达国家#	64.5	55.4	77.2	44.4	70.4	47.6
除日本外的发达国家	35.6	34.1	48.4	31.6	41.6	32.4
发展中国家#	35.5	44.6	22.8	55.6	29.6	52.2

注：* 两年的均值；^北美自由贸易协定；#基于联合国标准国家分类计算。

资料来源：数据从联合国商品贸易统计数据库收集而来（comtrade. un. org）。

在出口端，中国向发达国家出口的 GPN 产品份额有了显著下降，从 2000 ~ 2001 年的 69.7% 下降到 2014 ~ 2015 年的 50.2%。向日本的出口降幅最大，在此期间从 17.8% 下降到了 8.1%。除日本以外的发达国家，在中国 GPN 产品出口总额中的比重为 42.8%，相比而言，2000 ~ 2001 年这一份额为 51.9%。美国仍然是配件产品和组装产品的最大市场，占中国全部出口总额的五分之一。

尽管中国在除中国台湾以外的所有发展中国家/地区的市场份额显著上升，但是其向非洲、拉丁美洲、加勒比海地区和西亚（中东）地区的出口产品渗透程度上升幅度更大，尽管起点比较低。中国向东亚发展中国家/地区（韩国、中国台湾和东南亚国家）的出口比重增速就慢得多，从 1992 ~ 2002 年的 21.5%，到 2013 ~ 2014 年的 20.5%，相比其他发展中国家的出口份额，从 21.5% 上升到 28.6%。

在进口端，发达国家在 GPN 产品出口份额中的比重以更慢的速度下降——从 2000 ~ 2001 年的 70% 下降到 2014 ~ 2015 年的 47.6%——与我们观察到的出口端数据旗鼓相当。然而，这种度量具有显著的跨国差异。占中国市场份额的最大赢家是韩国、中国台湾和一些东南亚国家。其中韩国从中获得的收益最大。相比之下，日本所占的份额急剧下降，从 2000 ~ 2001 年的 28.8% 下降到 2014 ~ 2015 年的 15.5%。数据清晰地显示，中国的配件进口高度集中在临近的东亚和东南亚国家（包含日本）。这些国家在全部配件进口中的份额，从 2000 ~ 2001 年的 53% 上升到 2014 ~ 2015 年的 62%。

产品份额与中美贸易关系

中国向美国出口的产品中，制造业产品占主导，而其他类型产品（初级产品）在全部商品出口中的份额不到5%（见图5a）。GPN产品占制造业产品的绝大部分，其份额从2000~2001年的45%上升到2015~2016年的超过65%。

中国向美国制造业产品的进口（美国向中国的出口），在全部进口产品中的份额从2000~2001年的78%下降到2015~2016年的61%。GPN产品在全部制造业产品中的比重，在这一期间从73%下降到49%。最近一些年，中国向美国进口增长的年均速度，要比中国向美国的出口增长的年均速度慢得多（见图5b）。

这种贸易模式转变，与我们之前观察到的GPN生产基地在中国的深度扩张相一致。随着中国制造业生产的快速扩张——在这一过程中美国的跨国公司起着非常重要的作用——中国向美国的制造业产品进口份额随着时间的增长在逐步下降。特别地，即使在中国配件生产扩张的情况下，那些从事产品组装的企业似乎也在从中国国内渠道获得配件投入。

中美贸易关系中出口和进口模式的转变，可以从中国对美国的贸易顺差中鲜明地反映出来，这也是美国对中国进行抨击的焦点（见图5c）。制造业贸易占了中国对美贸易顺差的绝大部分。在过去二十多年中，GPN产品贸易又占了这一贸易顺差的三分之二，相比之下再往前十年，这一份额约为50%。GPN产品贸易对贸易顺差不断扩大的真实影响，要远远比数据显示的大得多：本研究中所使用的贸易数据分解步骤，并未覆盖全部GPN产品贸易（参考附录1）。[①]

向美国的GPN产品出口增长了5倍（2000~2015年，从500亿美元上升到3000亿美元）。在这一时期，配件作为美国制造业的最重要投入品，

---

① 本章的焦点只是记录到的贸易顺差，这正是当前中美贸易关系的焦点。至于生产基地从其他国家转移到中国，在何种程度上反映为全球化生产进程的一部分，已经超出了本文的研究范围。在这一问题上，可以参考 Athukorala 和 Yamashita（2009）和 Koopman 等（2012）。

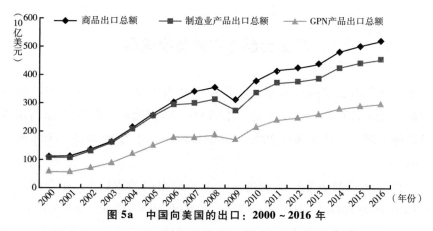

图5a 中国向美国的出口：2000～2016 年

资料来源：数据从联合国商品贸易统计数据库收集而来（comtrade. un. org）。

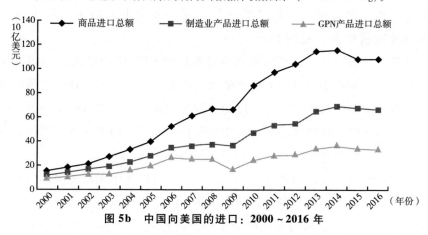

图5b 中国向美国的进口：2000～2016 年

资料来源：数据从联合国商品贸易统计数据库收集而来（comtrade. un. org）。

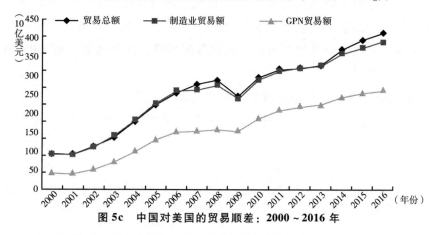

图5c 中国对美国的贸易顺差：2000～2016 年

资料来源：数据从联合国商品贸易统计数据库收集而来（comtrade. un. org）。

占这些进口产品的平均份额为 45% （见图 6a）。

与人们基于沃尔玛和美国其他零售超市的媒体报道的耸人听闻的故事不同，标准的消费者产品（衣服、鞋类和玩具等）只占中国对美国出口全部 GPN 产品中很小的一部分。过去十年中，属于生产者驱动网络中的产品在两国全部 GPN 产品贸易中的比重超过 85%（见图 6b）。这是因为，绝大多数垂直整合于全球产业的美国跨国公司将最终产品组装流程转移到中国，而将绝大部分的产品设计、全球营销和其他总部职能保留在了美国。

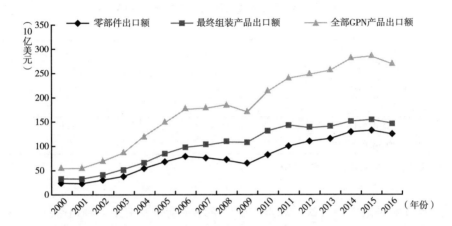

图 6a　零部件和最终组装产品在全部 GPN 产品出口额中的比重：2000~2016 年

资料来源：数据从联合国商品贸易统计数据库收集而来（comtrade. un. org）。

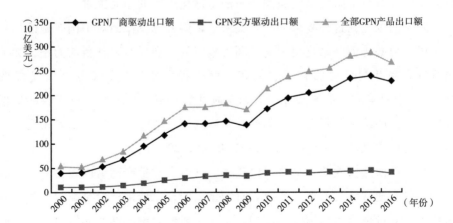

图 6a　买方驱动和厂商驱动产品在全部 GPN 产品出口额中的比重：2000~2016 年

资料来源：数据从联合国商品贸易统计数据库收集而来（comtrade. un. org）。

对中美贸易失衡扩大的争论一度绝大部分聚焦在中国对美国的出口上。这一争论所忽略的事实就是中国对美国跨国公司来说的重要性。美国的跨国公司正是通过将中国作为基地，来扩大对世界其他地区的出口。2013 年，在相关数据可得的最近一年，在中国的美国跨国公司子公司，向其他地区的产品出口额达到了 375 亿美元，这几乎相当于中国向美国出口产品价值的 3 倍（见表 6）。

表 6　在华经营的美国跨国企业销售额：2013 年

单位：10 亿美元

	商品与服务	商品
销售总额	261.8	217.7
区域性销售额	206.7	166.6
出口		
向美国的出口	15.4	13.6
向其他国家的出口	39.7	37.5

资料来源：美国经济分析局（2016）。

本节的讨论支持了这一观点，即贸易不平衡本质上是一种由全球化生产分享过程所驱动以及双方经济体都能在此过程中受益的结构性现象。贸易保护政策反而有害于制造业的生产，使美国失去更多就业岗位，中国成为全球制造业巨头背景下阻碍美国跨国公司的全球化运营的一大因素。

鉴于两国之间这种复杂的相互关系，特朗普总统试图对中国实施的惩罚性关税，势必将面临来自美国商业利益集团的强烈反对。到目前为止，除了福特汽车和开利公司放弃了它们在墨西哥投资建厂的计划以外，他意图"将工厂带回美国"的愿望并未得到实质性的实现。有传闻消息提供的证据表明，美国的跨国公司在经特朗普胜利当选短暂停顿之后，又回到了它们走向世界的惯常做法（Krugman，2017；Black，2017）。

甚至即使惩罚性关税最终得以实施，其对全球生产网络内贸易流的影响可能也没有通常认为的那么严重。有证据表明，全球生产分享在很大程度上弱化了相对价格与贸易绩效之间的联系，当我们谈论配件产品贸易时更是如此（Swenson，2000；Arndt 和 Huemer，2007；Burstein et al.，2008；Feenstra，2010；Athukorala 和 Khan，2016）。位于不同国家的价值链上的生产单元通常专业化于某一个特定的工序任务，而这是专业化于其他特定任务所在地区不可直接替代的。这就是说，有不同来源的配件产品的相互替代性是相当有限的。不仅如此，海外生产基地和相关服务联系的建立涉及很高的固定成本，使相对价格/成本的变动在商业决策过程中变得不再那么重要。

结 论

本章在中国经济实现区域和全球一体化的背景下，检验了中国在以东亚为中心的全球生产网络中角色演进的重要意义。在以亚洲为中心的全球生产网络中的牢固地位，一直是中国出口快速增长的主要原动力。中国进口配件总额相对于加工产品出口总额比例的显著下降，以及中国作为配件净出口国的新兴角色可以看出，为全球生产网络内部出现的生产基地深化提供了证据。

近些年来，中国对东亚邻国配件供给的依赖性在逐步下降，正是生产网络内出现生产基地深化的反映。中国也正在发展成为东亚以及其他地区生产网络内重要的配件供应商。东亚邻国向中国的配件出口在（向全世界）全部制造业产品出口中的份额，远比通常想象的要低。不仅如此，近些年来，由于中国总装产品对投入产品的需求更多地通过国内渠道得到满足，这些份额也在显著下降。

尽管来自中国的总装产品在全球出口具在有明显的地理多样性特征，但西方国家仍然占了很大一部分比例。发展中国家所占的比重在全面上升。虽然起点比较低，但是中国向非洲、拉丁美洲、加勒比海地区和西亚（中东）的市场渗透程度相比东亚地区更高了。没有证据表明中国出口模式演进中具有东亚偏向，当然也无证据表明，中国的崛起正在重塑东亚经济以成为一个自足的经济实体，并且具有独立于发达经济体维持经济活力的潜能。

这一章的证据支持了这一观点，即在全球生产分享逐步成为经济全球化象征的背景下，中国贸易差额背后的真实故事，要比标准贸易流分析所揭示的复杂得多。这种贸易不平衡的逐步拉大，本质上是一种由全球生产分享进程和中国在以东亚为中心的全球生产网络所起的枢纽作用共同驱动的结构性现象。最开始，在自身丰富的劳动力供给和美国公司将其他亚洲基地生产的高端配件运往中国的条件下，中国主要作为亚洲生产网络中的最终产品装配点。随着生产基地的更加深化，中国对进口配件的依赖程度在逐步降低，中国现在已经成为美国和其他国家的重要配件供应商。

美国跨国企业的竞争性，依赖于其利用中国作为生产基地向世界其他国家提供产品的能力。在两国这种复杂的相互关系下，特朗普总统提出对中国实施惩罚性关税的企图势必面临着来自美国商业利益集团的强烈反对。甚至即使惩罚性关税最终得以实施，其对全球生产网络内贸易流的影响可能也没有通常认为的那么严重，因为全球生产分享在很大程度上弱化了相对价格与贸易绩效之间的联系。

参考文献

Arndt, S. W. and Huemer, A. (2007), Trade, production networks and exchange rate, *Journal of Economic Asymmetries* 4(1): 11–39. doi.org/10.1016/j.jeca.2007.01.002.

Athukorala, P. (2009), The rise of China and East Asian export performance: Is the crowding-out fear warranted? *World Economy* 32: 234– 3 65. doi.org/10.1111/j.1467-9701.2008.01151.x.

Athukorala, P. and Khan, F. (2016), Global production sharing and the measurement of price elasticity in international trade, *Economics Letters* 139(1): 27–30.

Athukorala, P. and Kohpaiboon, A. (2012), Intra-regional trade in East Asia: The decoupling fallacy, crisis, and policy challenges, in M. Kawai, M. B. Lamberte and Y. C. Park (eds), *The Global Financial Crisis and Asia: Implications and challenges*, pp. 85–106, New York: Oxford University Press.

Athukorala, P. and Kohpaiboon, A. (2014), Global production sharing, trade patterns and industrialization in Southeast Asia, in I. Coxhead (ed.), *Routledge Handbook of Southeast Asian Economies*, pp. 139–161, London: Routledge.

Athukorala, P. and Wei, Z. (2017), Economic transition and labour market dynamics in China: An interpretative survey of the "turning point" debate, *Journal of Economic Surveys* [early view]. doi.org/10.1111/joes.12206.

Athukorala, P. and Yamashita, N. (2009), Global production sharing and Sino–US trade relations, *China & World Economy* 17(3): 39–56. doi.org/10.1111/j.1749-124X.2009.01149.x.

Bergsten, C. F., Gill, B., Lardy, N. and Michell, D. (2006), *China: The Balance Sheet*, New York: Public Affairs Publishing.

Black, T. (2017), American jobs are headed to Mexico once again, *Bloomberg Politics*, 31 March, updated 1 April. Available from: www.bloomberg.com/politics/articles/2017-03-31/jobs-departing-u-s-for-mexico-again-as-trump-s-threats-ignored.

Burstein, A., Kurz, C. and Tesar, L. (2008), Trade, production sharing, and international transmission of business cycles, *Journal of Monetary Economics* 55(4): 775–795. doi.org/10.1016/j.jmoneco.2008.03.004.

Constantinescu, C., Mattoo, A. and Rura M. (2015), Slow trade, *Finance & Development* 51(4): 39–41.

Feenstra, R. C. (2010), *Offshoring in the Global Economy*, Cambridge, Mass.: MIT Press.

Gereffi, G. (1999), International trade and industrial upgrading in the apparel commodity chain, *Journal of International Economics* 48(1): 37–70. doi.org/10.1016/S0022-1996(98)00075-0.

Guo, M., Lu, L., Sheng, L. and Yu, M. (2017), *The day after tomorrow: Evaluating the burden of Trump's trade war*, Working Paper E2017003, China Center for Economic Research, Peking University, Beijing. Available from: edirc.repec.org/data/ccpkucn.html.

Helpman, E. (2006), Trade, FDI, and the organization of firms, *Journal of Economic Literature* 44(3): 589–630. doi.org/10.1257/jel.44.3.589.

Hummels, D. (2002), Review of "Fragmentation: New production pattern in the world economy" by S. W. Arndt and H. Kierzkowskei, *Economic Geography* 2(2): 368–369. doi.org/10.1093/jeg/2.3.368.

Isaacson, W. (2011), *Steve Jobs*, New York: Simon & Schuster.

Johnson, R. C. (2014), Five facts about value-added exports and implications for macroeconomics and trade research, *The Journal of Economic Perspectives* 28: 119–142. doi.org/10.1257/jep.28.2.119.

Jones, R. W. (2000), *Globalization and the Theory of Input Trade*, Cambridge, Mass.: MIT Press.

Jones, R. W. and Kierzkowski, H. (2004), Globalization and the consequences of international fragmentation, in R. Dornbusch, G. Calvo and M. Obstfeld (eds), *Money, Factor Mobility and Trade: Essays in honor of Robert A. Mundell*, pp. 365–381, Cambridge, Mass.: MIT Press.

Kang, H. and Shen, J. (2016), International performance appraisal practices and approaches of South Korean MNEs in China, *The International Journal of Human Resource Management* 27: 291–310. doi.org/10.1080/09585192.2015.1039562.

Kee, H. L. and Tang, H. (2016), Domestic value added in exports: Theory and firm evidence from China, *American Economic Review* 106(6): 1402–36. doi.org/10.1257/aer.20131687.

Kohli, H. S., Sharma, A. and Sood, A. (2011), *Asia 2050: Realizing the Asian century*, New Delhi: Sage.

Kong, Y. F. and Kneller, R. (2016), Measuring the Impact of China's Export Growth on its Asian Neighbours, *World Economy* 39 (2): 195–220.

Koopman, R., Wang, Z. and Wei, S. J. (2012), Estimating domestic content in exports when processing trade is pervasive, *Journal of Development Economics* 99(1): 178–189. doi.org/10.1016/j.jdeveco.2011.12.004.

Krugman, P. (2017), Of tweets and trade, *The New York Times*, 31 March. Available from: krugman.blogs.nytimes.com/.

Lall, S. and Albaladejo, M. (2004), China's competitive performance: A threat to East Asian manufactured exports? *World Development* 32: 1441– 1466. doi.org/10.1016/j.worlddev.2004.03.006.

Lamy, P. (2013), Foreword, in D. K. Elms and P. Low (eds), *Global Value Chains in a Changing World*, pp. xv–xviii, Geneva: WTO.

Lardy, N. R. (2014), *Markets over Mao: The rise of private business in China*, Washington, DC: Peterson Institute for International Economics.

Nunn, N. (2007), Relationship-specificity, incomplete contracts, and the pattern of trade, *The Quarterly Journal of Economics* 122(2): 569–600. doi.org/10.1162/qjec.122.2.569.

Park, Y. C. and Shin, K. (2009), Economic integration and changes in the business cycles in East Asia: Is the region decoupling from the rest of the world? *Asian Economic Papers* 8(1):107–140. doi.org/10.1162/asep.2009.8.1.107.

Roach, S. (2014), *Unbalanced: The codependency of America and China*, New Haven, Conn.: Yale University Press.

Rodrik, D. (2006), What's so special about China's exports? *China & World Economy* 14: 1–19. doi.org/10.1111/j.1749-124X.2006.00038.x.

Schott, P. K. (2008), The relative sophistication of Chinese exports, *Economic Policy* 23: 6–49. doi.org/10.1111/j.1468-0327.2007.00195.x.

Song, E. and Sung, Y. W. (1995), *The Fifth Dragon: The Emergence of the Pearl River Delta*, New York: Addison-Wesley.

Spencer, B. J. (2005), International outsourcing and incomplete contracts, *Canadian Journal of Economics* 38(4):1107–1135. doi.org/10.1111/j.0008-4085.2005.00317.x.

Swenson, D. L. (2000), Firm outsourcing decisions: Evidence from US foreign trade zones, *Economic Inquiry* 38(2):175–189. doi.org/10.1111/j.1465-7295.2000.tb00012.x.

United States Bureau of Economic Analysis (US BEA) (2014), *Articles and Publications*, Washington, DC: US BEA. Available from: www.bea.gov/international/ai1.htm#dius.

United States Bureau of Economic Analysis (US BEA) (2016), *Worldwide activities of US multinational enterprises: Revised statistics 2013*, Washington, DC: US BEA. Available from: www.bea.gov/international/usdia2013r.htm.

Upward, R., Wang, Z. and Zheng, J. (2013), Weighing China's export basket: The domestic content and technology intensity of Chinese exports, *Journal of Comparative Economics* 41: 527–5 43. doi.org/10.1016/j.jce.2012.07.004.

Wei, S. J., Xie, Z. and Zhang, X. (2017), From "made in China" to "innovated in China": Necessity, prospects and challenges', *Journal of Economic Perspectives*, 31(1): 49–70.

World Bank (various years), *DataBank: World development indicators*, Washington, DC: The World Bank. Available from: databank.worldbank.org/data/reports.aspx?source=world-development-indicators#.

Wu, W. (2017), Just how badly could Trump's threatened 45% tariff hurt China? *South China Morning Post*, 15 January. Available from: www.cnbc.com/2017/01/15/just-how-badly-could-trumps-threatened-45-tariff-hurt-china.html.

Yang, C. H. and Hayakawa, K. (2015), Localization and overseas R&D activity: The case of Taiwanese multinational enterprises in China, *R&D Management* 45: 181–95. doi.org/10.1111/radm.12059.

Yang, C. H. and Tsou, M. W. (2015), Multinational exposure, export variety and price: Evidence from Chinese electronics exporters, *Journal of the Japanese and International Economies* 38: 93–110. doi.org/10.1016/j.jjie.2015.05.008.

Yao, S. (2009), Why are Chinese exports not so special? *China & World Economy* 17: 47–65. doi.org/10.1111/j.1749-124X.2009.01130.x.

Yeats, A. (2001), Just how big is global production sharing? In S. Arndt and H. Kierzkowski (eds), *Fragmentation: New Production Patterns in the World Economy*, pp. 108–143, New York: Oxford University Press.

Yip, G. S. and McKern, B. (2016), *China's Next Strategic Advantage: From imitation to innovation*, Cambridge, Mass.: MIT Press.

Yoshitomi, M. (2007), Global imbalances and East Asian monetary cooperation, in D. Chung and B. Eichengreen (eds), *Towards an East Asian Exchange Rate Regime*, pp. 22–48, Washington, DC: Brookings Institution Press.

Yusuf, S., Nabeshima, K. and Perkins, D. (2007), China and India reshape global industrial geography, in A. L. Winters and S. Yusuf (eds), *Dancing with Giants: China, India, and the Global Economy*, pp. 35–66, Washington, DC: The World Bank.

附录1 贸易数据的收集

借鉴 Yeats（2001）的原创性文章，使用零部件数据来度量 GPN 产品贸易已经成为一种共识。然而无论是零部件还是组装产品，全球生产分享均出现了显著的扩张。不仅如此，生产网络内部，这两种生产任务的相对重要性在不同国家存在显著差异，而且也随时间发生变化，导致将零部件贸易数据作为不同时间和不同国家的 GPN 产品贸易趋势和贸易模式的一般性指标，存在很多问题。在这篇研究中，我们将 GPN 产品贸易定义为，融合了生产网络内部所交易的配件产品和最终（组装）产品的总和。

这篇研究所使用的数据，除中国台湾地区以外，全部来自联合国商品贸易统计数据库。中国台湾的数据（作为一个经济地区没有包含在联合国贸易统计数据报告系统中）来自台北经济规划和发展委员会。这一数据基于国际贸易标准分类修订第 3 版的 5 位数字 SITC 编码类别收集而来。

通过采用映射到联合国广义经济分类（BEC）和 SITC 中的中间产品子类零部件目录，我们编译了产品种类列表，并划定了所收集数据的零部件分类。正如这里所定义的，在这里非常重要且要说明的是，零部件仅仅是中间产品投入的一个子集，尽管这两个术语在最近有关全球生产分享的文献中交替使用。零部件——不像铁、钢、工业化学品和煤等标准的中间投入品——是属于"特定关系"的中间投入品；在绝大多数时候，它们不具有对合同环境要求更高的参考价格（Hummels，2002；Nunn，2007）。大部分（如果不是全部）的零部件并没有其自身的商业生命，除非它们被嵌入最终产品之中。

从标准的贸易数据来看，对全球生产网络中的最终组装产品进行的分类并无硬性和快速的规则。唯一可以做到这点的方法就是聚焦于专门的产品分类，而这个产品分类高度集中于 GPN 产品贸易。一旦识别了这些产品分类，最终组装产品的近似贸易额就可以使用零部件之间的差异来估计，而这些零部件产品可以基于我们的清单和这些产品分类的总贸易额来直接识别。

根据现有可得的关于生产分享的文献，我们识别了 14 种产品分类：发电机（SITC 71）、特种工业机器（SITC 72）、金属加工机器（SITC 73）、一般工业机械（SITC 74）、自动数据处理设备（SITC 75）、电信和录音设备（SITC 76）、电力机械（SITC 77）、公路车辆（SITC 78）、其他运输设备

（SITC 79）、旅行用品（SITC 83）、服装与服饰配件（SITC 84）、鞋类和体育用品（SITC 85）、专业和科学仪器（SITC 87）和摄影设备（SITC 88）。我们有理由假设，这些产品分类中没有产品从开始到结束都是在某个给定的国家内完成的。其中，SITC 83、SITC 84 和 SITC 85 可以归类为主要由购买者驱动型生产网络内的贸易产品，而其余的产品属于生产者驱动型生产网络内的贸易产品。这些种类产品的出口总额以及属于这些分类下的零部件产品价值之差，就可以看作最终组装产品的价值。然而，值得承认的是基于这种清单的估计并没完全覆盖全球贸易中全部类型的最终产品。例如，最终组装产品的外包确实发生在各种错综复杂的产品分类中，例如服饰、家具、体育用品和皮革制品等。在这些产品分类中，将报告数据中的零部件产品与最终产品之间做出清晰划分并不是一件非常有意义的事情，这是因为它们还包含了相当一部分（尽管未知）程度的横向贸易份额。

最近的许多研究通过将标准的贸易数据和国民投入产出表（Johnson（2014）为此提供了一个综述）相结合推导出"增加值"贸易数据，从而分析了贸易模式。潜在的理论就是，在全球生产分享驱动着零部件跨国贸易规模迅猛扩张的背景下，标准的（总）贸易数据（基于海关记录的贸易数据）倾向于对给定国家双边贸易不平衡和其全球贸易联系地理概况做出扭曲的刻画（Lamy，2013）。然而，这一方法对于现有研究并无意义，因为这里主要是为了检验全球生产分享的模式和决定因素。相关方法是分别按照零部件和最终产品分析（总）出口中的报告数据。贸易和产业政策只可能影响一国所参与价值链的某个环节；随着该国逐步融入价值链，其国内增加值就会随着时间发生演变。

中国对外直接投资与逆向知识溢出

陈春来

引 言

自 2001 年"走向世界"的战略实施以后，中国对外直接投资（OFDI）得到快速增长。中国在全球的对外直接投资存量从 2001 年的 326.9 亿美元（UNCTAD，2003）增长到 2015 年的 1.01 万亿美元（UNCTAD，2016）。中国跨国企业（MNEs）对外直接投资的驱动因素是多元的。除了寻找市场、追求效率和寻找资源以外，中国跨国企业的一个主要动机是寻找战略资产，以获取先进的技术、生产工艺、现代化的管理技能和国际认可的品牌，从而支持中国经济的长期发展（例如，Buckley et al.，2007；Liu 和 Scott-Kennel，2011）。

越来越多的文献开始探讨中国的对外直接投资。然而，早期的研究主要集中在中国跨国企业进行对外直接投资的动机或者是东道国吸引中国投资者的区位决定因素（例如，Liu et al.，2005；Buckley et al.，2007；Cheung 和 Qian，2009；Tolentino，2010；Wei 和 Alon，2010；Cheung et al.，2012；Kolstad 和 Wiig，2012；Amighini et al.，2014；Chen，2015a）。但是，有关对外直接投资的快速增长对中国经济影响的实证研究非常有限。不仅如此，关于对外直接投资的逆向知识溢出对中国经济增长影响的实证研究更为罕见。因此，中国的对外直接投资是否对中国经济产生了逆知识溢出效应，并促进了中国经济增长，仍然是一个未解之谜。

本章的目的是研究对外直接投资逆向知识溢出对中国经济增长的影响。

具体地，本章研究了省属企业（绝大多数为私营企业）和中央所属国有企业的对外直接投资产生的逆向知识溢出是否对省级经济增长产生了影响。

通过对中国 30 个省份 2004～2014 年的面板数据研究发现，在控制外商直接投资对省级经济增长的知识溢出效应之后，无论是省属企业还是中央所属国有企业的对外直接投资均通过逆向知识溢出显著地促进了中国省级经济增长。总体而言，这篇研究提供了有力的证据表明，中国对外直接投资促进了中国经济增长。

本章在文献上做出了两个贡献。第一，这篇文章同时研究了外商对中国的直接投资（外商直接投资）[1] 和中国对外直接投资（对外直接投资）[2] 对中国省级经济增长的影响，从而对外商直接投资对东道国和对外直接投资对母国经济增长的影响提供了新的实证证据。第二，这篇文章研究了来自省属企业和中央所属国有企业的对外直接投资如何影响省级经济增长。这些发现对于政策制定者来说是非常重要的，尤其是对新兴经济体国家的政策制定者来说，在设计和执行相关政策方面从而促进和强化外商直接投资和对外直接投资的知识溢出效应有着政策指导意义。

本章的其他部分结构如下：下一节评述相关文献并讨论对外直接投资逆向知识溢出效应的相关理论和作用渠道；第三节讨论分析框架和实证模型，描述数据和设定变量；第四节讨论回归结果，第五节提供结论和政策建议。

对外直接投资的逆向知识溢出：理论与文献

"知识溢出"这一术语指的是在没有任何经济交易的情况下发生的知识流动（Griliches，1992）。外国直接投资是最重要的一种国际知识溢出方式（例如，Dunning，1993；Dunning 和 Lundan，2008）。从外国直接投资获得的知识溢出被认为是发展中国家重要的知识来源（例如，Javorcik，2004；Kneller 和 Pisu，2007；Sheng et al.，2011；Chen et al.，2013）。

在理论文献中（例如，Hymer，1976；Dunning，1977，1980，1988，1993，2000；Caves，1996），外国直接投资可以通过所有权优势和企业特有

---

[1] 在外商对中国的直接投资情况下，中国是东道国。

[2] 在中国对外直接投资情况下，中国是母国。

的无形资产给东道国带去一揽子资本、先进和专项技术、现代企业管理、成熟的市场营销技巧、组织良好的国际分销渠道、与供应商和客户之间的和谐关系、良好的声誉以及其他无形资产。因此，外国直接投资可以对东道国企业产生知识溢出效应。外国直接投资产生的知识溢出可以是横向的——通过在相同产业内的示范效应、劳动力流动和信息流来实现。但是外国直接投资也可能对当地企业带来激烈的竞争。一方面，竞争可以迫使当地企业提高其吸收先进技术的能力，从而变得更加具有创造性并更加有效地使用现有资源，最终提高生产效率。另一方面，竞争也可以将当地企业挤出产品市场、劳动力市场和资源市场（例如，Aitken 和 Harrison，1999；Hu et al.，2005；Chen，2011，2015b；Fu，2011；Sheng et al.，2011；Chen et al.，2013）。因此，外国直接投资产生的横向知识溢出效应对本地企业的影响是不确定的（Gorg 和 Greenaway，2004）。

外国直接投资也可以产生纵向的知识溢出效应，通过供应链内的上下游产业联系来实现（例如，Javorcik，2004；Kneller 和 Pisu，2007；Sheng et al.，2011；Chen et al.，2013）。当外国直接投资企业为它们的客户提供更好的中间投入品，或者当它们向其供应商传递知识以获得更高质量投入品和准时交货时，外国直接投资的知识溢出效应有助于提升东道国上下游企业的生产效率。

对外直接投资能否对母国经济产生逆向知识溢出呢？从理论上讲，产生逆向知识溢出需经历三个阶段。第一阶段，子公司获取并吸收东道国的具体知识，这既可以通过直接的跨国并购（M&A），也可以通过间接的逆向知识溢出来实现，如示范效应、劳动力流动以及与东道国大学、科研机构和行业协会保持的纵向产业联系与外部网络联系。第二阶段，这种专门知识直接通过子公司传递回母国，或者通过企业内的劳动力流动来实现。第三阶段，这种获得的国外知识溢出给母国的国内企业或其他知识受体，并为母国经济所间接吸收。

有理由假设，逆向知识溢出的传导渠道和外国直接投资对东道国国内企业的知识溢出传导渠道是类似的。下面的讨论，将聚焦在从母国跨国企业向母国国内企业的逆向知识溢出的渠道上。第一个渠道是示范效应和模仿效应。如果母国跨国企业获取国外的先进知识，就会将这些知识传递回总部并将新技术应用于母公司的生产，其他的国内企业可能会通过示范效应去学习和模仿该项知识，从而从中受益。然而，如果母国跨国企业和其他国内企业处于相同的行业，示范效应也可能会导致它们之间的竞争。这种竞争的加剧，不仅导致了母国国内企业模仿母国跨国企业的先进技术和技巧以求得生存，而且也迫使本国企业进行创新以改善经营绩效和更有效地使用现有技术（例如，Blomström 和 Kokko，1998；Aitken 和 Harrison，1999；Chen et al.，2013）。

跨国企业向其母国经济产生逆向知识溢出的第二个渠道是劳动力流动。那些曾经受雇于国外子公司并在委派期间获取国外知识的回国人员，可能有助于他们所在跨国母公司和母国经济的知识创造和创新。回国人员也可能会带回重要的外部网络以促进知识的交流。因此，母国国内企业不仅受益于产品与流程相关的信息，而且还受益于其雇员的特定国家知识，这些都有助于开拓新的出口市场。所以，母国跨国企业归国人员的劳动力流动也可以增加母国经济中的总体知识存量。Filatotchev 等（2011）发现中国高技能劳动力的回流为中国经济提供了重要的知识传播渠道。Dai 和 Liu（2009）使用中国中小企业（SMEs）数据研究发现，归国企业家可以利用他们在海外获得的无形资产发展其竞争优势。更重要的是，他们研究还发现，本地企业家也能通过与归国企业家保持紧密的商业联系而受益。

逆向知识溢出的第三种渠道是母国跨国企业与本国经济之间的后向联系（从母国跨国企业向母国供应商）与前向联系（从母国跨国企业向母国的客户）。

母国跨国企业的后向联系能以多种方式有益于母国经济。第一，母国跨国企业可能会通过对产品质量和及时送达施加要求，从而有利于改善母国供应商的生产效率和产品质量。如果母国跨国企业愿意向它们母国的供应商提供帮助，以促进生产管理和技术的升级，那么后者就可能加强其生产管理和生产技术，并因此获得帮助，以改善产品质量和推动创新的形成（例如 Lall，1980；Humphrey 和 Schmitz，2002；Javorcik，2004；Kneller 和 Pisu，2007）。第二，母国国内企业为了成为母国跨国企业的供应商而产生的竞争，将可能进一步提升其生产效率——例如，如果它们被要求更加有效地运用其资源或者被要求采用新型的生产技术或生产流程（Crespo 和 Fontoura，2007；Herzer，2009）。第三，出口导向型的母国跨国企业，其拥有的商业联系可能会为母国供应商提供外国市场条件的相关信息——例如，消费者偏好、设计、包装、产品质量要求和法规环境等（Blomström 和 Kokko，1998）。这类知识反过来可能有助于母国供应商建立它们面向国外市场的直接出口渠道。第四，通过提升母国供应商的生产效率和产品质量，母国跨国企业可能会将这种效益延伸到母国那些为最终用户生产消费品的其他下游厂商。因为这些厂商可以获得更加廉价，技术也更加先进的中间投入品（Kugler，2006；Blalock 和 Gertler，2008）。

母国跨国企业也可以通过前向联系将它们获得的国外知识扩散到母国经济中，无论它们作为母国经济中间投入品的供应商，还是将其先进的中间投入品出售给下游母国企业。首先，母国下游企业可能会由于能够获得上游产业部门中母国跨国企业生产的新型、改进或低成本的中间投入品，而变得更加具有效率（Javorcik，2004）。其次，母国下游企业向母国跨国企业购买中间投入品时可能会获得其提供的配套服务，而这些服务在购买进口品时是无法获得的（Javorcik，2004）。总体而言，母国跨国公司供应商将通过提供母国经济体之前不可获得的新型中间品而增加母国的知识库存。

于是，在理论层面上，对外直接投资可以对母国经济产生逆向知识溢出，从而提升生产效率和促进经济增长。然而，对外直接投资对母国经济增长产生的逆向知识溢出效应的实证研究是相当有限的，尤其对发展中国家而言更是如此。

在现有的实证研究中，van Pottelsberghe de la Potterie 和 Lichtenberg（2001），使用国家层面的数据，分析了对外直接投资产生的效应——特别是技术获取型对外直接投资——对 13 个工业化国家母国生产率的影响。他们发现，在对外直接投资直接投向研发密集型东道国的案例中，这些母国的全要素生产率（TFP）均得到了提升。Herzer（2010）使用 50个国家的跨国数据研究发现，对外直接投资正向地影响母国经济体的经济增长。

Driffield 等（2009）使用英国企业层面对外直接投资数据进行研究，这些对外直接投资投向了有着不同劳动力成本和研发强度的东道国。结果发现，无论是投向高成本、高研发强度的东道国，还是投向低成本、低研发强度的东道国，对外直接投资都显著地增加了英国的 TFP。于是他们得出结论：不仅是技术获取型对外直接投资还是效率寻求型对外直接投资均对母国的 TFP 产生了积极影响。类似证据还包括 Driffield 和 Chiang

（2009），他们使用了行业层面数据研究了 1995～2005 年中国台湾对大陆直接投资对中国台湾生产率的影响。他们发现，中国台湾的劳动生产率受到流向大陆对外直接投资的积极影响并得出结论，生产率提升得益于垂直或者效率寻求型的对外直接投资，将低增加值的活动转移到劳动力成本比中国台湾低的大陆。因此，这两个研究——Driffield 等（2009）和 Driffield 和 Chiang（2009）——显示，生产率提升不一定要依赖于技术获取型对外直接投资。如果企业将低附加值的生产活动配置到低成本的地区并将高附加值生产活动保留在母国，那么母国的生产率也能通过效率寻求型对外直接投资得到提升。

许多研究使用企业层面的数据考察了对外直接投资对母国国内企业生产率的逆向知识溢出效应。一项由 Copenhagen Economics（2007）开展的爱尔兰对外直接投资企业层面数据实证研究发现，对外直接投资对爱尔兰跨国企业生产率具有积极的促进作用；但没有证据表明其对爱尔兰经济中的国内企业具有生产率溢出效应，无论这些企业是跨国公司的直接竞争者，还是隶属于跨国企业的垂直价值链。Copenhagen Economics（2007）的研究发现，只有进行对外投资的跨国企业从中受益，一个原因可能是生产率的提升源自成本的下降，而这种成本的下降得益于跨国企业可以获得更廉价的投入品。然而，这种能力只对跨国企业有效，而不可传递回母国经济（Copenhagen Economics，2007）。Vahter 和 Masso（2007）发现了类似的结果。基于爱沙尼亚企业层面的数据，Vahter 和 Masso 发现对外直接投资对爱沙尼亚跨国企业生产率产生了积极影响。然而，跨国企业通过对外直接投资并未对母国其他企业产生知识溢出效应。相反，Castellani 和 Zanfei（2006）使用来自意大利的企业层面数据研究发现，意大利国内企业生产率的提升显著地受益于意大利的跨国企业。

但是，从发展中国家角度分析对外直接投资对本国生产率和经济增长逆向知识溢出效应的实证研究还相当有限。在仅有的少数文献中，Herzer（2011）使用 1980～2005 年 33 个发展中国家样本，发现对外直接投资和母国 *TFP* 之间存在正向关系。Zhao 和 Liu（2008）使用国家层面的数据研究了中国对外直接投资的逆向研发溢出效应。研究发现对外直接投资通过从东道国向母国传递技术溢出，促进了中国生产率的提升。Zhao 等（2010）使用 1991～2007 年流向发达国家的中国对外直接投资数据，研究了技术获取型对外直接投资对中国生产率的影响。研究发现，中国在发达国家的对外直接投资对中国的 GDP 的增长有着显著的效应，而通过示范效应和模仿效应渠道引致的效率提升，是比技术变迁效应更大的生产率增长来源。

上述提及的实证研究，为对外直接投资和母国经济发展的动态关系提供了有价值的见解。然而这些研究也存在不足之处。例如，早期有关对外直接投资对中国经济影响的文献在研究对外直接投资向母国生产率和经济增长的逆向溢出效应时，没有在实证模型中控制外商直接投资的影响，这将导致有偏的估计。因此，对对外直接投资逆向知识溢出效应的研究还远远没有定论，尤其需要对发展中国家进行更多的研究，从而对对外直接投资对母国经济增长的效应获得全面的了解。

分析框架和经验模型

基准模型

我们用总生产函数方程（1）估计对外直接投资对中国省级经济增长的影响。

$$Y_{it} = A_{it} L B_{it}^{\beta_1} D K_{it}^{\beta_2} F K_{it}^{\beta_3} \tag{1}$$

在方程（1）中，Y_{it} 是省份 i 在第 t 年的真实国内生产总值；A_{it} 是省份 i 在第 t 年的 TFP 水平；LB_{it} 是省份 i 在第 t 年的总劳动投入；DK_{it} 是省份 i 在第 t 年的国内资本存量；FK_{it} 是省份 i 在第 t 年的外国资本存量，它代表外商直接投资作为资本投入对省级经济增长的贡献。

为了研究对外直接投资逆向知识溢出对省级经济增长的影响，我们需要控制外商直接投资的知识溢出效应。正如第二节所提及的，因为外商直接投资给东道国带去了一系列企业特定无形资产，它可能会产生知识溢出效应，提升当地企业的生产效率，从而有助于东道国的经济增长。参考 Chen（2011，2013）的文章，我们假设一个省份的总资本存量中外商直接投资资本存量的份额（*IFDI/PTK*）越高，那么外商直接投资产生的知识溢出对该省经济增长的效应就越强。

我们在第二节讨论过，对外直接投资可以产生逆向知识溢出，例如示范效应和模仿效应、劳动力流动和垂直的产业联系等，从而促进母国的经济增长。中国进行对外直接投资的跨国企业主要分为两类：中央所属的国有企业和省属企业。中央所属的国有企业在中国全部对外直接投资中占了绝大多数，2014 年约占中国全部对外直接投资存量的 64%。然而，自 2000 年开始，省属企业快速增加对外直接投资，并在 2014 年超越了中央所属国有企业的对外直接投资流量（中国商务部，2014）。尽管中国的对外直接投资资本存量仍然是中央所属国有企业占主导，但是省属企业在中国对外直接投资中的重要性与日俱增。因此，我们分别从省属企业和中央所属国有企业的角度研究对外直接投资对省级经济的影响。我们假设每个省份具有相同的机会获得中央所属国有企业对外直接投资的逆向知识溢出。我们还期望，省级对外直接投资存量在省级资本总存量中的比重（POFDIS/PTK）越高，以及中央所属国有企业对外直接投资存量在全国资本总存量中的比重（SOEOFDIS/NTK）越高，那么省级对外直接投资和中央所属国有企业对外直接投资的逆向知识溢出对省级经济增长的影响就越大。

基于上述的假设，A_{it} 可以用方程（2）定义如下：

$$A_{it} = B_{it}\, e^{g(IFDIS/PTK_{it-1},\,POFDIS/PTK_{it-1},\,SOEOFDIS/NTK_{t-1})} \tag{2}$$

在方程（2）中，A_{it} 是省份 i 在第 t 年的 TFP 水平，B_{it} 是省份 i 在第 t 年的 TFP 水平的残差；$IFDIS/PTK_{it-1}$ 是省份 i 在第 $t-1$ 年的外商直接投资存量在 i 省全部资本存量中的比重，这一指标代表了外商直接投资知识溢出对省级经济增长的影响；$POFDIS/PTK_{it-1}$ 是省份 i 在第 $t-1$ 年的省级对外直接投资存量在 i 省全部资本存量中的比重，这一指标代表了省级对外直接投资的逆向知识溢出对省级经济增长的影响；$SOEOFDIS/NTK_{t-1}$ 是第 $t-1$ 年中央所属国有企业的对外直接投资存量在全国资本总量中的比重，这一指标代表了中央所属国有企业对外直接投资产生的知识溢出对省级经济增长的影响。

将方程（2）与总生产函数方程（1）融合——通过对劳动力变量（LB）、国内资本变量（DK）和外国资本变量（FK）取自然对数，然后重新整理方程右边的各项，并加入常数项（β_0）和误差项（ε_{it}），我们得到下面的实证回归方程（3）：

$$\ln Y_{it} = \beta_0 + \beta_1 \ln L B_{it} + \beta_2 \ln D K_{it} + \beta_3 \ln F K_{it} + \beta_4 IFDIS/PT K_{it-1}$$
$$+ \beta_5 POFDIS/PT K_{t-1} + \beta_6 SOEOFDIS/NT K_{t-1} + e_{it} \qquad (3)$$

这一实证模型允许我们对外商直接投资产生的知识溢出和对外直接投资产生的逆向知识溢出对省级经济增长的影响进行检验。第一，如果系数β_4显著为正，那么有证据表明，外商直接投资的知识溢出促进了东道国省级经济的增长。第二，如果系数β_5显著为正，那么就有证据表明，省级对外直接投资的逆向知识溢出促进了母国省级经济的增长。第三，如果系数β_6显著为正，那么就有证据表明，中央所属国有企业的对外直接投资产生的逆向知识溢出促进了母国省级经济的增长。

数据和变量设定

省级 GDP（Y）和省级资本总存量（PTK）使用 Wu（2009）的数据，以 1978 年不变价格的 10 亿元人民币计价度量。[①] 中国的全国资本总存量使用省级资本总存量加总，以 1978 年不变价格的 10 亿元人民币计价度量。劳动力投入（LB）是每个省的就业总人数，以百万人数度量。[②]

计算外商直接投资存量和外商直接投资存量在省级总资本存量中的比重

外国资本存量（FK）采用每个省的外商直接投资存量来度量，并使用下面的步骤计算。第一，将年度外商直接投资流量[③]的美元价值使用年度平均官方汇率转化为人民币价值。第二，将年度外商直接投资流量的人民币价值用 1978 年价格进行平减。第三，假设外商直接投资存量的折旧率为 5%。最后，外商直接投资存量使用每年的年末值进行累加得到，并以 1978 年不变价的 10 亿元人民币度量。

每个省的国内资本存量（DK）可以通过该省的资本总存量减去外商直接投资存量（FK）得到。

给定外商直接投资存量和省级资本总存量，就可以计算得到外商直接投资存量在省级资本总存量中的比重（$IFDIS/PTK$），并且用于估计外商直接

---

① Wu（2009）在最新公布的国民账户数据基础上，使用了传统的永续盘存法推出中国 31 个省份和三个经济部门从 1977~2009 年的资本存量序列，数据在 2014 年更新。

② 劳动力数据来自国家统计局（NBS）。

③ 外商直接投资流入的数据，在 2005 年及以前，来自国家统计局（NBS）；在 2005 年以后，来自省级统计年鉴（历年数据）。

投资的知识溢出对省级经济增长的影响。有理由假设，外商直接投资流入和外商直接投资对当地经济产生知识溢出效应具有时滞，所以在模型中对 *IFDIS/PTK* 应用了一年的时滞。

计算对外直接投资存量和对外直接投资存量在省级资本总存量中的比重

计算省级对外直接投资存量（*POFDIS*）和中央所属国有企业对外直接投资存量（*SOEOFDIS*）的方法与计算外商直接投资存量（*IFDIS*）的方法相同。从省属企业和中央所属国有企业流出的对外直接投资流量数据来自《中国对外投资统计公报》（中国商务部，2003～2014 年）。

给定省级对外直接投资存量（*POFDIS*）和省级资本总存量，就可以计算得到省级对外直接投资存量在省级资本总存量中的比重（*POFDIS/PTK*）。可以用它来估计省属企业对外直接投资的逆向知识溢出对省级经济增长的影响。中央所属国有企业的对外直接投资存量（*SOEOFDIS*）在全国资本总存量中的比重（*SOEOFDIS/NTK*）可以采用类似的计算方法，并用于估计中央所属国有企业对外直接投资的逆向知识溢出对省级经济增长的影响。我们还假设，对外直接投资流出和对外直接投资产生逆向知识溢出会经历一个时滞，从而在模型中设定 *POFDIS/PTK* 和 *SOEOFDIS/NTK* 的值滞后一年。

回归结果和解释

本章的实证研究使用了中国 30 个省份[①] 2004～2014 年的面板数据库。[②] 首先，我们使用省级对外直接投资存量在省级总资本存量中的比重（*POFDIS/PTK*）以及中央所属国有企业对外直接投资存量在全国总资本存量中的比重（*SOEOFDIS/NTK*），来估计对外直接投资的逆向知识溢出对省级经济增长的影响。作为稳健性分析，我们还分别使用了省级对外直接投资存量（*POFDIS*）和中央所属国有企业对外直接投资存量（*SOEOFDIS*）作为对外直接投资的替代变量估计了对外直接投资逆向知识溢出对省级经济增长的影响。

表 1 展示了方程（3）的估计结果，其中分别使用省级对外直接投资存

---

① 由于数据缺失，西藏排除在样本外。
② 只有在 2003 年以后才能获得省级对外直接投资流出的数据。

量在省级总资本存量中的比重（*POFDIS/PTK*）以及中央所属国有企业对外直接投资存量在全国总资本存量中的比重（*SOEOFDIS/NTK*）作为对外直接投资的解释变量。第1列报告了随机效应模型的估计结果，第2列报告了固定效应模型的估计结果。Hausman 检验的结果表明，更倾向于使用固定效用模型。两个模型的估计结果都揭示，外商直接投资和对外直接投资均通过知识溢出对省级经济增长产生了显著为正的影响。因为固定效应模型消除了可能影响到省级经济增长的省级特质因素和随时间不变的因素。所以我们的解释将建立在固定效应模型估计结果的基础上。

表1　外商直接投资和对外直接投资对省级经济增长影响的估计结果

解释变量	随机效应	固定效应
常数	0.1936 （1.36）	1.0751 （6.13）***
ln*LB*	0.2696 （8.52）***	0.0111 （0.22）
ln*DK*	0.6181 （23.05）***	0.6051 （23.65）***
ln*FK*	0.0826 （4.80）***	0.0500 （2.89）***
$IFDIS/PTK_{t-1}$	0.0201 （4.00）***	0.0172 （3.60）**
$POFDIS/PTK_{t-1}$	0.0944 （2.00）**	0.1235 （2.79）***
$SOEOFDIS/NTK_{t-1}$	0.2397 （5.23）***	0.4257 （8.89）***
观察值个数	322	322
分组数	30	30
R^2	0.98	0.93
Wald chi^2	13712***	
F—统计量		2522***

注：*** $p < 0.01$，** $p < 0.05$。括号中数字表示 t 检验统计值。对外直接投资存量在全部资本存量的份额用来代表对外直接投资变量。Hausman 检验：$chi^2（6）= 70.35$，$Prob > chi^2 = 0.0000$，倾向于使用固定效应模型。

资料来源：笔者的估计。

从固定效应模型估计得到的回归结果显示，国内资本投入变量（*DK*）在1%的水平上显著为正，劳动力投入变量（*LB*）为正，但不显著。这表明中国各省资本投入对经济增长的重要性强于劳动力的投入。外国资本变量（*FK*）在1%的水平上显著为正，从而提供了实证证据表明外商直接投资作为资本投入对东道国的省级经济增长产生直接贡献。

回到我们感兴趣的主要变量，第一，外商直接投资存量在省级总资本存量中的比重（*IFDIS/PTK*）这一变量——外商直接投资产生的知识溢出——在1%的水平上显著为正。这一发现提供了一定的实证证据表明，外商直接投资通过对当地经济的知识溢出而有助于中国的经济增长。这一发现与之前的实证研究结果相一致（例如，Chen，2011，2013，2014）。

第二，变量 *POFDIS/PTK*——省级对外直接投资产生的逆向知识溢出——在1%的水平上显著为正。这说明，省级对外直接投资通过逆向知识溢出对母国省级经济增长产生了正的影响，从而促进省级经济增长。

第三，变量 *SOEOFDIS/NTK*——中央所属国有企业对外直接投资产生的逆向知识溢出——在1%的水平上显著为正，从而表明中央所属国有企业的对外直接投资通过逆向知识溢出促进了母国经济增长。

我们使用变量 *POFDIS* 和 *SOEOFDIS* 分别替代了 *POFDIS/PTK* 和 *SOEOFDIS/NTK*，进行回归和稳健性检验。表2报告了估计结果。第1列报告了随机效应模型的估计结果，第2列报告了固定效应模型的估计结果。Hausman 检验结果倾向于使用固定效应模型。

两个模型的估计结果都表明，外商直接投资和对外直接投资对省级经济增长都产生了显著的知识溢出效应。同样，因为固定效应模型消除了可能会对省级经济增长产生影响的省级特征因素和随时间不变因素的影响，所以我们的解释将建立在固定效应模型估计结果的基础上。

固定效应模型估计的结果表明，国内资本投入变量（*DK*）在1%的水平上显著为正，劳动力投入变量（*LB*）虽然为正，但不显著。外国资本变量（*FK*）在1%的水平上显著为正。这些结果与表1中报告的估计结果相一致。

变量 *IFDIS/PTK* 在1%的水平上显著为正，支持了我们早期的发现，即外商直接投资对东道国经济具有显著为正的知识溢出效应，从而促进了东道国的省级经济增长。

表 2　外商直接投资和对外直接投资（对外直接投资存量）对省级经济增长的估计结果

解释变量	随机效应	固定效应
常数	0.5169	1.0683
	(3.63)***	(6.67)***
$\ln LB$	0.2884	0.0726
	(9.62)***	(1.48)
$\ln DK$	0.5730	0.5852
	(22.72)***	(23.91)***
$\ln FK$	0.0840	0.0532
	(5.15)***	(3.20)***
$IFDIS/PTK_{t-1}$	0.0165	0.0143
	(3.54)***	(3.19)***
$\ln POFDIS_{t-1}$	0.0292	0.0257
	(6.19)***	(5.75)***
$\ln SOEOFDIS_{t-1}$	0.0160	0.0383
	(2.34)**	(5.44)***
观察值个数	322	322
分组数	30	30
R^2	0.98	0.95
$Wald\ chi^2$	15586***	
F—统计量		2784***

注：*** $p < 0.01$，** $p < 0.05$。括号中数字表示 t 检验统计值。对外直接投资存量用来代表对外直接投资变量。Hausman 检验：$chi^2(6) = 56.67$，以及 $Prob > chi^2 = 0.0000$，倾向于使用固定效应模型。

资料来源：笔者的估计。

　　现在我们转向主要关心的变量。变量 POFDIS 和 SOEOFDIS 均在 1% 的水平上显著为正。估计结果显示，无论是来自省属企业还是来自中央所属国有企业的对外直接投资均对母国经济具有显著为正的逆向知识溢出效应，从而有助于省级经济增长。这些结果与表 1 的回归结果相一致，从而表明我们的回归结果是稳健的。

　　参考我们在本章第二节的讨论，省级对外直接投资和中央所属国有企业的对外直接投资对中国省级经济增长的影响，可能是母国跨国企业向母国经济的逆向知识溢出的结果。这些逆向知识溢出可能来自示范效应、模仿效应、劳动力流动、信息流、促进当地企业出口和帮助母国经济产业重构和技术升级，从而提升当地企业的生产效率，促进母国经济的增长。这一发现提供了强有力的证据表明，对外直接投资通过逆向知识溢出的方式对母国经济产生积极影响，从而有利于中国经济的增长。在当前深化全球化进程、加速国内产业重构和技术升级的环境下，对外直接投资可能是中国经济增长的新源泉。

结　论

这篇文章的主要目的，是对对外直接投资的逆向知识溢出对中国省级经济增长的影响提供一个实证分析。研究发现，无论是省属企业还是中央所属国有企业的对外直接投资均对促进省级经济增长产生了显著的影响。这种正向效应可以看作对外直接投资逆向知识溢出对母国的省级经济产生影响的结果。这些结果可能是通过示范效应和模仿效应、劳动力流动、后向与前向产业联系、信息流、促进当地企业出口和帮助母国经济产业重构和技术升级等方式来实现的，从而促进了当地企业生产率的提升和效率改进，推动了母国经济的发展。这篇研究还发现，外商直接投资通过知识溢出的方式也对当地经济产生显著为正的影响，从而促进了省级经济增长。

这篇研究的发现表明，中国可以从对外直接投资中获得很多收益。在对外直接投资可以通过逆向知识溢出、促进出口、加速产业重构和技术升级等方式为母国经济带来收益的条件下，中国政府应该考虑推出相关政策鼓励对外直接投资，并加强对外直接投资对中国经济的知识溢出效应。这些政策包括：让对外直接投资机制更加开放和市场化，鼓励研发和技术开发等提升中国国内企业所有权优势，以及鼓励中国跨国企业和国内企业加强联系，从而强化和加速对外直接投资向中国经济逆向知识溢出的扩散。

参考文献

Aitken, B. and Harrison, A. (1999), Do domestic firms benefit from direct foreign investment? Evidence from Venezuela, *American Economic Review* 89(3): 605–618. doi.org/10.1257/aer.89.3.605.

Amighini, A., Cozza, C., Rabellotti, R. and Sanfilippo, M. (2014), Investigating Chinese outward foreign direct investments: How can firm-level data help? *China & World Economy* 22(6): 44–63. doi.org/10.1111/cwe.12091.

Blalock, G. and Gertler, P. (2008), Welfare gains from foreign direct investment through technology transfer to local suppliers, *Journal of International Economics* 74(2): 402–421. doi.org/10.1016/j.jinteco.2007.05.011.

Blomström, M. and Kokko, A. (1998), Multinational corporations and spillovers, *Journal of Economic Surveys* 12(3):247–278.doi.org/10.1111/1467-6419.00056.

Buckley, P., Clegg, J., Cross, A., Liu, X., Voss, H. and Zheng, P. (2007), The determinants of Chinese outward foreign direct investment, *Journal of International Business Studies* 38(4): 499–518. doi.org/10.1057/palgrave. jibs.8400277.

Castellani, D. and Zanfei, A. (2006), *Multinational Firms, Innovation and Productivity*, Cheltenham, UK: Edward Elgar. doi.org/10.4337/9781847201591.

Caves, R. (1996), *Multinational Enterprise and Economic Analysis*, Cambridge: Cambridge University Press.

Chen, C. (2011), *Foreign Direct Investment in China: Location Determinants, Investor Differences and Economic Impacts*, Cheltenham, UK: Edward Elgar. doi.org/10.4337/9781781001141.

Chen, C. (2013), FDI and economic growth, in Y. Wu (ed.), *Regional Development and Economic Growth in China*,pp.117–140, Series on Economic Development and Growth No. 7, Singapore: World Scientific.

Chen, C. (2014), The impact of FDI on China's regional economic growth, in L. Song, R. Garnaut and F. Cai (eds), *Deepening Reform for China's Long-Term Growth and Development*, pp. 407–427, Canberra: ANU Press.

Chen, C. (2015a), Determinants and motives of outward foreign direct investment from China's provincial firms, *Transnational Corporations* 23(1): 1–28. doi.org/10.18356/6ba5ab37-en.

Chen, C. (2015b), Do inland provinces benefit from coastal foreign direct investment in China? *China & World Economy* 23(3): 22–41. doi.org/10.1111/cwe.12112.

Chen, C., Sheng, Y. and Findlay, C. (2013), Export spillovers of FDI on China's domestic firms, *Review of International Economics* 21(5): 841–856. doi.org/10.1111/roie.12074.

Cheung, Y. and Qian, X. (2009), The empirics of China's outward direct investment, *Pacific Economic Review* 14(3):312–341. doi.org/10.1111/j.1468-0106.2009.00451.x.

Cheung, Y., Haan, J., Qian, X. and Yu, S. (2012), China's outward direct investment in Africa, *Review of International Economics* 20(2):201–220. doi.org/10.1111/j.1467-9396.2012.01017.x.

Copenhagen Economics (2007), *Outward Direct Investment and the Irish Economy*, Dublin: Forfas.

Crespo, N. and Fontoura, M. (2007), Determinant factors of FDI spillovers: What do we really know? *World Development* 35(3):410–425. doi.org/10.1016/j.worlddev.2006.04.001.

Dai, O. and Liu, X. (2009), Returnee entrepreneurs and firm performance in Chinese high-technology industries, *International Business Review* 18(4): 373–86. doi.org/10.1016/j.ibusrev.2009.03.004.

Driffield, N. and Chiang, P. (2009), The effects of offshoring to China: Reallocation, employment and productivity in Taiwan, *International Journal of the Economics of Business* 16(1): 19–38. doi.org/10.1080/13571510802638916.

Driffield, N., Love, J. and Taylor, K. (2009), Productivity and labour demand effects of inward and outward foreign direct investment on UK industry, *The Manchester School* 77(2): 171–203. doi.org/10.1111/j.1467-9957.2008.02093.x.

Dunning, J. (1977), Trade, location of economic activity and the MNE: A search for an eclectic approach, in B. Ohlin, P. Hesselborn and P. Wijkman (eds), *The International Allocation of Economic Activity*, pp. 395–418, London: Macmillan. doi.org/10.1007/978-1-349-03196-2_38.

Dunning, J. (1980), Toward an eclectic theory of international production: Some empirical tests, *Journal of International Business Studies* 11(1): 9–31. doi.org/10.1057/palgrave.jibs.8490593.

Dunning, J. (1988), The eclectic paradigm of international production: A restatement and some possible extensions, *Journal of International Business Studies* 19(1): 1–31. doi.org/10.1057/palgrave.jibs.8490372.

Dunning, J. (1993), *Multinational Enterprises and the Global Economy*, New York: Addison-Wesley.

Dunning, J. (1995), Reappraising the eclectic paradigm in an age of alliance capitalism, *Journal of International Business Studies* 26(3): 461–491. doi.org/10.1057/palgrave.jibs.8490183.

Dunning, J. (2000), The eclectic paradigm as an envelope for economic and business theories of MNE activity, *International Business Review* 9(2):163–190. doi.org/10.1016/S0969-5931(99)00035-9.

Dunning, J. and Lundan, S. (2008), *Multinational Enterprises and the Global Economy*, 2nd edn, Cheltenham, UK: Edward Elgar.

Filatotchev, I., Liu, X., Lu, J. and Wright, M. (2011), Knowledge spillovers through human mobility across national borders: Evidence from Zhongguancun Science Park in China, *Research Policy* 40(3): 453–462. doi.org/10.1016/j. respol.2011.01.003.

Fu, X. (2011), Processing trade, FDI and the exports of indigenous firms: Firm-level evidence from technology-intensive industries in China, *Oxford Bulletin of Economics and Statistics* 73(6): 792–817.

Gorg, H. and Greenaway, D. (2004), Much ado about nothing? Do domestic firms really benefit from foreign direct investment? *The World Bank Research Observer* 19(2): 171–197. doi.org/10.1093/wbro/lkh019.

Griliches, Z. (1992), The search for R&D spillovers, *The Scandinavian Journal of Economics* 94(Supplement): S29–S47. doi.org/10.2307/3440244.

Herzer, D. (2009), Outward FDI and domestic output in Japan, *Empirical Economic Letters* 8(12): 1167–1176.

Herzer, D. (2010), Outward FDI and economic growth, *Journal of Economic Studies* 37(5): 476–494. doi.org/10.1108/01443581011075424.

Herzer, D. (2011), The long-run relationship between outward FDI and total factor productivity: Evidence for developing countries, *Journal of Development Studies* 47(5): 767–785. doi.org/10.1080/00220388.2010.509790.

Hu, A., Jefferson, G. and Qian, J. (2005), R&D and technology transfer: Firm-level evidence from Chinese industry, *The Review of Economics and Statistics* 87(4): 780–786. doi.org/10.1162/003465305775098143.

Humphrey, J. and Schmitz, H. (2002), How does insertion in global value chains affect upgrading in industrial clusters? *Regional Studies* 36(9): 1017–1027. doi.org/10.1080/0034340022000022198.

Hymer, S. (1976), *The International Operations of National Firms: A study of direct foreign investment*, Cambridge, Mass.: MIT.

Javorcik, B. (2004), Does foreign direct investment increase the productivity of domestic firms? In search of spillovers through backward linkages, *The American Economic Review* 94(3): 605–627. doi.org/10.1257/0002828041464605.

Kneller, R. and Pisu, M. (2007), Industrial linkages and export spillovers from FDI, *The World Economy* 30(1): 105–134. doi.org/10.111/j.1467-9701.2007.00874.x.

Kolstad, I. and Wiig, A. (2012), What determines Chinese outward FDI? *Journal of World Business* 47(1): 26–34. doi.org/10.1016/j.jwb.2010.10.017.

Kugler, M. (2006), Spillovers from foreign direct investment: Within or between industries? *Journal of Development Economics* 80(2): 444–477. doi.org/10.1016/j.jdeveco.2005.03.002.

Lall, S. (1980), Monopolistic advantages and foreign involvement by US manufacturing industry, *Oxford Economic Papers* 32(1): 102–122. doi.org/10.1093/oxfordjournals.oep.a041464.

Liu, J. and Scott-Kennel, J. (2011), Asset-seeking investment by Chinese multinationals: Firm ownership, location, and entry mode, *Asia Pacific and Globalization Review* 1(1): 16–36.

Liu, X., Buck, T. and Shu, C. (2005), Chinese economic development, the next stage: Outward FDI? *International Business Review* 14(1): 97–115. doi.org/10.1016/j.ibusrev.2004.12.003.

Ministry of Commerce of China (MOFCOM) (various issues), *Statistical Bulletin of China's Outward Foreign Investment*, Beijing: MOFCOM.

National Bureau of Statistics of China (NBS) (various issues), *China Statistical Yearbook*, Beijing: China Statistics Press.

Provincial Bureau of Statistics (PBS) (various issues for each province), *Provincial National Economic and Social Development Statistical Bulletin*, China.

Sheng, Y., Chen, C. and Findlay, C. (2011), *Impact of FDI on Domestic Firms Exports in China*, Research Paper No. 2011015, School of Economics, University of Adelaide, Adelaide.

Tolentino, P. (2010), Home country macroeconomic factors and outward FDI of China and India, *Journal of International Management* 16(1):102–120. doi.org/10.1016/j.intman.2010.03.002.

United Nations Conference on Trade and Development (UNCTAD) (2003), *World Investment Report 2003: FDI Policy for Development—National and International Perspectives*, New York: United Nations Publications.

United Nations Conference on Trade and Development (UNCTAD) (2016), *World Investment Report 2016: Investor Nationality—Policy Challenges*, New York: United Nations Publications.

Vahter, P. and Masso, J. (2007), Home versus host country effects of FDI: Searching for new evidence of productivity spillovers, *Applied Economics Quarterly* 53(2): 165–196.

van Pottelsberghe de la Potterie, B. and Lichtenberg, F. (2001), Does foreign direct investment transfer technology across borders? *Review of Economics and Statistics* 83(3): 490–497. doi.org/10.1162/00346530152480135.

Wei, W. and Alon, I. (2010), Chinese outward direct investment: A study on macroeconomic determinants, *International Journal of Business and Emerging Markets* 2(4): 352– 369. doi.org/10.1504/IJBEM.2010.035663.

Wu, Y. (2009), *China's Capital Stock Series by Region and Sector*, Discussion Paper No. 09.02, Business School, University of Western Australia, Perth.

Zhao, W. and Liu, L. (2008), Outward direct investment and R-D spillovers: China's case, in *Emerging Multinationals: Outward Foreign Direct Investment from Emerging and Developing Economies—Proceedings, International Conference, 9–10 October*, Copenhagen Business School, Copenhagen.

Zhao, W., Liu, L. and Zhao, T. (2010), The contribution of outward direct investment to productivity changes within China, 1991–2007, *Journal of International Management* 16(2): 121– 130. doi.org/10.1016/j.intman.2010.03.003.

强化"5+1"合作，促进"一带一路"建设*

胡必亮　刘清杰　鄢　姣

引　言

"5+1"合作指的是"一带一路"框架下中国与欧亚经济联盟五国（俄罗斯、白俄罗斯、哈萨克斯坦、吉尔吉斯斯坦、亚美尼亚）之间形成的特定合作关系，简称为"5+1"合作。欧亚经济联盟在2015年1月1日正式落地实施，推进"5+1"合作有助于强化中国与欧亚经济联盟中新兴经济体之间的联系。

2010年1月，俄罗斯、白俄罗斯、哈萨克斯坦三国形成关税同盟；2010年12月，俄、白、哈三国总统在莫斯科宣布，从2012年1月1日起，将在关税同盟的基础上建立统一经济空间；2014年5月29日，俄、白、哈三国在哈萨克斯坦首都阿斯塔纳签署了《欧亚经济联盟条约》，决定将统一经济空间进一步发展为欧亚经济联盟。2015年1月1日，欧亚经济联盟正式启动，目标是到2025年实现商品、服务、资金和劳动力在各国之间的自由流动，最终建成类似于欧盟的经济联盟。2015年1月2日，亚美尼亚很快就正式入盟；吉尔吉斯斯坦原计划是5月初加入该联盟的，但由于各种原

＊　本研究受中央高校基本科研基金和北京师范大学交叉学科研究重点项目"组织国际力量共同推进'一带一路'建设的路径研究与实施"的资助。

因，最后到 2015 年 8 月 12 日才正式入盟。2015 年 5 月 8 日，《中华人民共和国与俄罗斯联邦关于丝绸之路经济带建设和欧亚经济联盟建设对接合作的联合声明》指出，"双方将共同协商，努力将丝绸之路经济带建设和欧亚经济联盟建设相对接，确保地区经济持续稳定增长，加强区域经济一体化，维护地区和平与发展"。

中国国家主席习近平于 2013 年提出"一带一路"倡议，目的是与"一带一路"沿线国家共同建设一个繁荣的丝绸之路经济带和 21 世纪海上丝绸之路。"一带一路"沿线国家包含了 65 个国家和地区（见附录表 A1），其覆盖人口达到 46 亿人，占全世界总人口的 62%，全世界陆地面积的 40% 和全球国内生产总值（GDP）的 31%。

正如这一章所提出的，"5+1"倡议是"一带一路"倡议成功的关键，而且目前尤其在强化基础设施建设和贸易方面的合作还存在巨大的空间。在这一章，我们首先从三个角度解释其重要性：地理、资源和中俄关系。接着我们研究了"5+1"国家之间的潜在经济合作趋势，最后讨论推动"5+1"合作的主要方式。

"5+1"合作与"一带一路"

促进中国与欧亚经济联盟合作对于推进"一带一路"建设具有关键性的意义，这主要体现在欧亚经济联盟在地理位置、资源优势和中俄关系方面对"一带一路"倡议的推动都具有特殊的关键作用。

地理位置

"一带一路"建设是中国在新的历史时期构建全面开放发展新格局最重要的一项工作，而构建良好的"5+1"合作平台又是其中最重要的抓手，因为五个欧亚经济联盟国家是丝绸之路经济带建设的必经之地，只有"5+1"合作顺利，丝绸之路经济带建设才有可能成功。

一方面，从地理上看，欧亚经济联盟五国位于欧亚大陆腹地，是连接东亚与欧洲的贸易通道和交通枢纽，而丝绸之路经济带建设的重点就是经俄罗斯、中亚国家、西亚国家等，把中国与沿线国家连接起来，直到西欧各国家，以亚洲为起点横跨亚欧大陆，因此欧亚经济联盟五国是丝绸之路经济带向西和向北延伸发展无法回避的必经之国，"5+1"合作从地理条件上决定了这一合作对于"一带一路"建设的极其特殊的意义。另一方面，在中国与相关国家共同推进的丝绸之路经济带建设六大经济走廊中，与欧亚经济联盟的成员国相关的有3个，包括经过俄罗斯国家的中蒙俄经济走廊，这条走廊的建设将俄罗斯的"跨欧亚大铁路"战略与"一带一路"倡议实现了对接；新亚欧大陆桥经济走廊途经哈萨克斯坦与俄罗斯，最终到达荷兰；中国—中亚—西亚经济走廊从中国的新疆出发，经过中亚五国，而这其中哈萨克斯坦和吉尔吉斯斯坦均属于欧亚经济联盟成员国。这三条途经欧亚经济联盟成员国的经济走廊建设对推进"一带一路"倡议的落实与实施具有重要意义。这也说明，只有通过构建良好的"5+1"合作框架，才有可能从加强欧亚经济联盟国家的基础设施建设等方面入手，建设好欧亚经济联盟地区并使其成为连接亚欧大陆的物流运输通道和经济大动脉，从而促进"一带一路"沿线国家之间的道路联通、贸易畅通、资金融通、民心相通等目标的实现。

资源优势

欧亚经济联盟五国的基本地理、经济和人口学统计特征决定了其在"一带一路"沿线国家的重要性。根据世界银行公布的数据，2015年"一带一路"沿线64个国家（不含中国，后同）的土地面积为4051万平方公里，其中仅欧亚经济联盟五个国家的土地面积就有1950万平方公里，占"一带一路"沿线国家土地总面积的48%。2015年这64个国家的GDP（现价美元）总量约11.86万亿美元，其中欧亚经济联盟五国约1.58万亿美元，占比13.32%，但这五个国家占"一带一路"64个国家人口的比重却只有5.64%，也就是说欧亚经济联盟五国以占"一带一路"沿线64国不到6%的人口，贡献了近15%的GDP，其产出效率相对而言是比较高的。

欧亚经济联盟国家的耕地资源丰富。根据世界银行统计的数据[1]，2013年不包括中国在内的"一带一路"国家耕地总面积为5.75亿公顷，其中欧亚经济联盟五国为1.59亿公顷，占27.65%。尤其是俄罗斯一个国家的耕

---

[1] 资料来源：世界银行公布的官方数据，data. worldbank. org/indicator/AG. LND. TOTL. K2。

地总面积就达到了 1.22 亿公顷，居世界第 3 位（仅次于印度和美国）；哈萨克斯坦为 0.294 亿公顷，居世界第 12 位，但在"一带一路"64 国中排在第 5 位。

从人均耕地资源来看，哈萨克斯坦和俄罗斯分别以 1.726 公顷/人和 0.852 公顷/人，居世界第 2 位和第 6 位，在"一带一路"国家中高居前两位。白俄罗斯的人均耕地面积为 0.589 公顷，在"一带一路"国家中居第 6 位。丰富的耕地资源使俄、白、哈三国在农业方面的发展潜力巨大，以哈萨克斯坦为例，哈萨克斯坦总统努尔苏丹·纳扎尔巴耶夫曾经指出，哈萨克斯坦农业潜力巨大，希望中国增加对哈萨克斯坦农业方面的投资[①]；哈萨克斯坦前副总理奥拉兹·占多索夫于 2016 年 12 月 11 日在北京师范大学新兴市场研究院举办的"一带一路"京师大讲堂的演讲中也提出了同样的观点[②]。

欧亚经济联盟国家的水资源也很丰富。根据世界银行的统计，2014 年"一带一路"沿线国家内陆可再生淡水资源为 12.42 万亿立方米，其中欧亚经济联盟五国共有 4.47 万亿立方米，占 36%，其中仅俄罗斯一个国家的淡水资源就高达 4.312 万亿立方米，人均 3 万立方米，总量仅次于巴西位居世界第 2，人均量仅次于不丹，在"一带一路"沿线国家中排第 2 位[③]。

根据《BP 世界能源统计年鉴 2016》提供的数据，2015 年 64 个"一带一路"沿线国家的化石燃料总产量为 47.6 亿吨油当量，其中欧亚经济联盟五国的生产量为 13.77 亿吨，占比 28.93%。当然，俄罗斯的产量遥遥领先于其他国家，为 12.41 亿吨；哈萨克斯坦的产量次之，为 1.36 亿吨。

2015 年，石油产量方面，俄罗斯的石油产量为 5.41 亿吨油当量，占世界总产量的 12.4%，仅次于沙特阿拉伯（5.69 亿吨）和美国（5.67 亿吨），居世界第 3 位；尽管非洲也是石油很重要的产区，但 2015 年的石油产量只有 2.98 亿吨油当量，仅仅是俄罗斯一个国家石油产量的一半多一点。

俄罗斯 2015 年的天然气产量为 5.16 亿吨油当量，占世界总产量的

① 赵妍：《纳扎尔巴耶夫称哈萨克斯坦农业发展潜力巨大》，国际在线，2015 年 6 月 5 日，http：//gb.cri.cn/42071/2015/06/05/8011s4987823.htm；哈通社阿斯塔纳 5 月 5 日电（记者哈梅特·马梅特哈兹吾勒），纳扎尔巴耶夫 5 日在总统府召开的政府扩大会议上表示，哈萨克斯坦共有 900 万公顷土地未被开发利用。

② 叶晓楠：《中外知名人士纵论"一带一路"》，《人民日报》（海外版）2016 年 12 月 19 日，第 2 版，http：//paper.people.com.cn/rmrbhwb/html/2016-12/19/content_1736845.htm。

③ 资料来源：世界银行公布的官方数据，data.worldbank.org/indictor/ER.H2O.INTR.K3。

16.1%，几乎接近中东整个地区当年的天然气产量（5.56 亿吨），仅次于美国（7.05 亿吨）而居世界第 2。

由此可见，欧亚经济联盟国家农业、能源等资源方面具有十分明显的优势，中国在这些方面正好拥有广阔的市场，加上资金相对比较富裕，因此中国与欧亚经济联盟国家在"一带一路"框架下开展"5+1"合作，将有助于这些方面合作的进一步深入，以取得更大成果。

中俄关系

维持中国与俄罗斯良好的双边关系是符合双方共同利益的，同时也对促进"一带一路"倡议的落实与实施具有重要意义。作为中国重要的邻国，俄罗斯与中国共同拥有 4300 公里的漫长边界线。"一带一路"贯穿亚欧大陆并与非洲大陆相连。俄罗斯是横跨欧亚的世界大国，也是丝绸之路经济带向西向北拓展的关键节点国家，对于"一带一路"建设具有十分特殊的意义。中国将建设"中蒙俄经济走廊"、新亚欧大陆桥经济走廊、中国—中亚—西亚经济走廊作为加强与俄罗斯合作推进"一带一路"进程的重要内容，并于 2015 年 5 月签署具有战略意义的《关于丝绸之路经济带建设和欧亚经济联盟建设对接合作的联合声明》的重要文件，启动并开始实施与俄罗斯主导的欧亚经济联盟国家在国际贸易、基础设施建设、国际产能合作等方面的一些重大项目。

在当前十分复杂的国际环境和背景下，中国实施"一带一路"建设规划和俄罗斯推进欧亚经济联盟国家的一体化步伐，都有合作的客观理由与主观愿望，因此两者之间实行有效对接就成为双方的最佳选择。因此，在 2016 年 6 月 25 日签署的《中华人民共和国和俄罗斯联邦联合声明》中双方明确地强调指出："落实中俄 2015 年 5 月 8 日《联合声明》中确定的丝绸之路经济带建设与欧亚经济联盟建设对接合作的共识具有重大意义"；甚至提出了在这个基础上实施在欧亚区域内进行更大范围合作的实施思路，中俄之间的欧亚全面伙伴关系应建立在开放和透明的基础上，同时注重考虑双方利益，并在伙伴关系建立的过程中建议吸纳欧亚经济联盟、东盟成员国以及上合组织加入①。

---

① 新华社：《中华人民共和国和俄罗斯联邦联合声明》，新华网，2016 年 6 月 26 日，http://news. xinhuanet. com/politics/2016－06/26/c_ 1119111908. htm。

"5 + 1" 国家间贸易和投资关系的变动趋势

"5 + 1" 合作也有助于促进区域间可持续的经贸合作。全球化背景下世界各国面临日益加深的经济联系，相互依赖程度提高，区域经济一体化成为提高国际竞争力的有效途径。欧亚经济联盟成员国中的四个是苏联的州，并在 1991 年独立：哈萨克斯坦独立于 12 月 16 日，亚美尼亚独立于 9 月 21日，吉尔吉斯斯坦独立于 8 月 31 日，白俄罗斯独立于 8 月 25 日。在欧亚经济联盟成员国独立以来，中国与这些国家都建立了紧密的合作关系，联盟成立后，有利于在一个新的平台上，进一步促进中国与这些国家在各方面的合作，经贸合作将是其中的重要内容。

欧亚经济联盟近年来逐步减弱的贸易紧密度

国家之间的贸易紧密度测算对于未来贸易发展潜力的预测具有重要作用，因此我们先用贸易紧密度指数来衡量目前欧亚经济联盟五国在贸易方面的依存度。一般而言，贸易紧密度越高，就表示两国在贸易方面的联系越紧密。测算贸易依存度的基本公式见方程 （1）：

$$W_{ij} = \frac{X_{ij} / X_i}{Y_j / Y_w} \tag{1}$$

在方程 （1） 中，W_{ij} 指的是国家 i 与其贸易伙伴国 j 之间的贸易紧密度；X_{ij} 是国家 i 向国家 j 的出口；X_i 是国家 i 的出口总额；Y_j 是国家 j 的进口总额；Y_w 是全球的进口总额。

本文依据此公式，根据联合国统计署贸易数据库 （COMTRADE） 公布的贸易数据[①]，可以测算出欧亚经济联盟五国 （俄罗斯、白俄罗斯、哈萨克斯坦、吉尔吉斯斯坦、亚美尼亚） 中任何一国分别对其他四个成员国之间的贸易紧密度 （在这里我们使用的贸易紧密度指数，指的是两国之间的相对贸易水平；最高得分是 100 分，最低是 0 分）。经过计算，研究结果可参考附录表 A2。为了更清晰地强调研究结果中的趋势，我们还基于附录表 A2绘制如图 1 所示。

---

① 资料来源：联合国统计署贸易数据库，comtrade. un. org/data/。

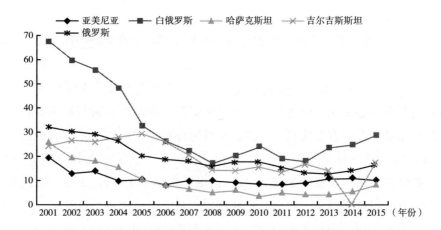

图 1　欧亚经济联盟各国与其他成员国之间的贸易紧密度

资料来源：基于附录表 A2 的数据绘制得到。

从我们测算出的贸易紧密度结果来看，图 5 显示在欧亚经济联盟五国中，白俄罗斯与其他四个成员国的贸易紧密度最高，2001 年曾高达 67.8，虽然从 2001～2015 年经历了快速下滑的过程，但目前仍然是五国中紧密程度最高的国家。总体来看，五个国家的贸易紧密度都呈现下滑的态势，其中哈萨克斯坦从 2001 年的 26.1 下降到了 2015 年的 7.9，降幅达 70%；白俄罗斯从 67.8 降到了 28.97，降幅为 57.3%；亚美尼亚和俄罗斯的降幅为 49%；吉尔吉斯斯坦降幅为 28%。

总之，欧亚经济联盟成员国之间的贸易紧密度都表现出不同程度的下降，部分原因是联盟成员国之间在产业结构上比较强的趋同性，也就是说这几个国家之间的贸易互补性比较小。根据李建民（2014）的测算，俄罗斯、白俄罗斯、哈萨克斯坦之间的贸易互补程度均在 0.5 以下。正是由于这些国家之间的贸易互补性比较小，这些国家联盟内的贸易额占它们贸易总额的比重一般都比较低。我们随机选用目前可以得到的最近一年的数据就能说明这一点（见表 1）。这一分析结果表明，欧亚经济联盟成员国具有与欧亚经济联盟外的其他国家如中国建立经济联系的巨大潜力，例如通过交通基础设施建设等，从而使这些国家从参与丝绸之路经济带建设中受益。

根据欧亚经济委员会官网公布的数据[①]，表 1 中所显示的 2015 年欧亚

---

① 资料来源：欧亚经济委员会官网，www.eurasiancommission.org。

经济联盟五国合计的内部贸易额仅占全部贸易额的 13.5%，但这些国家与联盟外国家的贸易总额占到了它们总贸易额的 86.5%，联盟外贸易额是联盟内贸易额的 6.4 倍，这说明欧亚经济联盟内成员国平均而言只能满足其所需产品和市场的很少部分，近 90% 是通过对联盟外国家贸易而得到满足的。从具体成员国的进出口贸易额来看，俄罗斯的贸易对联盟外的依赖性最高，联盟外贸易比重高达 91.9%，仅 8.1% 的贸易额是通过欧亚经济联盟内部贸易实现；其次是哈萨克斯坦，对联盟外国家贸易比重为 79.2%。总体而言，欧亚经济联盟的平均外部贸易比例都超过了 50%。

表 1　欧亚经济联盟各成员国在联盟内部的贸易和其外部贸易的情况比较（2015 年）

	联盟内贸易额占总贸易额比重(%)			联盟外贸易额占总贸易额比重(%)		
	进出口	出口	进口	进出口	出口	进口
欧亚经济联盟五国	13.5	10.8	18.0	86.5	89.2	82.0
俄罗斯	8.1	8.4	7.7	91.9	91.6	92.3
白俄罗斯	49.5	41.2	56.8	50.5	58.8	43.2
哈萨克斯坦	20.8	10.7	36.1	79.2	89.3	63.9
吉尔吉斯斯坦	44.3	32.2	49.3	55.7	67.8	50.7
亚美尼亚	26.3	15.9	31.1	73.7	84.1	68.9

资料来源：欧亚经济委员会官网（www.eurasiancommission.org）。

表 2　欧亚经济联盟成员国之间的贸易情况（2015 年）

单位：%；亿美元

	亚美尼亚	白俄罗斯	哈萨克斯坦	俄罗斯	吉尔吉斯斯坦
亚美尼亚	—	0.07	0.01	2.82	0.001
白俄罗斯	0.333	—	1.26	57.14	0.15
哈萨克斯坦	0.056	5.724	—	33.45	1.9
俄罗斯	12.742	259.282	151.786	—	3.2
吉尔吉斯斯坦	0.005	0.69	8.636	14.544	—

资料来源：欧亚经济委员会官网（http://www.eurasiancommission.org）。

从表 2 中可以看出，2015 年在联盟内部的 454 亿美元的总贸易额中，90% 以上是在俄罗斯、白俄罗斯、哈萨克斯坦三国之间发生的，而且主要是发生在俄罗斯与白俄罗斯、俄罗斯与哈萨克斯坦之间，其中俄罗斯与白俄罗斯之间的贸易额为 259 亿美元，占联盟内贸易总量的 57.14%；俄罗斯与哈萨克斯坦之间的贸易额为 152 亿美元，占联盟内贸易总额的 33.45%；联盟内贸易额居于第 3 的是吉尔吉斯斯坦与俄罗斯的贸易额，为 14.5 亿美元，占联盟内贸易总量的 3.2%，其次是亚美尼亚与俄罗斯的贸易额为 12.7 亿美元，占联盟内贸易总额的 2.82%。除与俄罗斯的贸易之外，其他四个成员国之间的贸易额不足 10 亿美元，尤其是 2015 年亚美尼亚与吉尔吉斯斯坦之间的贸易额仅为 50 万美元，相当于俄罗斯与白俄罗斯贸易额的 0.002%。根据相关研究，主要原因还是欧亚经济联盟内部成员国之间存在比较高的产业结构同质化问题，基本上都是出口资源和能源类产品，进口机电产品，因此相互之间进行贸易的需求比较弱，同时在竞争同质度比较高的国际市场方面又存在比较激烈的相互之间的竞争（金瑞庭，2016）。

中国是欧亚经济联盟最重要的贸易伙伴

自欧亚经济联盟各成员国独立以来，中国与其贸易往来就一直保持着较快的发展态势。根据联合国统计署公布的贸易数据，2014 年在欧亚经济联盟贸易总额中 12.5% 是与中国实现的，中国是欧亚经济联盟最大的对外贸易伙伴（见表 3）。由于世界大宗商品价格下降和原料价格下跌，2015 年欧亚经济联盟对外贸易额有所下降，但是根据欧亚经济委员会官网统计的数据，中国在 2015 年仍然以占欧亚经济联盟对外贸易总额的 13.6% 持续为其最大贸易伙伴。从双边贸易来看，中国也是欧亚经济联盟主要成员国的重要贸易伙伴，中国是俄罗斯对外贸易的最大贸易伙伴，并在欧亚经济联盟其他成员国哈萨克斯坦、亚美尼亚、吉尔吉斯斯坦的对外贸易伙伴排名中居于第 2 位（张国凤，2016）。

表 3　欧亚经济联盟对联盟外贸易的前五大伙伴（2015 年）

年份	贸易伙伴	出口（亿美元）	进口（亿美元）	比重（%）
	中国	480	606	12.5
	德国	392	377	8.9
2014	意大利	528	149	7.8
	荷兰	784	61	6.1
	乌克兰	229	136	4.2

续表

年份	贸易伙伴	出口（亿美元）	进口（亿美元）	比重（%）
	中国	351	438	13.6
	德国	269	241	8.8
2015	荷兰	470	37	8.7
	意大利	306	103	7.1
	土耳其	208	56	4.6

资料来源：欧亚经济委员会（www.eurasiancommission.org）。

根据欧亚经济委员会的统计，2015 年欧亚经济联盟 5 个成员国相互间的贸易总额为 454 亿美元，欧亚经济联盟与联盟外的国家进出口贸易总额为 5795 亿美元（其中出口 3741 亿美元，进口 2054 亿美元）。在欧亚经济联盟前五大贸易伙伴国中，与中国的贸易总额为 789 亿美元（其中从中国进口 438 亿美元，向中国出口 351 亿美元），以占欧亚经济联盟与联盟外国家进出口贸易的 13.6%，位居第 1；其次是德国，贸易量为 510 亿美元，占 8.8%，荷兰以 8.7% 的贸易占比仅次于德国，在欧亚经济联盟对外贸易伙伴中排在第 3 位，居于第 4 位和第 5 位的分别是意大利和土耳其，其所占的贸易比重分别为 7.1% 和 4.6%。根据欧亚经济委员会统计的数据，截至 2016 年 11 月，中国以占欧亚经济联盟对外的贸易总额 15.4% 的比重持续成为其最大的贸易伙伴。

如果从长一点的时段来看，中国对欧亚经济联盟五国从 1992 ~ 2016 年的商品进出口贸易额总体上表现出上升的态势，其中 1992 ~ 2005 年增长比较缓慢，2006 ~ 2008 年快速增长，2009 年受到金融危机的影响有所回落，后在 2010 ~ 2014 年继续快速增长，涨幅达 53.43%。但受原油价格等大宗商品价格下跌的影响，近两年的贸易额有所减少。

中国与欧亚经济联盟的投资关系

同时，中国对欧亚经济联盟国家的直接投资这些年也持续增长，从 2003 年的投资存量仅有 0.97 亿美元增长到了 2015 年的 228.1 亿美元，增长了 235 倍（见图 2）。具体来看，中国对哈萨克斯坦的直接投资从 2003 年的 0.2 亿美元增长到了 2015 年的 50.95 亿美元，对吉尔吉斯斯坦的直接投资从 0.16 亿美元增长到了 10.71 亿美元，对俄罗斯的直接投资从 0.62 亿美元增长到了 140.2 亿美元，对白俄罗斯和亚美尼亚从投资几乎从 0 分别增长到了 2015 年的 4.76 亿美元和 0.075 亿美元。我们可以看出，中国对白俄罗斯的直接投资增长幅度最大，尤其是投资建立在白俄罗斯首都明斯克的中白工业园区不仅是中国到目前为止在海外建设的工业园区中规模最大的项目，也是白俄罗斯规模最大的一项对外招商引资工程，中白工业园区在推动中国与欧亚经济联盟国家的合作方面承担着重要角色。伴随着莫斯科—喀山高铁、中白工业园、中哈边境合作区等项目纵深发展，将有利于进一步促进中国与欧亚经济联盟国家的经贸合作。

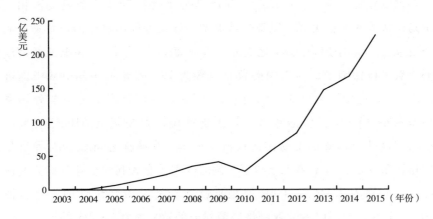

图 2　中国对欧亚经济联盟的直接投资（2003～2015 年）

资料来源：由商务部、国家统计局和国家外汇管理局联合发布的历年《中国对外直接投资统计公报》（中国统计出版社）。

基础设施："一带一路"与"5 +1"合作

欧亚经济联盟是连通东亚与欧洲的交通枢纽，在促进"一带一路"与欧亚经济联盟的战略对接，实现基础设施互联互通，完善欧亚经济联盟五国的基础设施水平的同时，直接促进了连接亚欧大陆的经济大动脉的形成。

交通基础设施建设

中国目前已经是世界上最大的商品贸易国，而 90% 的中国出口和进口都是通过海运来实现的（李波辉，2007）。一般而言，远洋运输要慢于铁路交通，并且在欧洲与中国的贸易中，铁路交通只需要花费海洋运输一半的时间①，而运输成本是基本相同的（李果，2015）。因此，对于中国来说更重要的是，更多地使用铁路运输而非海洋运输，这同时对欧洲国家也有利。

丝绸之路经济带将亚太经济圈与欧洲发达经济体相连接，中欧铁路建设贯通这一经济带，2011 年 3 月 19 日正式开通的 "渝新欧" 国际铁运大通道预示着中欧铁路大通道的建立。"渝新欧" 铁路的出发点是重庆，途经西安、兰州等后到达阿拉山口，过境后经过哈萨克斯坦、俄罗斯、白俄罗斯、波兰，最终到达德国的杜伊斯堡。这条线路是欧亚大陆桥的南线通道，总长 11179 公里。"渝新欧" 铁路建设是由沿途六个国家中国、哈萨克斯坦、俄罗斯、白俄罗斯、波兰、德国合作建立的运输通道，成为中欧铁路的主干线路。

中欧铁路从中国出发途经欧亚经济联盟的俄、白、哈三个重要国家进入欧洲，从 2011 年开通至今已经发展形成多条线路，这些线路形成东中西三条运输通道，中欧班列的始发城市主要包括中部和西部的郑州、武汉、重庆、成都等地区，从这些城市出发的中欧班列居多。根据中国铁路总公司的统计，中欧班列从 2011 年 3 月成功开行到 2016 年 6 月，中欧班列共开行 1881 列，实现 170 亿美元的进出口贸易额。中欧班列共有 39 条运行线路，分别从中国境内 16 个始发城市运行到达境外的 12 个城市。② 中欧铁路承担着中欧贸易的桥梁作用，促使双方实现更加紧密的经济合作，已经成为丝绸之路经济带战略发展的重要部分。

中欧铁路线途经的哈萨克斯坦、俄罗斯和白俄罗斯都是欧亚经济联盟的主要国家，俄、白、哈三国作为获益方和投资方在丝绸之路经济带建设中起着十分重要的作用。同时欧亚经济联盟国家提出的建设欧亚运输走廊的设想，包括俄罗斯提出的远东地区发展战略、哈萨克斯坦提出的以基础建设为核心的 "光明大道" 战略、吉尔吉斯斯坦的铁路干线建设战略等，都与 "一带一路" 倡议提出的基础设施互联互通具有强烈的

---

① 王姣娥、景悦、王成金：《"中欧班列" 成沿线国家贸易往来陆路运输骨干》，中国网，2017 年 4 月 19 日，http://www.china.com.cn/news/2017 - 04/19/content_ 40649951. htm。

② 新浪财经，《"一带一路" 提速 2020 年中欧班列将达每年 5000 列》，2016 年 10 月 18 日，http://finance. sina. com. cn/roll/2016 - 10 - 18/doc - ifxwvpqh7761641. shtml。

互补性，为实现战略对接促进基础设施项目的推进奠定基础，开展"5 + 1"基础设施项目合作对建设丝绸之路经济带框架下的中欧铁路线建设具有重要推动作用。

能源基础设施

当前，俄罗斯和中亚国家作为世界级能源生产和出口国以及中国作为世界级能源进口和消费国仍然缺乏话语权，俄罗斯受到乌克兰危机下美欧的能源制裁，中国石油的地理边界长期处于中东和非洲的"动荡弧"上，中国原油主要进口地区的中东和非洲政治动荡时刻威胁着中国的石油安全（见图3）。为摆脱被动局面，在丝绸之路经济带框架下进行"5 + 1"合作促进能源共同体的建立成为可行的选择，能源基础设施建设便成为促进合作的首要任务。

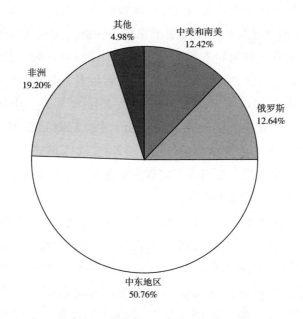

图3　中国的石油进口来源（2015年）

资料来源：《BP世界能源统计年鉴2016》（BP，2016）。

中国—中亚天然气管道从位于阿姆河右岸的土库曼斯坦和乌兹别克斯坦两个国家的边境出发，途经乌兹别克斯坦中部和哈萨克斯坦南部，自霍尔果斯进入中国，形成"西气东输二线"。这条天然气管道全长大约

10000 公里，其中中国境内的长度为 8000 公里，土库曼斯坦、乌兹别克斯坦和哈萨克斯坦境内长度分别是 188 公里、530 公里和 1300 公里。截至 2016 年 12 月，中国—中亚天然气管道的 A、B、C 三线均已通气，并投入生产，目前 D 线正在铺设中，将于 2020 年完成，全长 1000 公里，预计能够实现 300 亿立方米的年输量（见表 4）。假设 2010 年中国消费 4000 亿 ~ 4200 亿立方米的天然气，D 线的竣工可以满足国内天然气需求的 20% 以上[①]，中国—中亚天然气管道的四条线路形成了中国从中亚引进天然气的大动脉。

表 4 中国—中亚天然气管道建设

线路	起始国家	管道长度（千米）	年输气量（亿立方米）	通气时间
线路 A	土库曼斯坦	1830	300	2009 年 12 月
线路 B	乌兹别克斯坦	1830	300	2010 年 10 月
线路 C	乌兹别克斯坦	1830	250	2014 年 5 月
线路 D	土库曼斯坦	1000	300	2020 年

资料来源：news. cnpc. com, cn/system/2014/09/15/001507242. shtml。

中国—中亚天然气管道途经的哈萨克斯坦是欧亚经济联盟重要成员国，在中国境外的 2018 公里长度的管道中，哈萨克斯坦境内占比 64.42%，几乎占到中国境外管道总长度的 2/3，土库曼斯坦和乌兹别克斯坦分别占比 9.32% 和 26.26%。可见促进中国与欧亚经济联盟的 "5 + 1" 能源基础设施合作对于促进中国—中亚天然气管道建设的顺利推进具有重要意义。

中国与哈萨克斯坦在能源基础设施建设方面已经展开密切合作。中哈原油管道是第一条中国的跨国原油进口管道，对于中国和哈萨克斯坦来说都具有重要战略意义，这是直接由哈萨克斯坦运往中国的原油通道，不经过第三国直接输送到终端消费市场。中哈原油管道从哈萨克斯坦西部的阿特劳地区出发，经过肯基亚克等四个地区到达我国阿拉山口。中哈原油管道一期工程于 2006 年 5 月实现全线通油，二期工程于 2009 年投产，并被列入 "十二

---

① 马鑫、韦梦晨：《"一带一路" 六大经济走廊的发展现状与建设进展》，第一财经研究院，http://mt.sohu.com/20170201/n479757185.shtml。

五"时期能源输送通道建设重点①。中哈原油管道（阿塔苏—阿拉山口）在 2015 年向我国国内输送 1080.5 万吨原油，在"十二五"期间输油量连续五年超过 1000 万吨，累计共获得 5680 万吨原油。中哈原油管道从 2006 年 7 月投产到 2015 年年底，已向国内输送 8724 万吨原油，通过拓展能源进口渠道保障了国家能源供应②。

通过"5+1"合作促进政策的协调

以上我们从贸易、投资、基础设施建设等方面讨论了如何通过"5+1"合作而促进"一带一路"建设的问题，实际上"一带一路"建设涉及方方面面的工作，如何建立起一套有效的合作机制来协调各方面的工作就显得更重要了。合作机制的建立需要各方面成熟的条件，在目前情况下，可以考虑从政策协调开始逐步建立起来。根据笔者之一近期对哈萨克斯坦、吉尔吉斯斯坦两个欧亚经济联盟国家的实地调研，结合我们以上讨论的内容，我们提出以下从加强"5+1"合作以促进"一带一路"建设的几方面的政策协调重点。

第一个领域是融资。我们建议采取如下行动。

1. 鼓励中国的金融机构为欧亚经济联盟五国提供金融服务，特别是应支持符合条件的中国私营企业向这些国家开放金融业务。

2. 通过政策协调建立一系列专项基金。中国已经根据"一带一路"建设需要及时地建立了丝路基金并开始正常运营，但仅仅依靠一个国家出资的基金是远远不够的，目前中国和联盟国家都有大量的私人资本需要寻找新的投资机会，因此可以通过建立各方面专项基金的方式将私人资本聚集起来，以满足各行业的资金需求。

3. 通过政策协调在"5+1"框架下发行专项债券，一些重要的基础设施建设项目可以获得其所需资金，同时这也有利于扩展人民的投资渠道，促进中国和亚洲债券市场发展。

---

① 《国务院关于印发能源发展"十二五"规划的通知》，国发〔2013〕2 号，http：//www. gov. cn/zwgk/2013 - 01/23/content_ 2318554. htm。

② 陈福来：《中哈管道输油五连超千万吨》，中国石油新闻中心，2016 年 1 月 12 日，http：// news. cnpc. com. cn/system/2016/01/12/001575462. shtml。

4. 考虑在中国证券交易所创建特殊的 "一带一路" 国际板块，从而为那些向 "一带一路" 沿线国家尤其是欧亚经济联盟国家开展投资的中国企业提供筹资机会。

5. 近年来，欧亚经济联盟国家普遍存在汇率不稳的问题，在人民币作为 SDR 篮子货币，已经可以用于国际结算、汇兑后，可以通过政策协调逐步建立起一个在人民币基础上的 "一带一路" 金融稳定区，尤其是丝绸之路经济带金融稳定区。

强化经济合作的另一个措施是通过投资政策的协调来实现。经过实地调查，我们发现各国都有与中国建立更加密切的投资政策沟通的要求，哈萨克斯坦尤其强烈。实际上，哈萨克斯坦政府与中国政府在投资政策方面的沟通应该说也是最好的，譬如说两国之间在 2016 ~ 2022 年投资合作的框架性协议已经签署了，确定了主要的投资领域（包括农业以及农产品加工业、化学工业等）、主要项目、数量以及投资金额等。然而，即使是出于投资的目的，要获得哈萨克斯坦签证也是比较困难，因此这一方面的政策协调从增加中国对哈萨克斯坦投资的角度来说对双方都有利。

欧亚经济联盟国家之间关系进一步深化的第三种方式，就是加强贸易政策的协调。由于为推动 "5 + 1" 合作，中国与俄罗斯的最高领导人已经签署了一项协议，因此我们应尽快提出 "5 + 1" 自由贸易协定（FTA）。这不仅有利于推动 "一带一路" 建设，而且还有利于促进欧亚经济联盟五国的贸易繁荣与经济增长。

最后，"5 + 1" 合作也有助于增强产业政策的协调性。欧亚经济联盟五国在农业、能源和矿产资源等产业具有优势，但制造业还不发达、工业化程度比较滞后。产业政策的进一步协调，将直接有助于促进中国与这些国家在相关产业上的互补性发展，最终促进区域经济繁荣。

参考文献

金瑞庭，2016，《加快推动 "一带一路" 战略与欧亚经济联盟对接》，《宏观经济管理》第 3 期，第 41 ~ 43 页，第 54 页。

李波辉，2007，《国际货物运输》，东北财经大学出版社，第 3 ~ 4 页。

李果，2015，《铁路与海运同价：渝新欧快铁争中欧贸易新通道》，《21 世纪经济报道》5 月 15 日，第 6 版。

李建民，2014，《丝绸之路经济带、欧亚经济联盟与中俄合作》，《俄罗斯学刊》第 5 期，第 7 ~ 18 页。

明海会、张庆辉、辛勤，2009，《哈萨克斯坦石油工业综述》，《国际石油经济》第 2 期，第 41 页。

王维然、朱敏、吴唯君，2011，《俄白哈关税同盟的贸易结构与效应研究》，《俄罗斯中亚东欧市场》第 12 期，第 29 ~ 35 页。

吴敬琏，2013，《中国增长模式的决策》，上海远东出版社，第 48 ~ 52 页。

张国凤，2016，《中国与欧亚经济联盟自由贸易区构建的基础、问题与对策》，《中国高校社会科学》第 4 期，第 96 ~ 107 页，第 159 页。

周密，2015，《"一带一路"与欧亚经济联盟合作空间巨大》，《中国经济周刊》第 18 期，第 22 ~ 24 页。

BP (2016), *Statistical Review of World Energy*, London: BP. Available from: www.bp.com/statisticalreview.

China Petroleum News Center (2016), More than 10 million tons of oil per year transported by China—Kazakhstan pipeline during the past five years. Available from: news.cnpc.com.cn/system/2016/01/12/001575462.shtml.

Global Financial Network (2016), *Sino–Russian joint statement: The establishment of Eurasian comprehensive partnership*, *Global Financial Network*, 27 June. Available from: www.qqjr.com/quanqiu/zc/2016-06-27/3537.html.

Jin, R. (2016), Speed up to integrate the Belt and Road strategy and the Eurasian Economic Union, *Macroeconomic Management* 3: 41–43.

Li, G. (2015), Railway cost is the same as ocean shipping: Chongqing–Europe Express Railways becomes the new channel of China–Europe trading, *21st Century Economic Report*, 15 May.

Li, J. (2014), Silk Road Economic Belt, Eurasian Economic Union and Sino Russian cooperation, *Academic Journal of Russian Studies* 5:7-18.

Ma, X. and Wei, M. (2017), Development status and construction progress of the six economic corridors along the Belt and Road, the First Financial Research Institute of China. Available from: mt.sohu.com/20170201/n479757185.shtml.

Ming, H., Zhang, Q. and Xin, Q. (2009), Kazakhstan oil industry overview, *International Petroleum Economy* 2: 41.

Ministry of Commerce of China (MOFCOM), National Bureau of Statistics of China (NBS) and State Administration of Foreign Exchange of China (2016),

China's Outward Foreign Direct Investment Statistics Bulletin, Beijing: China Statistics Press.

Sina Online (2016), The Belt and Road construction accelerates: China-Europe express railway trains will be about 5000 a year by 2020, , *Sina Online*, 18 October. Available from: finance.sina.com.cn/roll/2016-10-18/doc-ifxwvpqh7761641.shtml.

State Council of China (2013), *State Council on Printing and distributing the 'Twelfth Five-Year Plan' for Energy Development*, No. 2 [2013], State Council of China. Available from: www.gov.cn/zwgk/2013-01/23/content_2318554.htm.

Wang, W., Zhu, M. and Wu, W. (2011), Study on the trade structure and effect of the Russian–Belarus–Kazakhstan Customs Union, *Russia, Central Asia and Eastern European Market* 12: 29–35.

Wu, J. (2013), *Choosing the Growth Model in China*, Shanghai: Shanghai Far East Publishing House.

Ye, X. (2016), Chinese and foreign well-known people on the Belt and Road Initiative, *People's Daily Overseas Edition*, 19 December: 2. Available from: paper. people.com.cn/rmrbhwb/html/2016-12/19/content_1736845.htm.

Zhang, G. (2016), On the foundation, problems and countermeasures of a free trade zone between China and Eurasian Economic Union, *Chinese University Social Sciences* 4: 96–107.

Zhao, Y. (2015), Nazarbayev says Kazakhstan's agricultural development potential is huge, *International Online*, 5 June. Available from: gb.cri.cn/42071/2015/06/05/8011s4987823.htm.

Zhou, M. (2015), Huge potential for cooperation between the Belt and Road and Eurasian Economic Union, *China Economic Weekly* 18: 22–24.

附录 1

表 A1 "一带一路"沿线 65 国基本信息（2015 年）

国家代码	国家	国内生产总值 （10 亿美元）	人口 （百万）	国土面积 （百万平方千米）
1	中国	11007.70	1371.220	9.3882
2	俄罗斯	1331.21	144.097	16.3769
3	蒙古国	11.74	2.959	1.5536
4	新加坡	292.74	5.535	0.0007
5	文莱	12.93	0.423	0.0053
6	泰国	395.17	67.959	0.5109
7	马来西亚	296.28	30.331	0.3286
8	印度尼西亚	861.93	257.564	1.8116
9	越南	193.60	91.704	0.3101
10	菲律宾	292.45	100.699	0.2982
11	缅甸	62.60	53.897	0.6531
12	柬埔寨	18.05	15.578	0.1765
13	老挝	12.37	6.802	0.2308
14	东帝汶	1.44	1.245	0.0149
15	阿富汗	19.33	32.527	0.6529
16	尼泊尔	21.19	28.514	0.1434
17	马尔代夫	3.44	0.409	0.0003
18	印度	2095.40	1311.051	2.9732
19	巴基斯坦	271.05	188.925	0.7709
20	孟加拉国	195.08	160.996	0.1302
21	斯里兰卡	82.32	20.966	0.0627
22	不丹	2.06	0.775	0.0381
23	沙特阿拉伯	646.00	31.540	2.1497
24	阿联酋	370.30	9.157	0.0836
25	阿曼	69.83	4.491	0.3095
26	以色列	299.42	8.380	0.0216
27	科威特	114.04	3.892	0.0178
28	卡塔尔	164.64	2.235	0.0116
29	巴林	31.13	1.377	0.0008
30	伊朗	425.33	79.109	1.6286
31	土耳其	717.88	78.666	0.7696
32	伊拉克	180.07	36.423	0.4343

续表

国家代码	国家	国内生产总值 （10亿美元）	人口 （百万）	国土面积 （百万平方千米）
33	约旦	37.52	7.595	0.0888
34	黎巴嫩	47.08	5.851	0.0102
35	埃及	330.78	91.508	0.9955
36	也门	37.73	26.832	0.5280
37	叙利亚	n. a.	18.502	0.1836
38	巴勒斯坦	12.68	4.422	0.0060
39	白俄罗斯	54.61	9.513	0.2029
40	格鲁吉亚	13.97	3.679	0.0695
41	阿塞拜疆	53.05	9.651	0.0827
42	乌克兰	90.62	45.198	0.5793
43	亚美尼亚	10.53	3.018	0.0285
44	摩尔多瓦	6.57	3.554	0.0329
45	波兰	477.07	37.999	0.3062
46	捷克	185.16	10.551	0.0772
47	斯洛伐克	87.26	5.424	0.0481
48	匈牙利	121.72	9.845	0.0905
49	拉脱维亚	27.00	1.978	0.0622
50	立陶宛	41.17	2.910	0.0627
51	斯洛文尼亚	42.77	2.064	0.0201
52	爱沙尼亚	22.46	1.312	0.0424
53	克罗地亚	48.73	4.224	0.0560
54	罗马尼亚	177.95	19.832	0.2300
55	保加利亚	50.20	7.178	0.1086
56	阿尔巴尼亚	11.40	2.889	0.0274
57	塞尔维亚	37.16	7.098	0.0875
58	马其顿	10.09	2.078	0.0252
59	波黑	16.19	3.810	0.0512
60	黑山共和国	3.99	0.622	0.0135
61	哈萨克斯坦	184.39	17.544	2.6997
62	土库曼斯坦	35.85	5.975	0.1918
63	乌兹别克斯坦	66.73	31.300	0.4254
64	吉尔吉斯斯坦	6.57	5.957	0.1918
65	塔吉克斯坦	7.85	8.482	0.1400

资料来源：世界银行统计数据库（data. worldbank. org）。

表 A2 欧亚经济联盟国家之间的贸易紧密度指数（2001~2015年）

年份	亚美尼亚	白俄罗斯	哈萨克斯坦	吉尔吉斯斯坦	俄罗斯
2001	19.66	67.80	26.10	24.44	32.26
2002	12.64	60.07	19.24	26.43	30.19
2003	13.70	56.00	17.79	25.89	28.99
2004	9.6	49.10	15.14	27.73	26.49
2005	10.08	32.62	10.24	29.18	20.26
2006	8.09	26.53	7.88	26.02	18.53
2007	9.82	22.39	6.42	20.50	17.79
2008	9.64	17.33	4.92	14.28	15.71
2009	8.95	20.15	5.57	14.02	17.80
2010	8.62	24.30	3.40	15.64	17.44
2011	8.02	18.90	4.61	13.45	15.40
2012	8.84	18.13	3.97	16.58	13.12
2013	10.61	23.47	3.90	13.85	12.53
2014	10.76	24.68	5.00	0.00	14.06
2015	10.07	28.97	7.90	17.51	16.35

注：国家之间的贸易联系指数最高可达100；最低可为0，意味着两国之间没有贸易联系。

资料来源：笔者基于联合国统计办公室的贸易统计数据库提供的数据计算得到（contrade. un. org/data/）。

中国创新务实的对外援助：
从全球化塑造到重塑全球化[*]

〔澳〕江诗伦（Lauren Johnston）

〔德〕马丽娜·鲁佳克（Marina Rudyak）

引　言

在瑞士达沃斯举行的世界经济论坛 2017 年年会上，中国国家主席习近平说道：当世界经济处于下行期的时候，全球经济"蛋糕"不容易做大，甚至变小了，增长和分配、资本和劳动、效率和公平的矛盾就会更加突出，发达国家和发展中国家都会感受到压力和冲击（习近平，2017）。

但他还补充，这并不意味着我们应该将全盘否定经济全球化。他指出，经济全球化是人类进步的自然结果。因此，"我们要适应和引导好经济全球化，消解经济全球化的负面影响，让它更好惠及每个国家、每个民族"（习近平，2017）。

作为中国国家主席第一次出席达沃斯论坛发表的主旨演讲，其本身就意义重大，但是它没有为经济政策的方向提供实质性的指示。不过，习近平呼吁更好地适应和引导好经济全球化意味着任何改变其本身就会是动态的。他声明中国在全球化中扮演更重要作用的一个目标就是向发展中国家提供互利

＊ 笔者感谢"中国：财富与力量"会议（2016 年 4 月 7～8 日，堪培拉）的组织者澳大利亚国立大学亚太学院以及各与会者给予的反馈意见和提供的合作机会。

互惠的好处。因此，习近平在达沃斯的演讲中特别强调了中国的对外援助以及中国对于全球经济增长的贡献。

有估计说，中国的 OECD 等价对外援助净支出（减去中国接收的援助）在 2009～2013 年年均增长大约 11%（Kitano，2016）。估计显示，截至 2013 年中国的净外援助净值已高达 54 亿美元，其中绝大多数都是互利互惠的，无论是捐赠还是贷款（如图 1）（Kitano，2016）。估计认为中国的净对外援助在 2013～2014 年有所下降，降低到 49 亿美元，但这并不影响中国在国际援助排行榜上的排名——第九名。这个排名位列挪威、瑞典和荷兰之后，使得中国在促进全球增长的同时依然有余力扩展其适应全球化和调控经济的策略。

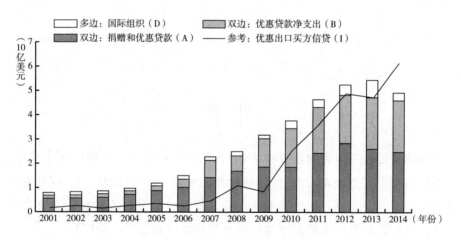

图 1　中国的净对外援助（估计值）

资料来源：Kitano（2016）。

非洲国家大约接受了中国对外援助总量的一半（SCIO，2011a，2014）。非洲对于中国的对外援助意义重大的另一个原因在于其经济潜力的互利性（如，Johnston，2015a），这种重要性从中国现任领导人最近对非洲的访问可见一斑。2013 年 2 月，习近平上任后第一次访问非洲时就强调，中非关系已经驶入一个"全面发展的快车道"（习近平，2013）。2014 年 4 月，在埃塞俄比亚非洲联盟总部的演讲中，中国国务院总理李克强为该快车道指明了方向，他指出了深化中非合作的四原则：真诚平等相待、增进团结互信、共谋包容发展和创新务实合作。"创新务实发展"这个观念本身就是一个转折点，它首次为"平等"和"团结"的传统静态观念赋予了新的含义（Johnston，2014）。

李克强总理在 2014 年非盟的演讲中所说的创新的蕴意很快就显现出来——为了促进各领域的国际开发，中国组建了多个新的国际金融机构，即亚洲基础设施投资银行（AIIB）、丝路基金和一个南南气候基金。此外，中国还对一系列现有的国际开发金融机构进行了新的可观的投资，包括非洲开发银行（AfDB）和欧洲投资银行（EIB）；也投资了一些产业合作基金，如中非产能合作基金（CAICCF）（Kamal 和 Gallagher，2016）。

加强中国在全球化中的领导力这一"适应性"方法可能根植于"中国特色"的概念中。不过，本章中，我们还是认为，中国新的全球化战略和潜在援助政策转型不过是更大的全球发展观的产物。首先，中国对外援助模式的核心是由一种"知识创造链"塑造而成的集援助、贸易和投资三位一体模式，这种模式源于苏联和日本对中国的援助、中国自身的发展经验以及中国半个世纪以来的南南合作经验。其次，作为按照购买力平价计算的世界最大经济体，中国自大约 2005 年开始经历了持续的劳动力紧张和劳动成本上升。这种可用劳动力数量的减少与非洲受过初等教育的劳动适龄人口的增长恰好对应，非洲将有巨大的"人口红利"前景（Johnston，2015a，2015b；Chen 和 Nord，2017）。

我们认为，阐述清楚中国作为一个援助接收国的发展经验以及与中国自身对外援助的联系，将有助于解释中国的对外援助政策。这反过来也有助于洞察对外援助在中国引领的适应性全球化中扮演的作用。因此，本章将概述中国对外援助接收和输出政策的演变历程。一些重大的国内和国际政治经济事件构成了中国约 60 年对外援助政策发展历程的一系列拐点。我们将阐述中国对外援助对于接收国的重要意义，特别是对于非洲各国而言。我们还将阐述中国如何影响全球发展的那些历史拐点以及今后全球化趋势。

中国对外援助的演变历程

尽管中国常常被误认为是一个"新兴的"或"新的"国际援助慷慨方（如 Manning，2006；Hernandez，2016），但实际上中国对外援助的历史与其接受援助的历史一样悠久，可追溯到 20 世纪 50 年代初。实际上，它提供对外援助的历史比许多所谓的传统慷慨者更加悠久。① 中国的对外援助模式特别受援助接收国发生经历的影响，特别是接收苏联优惠贷款的经历（20 世纪 50 年代至 60 年代中苏关系恶化）、接收日本贷款的经历（20 世纪 70 年代后）以及接收西方国家捐赠的经历（20 世纪 80 年代后）。这里我们围绕几个特别的转折点展开介绍。

改革开放之前（1978 年以前）：经济自给自足理念

中华人民共和国成立之初，在苏联影响下中国塑造了自己的计划经济体系。苏联还给予中国捆绑式优惠贷款，这正是中国现今使用的对外援助模式。中国对外援助的两个核心原则是：第一，中国的对外援助不施加任何政治条件②——一些不怀好意的西方观察家称之为"无附加条件的援助"；第二，中国的对外援助应促进受援国经济的独立自主发展能力。

1950 年 2 月，紧随《中苏友好同盟互助条约》之后，中国签订了第一份优惠贷款协议，价值约 3 亿美元，年利率为 1%，贷款支付期为 5 年（Watanabe，2013）。这笔贷款仅限中国从苏联购买商品和军用物资。中国同意在 1953 年后的十年内用商品供给或外汇偿还全部贷款。随后，中苏两国还签署了大量其他类似优惠贷款协议，大部分与负责完成援助计划的苏联技术专家的供应糅合在一起。在此过程中，通过明确这些援助计划如何适应于建设新中国的伟大战略，中国领导人牢牢掌握了援助的主动权（Watanabe，2013，88~89）。开发性援助必须主要服务于一个国家的自主发展战略这一观点在当今中国对外援助专家的陈述中十分常见。北京大学非洲研究专家李安山在谈及全球对非洲的援助时说道："我们不应该为非洲设定计划，我们应该加入他们的计划中去而不是强加给他们一个计划。"（Adu-Gyamerah，2014）

在接受苏联援助的同时，中国也在推进自己的援助项目，从 1953 年的支持朝鲜战后重建到最近的对东南亚去殖民地国家的援助。自 1955 年召开于印度尼西亚万隆的亚非会议之后，中国逐渐开始对非洲国家提供援助，中

---

① 在现有文献中，"传统慷慨者"通常是指属于 OECD 开发援助委员会成员的援助国。

② 不过，一个显然的例外是，受援国必须坚持"一个中国政策"和不承认台湾政权。

国对外援助的接受国也随之扩展。中国早期的对外援助具有明显的苏联特色，形式上基于"互利平等、互相尊重国家主权"的理念。它还将经济独立自主（外国援助有助于实现它）与政治独立自主联系起来：

> 按照这个原则，社会主义国家之间建立了新型的经济关系。苏联在经济上和技术上给予中国的友好援助，就是这种关系的伟大范例……中国是一个刚刚解放不久的国家。我们的经济还很落后，我们在经济上还没有完全独立……但是，由于我们认识到，经济上的独立对于巩固政治上的独立具有重要的意义，我们在自己进行经济建设的同时，也愿意在可能的范围内贡献我们的微薄力量，帮助其他国家的经济发展（周恩来，1956）。

这些联系构成了当今中国对外援助的一个核心原则，且几乎与中国对外援助白皮书（SCIO，2011a，2014）以及政府其他有关对外援助文件中的表述一模一样（Rudyak，2014）。

20世纪60年代初期，随着斯大林的逝世，中苏关系破裂。这对中国早期的对外援助政策产生了第二次意义深远的影响。赫鲁晓夫当政时期，苏联突然停止了对中国的一切援助，中国被迫单方面继续实施由苏联援助而兴的那些项目，同时依然偿还苏联贷款。这使得中国更坚定地坚持对外援助必须仅用于实现经济自力更生。1964年，周恩来总理在访问非洲时宣布了"中国对外经济技术援助八项原则"，这是中国早期对外援助模式的体现。除了平等互利和自力更生，这些原则还包括严格尊重受援国的主权、绝不附带任何政治条件，这些原则构成了中国对外援助政策的根本指导方针，并一直延续至今（Chen，2010，2011）。因此，从一开始，中国的对外援助和外交政策就是相关联的。不过，在这一点上，中国与其他主要援助国之间并没有什么不同。例如，美国实施马歇尔计划的目的，一方面在于帮助二战之后的欧洲国家重建家园，另一方面在于阻止苏联社会主义的蔓延。

改革开放早期（1978年至20世纪90年代中期）：萌芽的互利共同发展

从20世纪70年代后期开始，随着邓小平领导的改革开放政策和一系列经济现代化新政策的实施，对外援助从政治驱动为主逐渐转变为经济驱动为主的趋势得到巩固。同时产生的国有企业行政结构的转变，为当前中国对外援助的实施方式定下了基调，即通常通过由国有企业负责的交钥匙工程来实施。

改革开放后，中国重新开始接受外国援助。1979 年，中国与日本签署了优惠贷款协议。随后，西方国家的开发性援助也进入中国。1980 年，中国加入了世界银行集团。不过，当时在中国政界，关于中国是否应在国内开发性资源非常有限的情况下继续提供对外援助，还存在诸多争论。最后，中共中央和国务院决定对外援助仍然是外交政策的关键，因为中国的发展需要一个稳定的国际环境（石林，1989）。不过，对外援助支出有所减少，且重点放在那些直接有助于中国现代化和改革开放进程的项目上（石林，1989）。这种转变在赵紫阳总理 1983 年访问坦桑尼亚后得以巩固（人民日报，1983），在访问坦桑尼亚期间，赵紫阳宣布了"中非经济技术合作四项原则"。除了继续强调先前的互利平等之外，该"四项原则"反映了邓小平摒弃了毛泽东自力更生的思想，邓小平认为自力更生已不利于中国的改革开放。邓小平提出了"共同发展"的理念，因此强调了中国互利互惠对外援助的经济方面。换句话说，20 世纪 80 年代早期，对外援助开始成为中国的一个经济手段。

与此同时，国内政策的改变也影响了中国的对外援助方式。20 世纪 80 年代，中国的许多政府部门开始有计划地改为国有企业，或者它们的职能被划分给新组建的国有企业，同时这些国有企业接受主管部门的监督。例如，国家农垦部 1980 年成立了一家直属企业，即中国农垦农工商联合企业总公司，并交由该公司执行农业对外援助项目（唐丽霞，2014）。[①] 1994 年，该公司再次改组为中国农垦（集团）总公司，这家新公司目前是中国从事国际农业综合投资的领军企业。另一个例子是成立于 1959 年的中国成套设备出口公司，该公司初衷是负责执行交钥匙工程项目（例如非洲坦赞铁路）以及在对外贸易经济合作部（后来被改组为商务部）的支配下提供对外技术援助（唐丽霞等，2014）。1993 年，该公司改组为一家综合型外经贸企业集团，并更名为中国成套设备进出口（集团）总公司（简称中成集团）。中

---

① 1994 年，该公司再次改组为中国农垦（集团）总公司。

成集团在许多非洲国家设有子公司，从事援助、贸易和投资事务（唐丽霞等，2014）。总的来说，中国对外援助逐渐演变为服从于更具竞争力的力量，但这些公司在执行援助项目时依然保留了其作为国家机关以及作为它们先前主管部门管理渠道的职能。①

20 世纪 90 年代中期至 2010 年：援助、贸易和投资三位一体模式的兴起

从 20 世纪 90 年代中期开始，对于中国的全球贸易战略来说，对外援助变得至关重要起来（Wang，2013），并因此逐渐转变为促进对外贸易和投资的一个渠道。在早期，苏联对中国的援助是影响中国对外援助策略的主要因素。不过，在这一新的时期，日本的开发性援助变得更为重要。不过，中国从 20 世纪 80 年代开始对日本援助、贸易和投资三位一体策略的模仿依赖于两个重要的宏观经济因素转变，一个发生在中国，另一个则发生在非洲。

这个时期，中国的改革开放正创造着后来被称为"中国奇迹"的盛世（林毅夫等，2003）。至 20 世纪 90 年代中期，中国工业化达到了一个里程碑，即机械和电子产品的出口量超过了纺织品和服装出口量（Lin 和 Wang，2014）。同时，中国在 1993 年变为石油净进口国。那一年，中国国内石油消费量的 7.5% 必须进口（Leung，2011）。中国的木材消费行业同样增长迅猛，到 2000 年，中国已经跃居为世界森林产业的主要加工中心（Buckingham，2016）。这使得中国开始大量寻求更大的和更多样化的石油、矿产和木材来源，同时，这也有助于为中国产品和服务寻找新的市场（Pannell，2013）。

而地球的另一块大陆正好盛产这些资源，并及时进行了政治改革，这就是非洲。例如，1994 年，南非结束了种族隔离制度，使得这个当时非洲最大的经济体开始整合其区域发展，更加关注区域发展的统筹问题。从 20 世纪 90 年代中期开始，大部分撒哈拉沙漠以南非洲国家的宏观经济都更加稳定（Arbache 和 Page，2007）。其间，1995 年，埃塞俄比亚总理梅勒斯·泽纳维（他领导的埃塞俄比亚人民革命民主阵线在 1991 年取得执政权）对中国进行了一次重要的访问，并与中国签订了一系列关于贸易和经济技术合作

---

① 对北京大学查道炯教授的采访，2016 年 3 月，北京。

的重要协议（Shinn，2014；Venkatamaran 和 Gofie，2015）。这为当今中埃两国日益密切的经济关系奠定了良好的基础（参见 Adem，2012）。

日本对外援助的目标十分明确，即促进出口导向型工业化的发展。日本的援助对于中国的经济发展做出了积极贡献。为了完成目标，日本的对外援助具有三个特点：（1）协调全部三种开发性金融资金流[1]；（2）日本官方对外援助与受援国的日本对外直接投资流和贸易流，密切相关；（3）公共和私人部门密切合作（Shimomura 和 Wang，2012）。因此，日本当时的援助项目是根据请求授予，散布于一些零散的用于发展受援国自力更生能力的项目中，而日本自身远离了国内政策问题和各种约束（Shimomura 和 Wang，2012）。[2] 据说中国官员深受日本模式的影响。首先，日本在中国基础设施和重工业领域的投资对中国的经济发展和扶贫问题做出了重要贡献，同时也促进了日本工业的国际化（Nissanke 和 Schimomura，2013：25）。其次，这一时期，大量的中国对外援助政策相关官员在日本接收培训，这也表明日本的援助方式是务实并且双边有效的（Nissanke 和 Schimomura，2013）。

1994 年 12 月，中国对外贸易经济合作部部长吴仪提出了"大经贸战略"的构想，该战略本质上体现了援助、投资和贸易相互连接的日本式策略（马金，1994）。此外，大经贸战略提出了政府补贴的优惠贷款和合营项目的构想。类似于日本和韩国先前设立的一些机构，中国在国务院下面成立了中国进出口银行，专门负责执行这种新型优惠贷款计划。

这种新的援助策略立刻就反映在中国的对非政策中。1995 年，在访问非洲七国之后，中国国务院总理朱镕基强调，非洲的经济社会发展已经进入一个新时代，因此，中国对于非洲的经济援助也应改革，即"鼓励有实力的中国企业与非洲国家展开经济合作"（朱镕基，1995）。这种转变在 1996 年得以巩固。1996 年，中国国家主席江泽民在访问非洲统一组织总部时提出了"全面合作关系"的新理念，该理念的核心内容是互利互惠和通过与强大的中国企业合作经营谋求共同发展（江泽民，1996）。据统计，借助优

---

[1]　即官方开发性援助、其他官方资金和私人金融。

[2]　在 20 世纪 80 年代和 90 年代，日本的对外援助面临着同中国 21 世纪初期中叶以后一样的批评，即太过商业化，发展导向不足且太注重于基础设施（Lancaster，2007：110～142）。

惠贷款完成合作经营和国际合作项目的企业数从 1995 年的 8 家增加到 1998 年的 70 家（Wang, 2013）。

这也为中国 1999 年实施的"走出去"战略奠定了基础。"走出去"战略是对中国外向投资者的一揽子激励计划，它不仅支持中国企业获取国外自然资源，还支持有潜力的中国企业建设全球品牌。这个日程表与中国加入世界贸易组织（WTO）的先前筹备工作一致。"入世"谈判始于 1986 年，止于 2001 年。2001 年 12 月 11 日，中国正式加入 WTO。

作为 WTO 成员国，中国在世界贸易中发挥着越来越重要的作用，同样类似于日本和韩国先前创办的论坛，中国在 2000 年创办了中非合作论坛（FOCAC）。中非合作论坛是中国与非洲友好国家建立的集体磋商与对话平台，是南南合作范畴内发展中国家之间的合作机制（中华人民共和国外交部，2017）。之后，中非合作论坛由中国和一些非洲国家每三年召开一次峰会。其中，在备受瞩目的 2006 年峰会上，中国承诺将在《中非合作论坛北京行动计划》的框架下，在 2009 年前将其对非洲的援助翻倍，并设立 50 亿美元的中非发展基金（FOCAC, 2016）。

20 世纪 90 年代中期通常被认为是中非关系的转折点，经济取代政治成为双边关系的驱动力（Alden, 2007；江泽民，2012；Johnston, 2016）。中国作为受援国以及日本援助见证者的经验使得中国能够类似地重塑中非关系，逐渐成为在非洲的一个主要经济参与者。

2010 年至今：中国对外援助的适时改革开放

在引言部分，我们指出中国的对外援助是全球发展史的一部分。在上述三节中，我们更多地通过中国与其他援助国之间的联系来展示中国对外援助的演变过程以及宏观经济变迁对这种演变过程的影响。不过，如果说全球化塑造了中国过去的对外援助，那么，2011 年之后就是中国的对外援助在重塑全球化。激发这种改变的三个重要因素分别是：（1）外界对于中国对外援助越来越多的争论；（2）2008 年全球金融危机之后世界经济格局的变化；（3）中国和非洲的人口变化。

2010 年，中国商务部部长陈德铭在中共中央主办的机关刊物《求是》上发表的一篇文章《努力开创援外工作新局面》中强调：（1）在为受援国提供最大利益的同时，对外援助支持的投资项目不能有损国家声誉；（2）

对外援助应体现中国的大国责任心。

　　对外投资要与帮助受援国培养人才、转移适用技术有机结合，并切实遵守当地法律法规，尊重当地风俗习惯，与当地人民和睦相处，积极参与公益事业，注意生态环境保护（陈德铭，2010）。[①]

　　2011 年 4 月，作为"对西方批评声音的回应"（SCIO，2011b），中国发布了其第一份对外援助白皮书（SCIO，2011a）。这是公开出版的关于中国对外援助活动的第一份全面的英文文件，其中包含了中国对外援助政策、金融资源和形式以及对外援助的分布和管理等方面的总体状况。该白皮书还勾勒了国家视角的中国对外援助中的国际合作。不过，该白皮书并没有提供双边援助数据，这让一些西方批评者失望了（如，Provost，2011）。该白皮书仅提供了按地区划分的数据（如图 2 所示），证实非洲接受了超过一半的中国对外援助。

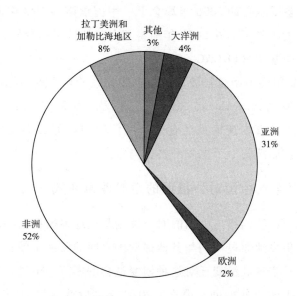

图 2　按地区划分的中国对外援助分布

资料来源：SCIO（2014）。

---

① 半年后的 2011 年 4 月，陈德铭这篇文章的英文版刊登在《求是》的英文版《Seeking Truth》上，这个时间刚好在中国第一份对外援助白皮书发布之前，显然是试图显示中国正在努力改善这个国际社会体系（陈德铭，2011）。

在人们对中国的对外援助习以为常的时候，中国的经济形势变得紧张起来。20 世纪 80 年代中期至 2011 年，中国经济的高速增长严重依赖于无限制的投资和低成本工业品出口的高速增长（Garnaut et al.，2014：2）。雷曼兄弟公司 2008 年轰然倒下之后，中国国内以及世界经济形势骤变，使得在 2011 年前后，世界和中国开始了一个低速增长阶段（Garnaut et al.，2014）。后果之一，便是更加迫切地需要寻求新的经济增长点，这反过来意味着势在必行的增长提速必须依赖于创新、服务和外国投资，以及它们的最优分配（宋立刚等，2015）。

造成这些紧张形势的一个重要原因是人口因素。始于 20 世纪 70 年代末的严格计划生育政策使得在大约 2005 年之后，中国的劳动力短缺和劳动力成本上升问题逐渐加剧（Garnaut et al.，2014）。与之形成鲜明对比的是，许多接受中国援助项目的国家人口还非常年轻。以非洲为例，撒哈拉沙漠以南的低收入非洲国家不仅青年人口丰富，而且得益于联合国的千年发展目标（其最近的优先投资目标正是初等教育领域），这些国家完成了初等教育的孩童人数已经增加到总数的 70% 左右（参见 Johnston，2015b）。

2017 年 1 月，非洲联盟第 28 次峰会以"通过投资青年利用人口红利"为主题召开。在人口死亡率和出生率下降导致人口结构发生改变之后，人口红利就可能会出现。其典型的特征是劳动年龄人口比重持续数十年增长，从而引起加速增长——这正是人口红利名称的由来。正如中国近几十年经历的那样，当人口红利正好遇上经济发展时，其收益是十分可观的。随着中国的人口老龄化，在当前政治优先理念和潜在的经济潜力条件下，中国对非洲的援助仍在增长，其主要目标是中国企业的劳动密集型投资和用以维持它们竞争力的基础设施项目（参见林毅夫和王燕，2014；Johnston，2015a，2015b）。

然而，中国在非洲的对外投资活动与其援助计划之间的联系增加了一些政治压力——正如《求是》杂志所述——援助体系更有效地满足中国和受援国的期望。仍然与之前日本的方法一样，中国进出口银行副行长朱鸿杰在论及"走出去"战略与中国对外援助的深度融合时说道：

当前，审时度势地增加对外援助，帮助发展中国家增强发展能力，将有助于促进南南贸易合作，化解发达国家外需下降带来的困难。应进一步增强对外援助规划的科学性和统一性，采用创新方式提高援助资金的使用效率。同时进一步扩大优惠贷款规模，积极鼓励和支持有实力、有信誉的中国企业参与优惠贷款项目的实施，在服务国家政治经济外交战略的同时，发挥优惠贷款对中国出口的带动作用（中国经济网，2012 - 03 - 23）。

除了为现有国内企业在低成本制造业和基础设施领域创造机会之外，新的政策与中国寻求服务和创新的新理念不谋而合。在非洲，中国具有促进农业创新和发展的悠久历史，这被认为是与粮食安全和扶贫密切相关（Xu et al.，2016）。最近的文件，特别是 2015 年《中非合作论坛约翰内斯堡行动计划（2016～2018 年）》显示，中非双方承诺，继续推进实施"中非科技伙伴计划"，在共同关注的重点领域共建联合实验室/联合研究中心，共建农业科技示范园。一个例子就是坐落于肯尼亚乔莫·肯雅塔农业科技大学的中非联合研究中心。该中心于 2016 年 9 月投入使用，主要致力于生物多样性保护、资源遥感监测、微生物技术以及促进农业现代化，并与中国科学院建立了合作伙伴关系。另一个例子是 2017 年中国南非科技园合作项目的启动。该科技园主要致力于采矿和矿产技术，将在促进双边研究合作和联合研究所发展方面发挥主导作用。

总体而言，这些基于援助的中国投资项目是中国所做努力的一部分，从而确保其对外援助能够满足先前所述的国际期望，即做一个"负责任"的援助国。习近平在 2016 年 1 月亚洲基础设施投资银行的开业仪式上明确指出了其重要性：

> 中国是国际发展体系的积极参与者和受益者，也是建设性的贡献者。倡议成立亚投行，就是中国承担更多国际责任、推动完善现有国际经济体系、提供国际公共产品的建设性举动，有利于促进各方实现互利共赢（习近平，2016）。

一些学者认为，亚洲基础设施投资银行是对中国国际开发援助日程有关期望的一次意义深远的考验（如 Callaghan 和 Hubbard，2016）。前世界银行首席经济学家林毅夫 2014 年指出，亚洲基础设施投资银行的成立标志着中国在开发性金融方向上迈出了重要一步。林毅夫指出，应逐渐从官方开发援助（ODA）转变为其他官方资金（OOF），"从开发银行和主权财富基金转变为其他官方资金贷款和其他官方资金投资"（林毅夫和王燕，2014：18）。在中国的援助是否能够按照 OECD 的对外援助标准进行管理这个背景下，Brautigam（2011）阐述了这些多样化的金融工具和资金盆之间的复杂联系。同时，对中国而言，这种转变也有助于支持中国货币即人民币的国际化。例如，2017 年 4 月，中国银行约翰内斯堡分行成功发行非洲首支离岸人民币债券（Dai，2017）。

讨 论

中国自 2011 年前后开始的经济增速放缓使得外国援助对其自身经济发展的重要性增加。恰如其时地，其他国家特别是撒哈拉沙漠以南非洲国家人口结构发生了显著变化。在当前的中国经济权重下，这种形势对于全球化的驱动者——那些大部分属于 OECD 的全球化主导国家以及跨国公司——而言是一个隐形的挑战。

然而，国际上鲜有人意识到的是，随着中国在全球经济中比重的逐渐增加，其国内援助和来自受援国的压力也会日益增加。人们对于中国援助的范围和数量的期待增长迅速，包括：支持中国企业的"走出去"战略、支持中国实施"一带一路"倡议、提升中国国际股东的形象以及帮助中国推进全球治理改革和重塑全球化。此外，面临这些外部压力的同时，中国也面临着来自公众的日益强烈的质问，即为何在中国大部分农村地区尚未摆脱贫困的情况下政府还要如此慷慨地在国外花钱？外向型中国企业也没有使事情变得简单。联合国开发计划署 2015 年在中国进行的一次调查显示，中国政府和企业最多也只是略微意识到可持续发展问题。在接收国方面，也有类似的问题。例如，2015 年 1 月，由于当地民众大规模的环境抗议，柬埔寨首相洪森终止了斯登柴阿润水电站建设，其中就涉及中国国有水电巨头中国水利水电建设集团（Parameswaran，2015）。类似的紧张局面也出现在许多非洲的中国投资项目中，其中最著名的一个例子就是博茨瓦纳的一个发电厂项目。中国复杂的对外援助制度和管理体系以及中国对外援助的不可比较性，可能非常不利于中国对外援助项目在受援国建立声誉，也不利于援助的相互协调（Johnston 和 Rudyak，2016）。

同时，一些外部因素也迫使中国提高对外援助资金的使用效率。2017年 1 月底，中国的外汇储备意外地下降到 3 万亿美元以下，这是近六年来的最低值。因此，毫不意外地，中央全面深化改革领导小组，这个由习近平在2013 年年底建立的旨在确保改革措施贯彻执行的部门，在 2017 年 2 月首次以对外援助问题为会议主题（Rudyak，2017；人民网，2017）。那次会议之后，《南华早报》引用习近平的话说，"中国必须在援助外国时表现得更加明智，优化对外援助的战略布局"（Huang，2017）。因此，有理由相信，不久之后，中国的对外援助制度和管理体制机制不仅会更加创新务实，而且会更加高效和精简。如大多数中国对外援助和相关的主导机构一样，坐落于北京的亚投行的创立，为中国提供了一次国际化的学习机会，它很可能也会沿袭本章所描述的演化路径，成为改革过程中一个有益的学习机制。

结　语

习近平主席在 2017 年 1 月达沃斯论坛勾勒他对经济全球化构想时指出：

> 我们要坚定不移发展开放型世界经济，在开放中分享机会和利益、实现互利共赢。不能一遇到风浪就退回到港湾中去，那是永远不能到达彼岸的（习近平，2017）。

习近平在这次演讲中使用了一个形象的比喻，这个比喻让人想起邓小平同志 1978 年描述中国国内探索性改革过程时用的那个著名比喻，即"摸着石头过河"。类似的全球化理念在李克强总理的讲话中也有体现。2014 年 4月，李克强总理指出，中国对非洲的援助应该坚持务实创新的原则（Johnston，2014）。

本章中，我们概述了中国从一个受援国到一个援助国的转变历程。可以发现，中国的对外援助从一开始就服务于其自身的政治和经济需要，同时也受到全球政治经济局势重大改变的影响。本章的阶段性分析有助于我们理解和预测中国现在将怎样以及为什么会开发其自己的经济利益，从而更加强烈和直接地塑造全球化。

为此，我们查阅了对外援助方面的文献资料，特别是非常有限的关于中国对外援助方面的资料。在阐述中国互利互惠式对外援助策略的发展阶段中，我们强调了中国主要对外援助机构以及援助策略的外部来源，特别是三位一体策略和自力更生的重要性。我们还强调了努力帮助其他国家的过程中中国自身进步的重要性。正如许多对中国对外援助的批评者所指出的那样，中国公布的对外援助数据非常有限和碎片化，本文的分析也受此制约。

长远来看，中国相对经济规模和经济增长速度的变化是否会使非洲及其他发展中国家和地区的进入一个新的、创新务实的、广泛发展的新时代，尚不得而知。此外，非洲国家以及中国援助的其接受国将最终挖掘它们自身的需求，就像当前它们面前的中国一样。反过来，一个成功的、由中国主导的全球化可能有助于形成一个更双边的全球化。世界上许多地方正在行之有效地"摸着石头过河"，但相当于这个过程的全球化才刚刚开始。

参考文献

Adem, S. (2012), China in Ethiopia: Diplomacy and economics of Sino-optimism, *African Studies Review* 55(1): 143–160. doi.org/10.1353/arw.2012.0008.

Adu-Gyamerah, E. (2014), Africa needs fair trade, not aids: Prof Li Anshan, *Graphic Online*, 2 April. Available from: www.graphic.com.gh/international/international-news/africa-needs-fair-trade-not-aids-prof-li-anshan.html.

Alden, C. (2007), *China in Africa*, London: Zed Books.

Arbache, J. and Page, J. (2007), *Patterns of long term growth in sub-Saharan Africa*, Policy Research Working Paper 4398, Office of the Chief Economist for the Africa Region, The World Bank, Washington, DC. Available from: www-wds.worldbank.org/external/default/WDSContentServer/WDSP/IB/2007/11/14/000158349_20071114124045/Rendered/PDF/wps4398.pdf.

Brautigam, D. (2011), Aid 'With Chinese Characteristics': Chinese Foreign Aid and Development Finance Meet the OECD-DAC Aid Regime, J. Int. Dev., 23: 752-764. doi.org/10.1002/jid.1798.

Buckingham, K. (2016), Beyond trees: Restoration lessons from China's Loess Plateau, in L. Song, R. Garnaut, C. Fang and L. Johnston (eds), *China's New Sources of Economic Growth. Vol. 1: Reform, resources, and climate change*, pp. 379–195, Canberra and Beijing: ANU Press.

Callaghan, M. and Hubbard, P. (2016), The Asian Infrastructure Investment Bank: Multilateralism on the Silk Road, *China Economic Journal* 9(2): 116–39. doi.org/10.1080/17538963.2016.1162970.

Chen, D. (2010), Strive to initiate new progress in foreign aid work: Thoroughly carry out the spirit of the National Working Conference on Foreign Aid, [in Chinese], *Qiushi* [*Seeking Truth*] (19): 42–44.

Chen, D. (2011), China's foreign aid work, *Qiushi* [English edn] 3(2). Available from: english.qstheory.cn/international/201109/t20110924_112578.htm.

Chen, W. and Nord, R. (2017), *A rebalancing act for China and Africa: The effects of rebalancing on sub-Saharan Africa's trade and growth*, IMF Working Paper, International Monetary Fund, Washington, DC.

China Economic Net (2012), Zhu Hongjie: Expand foreign aid, grasp the new opportunities of overseas investment, [in Chinese], *Sina Online*, 23 February. Available from: finance.sina.com.cn/roll/20120323/100411662171.shtml.

Dai, T. (2017), First renminbi-denominated bond well received in Africa, *China Daily*, 20 April. Available from: www.chinadaily.com.cn/business/2017-04/20/content_29010547.htm.

Forum On China–Africa Cooperation (FOCAC) (2016), *Beijing Action Plan (2007–2009)*, 16 November, Ministry of Foreign Affairs, the People's Republic of China, Beijing. Available from: www.fmprc.gov.cn/zflt/eng/zyzl/hywj/t280369.htm.

Garnaut, R., Cai, F. and Song, L. (eds) (2014), *Deepening Reform for China's Long-Term Growth and Development*, Canberra: ANU Press.

Hernandez, D. (2016), *Are 'new' donors challenging World Bank conditionality?* AidData Working Paper No. 19, January, AidData, College of William & Mary, Williamsburg, Va. Available from: aiddata.org/sites/default/files/wps19_are_new_donors_challenging_world_bank_conditionality.pdf.

Huang, K. (2017), China must act more wisely in giving out foreign aid, says Xi Jinping, *South China Morning Post*, 9 February. Available from: www.scmp.com/news/article/2069414/chinas-president-xi-wants-wiser-approach-foreign-aid-donation?utm_source=&utm_medium=&.

Jiang, Z. (2012), Historical evolution and future prospects of China–Africa trade cooperative development, [in Chinese], *Practice in Foreign Economic Relations and Trade* 10: 9–13.

Jiang, Z. (1996), Building a new historical pillar for Chinese–African friendship: Speech at the Organisation of African Unity, [in Chinese], *People's Daily*, 14 May: 6.

Johnston, L. (2014), Premier Li calls for "innovative and pragmatic" cooperation in Africa, *East Asia Forum*, 11 June. Available from: www.eastasiaforum. org/2014/06/11/premier-li-calls-for-innovative-and-pragmatic-cooperation-in-africa/.

Johnston, L. (2015a), Boom to cusp: Prospecting the "new normal" in China and Africa, in R. Garnaut, L. Song, F. Cai and L. Johnston (eds), *China's Domestic Transformation in a Global Context*, pp. 383–408, Canberra and Beijing: ANU Press.

Johnston, L. (2015b), China–Africa economic integration: Striving for common development, *Australian Outlook*, 14 December, Canberra: Australian Institute of International Affairs. Available from: www.internationalaffairs.org.au/australian_ outlook/china-africa-cooperation-striving-for-common-development/.

Johnston, L. (2015c), China, Australia and the African frontier, *Pursuit* [*Inside Business*] [University of Melbourne], 14 October. Available from: pursuit. unimelb.edu.au/articles/china-australia-and-the-african-frontier.

Johnston, L. (2016), China–Africa economic transitions survey: Charting the return of a fleeting old normal, in M. Kelly (ed.), *21st Century Tensions and Transformation in Africa: The 2015 AFSAAP Annual Conference Proceedings*, Melbourne: Deakin University. Available from: afsaap.org.au/assets/Lauren_ Johnston_AFSAAP2015.pdf.

Johnston, L. (forthcoming), China's Africa return: Economic trends and prospects, in J. Binns, K. Lynch and E. Nel (eds), *Handbook on African Development*, London: Routledge.

Johnston, L. and Rudyak, M. (2016), Red aid: A fair grasp of China's plan for growth at home and abroad, Paper presented to China: Wealth and Power Conference, The Australian National University, Canberra, April.

Kamal, R. and Gallagher, K. P. (2016), *China goes global with development banks*, 5 April, Bretton Woods Project, London. Available from: www.brettonwoodsproject.org/2016/04/20508/.

Kitano, N. (2016), *Estimating China's foreign aid II: 2014 update*, JICA-RI Working Paper No. 131, June, JICA Research Institute, Tokyo. Available from: www.jica. go.jp/jica-ri/publication/workingpaper/wp_131.html.

Lancaster, C. (2007), *Foreign Aid: Diplomacy, Development, Domestic Politics*, Chicago: University of Chicago Press.

Leung, G. C. K. (2011), China's energy security: Perception and reality, *Energy Policy* 39(3): 1330–7. doi.org/10.1016/j.enpol.2010.12.005.

Li, K. (2014), Li Keqiang delivers a speech at African Union Conference Centre, [in Chinese], 6 May, Ministry of Foreign Affairs of the People's Republic of China, Beijing. Available from: www.mfa.gov.cn/chn//gxh/zlb/ldzyjh/t1152894.htm.

Lin, J. and Wang, Y. (2014), *China–Africa co-operation in structural transformation*, WIDER Working Paper No. 2014/046, February, United Nations University World Institute for Development Economics Research, Helsinki.

Lin, J. Y., Cai, F. and Zhou, L. (2003), *The China Miracle: Development strategy and economic reform*, Hong Kong: Chinese University Press.

Ma, J. (1994), Wu Yi introduces the concept of 'grand strategies of economy and trade', [in Chinese], *China Market* (7): 9.

Manning, R. (2006), Will 'emerging donors' change the face of international co-operation? *Development Policy Review* 24(4): 371–85. doi.org/10.1111/j.1467-7679.2006.00330.x.

Mawdsley, E. (2012), *From Recipients to Donors: Emerging Powers and the Changing Development Landscape*, London; New York: Zed Books.

Nissanke, M. and Shimomura, Y. (2013), Institutional evolution through development cooperation: An overview, in M. Nissanke (ed.), *Aid as Handmaiden for the Development of Institutions: A new comparative perspective*, pp. 1–47, Basingstoke, UK: Palgrave Macmillan. doi.org/10.1057/9781137023483_1.

Pannell, C. (2013), China's economic and political penetration in Africa, *Eurasian Geography and Economics* (49): 706–13.

Parameswaran, P. (2015), Cambodia suspends China dam project to silence opposition, *The Diplomat*, 25 February. Available from: thediplomat.com/2015/02/cambodia-suspends-china-dam-project-to-silence-opposition/.

Provost, C. (2011), China publishes first report on foreign aid policy, *The Guardian*, 28 April. Available from: www.theguardian.com/global-development/2011/apr/28/china-foreign-aid-policy-report.

People's Daily (1983), Premier Zhao spoke at a press conference in Dar es Salaam: Said that the visit to 10 African countries achieved the expected results, [in Chinese], *People's Daily*, 15 January: 1.

People's Daily Online (2017), First session of the year 2017 of the Central Leading Group for Comprehensively Deepening Reforms: Nine major areas will undergo reform, [in Chinese], *CPC News*, 7 February. Available from: cpc.people.com.cn/n1/2017/0207/c164113-29064057.html.

People's Republic of China, Ministry of Foreign Affairs (2017). Characteristics of FOCAC. Available from: www.fmprc.gov.cn/zflt/eng/gylt/ltjj/t157576.htm.

Rudyak, M. (2014), The hidden reform debate: China's foreign aid system reacts to Western critique, Paper delivered to the South–South Development Cooperation: Chances and Challenges for the International Development Architecture Workshop, Heidelberg University, Germany, September.

Rudyak, M. (2017), Too Complex and Too Fragmented. China Must Urgently Reform its Development Aid Structures, [in German], *International Politics*, May/June 2017, pp. 102–106. Available from: zeitschrift-ip.dgap.org/de/ip-die-zeitschrift/archiv/jahrgang-2017/mai-juni/zu-komplex-und-fragmentiert.

Shi, L. (1989), *China's Economic Cooperation with Foreign Countries Today*, [in Chinese], Beijing: Social Sciences Academic Press.

Shimomura, Y. and Wang, P. (2012), *The Evolution of "Aid, Investment, Trade Synthesis" in China and Japan*, in J. Sato & Y. Shimomura (eds), *The Rise of Asian Donors: Japan's Impact on the Evolution of Emerging Donors*, Ebington: Routledge, pp. 114–132.

Shimomura, Y. and Wang, P. (2015), *Chains of knowledge creation and emerging donors*, JICA-RI Working Paper No. 88, March, JICA Research Institute, Tokyo. Available from: www.jica.go.jp/jica-ri/publication/workingpaper/chains_of_knowledge_creation_and_emerging_donors.html.

Shinn, D. (2014), Ethiopia and China: How two former empires connected, *International Policy Digest*, 11 June.

Song, L., Garnaut, R., Cai, F. and Johnston, L. (eds) (2015), *China's Domestic Transformation in a Global Context*, Canberra and Beijing: ANU Press.

State Council Information Office of the People's Republic of China (SCIO) (2011a), *China's foreign aid*, [in Chinese], White Paper, State Council of the People's Republic of China, Beijing. Available from: www.scio.gov.cn/zxbd/wz/201104/t896900.htm.

State Council Information Office of the People's Republic of China (SCIO) (2011b), Foreign media follow closely China's white paper on foreign aid: Praise that aid does not impose political conditions, [in Chinese], 25 April, State Council of the People's Republic of China, Beijing. Available from: www.scio.gov.cn/xwfbh/xwbfbh/yg/2/Document/898670/898670.htm.

State Council Information Office of the People's Republic of China (SCIO) (2014), Chinese foreign aid (2014) white paper, [in Chinese], *PLA Daily*, 11 July: 3.

Strange, A. M., Dreher, A., Fuchs, A., Parks, B. and Tierney, M. J. (2015), Tracking underreported financial flows: China's development finance and the aid–conflict nexus revisited, *Journal of Conflict Resolution*, 20 September.

Tang, L., Li, X. and Qi, G. (2014), Evolution and results of China's agricultural aid management model in Africa, [in Chinese], *International Studies* (6). Available from: www.ciis.org.cn/gyzz/2014-11/20/content_7385069.htm.

United Nations Development Programme (UNDP) in China (2015), *2015 Report on the Sustainable Development of Chinese Enterprises Overseas*, Beijing: UNDP in China. Available from: www.cn.undp.org/content/china/en/home/library/south-south-cooperation/2015-report-on-the-sustainable-development-of-chinese-enterprise/.

Venkataraman, M. and Gofie, S. M. (2015), The dynamics of China–Ethiopia trade relations: Economic capacity, balance of trade and trade regimes, *Bandung: Journal of the Global South* 2(1): 8. doi.org/10.1186/s40728-014-0007-1.

Wang, P. (2013), The Chinese view: Reflection of the long-term experience of aid receiving and giving, in Y. Shimomura and H. Ōhashi (eds), *A Study of China's Foreign Aid: An Asian perspective*, pp. 125–44, Basingstoke, UK: Palgrave Macmillan.

Watanabe, S. (2013), How have major donors affected China's economic development and foreign aid policy? In J. Sato and Y. Shimomura (eds), *The Rise of Asian Donors: Japan's Impact on the Evolution of Emerging Donors*, pp. 87–113, Basingstoke, UK: Routledge.

Xi, J. (2013), Xi Jinping's speech in Tanzania's Nyerere International Conference Centre: Full text, [in Chinese], 25 March, Ministry of Foreign Affairs of China, Beijing. Available from: www.mfa.gov.cn/chn//pds/ziliao/zyjh/t1024949.htm.

Xi, J. (2016), Full text of Chinese President Xi Jinping's address at AIIB inauguration ceremony, [in Chinese], *Xinhuanet*, 16 January. Available from: news.xinhuanet.com/english/china/2016-01/16/c_135015661.htm.

Xi, J. (2017), Jointly shoulder responsibility of our time, promote global growth, Keynote speech to opening session of World Economic Forum Annual Meeting, 17 January, Davos, Switzerland. Available from: america.cgtn.com/2017/01/17/full-text-of-xi-jinping-keynote-at-the-world-economic-forum.

Xu, X., Li, X., Qi, G., Tang, L. and Mukwereza, L. (2016), Science, technology, and the politics of knowledge: The case of China's agricultural technology demonstration centers in Africa, *World Development* 81(2016): 82–91. doi.org/10.1016/j.worlddev.2016.01.003.

Zhou, E. (1956), On our foreign policy and the question of Taiwan's liberation, [in Chinese], *People's Daily*, 29 June: 1. Available from: cpc.people.com.cn/GB/64184/64186/66662/4493079.html.

Zhu, R. (1995), Zhu Ronji talks about the visit to seven African countries, [in Chinese], *People's Daily*, 6 August: 1.

图书在版编目（CIP）数据

中国经济增长的新源泉. 第 2 卷，人力资本、创新和
技术变迁 / 宋立刚等主编. -- 北京：社会科学文献出
版社，2018.4
（"中国经济前沿"丛书）
ISBN 978 - 7 - 5201 - 2414 - 0

Ⅰ. ①中… Ⅱ. ①宋… Ⅲ. ①中国经济 - 经济增长 -
研究 ②人力资本 - 研究 - 中国 Ⅳ. ①F124.1 ②F249.21

中国版本图书馆 CIP 数据核字（2018）第 048598 号

"中国经济前沿"丛书

中国经济增长的新源泉（第 2 卷）：人力资本、创新和技术变迁

主　　编 / 宋立刚　　〔澳〕郜若素（Ross Garnaut）　　蔡昉　　〔澳〕江诗伦（Lauren Johnston）

出 版 人 / 谢寿光
项目统筹 / 恽　薇
责任编辑 / 陈　欣　李吉环

出　　版 / 社会科学文献出版社·经济与管理分社（010）59367226
　　　　　　地址：北京市北三环中路甲 29 号院华龙大厦　邮编：100029
　　　　　　网址：www. ssap. com. cn
发　　行 / 市场营销中心（010）59367081　59367018
印　　装 / 北京季蜂印刷有限公司

规　　格 / 开　本：787mm × 1092mm　1/16
　　　　　　印　张：27.5　字　数：458 千字
版　　次 / 2018 年 4 月第 1 版　2018 年 4 月第 1 次印刷
书　　号 / ISBN 978 - 7 - 5201 - 2414 - 0
定　　价 / 138.00 元